Ver 17.2

Allegro® orCAD® PCB designer

김우성 저

머리말

IT 산업의 급격한 발전으로 인하여 전기·전자, 정보통신, 제어, 계측, 자동차 전장, 로보틱스, 메카트로닉스, 멀티미디어 신호처리 등의 다양한 변화를 요구하고 있습니다. 특히 정보통신, 네트워크, 멀티미디어 등의 첨단 산업분야에서, 알고리즘, 소프트웨어 개발과 함께 매우 빠른 속도로 발전하고 있는 하드웨어를 통한 기기 구현의 기반이 되고 있다. 이를 위한 아날로그 및 디지털회로의 설계와 범용 및 전용하드웨어의 구현은 나날이 설계회로의 복잡성이 증가하고 있으며, 또한 매우 빠른 동작속도가 요구될 뿐만 아니라 초소형 경량의 하드웨어를 구현하기 위해서 ASIC칩이나 DSP프로세서를 사용하는 등 다양화되는 동시에 전문화되고 있다. 따라서 오늘날 초고속, 고성능의 전자기기나 장비에 대해 신속하고 정확하게 회로를 설계하고 동작을 검증하여 실용적인 기기를 제작하기 위해서는 우수한 알고리즘을 하드웨어에서 충족시켜 줄 수 있기 때문에 점점 복잡해지고 다양해지는 하드웨어의 개발을 뒷받침 해줄 수 있는 보다 나은 Tool들이 개발되고 발전되어가고 있습니다.

이에 PCB(Printed Circuit Board) 산업은 관련 산업의 시장 추이에 따라 민감하게 영향을 받게 되는 모든 전자제품의 기본이 되는 중요한 부품 산업으로, 최근 첨단 정보통신기기 시장 확대 추세에 힘입어 High-Speed Board의 수요가 급격하게 증가하고 있습니다. High-Speed Board는 경험에 의한 PCB설계의 오류 해결이 점점 불가능해지고, PCB 디자인상에서 패턴의 문제와 경제적 손실, 그리고 개발기간의 연장, 제품의 신뢰성에 문제를 발생시키고 있습니다.

이에 시스템 상에서 Function Processing이 최적화하기 위한 배치와 라우팅을 요구하고 있습니다. 이에 발맞추어 Cadence(OrCAD)사는 High-Speed상에서 야기되는 여러 문제점들을 해결하기 위해 Interactive하고 전기적인 제약조건(Constraint-Driven)을 관리할 수 있는 환경을 가지며, 제조되기 전의 광범위한 디자인에 대해서 충분한 검증 과정을 거칠 수 있는 더욱 강화된 EDA Tool을 제공함으로써 유연한 PCB 설계환경 및 기술의 Depth 에 있어서 High-Speed화 된 산업 트랜드를 선도하고 있습니다.

이 책의 구성은 총 8장으로 구성되어있으며 기본화면 구성에서 4Layer PCB설계하기까지 수록하였으며, 부록으로 Package Symbol List와 PCB용어 해설, OrCAD PCB Editor V17.2 데모 버전을 첨부하여 내용을 이해하는데 도움이 되도록 하였습니다.

본 교재의 미흡한 부분은 앞으로 지속적인 업그레이드를 통해 보완할 것을 약속드리며 OrCAD PCB Editor V17.2를 사용하는 공학도와 실무자들에게 도움이 되었으면 합니다.

끝으로 본 교재가 나오기까지 수고해주신 많은 분들과, 나인플러스IT(주) 대표이사 박현찬대표님, 복두 출판사 송광헌 사장님께 깊은 감사를 드립니다.

저자 씀

차례

제 1 장 기본 화면 구성

제 2 장 단안정 멀티바이브레이터회로-양면(2층) PCB 설계

제 3 장 PIN 생성

제 4 장 Modulation Circuit – 2 Layer PCB 설계

제 5 장 Gerber 파일 출력

제 6 장 Multiplexer–2 회로 – 2 Layer PCB 설계

제 7 장 가감산기 회로 – 2 Layer PCB 설계

제 8 장 Digital Generator 회로 – 2 Layer PCB 설계

부록

1 OrCAD PCB Editor V17.2 기본 화면 구성

1-1. Capture 기본 화면

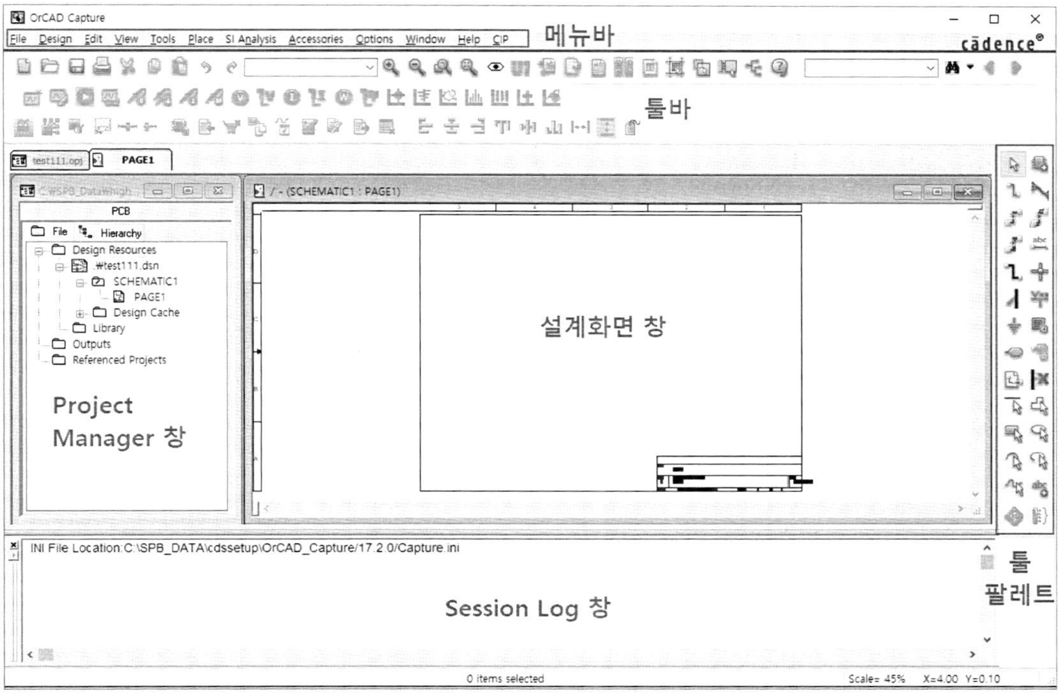

1. 툴바

▸ Capture Toolbar

(Create Document)	새 프로젝트를 생성
(Open Document)	기존 프로젝트 열기
(Save Document)	현재 프로젝트 파일이나 도면을 저장
(Print)	도면 출력
(Cut to clipboard)	선택된 개체를 잘라내기
(Copy to clipboard)	선택된 개체를 클립보드로 복사
(Paste from clipboard)	클립보드에 있는 내용을 붙여넣기
(Undo)	이전 작업을 취소
(Redo)	취소된 작업을 다시 실행
(Zoom In)	화면 확대
(Zoom out)	화면 축소
(Zoom to region)	특정 영역만큼 확대
(Zoom to all)	도면 전체를 작업창 안에 표시
(Fisheye view)	도면에 특정 부분을 볼록렌즈처럼 확대
(Annotate)	부품 Reference에 대한 정렬작업
(Back annotate)	PCB에서 변경된 내용을 회로도에 재적용
(Design Rules Check)	현재 도면에 설계 규칙 검사
(Create netlist)	도면에 대한 Netlist를 생성
(Cross reference parts)	도면에 사용된 부품심벌의 경로목록을 생성
(Bill of materials)	부품 목록을 생성
, (Snap To grid)	Grid기반 작업 선택 여부를 설정
, (Area Select)	부품 선택 시 부분 선택 또는 전체 선택에 대한 설정
, (Drag connected object)	Part 간 연결방법에 대한 설정
(Project manager)	프로젝트 매니저 창을 선택
(Help)	도움말
(Searches item)	프로젝트에서 Part 및 Net 등을 검색

▸ Tool Palette

(Select)	개체 선택 시 사용
(Place part)	도면에 사용할 부품선택 시 사용
(Place wire)	배선. Part 간 Net 연결에 사용
(Place net alias)	Net에 이름을 부여하는데 사용
(Place bus)	Busline을 표시하는데 사용
(Place junction)	Net의 접점을 표시하는데 사용
(Place bus entry)	Bus와 Net을 연결하는데 사용
(Place power)	Power Symbol을 표시하는데 사용
(Place ground)	Ground Symbol을 표시하는데 사용
(Place hierarchical block)	계층블록 구조를 그리는데 사용
(Place port)	입/출력 등 다양한 포트를 표시하는데 사용
(Place pin)	계층블록의 Pin을 정의하는데 사용
(Place off-page connector)	Page간 Net연결에 사용
(Place no connect)	사용하지 않는 Pin을 표시하는데 사용
(Place line)	도면에 Line을 그리는데 사용
(Place polyline)	도면에 다각형을 그리는데 사용
(Place rectangle)	도면에 사각형을 그리는데 사용
(Place ellipse)	도면에 타원을 그리는데 사용
(Place arc)	도면에 호를 그리는데 사용
(Place text)	도면에 글자를 나타내는데 사용
(Place Bezier)	도면에 곡선을 그리는데 사용
(Auto connect two points)	선택한 단일 pin과 pin을 wire로 자동 연결
(Auto connect multi points)	선택한 여러 pin과 pin을 wire로 자동 연결
(Auto connect to Bus)	선택한 pin들과 Bus를 자동 생성 연결
(Place NetGroup)	Net을 그룹으로 관리
(Place Pin array)	핀을 순차적으로 설정함 (Edit part에서 가능)
(Place IEEE Symbol)	Part의 Symbol을 그리는데 사용(Edit part에서 가능)

1-2. PCB Editor 기본 화면

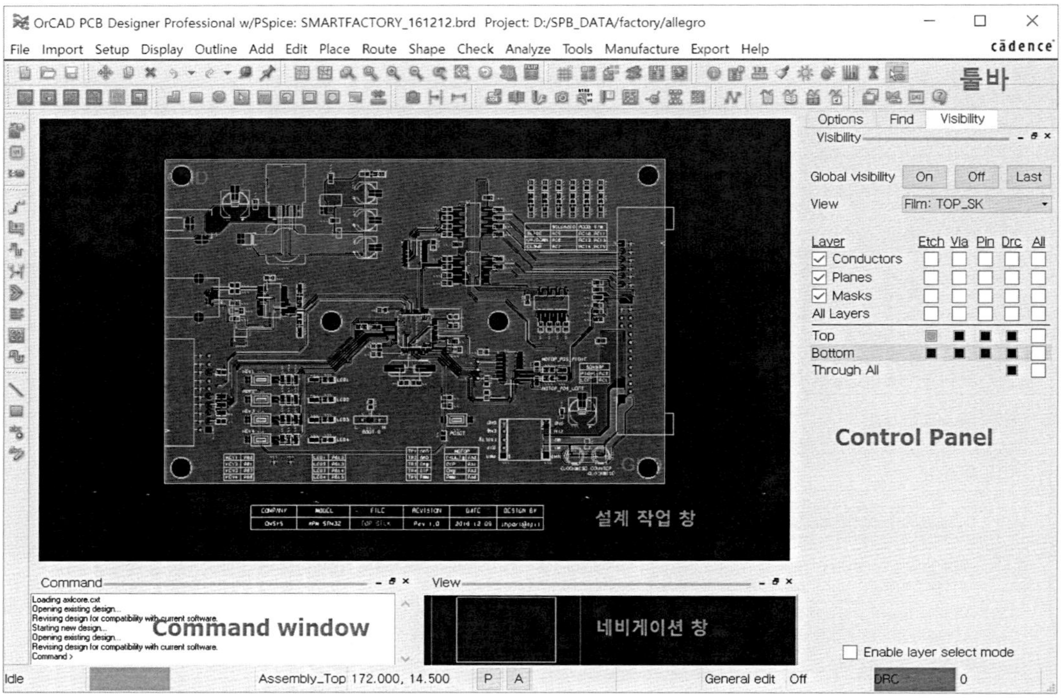

▸ File Toolbars

(New)	새 작업을 한다.
(Open)	기존 작업을 연다.
(Save)	현재 작업을 저장한다.

▸ Edit Toolbars

(Move)	개체를 이동시킬 수 있다.
(Copy)	개체를 원하는 형태로 복사할 수 있다.
(Delete)	선택된 개체를 지울 수 있다.
(Undo)	현재 작업을 취소한다.

(Redo)	Undo된 작업을 다시 실행한다.
(Fix)	개체에 고정속성을 준다.
(Unfix)	고정속성이 설정된 개체의 Fix 속성을 해제시켜 준다.

▸ View Toolbars

(Unrats All)	모든 Ratsnest를 숨겨준다.
(Rats All)	모든 Ratsnest를 보여준다.
(Zoom Points)	클릭하고 확대할 영역을 지정한다.
(Zoom Fit)	보드 전체 크기를 작업창에 보여준다.
(Zoom In)	화면을 확대한다.
(Zoom Out)	화면을 축소한다.
(Zoom Previous)	이전 크기로 설정한다.
(Zoom Selection)	드래그하여 그린 부분만큼 확대를 한다.
(Redraw)	화면을 다시 그린다.
(3D_viewer)	작성한 도면을 3D로 나타나게 한다.
(Flip Design)	Top면 기준의 보기 상태를 Bottom면으로 바꾼다.

▸ AppMode Toolbars

(GeneralEdit)	일반 편집모드(Place, Route, Copy, Move 등)로 실행한다.
(PlacementEdit)	배치 모드(Placement manual, Move 등)로 실행한다.
(EtchEdit)	Etch 편집모드(Add Connect, Slide 등)로 실행한다.
(Signal Integrity)	Signal Integrity 모드(SI Setup 등)로 실행한다.

▶ Setup Toolbars

(Grid Toggle)	Grid를 On/Off 할 수 있다.
(Color192)	Color 설정을 할 수 있다.
(Shadow Toggle)	Shadow 모드를 On/Off 할 수 있다.
(Xsection)	적층(Stackup)구조를 편집할 수 있다.
(CMGR)	Constraints Manager 창을 활용할 수 있다.
(Keepin Router)	Router Keepin 영역을 생성한다.
(Keepin Package)	Package Keepin 영역을 생성한다.

▶ Manufacture Toolbars

(Artwork)	Gerber 파일을 생성할 수 있다.
(Ncdrill Param)	Drill 파일을 생성을 위한 파라미터를 설정할 수 있다.
(Ncdrill Legend)	Drill 파일의 범례(차트)를 생성할 수 있다.
(ODB_Out)	Allegro Board 파일을 ODB 파일로 Export 할 수 있다.

▶ Misc Toolbars

(Reports)	다양한 Reports를 생성할 수 있다.
(DRC Update)	DRC를 업데이트한다.
(Help)	도움말을 볼 수 있다.

▶ Shape Toolbars

(Shape Add)	Shape(Copper)를 새로 생성한다.
(Shape Add Rect)	사각형모양의 Shape(Copper)를 생성한다.
(Shape Add Circle)	원모양의 Shape(Copper)를 생성한다.

(Shape Select)	Shape(Copper)를 선택할 수 있다.
(Shape Void Element)	Positive Shape에서 Pin, Via에 자동으로 Void를 생성한다.
(Shape Void Polygon)	다각형모양의 Void(Anti-Copper)를 만들 수 있다.
(Shape Void Rectangle)	사각형모양의 Void(Anti-Copper)를 만들 수 있다.
(Shape Void Circle)	원모양의 Void(Anti-Copper)를 만들 수 있다.
(Shape Edit Boundary)	기존 Shape의 경계를 수정할 수 있다.
(Island_Delete)	불필요한 Shape(Copper)를 제거할 수 있다.

▸ Display Toolbars

(Show Element)	구성요소의 속성을 볼 수 있다.
(Cns Show)	선택된 개체의 Constraints 속성을 볼 수 있다.
(Show Measure)	지정한 지점의 길이 측정을 할 수 있다.
(Highlight)	선택된 개체를 하이라이트 시켜 볼 수 있다.
(Dehighlight)	하이라이트 속성을 없앨 수 있다.
(Waive DRC)	DRC Marker를 제거한다.

▸ Dimension Toolbars

(Create Detail)	디자인에서 선택한 영역을 설정비율에 따라 생성해 준다.
(Linefont)	Line의 속성(Dot, Solid, Phantom 등)을 설정한다.
(Dimension Linear)	선택한 지점의 길이를 표시해 준다.
(Dimension Datum)	선택한 개체의 Datum에 대한 Dimension을 표시해 준다.
(Dimension Angular)	다른 Segment 간 Dimension을 표시해 준다.
(Leader Only)	Leader만 표시해 준다.
(Leader Diametral)	직경 Leader를 표시해 준다.
(Leader Radial)	곡선에 대한 Leader를 표시해 준다.
(Leader Ballon)	풍선 모양의 Leader를 표시해 준다.
(Leader Chamfer)	Chamfer 된 부분의 Leader를 표시해 준다.

▸ Place Toolbars

(Place Manual)	부품배치 상자에서 부품을 수동 선택해서 배치할 수 있다.
(Place Manual-H)	부품배치 상자를 숨길 수 있다.
(Swap Pins)	부품의 Pin을 변경 시킬 수 있다.

▸ Route Toolbars

(Add Connect)	핀간 라우팅을 새로 그릴 수 있다.
(Slide)	기존 라우팅 된 Etch를 슬라이드 시킬 수 있다.
(Delay Tune)	라우팅의 지연이 필요한 경우 사용할 수 있다.
(Custom Smooth)	곡선이나 꺾인 Etch를 직선으로 바꿀 수 있다.
(Vertex)	기존 Etch에 꼭짓점을 추가해 수정할 수 있다.
(Create Fanout)	SMD용 소자의 핀에 대해 Fanout을 생성한다.
(Auto_Route)	Smart Automatic Router를 사용할 수 있다.

▸ Add Toolbars

(Add Line)	Non-Etch 라인을 추가할 수 있다.
(Add Rect)	Non-Etch 사각형을 그릴 수 있다.
(Add Text)	텍스트를 입력할 수 있다.
(Text Edit)	입력되어진 텍스트를 수정할 수 있다.

▸ Command Window

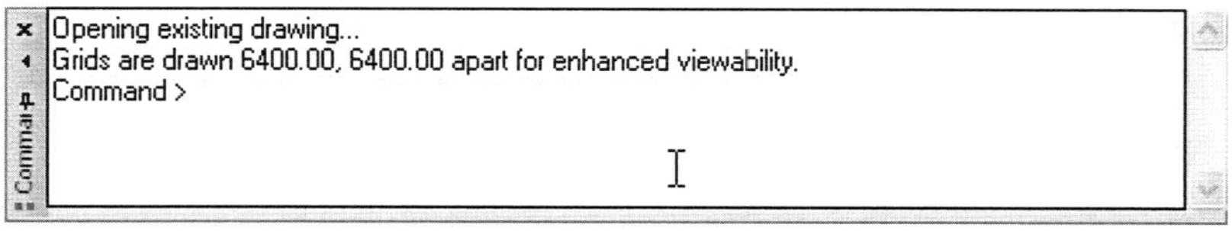

명령어의 실행과 상태를 표시하며 직접 명령어를 작성할 수 있다.

▸ Control Panel Windows

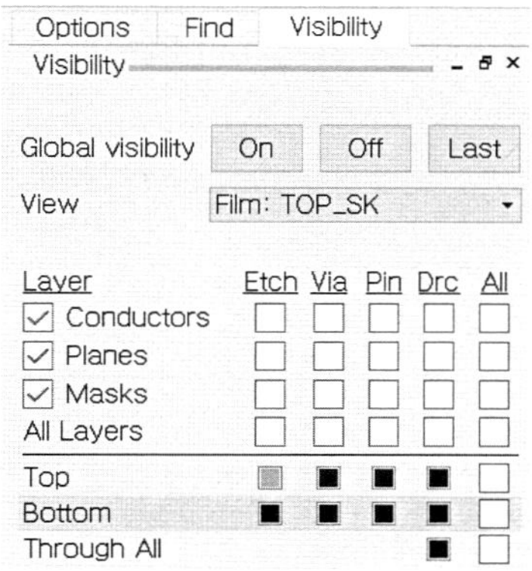

- Options : 속성을 지정
- Find : 선택 시 대상물 선정
- Visibility : 현재작업화면의 컬러 설정

1-3. User Preference (작업을 유용하게 해주는 사용자 환경설정)

User Preference를 선택하면 stroke, cursor의 모양 등 다양한 정보를 사용자에 맞게 설정할 수 있다.

Setup 〉 User Preference을 **선택**

Display 〉 Cursor

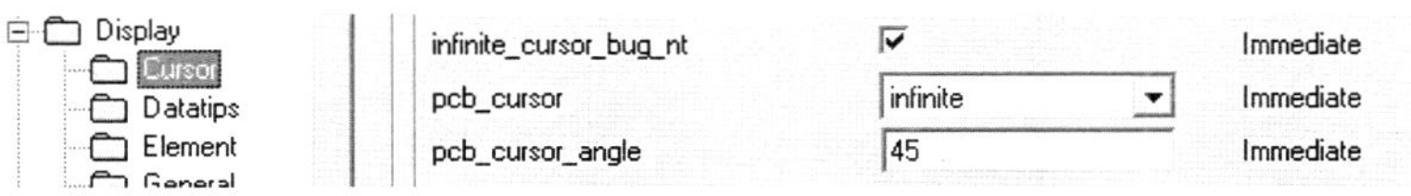

infinite_cursor_bug_nt : windows7의 Aero theme 사용 시 문제 해결
pcb_cursor : 커서의 모양을 결정 (cross, infinite)
pcb_cursor_angle : infinite(무한대)시 각도를 설정 (0~90)

Display 〉 Shape_fill 〉 no_shape_fill

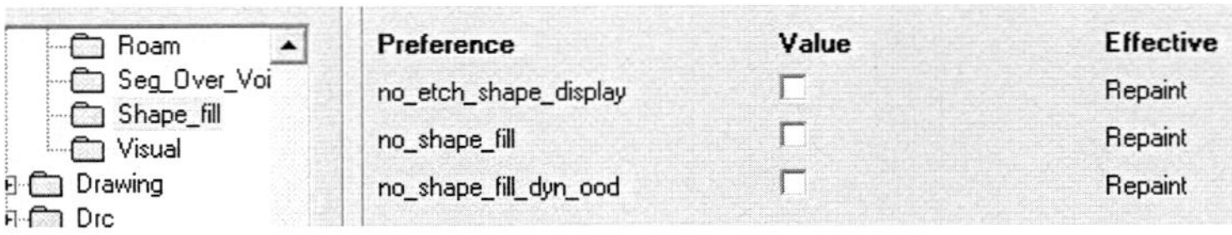

Shape의 면을 채우지 않음

Display 〉 Opengl 〉 disable_opengl

OpenGL을 지원하지 않는 하드웨어에서는 disable시켜 속도가 느려지는 것을 방지 할 수 있다.

Display 〉 Opengl 〉 draw_etch_outline

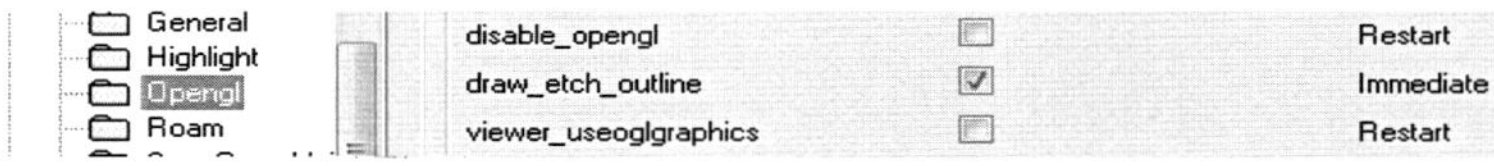

Etch의 Outline 선을 표시할 수 있다.

Display 〉 Opengl 〉 static_shapes_fill_solid

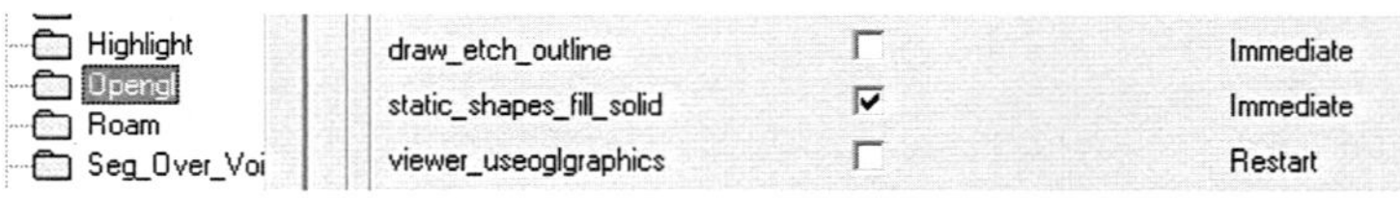

shape의 면을 점이 아닌 Dynamic shape(solid)로 채움

Display 〉 Visual 〉 display_drcfill

DRC Marker의 내부를 채워서 표시해 준다.

Drawing 〉 db_tier_nomsg

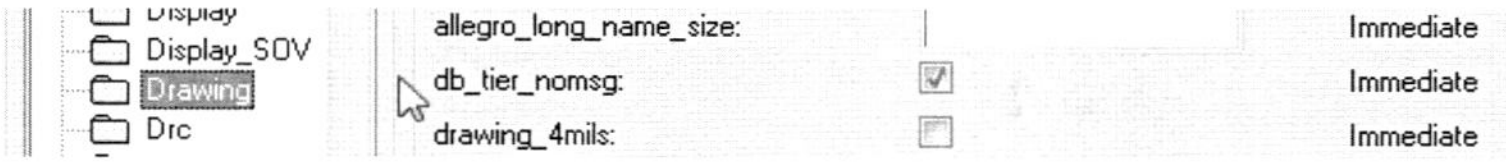

DB Warning 메시지 경고창이 나타나지 않도록 설정한다.

Drawing 〉 allegro_long_name_size

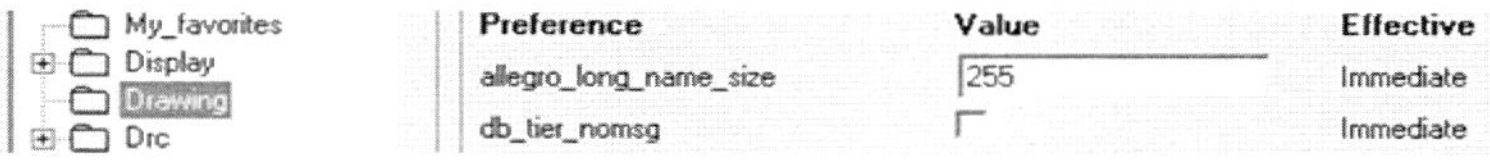

부품, net, padstack, function pin 이름의 길이 제한 설정 (32~255)

File_managemnet〉 Autosave 〉 전체

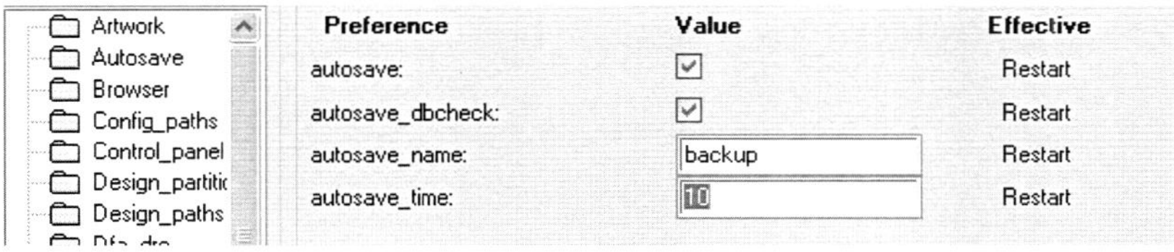

autosave : autosave 사용 여부
autosave_dbcheck : 자동 저장시 database에 error 확인
autosave_name : 자동 저장될 때 파일이름
autosave_time : 반복으로 자동 저장할 시간설정

File_management 〉 Output_dir 〉 ads_sdart

artwork 파일 생성 시 저장 경로를 생성하며, 경로에 파일이 생성

Paths 〉 Library 〉 padpath, psmpath

Pad(*.pad)와 Package Symbol(*.psm, *.fsm, *.ssm, *.osm, *.bsm)의 경로를 추가해 준다.

Route 〉 Connect 〉 acon_disable_nullnet_route

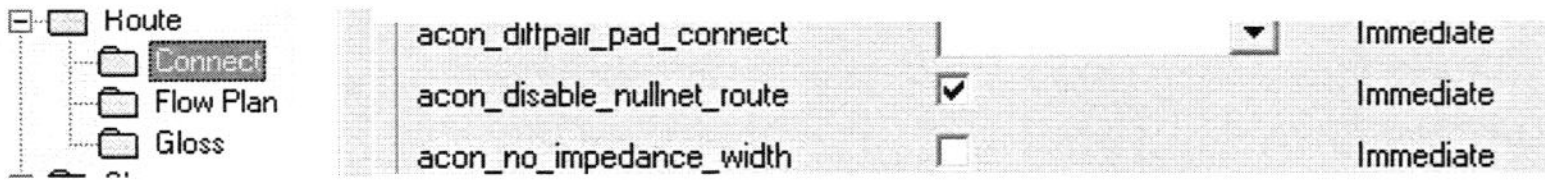

배선 시 빈 화면에서 net없이 배선이 되지 않도록 설정

Route 〉 Connect 〉 allegro_etch_length_on

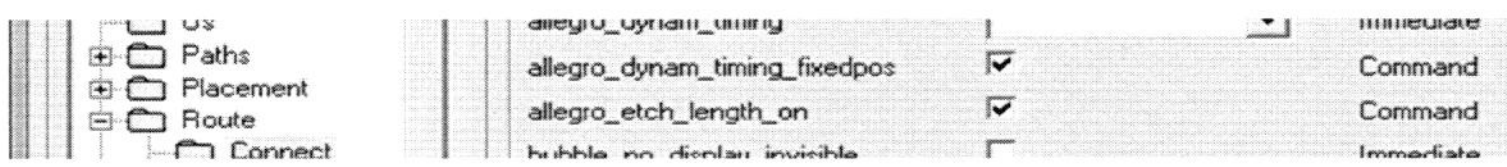

배선 시 배선 길이를 출력 - Total Length / Differential Pair (OrCAD SI 또는 Allegro 라이선스 필요)

UI 〉 Browse 〉 nolast_directory / nolast_file

PCB editor 실행 시 마지막 작업한 경로 및 파일이 열리지 않음

UI 〉 Input 〉 no_dragpopup

Ctrl키를 누르지 않고 마우스 오른쪽 버튼으로 Stroke를 그릴 수 있음

1-4. 17.2 Version 업데이트 사항(기능)

■ OrCAD Capture

1. Advanced Annotation

Complete control on components annotation

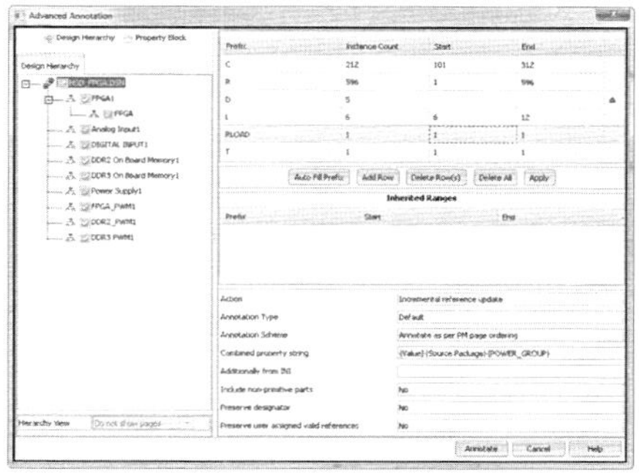

- 계층도면을 여러 기준으로 Reference를 정리
  - At block, page, and property block levels
  - Prefix based and generic rules
  - Automatic inheritance of range values
  - Auto-scanning
  - Perform selective annotation
  - Fully integrated with auto-referencing

2. Graphical Design Difference Viewer

Compare designs - logically and graphically

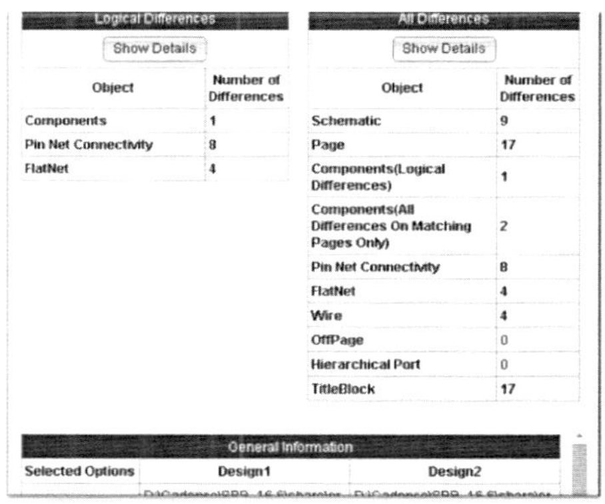

- 여러 팀이 가진 설계를 비교 검토
- 종합적인 요약 보기 레포트 지원
  - 회로도에서 부품의 그래픽과 논리적으로 다른
- 부분을 비교하여 다른 부분의 수를 표기
  - Compare
    √Designs
    √Schematics
    √Pages

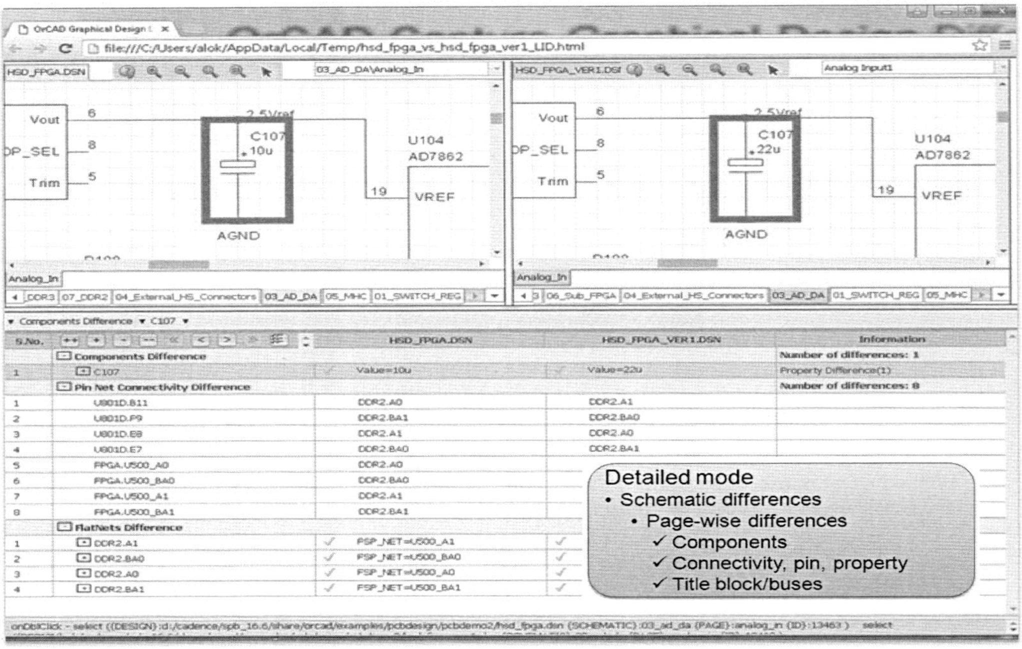

3. Export ISCF format (Intel Schematic Convert Format)

- IoT, Wearable, mobile, wireless, handheld computer 등 Intel Inside와 함께 디자인 가능
- ISCF format파일을 Intel에 직접 전달하여 빠른 디자인 리뷰와 TTM, 손실과 비용을 줄여줄 수 있음

4. Export PDF

- Tcl/Tk에서 지원하던 Intelligent PDF 생성기능을 향상하여 지원

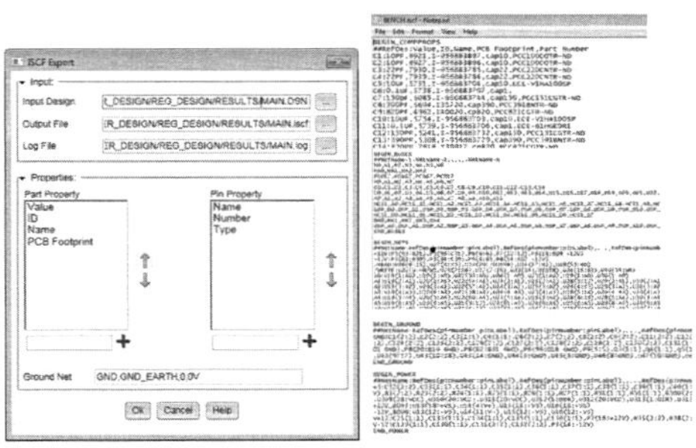

[File ⇒ Export ⇒ ICSF]

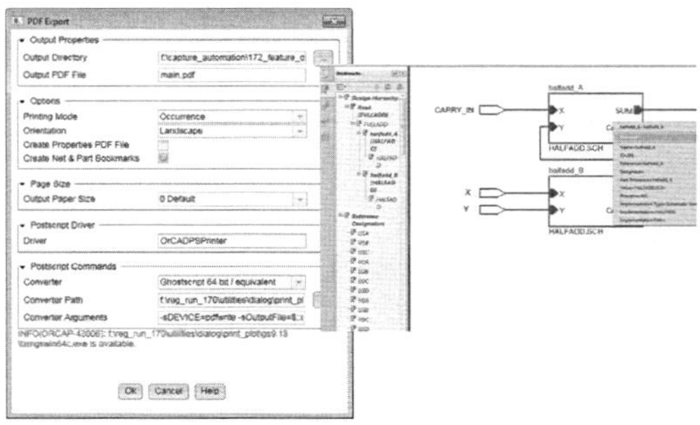

[File ⇒ Export ⇒ PDF]

■ OrCAD PCB Editor

1. 향상된 Flex와 Regid-Flex design을 위해 획기적으로 단축된 Design Cycle.

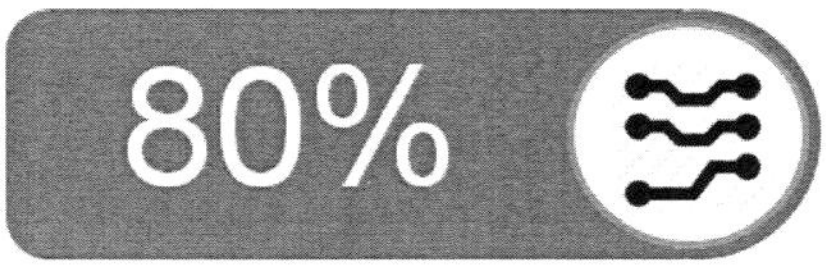

80%* Time spent on
layout of a Rigid-Flex design

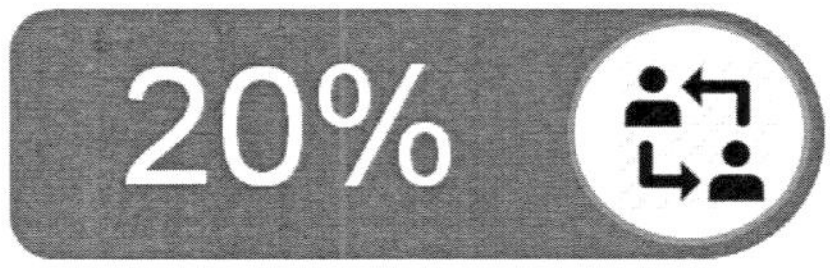

20%* Time spent on
ECAD-MCAD co-design

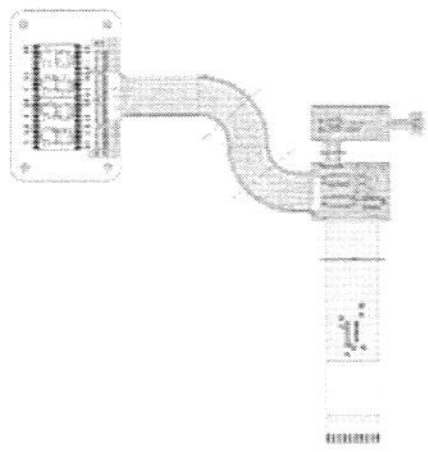

- Multi-Substrate stack-up definition
  - Support masking layers above top/below bottom
    Eg: Coverlay, Stiffner, Adhesives, Platings, …

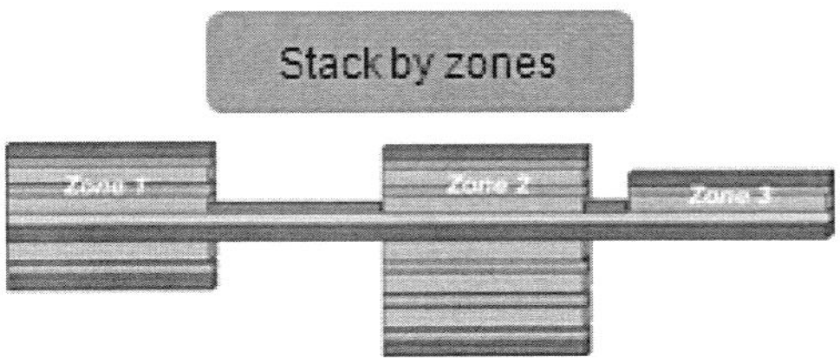

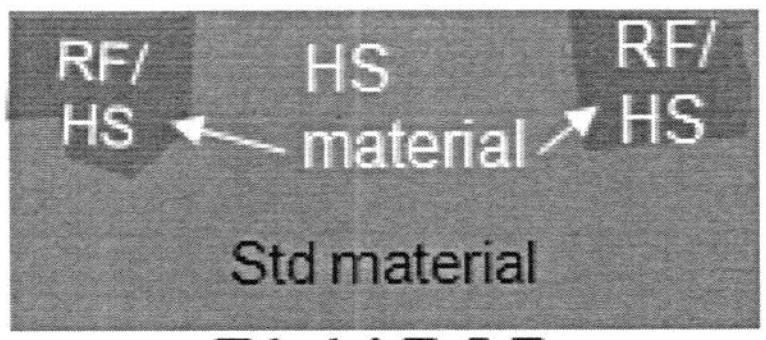

Rigid PCB

- Inter layer DRC for flex layers
- Arc aware add connect & shove/hug for routes
- Smart Placement by design section
  - Components placed on top Flex zone layer automatically

DRC Violation: Coverlay on PAD

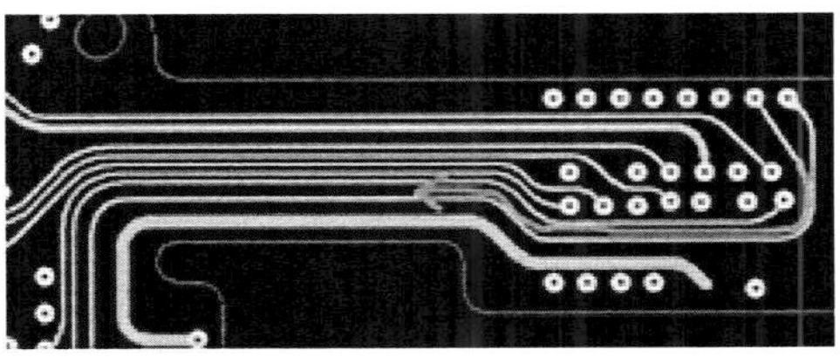

- Hand off to manufacturing – traditional and IPC–2581

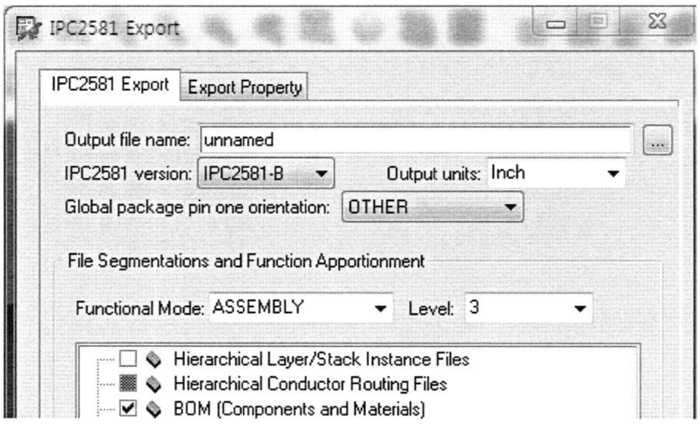

2. New Cross Section Editor

- Support Rigid Flex
  –Stack–up by Zone
- Dockable graphical display of layers and their attributes
- Display of drill direction
- Material thickness supports both +/– tolerance values
- Material name length extended to 250 characters
- Import/Export 2581

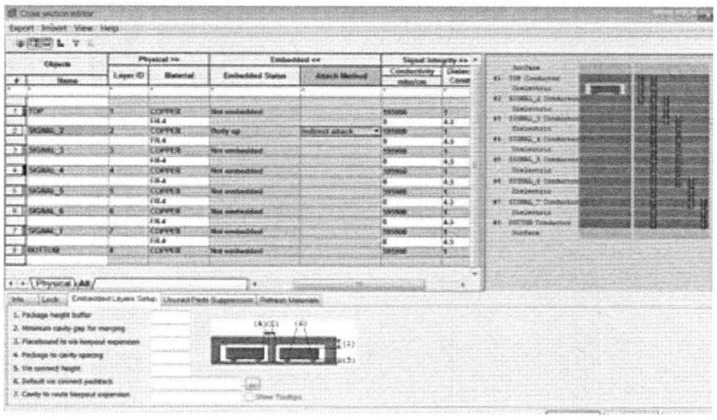

3. New Pad Stack Editor

- Expansion of Padstack Types
  – Bond Finger, Tooling Hole, ˙Mounting Hole, Fiducial

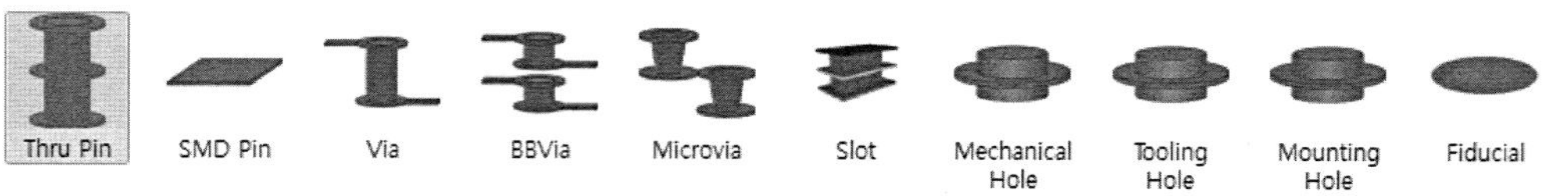

- Alignment with IPC 2581
- New Pad primitives
  - Donut
  - Chamfered and Rounded Rectangle Edit controls to created variations of chamfered or rounded rectangles
  - Access to shape editor

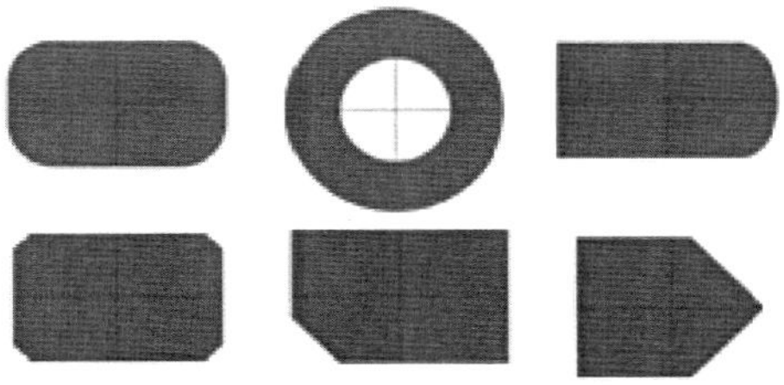

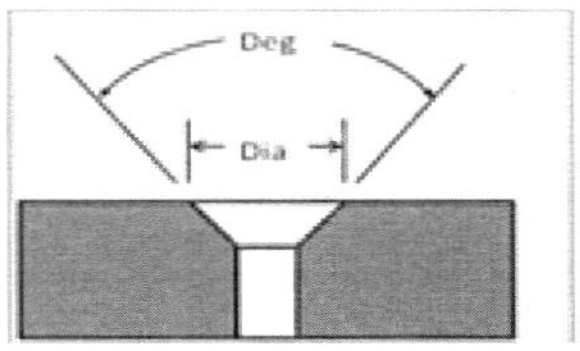

Countersink

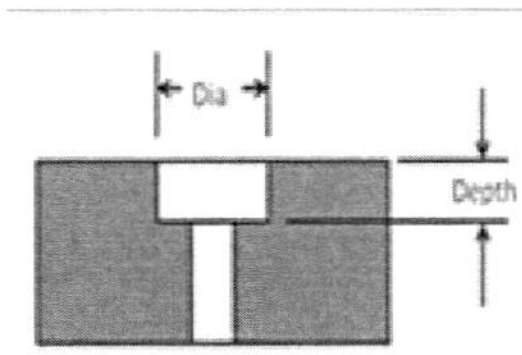

Counterbore

- Thermal/Voiding Controls by Layer
- Include Route KO areas beyond the begin/end layers of the pad definition

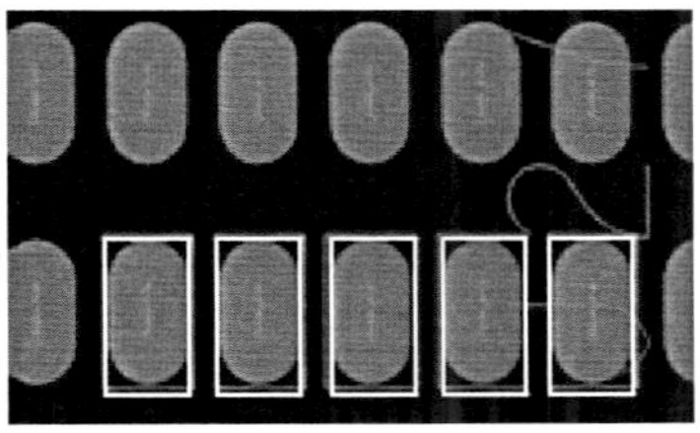

4. Altium Design Converter (16.6) / Eagle Design Converter (17.2)

Import ⇒ Translate ⇒

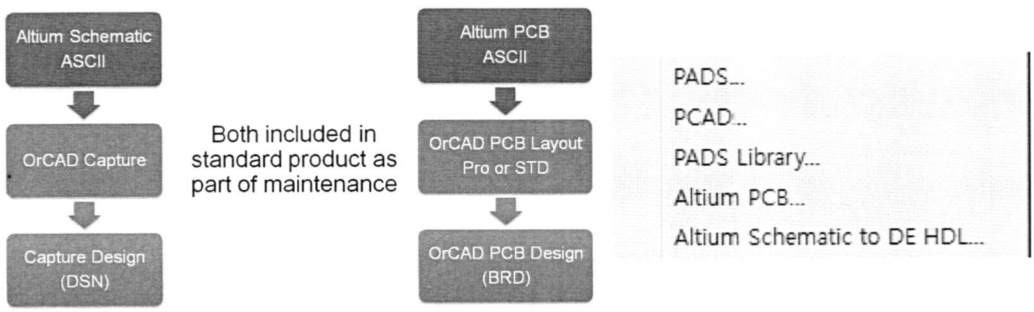

1-5. 16.6 Version 업데이트 사항(기능)

■ OrCAD Capture

1. Capture-SigXplorer Flow for Signal Integrity
    - Capture에서 SigXplorer를 이용한 Pre-SI 시뮬레이션을 지원
    - 회로도에서 SI model 설정 및 DC NET에 대한 설정 가능
    - SI 해석 및 Electrical Constraint 설정 가능

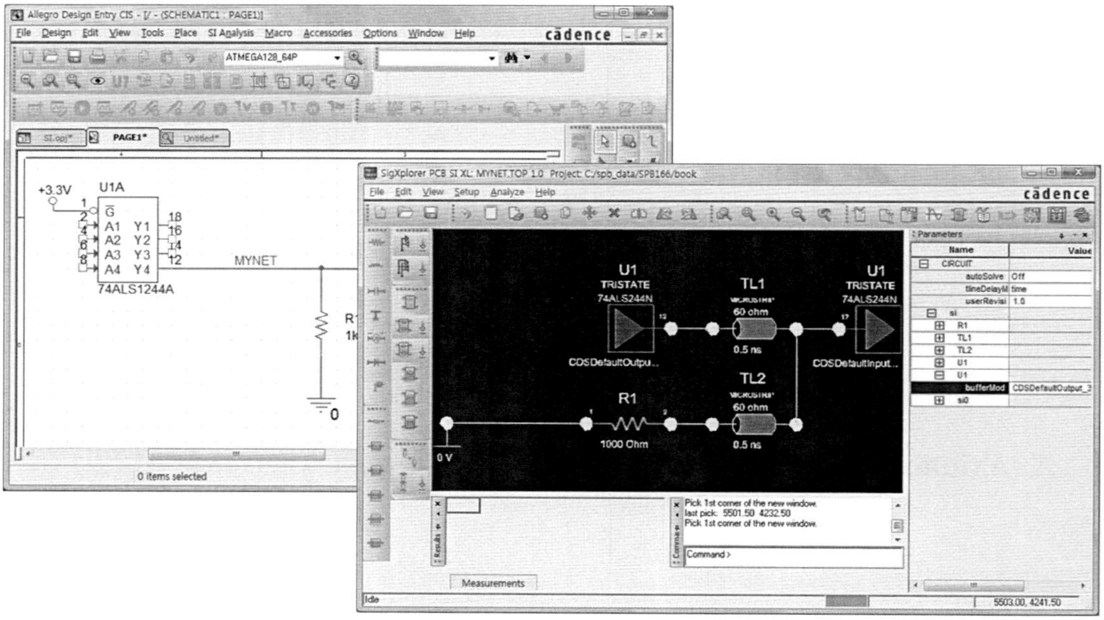

2. Enhanced Save Function for Design and Library / Project Save As Enhancements
    - 수정된 Design, Schematic 및 Page에 * 마크 표시
    - SaveAs 기능을 이용하여 프로젝트를 새로운 경로/이름으로 저장
    - Project, Design, Library, Simulation profile, Output file에 대한 저장을 옵션에서 설정

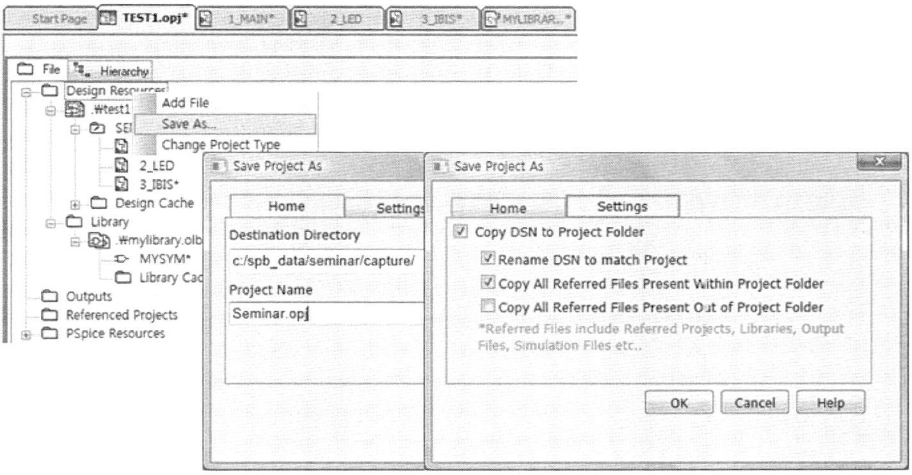

3. Enhancements in the Find Function

- "Property = Value" 를 이용한 회로도의 부품/요소 속성 검색
- 조건식(Regular Expressions)을 이용한 검색

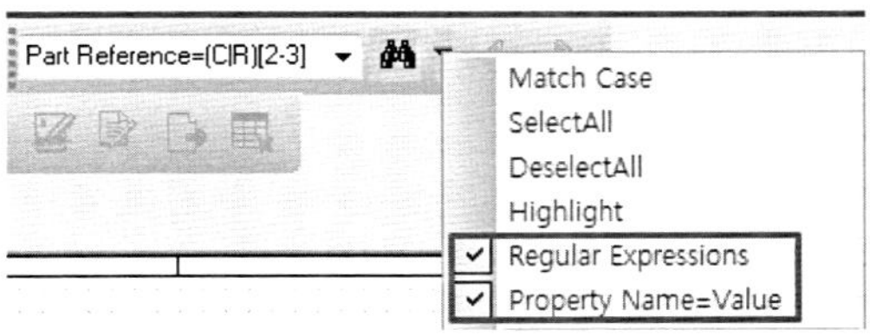

4. Enhancements in the NetGroup Use Model

- NetGroup 및 NetGroup Offpage에 이름 표시
- Net Alias/Place Offpage를 통한 NetGroup 명을 부여

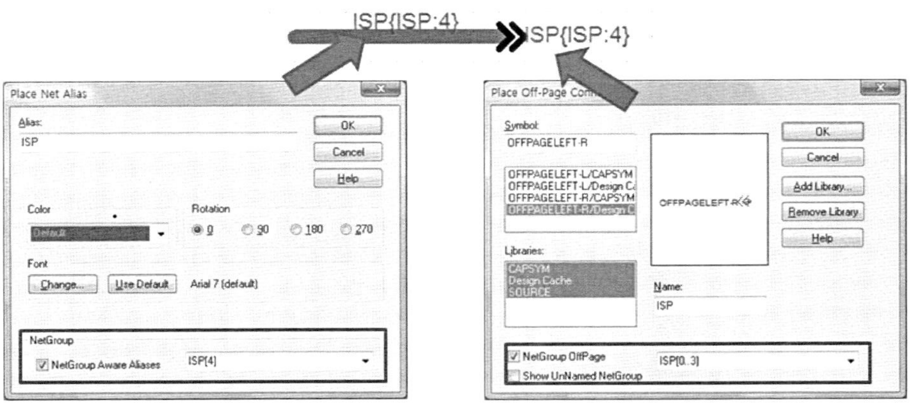

5. Global Replace for OffPage

- Global Find and Replace 기능에 Offpage Connectors 지원

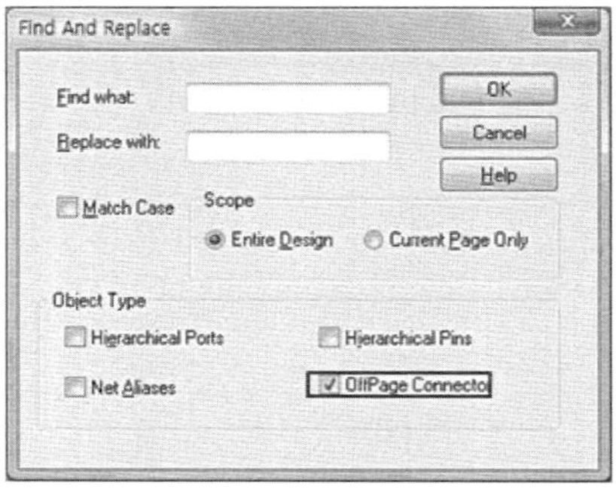

6. Enhancements in Cache Updates

- Replace Cache기능을 이용하여 부품의 속성에 대한 설정
- Design Cache의 Part를 일괄 수정 가능

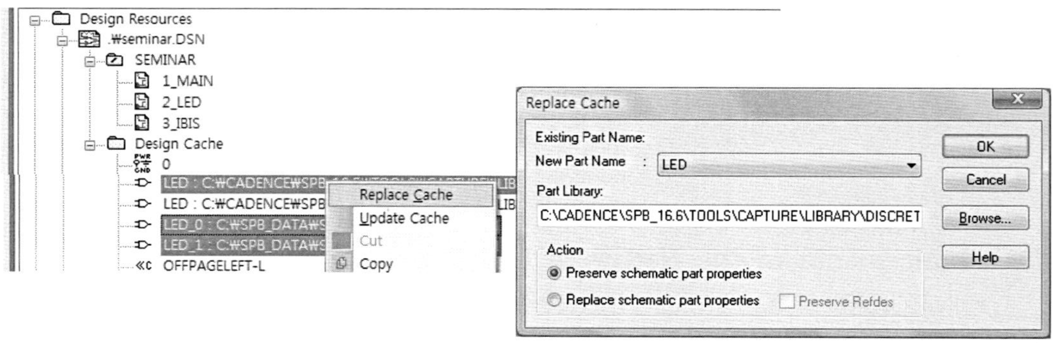

7. Setting the User Assigned Flag

- 사용자가 지정한 Reference는 _ 표시가 됨
- Reference를 관리 메뉴 추가
  - Preserve Designator
  - Preserve User Assigned Valid References

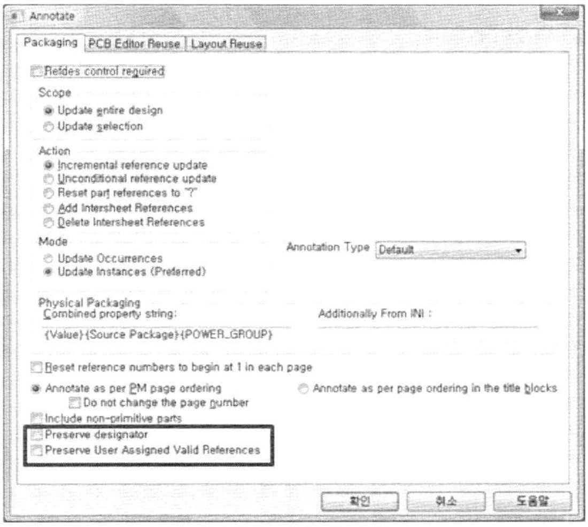

8. Design Level Auto Reference

- 설계된 도면을 바탕으로 Auto-Reference 기능 제공
  - Schematic level에서만 제공

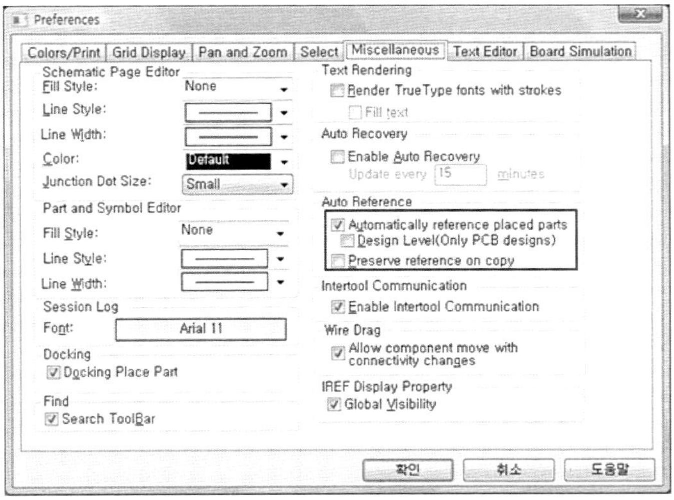

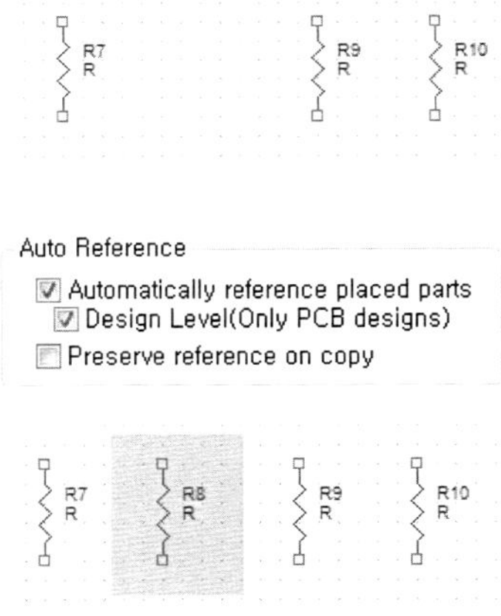

9. Closing all Tabs

- Menu를 이용하여 모든 탭을 닫을 수 있음

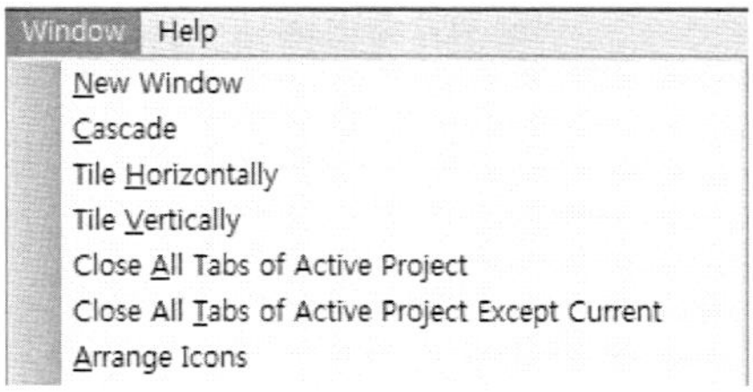

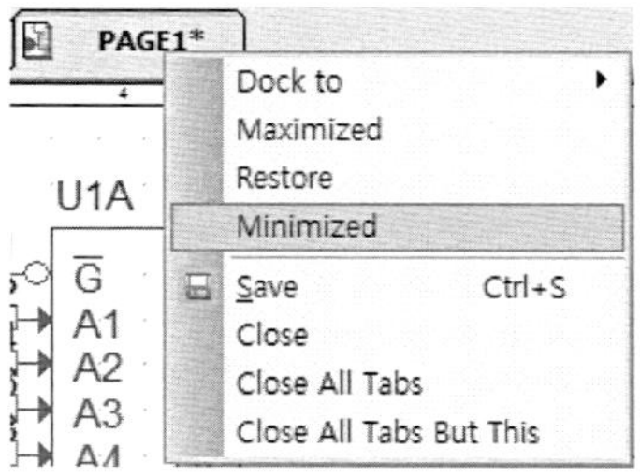

10. Design Rule Check(DRC) Enhancements

- 사용자 설정이 가능한 DRC Applications 지원
- DRC 검사 시 DRC 에러를 무시

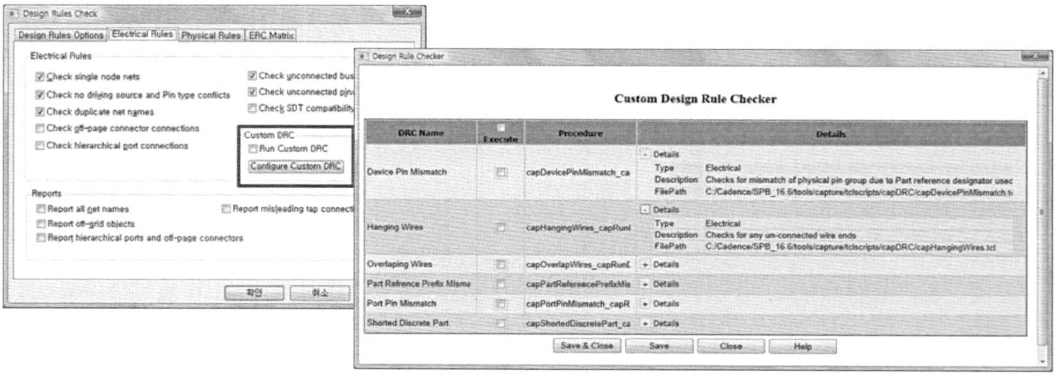

■ OrCAD PCB Editor

1. Route Interconnect Optimization

1.1 Slide Overhaul

- 코너 부분에 대한 Slide 기능 개선
  - Auto Join of segments
  - Extended Selection option
  - New Vertex editing options

1.2 Offset Routing

- 배선 시 Offset Angle을 지원
- Slide function에서 Route angle을 유지

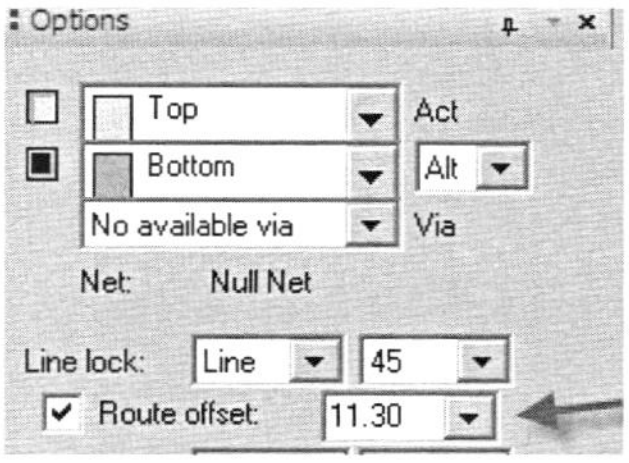

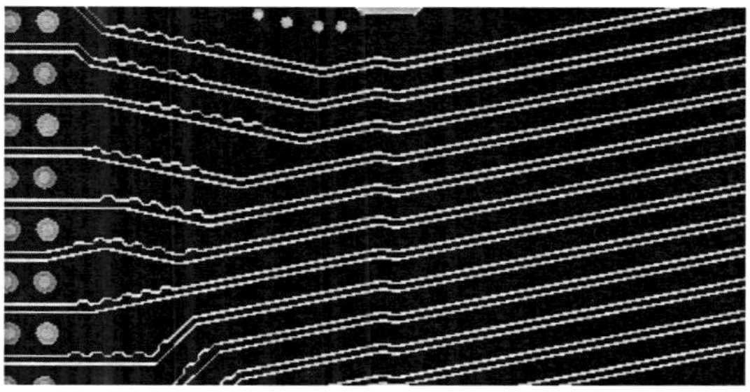

1.3 Disable Open Space Routing

- 기본 설정에서는 open space에서 Route 가능
- 'multi-line'은 open space에서 Route 가능

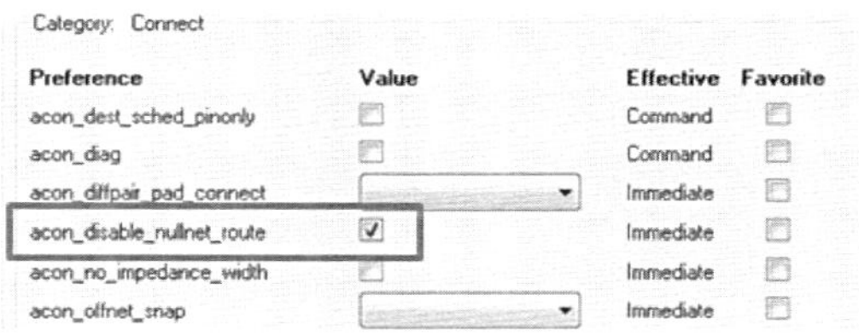

1.4 Line Width Retention during Add Connect

- 배선 두께가 변경 시 파란색으로 표시
  - 수정된 설정은 drop-down menu에 설정
- drop-down menu에서 "constraint"설정 시 Constraints Manager에 설정을 따름

1.5 Fix Cline Segments

- Cline Segment에 fix 설정
  - verb-noun 명령과 General/Etch Edit Application mode에서 지원
  - segment를 선택 후 RMB - Fix 명령으로 적용

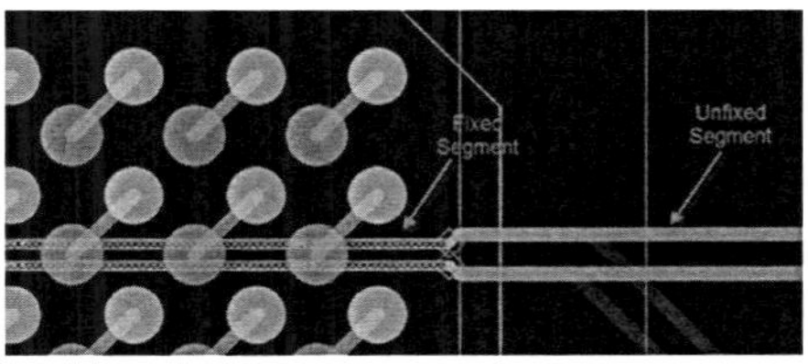

2. Productivity Enhancements

2.1 Component Alignment updates

- 부품 정렬 기능 강화
  - 수평/수직 정렬
    - Top, Center, Bottom과 같이 수평 정렬
    - Left, Center, Right와 같이 수직 정렬
    - Placebound Shape를 기준으로 부품 정렬
  - 부품 간격 설정
    - 같은 거리로 부품을 정렬
    - DFA에 설정된 간격으로 부품 정렬
    - 일정한 간격으로 증감기능 지원

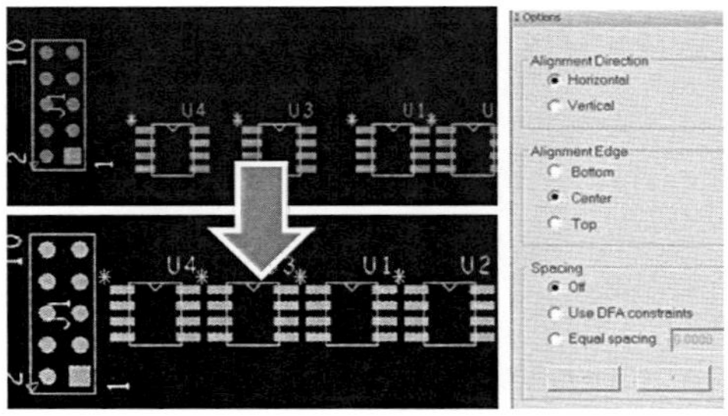

2.2 Place Replicate support of Text

- Place Replicate application는 component reference designator를 지원
- text 또는 silkscreen의 위치를 수정한 module을 update하여 이용할 수 있음

2.3 Quickplace - Overlap Components

- overlap components 기능 추가
- 부품을 겹쳐서 배치
- 효과적인 부품 배치

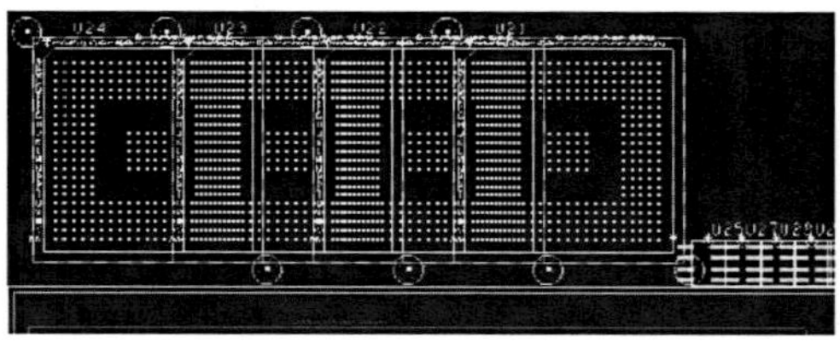

2.4 Symbol Instance Refresh

- Placement Edit Application 모드에서 Refresh Symbol Instance RMB 팝업 메뉴를 이용하여 부품을 갱신
- Text 또는 심벌의 Outline 등을 갱신

2.5 Parameterized Cornering for Rectangular Shapes

- Shape - Add Rectangle 명령
  - Draw Rectangle 및 Place Rectangle 지원
  - Corner style option 지원
    - Orthogonal (default)
    - Chamfer
    - Round
  - Corner length option 지원
    - Trim or chamfer length
    - As a percent of the shorter edge

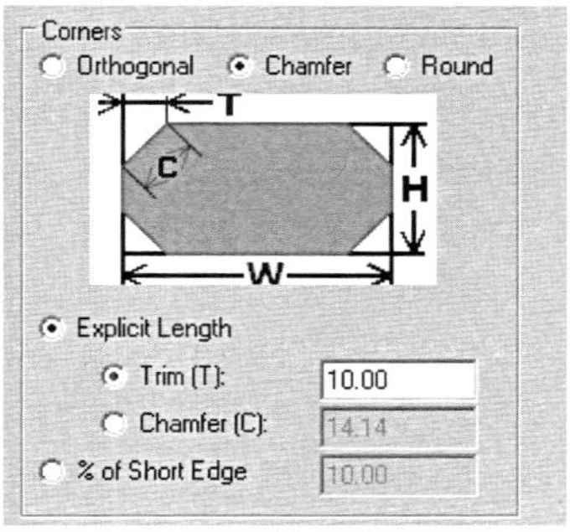

2.6 Shape Expansion/Contraction

- Shape에 Expand/Contract 옵션을 이용하여 확대/축소
  - 배치된 1개 또는 다수의 Shape에 대한 확대/축소 지원

2.7 Add Circle – Ease of Use Improvements

- Circle에 관련된 모든 명령에 적용
  - Add Circle
  - Shape Circular
  - Shape Manual Void Circular
- Circle 생성 option
  - Draw Circle
  - Place Circle
  - Center/Radius
    - 특정 좌표와 반지름을 설정하여 Circle을 생성 가능

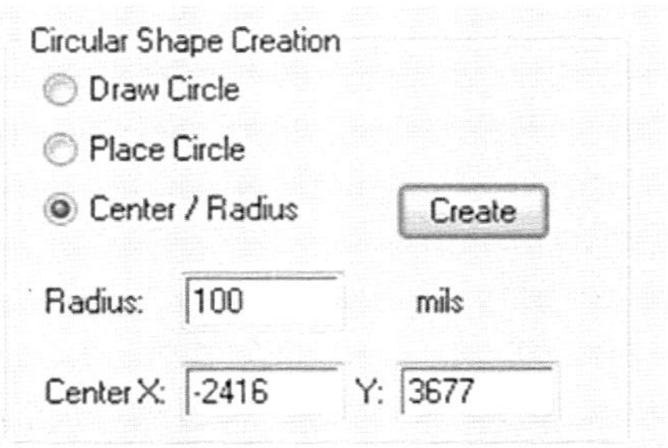

2.8 Thermal width for Xhatch shapes

- Thermal Alignment Xhatch shapes
  - Xhatch Shape에 설정된 배선 두께로 변경 가능

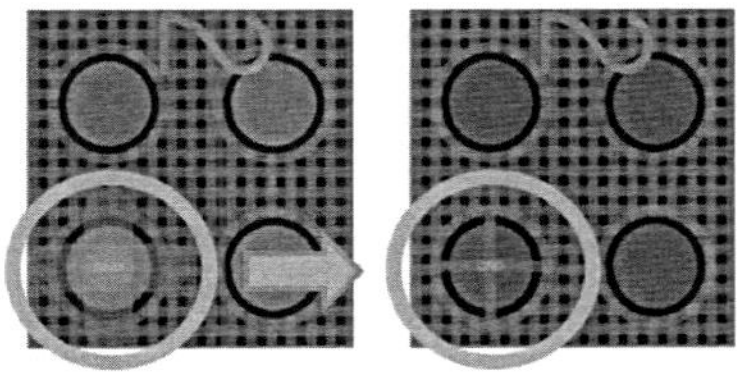

2.9 Embedded Net Names

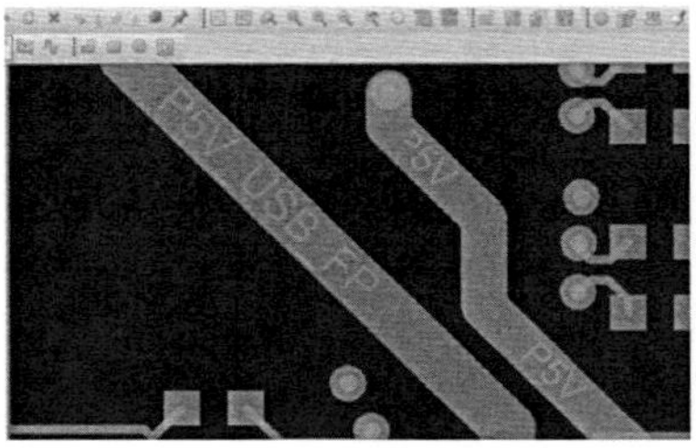

- Net Name 표시
  - Clines / pins
  - Shapes / Flow Lines
- Design Parameters에서 표시 설정
- Open GL 필요

2.10 Show Measure Support for Dual Units

- 두 개의 단위로 리포트 출력
  - Design Parameters에 설정된 단위와 "Alternate Unit"에 설정된 단위로 출력

2.11 Multiple Constraint Region Assignments

- 다수의 region shapes를 single region constraint object로 배치가능

2.12 "Snap Pick to" updates

- RMB option에서 'Snap Pick to' 명령을 강화
  - Rectangle Edge Vertex / Rectangle Edge Midpoint / Rectangle Edge
  - Shape Center / Symbol Center
- 'Edit-Vertex' 명령에서 snap function을 이용가능

2.13 Select by Lasso or Path

- 새로운 selection option이 추가
- RMB option(Selection set)
  - Lasso : 마우스 영역 안에 선택
  - Path : 마우스 궤적에 따라 선택

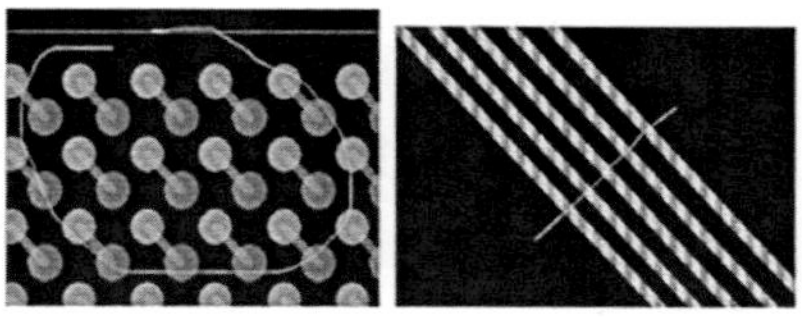

Lasso Path

2.14 Highlight Nets associated with Component

- component에 연결된 Net을 Highlight로 표현

2.15 Split Plane Association

- Split Plane에서 Net association은 database로 관리
- Anti Etch로 이용하여 구역을 수정

- Split Plane이 재 생성될 때 에러를 줄임

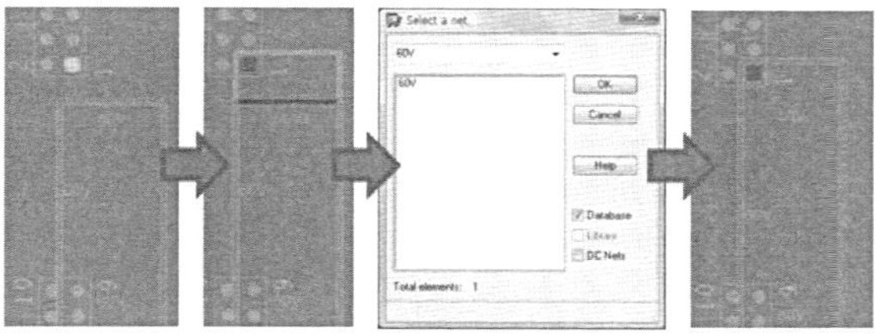

3. DFM / Database & Misc Enhancements

3.1 Thieving Updates

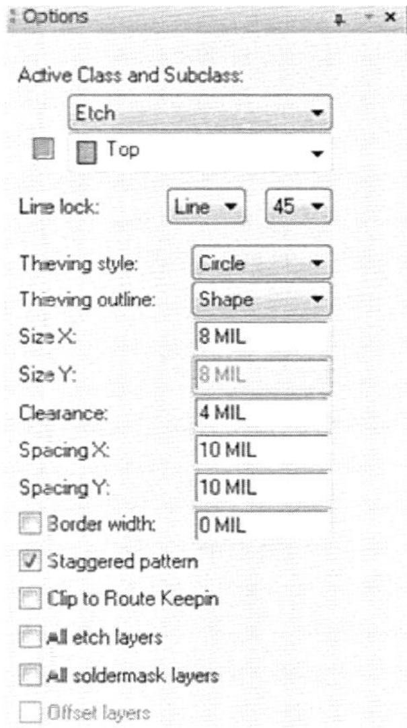

- Thieving outline
  - 'Rectangle' option이 추가
- Thieving style
  - 'Circle'와 'Rectangle'에서 'Line' 형태가 추가
- All etch layers
  - 모든 positive etch layer에 Thieving을 배치
- All soldermask layers
  - 모든 soldermask layer에 Thieving을 배치

3.2 NC Route

- plated와 non-plated route file을 분리하여 생성
- NC Route tool code와 data를 자동 생성

3.3 Associative Dimensioning Updates

- Dimension Text 대체 기능
  - %v : dimension value 출력
  - %u : IN 또는 MM로 설정된 단위 출력
- Balloon Dimensions
  - Balloon Dimension에 대한 파라미터 지원

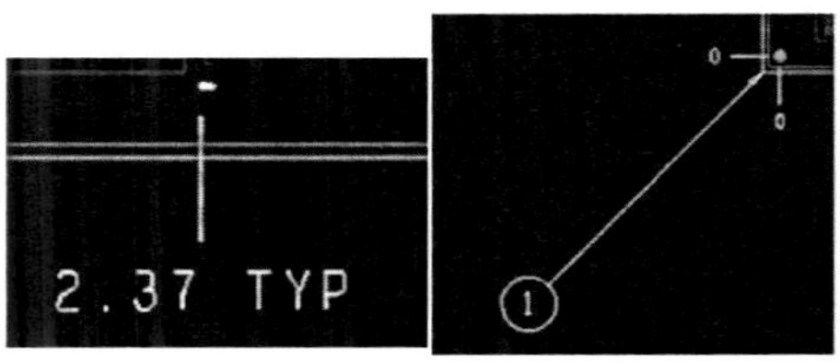

3.4 Generic Tech File Support

- Tech file export option에 “Generic” 추가
- Cross-section neutral file을 지원
  - Top / Bottom / Internal Signal / Internal Plane
- 동일한 성격의 내층 layer board에 적용
  - Cross section 설정에는 영향을 받지 않음

3.5 Net Loop Report

- 설계된 Net loop를 리포트로 출력
- DC nets에 대한 리포트 지원 안함

3.6 Pastemask DRC update

- 부품 symbol에서 Pastemask to Pastemask DRC를 검사

4. Symbol Editor Enhancements

4.1 Renumber Symbol Pins

- 핀의 번호를 자동으로 재배치 기능
  - Numerical
  - Alphabetical
  - Alphanumerical

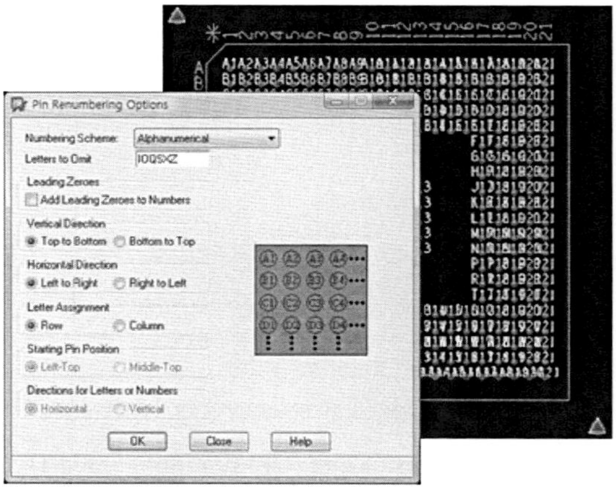

4.2 Import .CSV pin files

- 핀의 정보가 있는 .CSV 파일을 지원
  - pin number
  - padstack name
  - x / y position
  - rotation
  - text offset x/y
  - text rotate
  - mirror

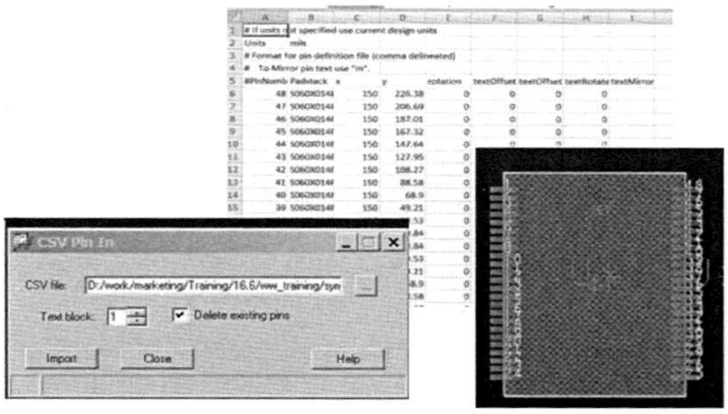

2 OrCAD PCB Editor V17.2
단안정 멀티바이브레이터회로 –양면(2층) PCB 설계

회로도

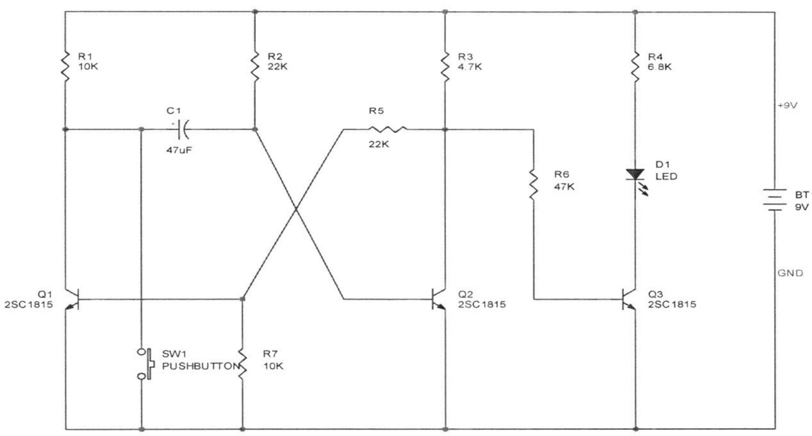

PCB

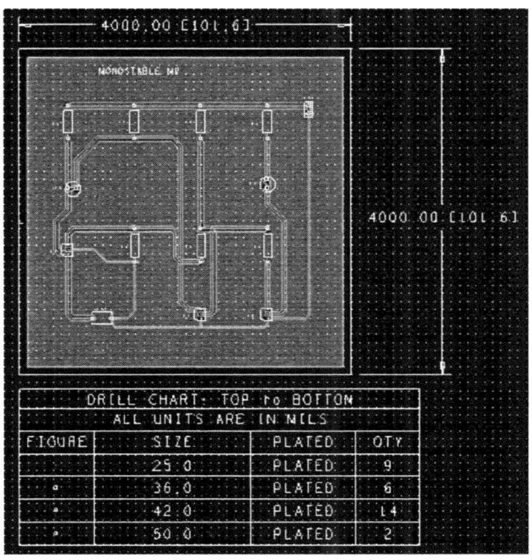

DRILL CHART: TOP to BOTTOM			
ALL UNITS ARE IN MILS			
FIGURE	SIZE	PLATED	QTY
	25.0	PLATED	9
◦	36.0	PLATED	6
◦	42.0	PLATED	14
◦	50.0	PLATED	2

▶ 부품 List / Footprint

Capture - Part Name	PCB Editor - Footprint
R	RES400
CAP POL	CAP196
NPN ECB	TO92
BATTERY	JUMPER2
LED	CAP196
SW PUSHBUTTON	PB-2P-60X35 [신규 생성]

▶ Capture 단축키

<table>
<tr><th>기능</th><th>단축키</th><th>기능</th><th>단축키</th><th>기능</th><th>단축키</th></tr>
<tr><td>Zoom in</td><td>I</td><td>GND</td><td>G</td><td>복사</td><td>Ctrl + C</td></tr>
<tr><td>Zoom out</td><td>O</td><td>Net alias</td><td>N</td><td>붙이기</td><td>Ctrl + V</td></tr>
<tr><td>Pan center</td><td>C</td><td>BUS</td><td>B</td><td>커서 변형</td><td>F6</td></tr>
<tr><td>Rotate</td><td>R</td><td>BUS ENTRY</td><td>E</td><td rowspan="2">Full Screen Mode</td><td rowspan="2">Ctrl + F8</td></tr>
<tr><td>Wire</td><td>W</td><td>ADD TEXT</td><td>T</td></tr>
<tr><td>Line</td><td>L</td><td>속성</td><td>Ctrl + E</td><td>Page 이동</td><td>Ctrl + Tab</td></tr>
</table>

※ 간혹 단축키가 동작하지 않을 시에는, 키보드의 한/영 전환키를 눌러 영어로 맞춘 후 다시 시도하면 된다. 단축키는 대・소문자를 구별하지 않는다.

– PCB Editor 기능키

KEY	기능	KEY	기능
F2	zoom fit	SF4	show measure
F3	add connect	SF5	copy
F4	show element	SF6	move
F5	refresh	SF7	dehighlight all
F6	done	SF9	vertex
F7	next	SF10	save_as_temp
F8	oops	SF11	zoom previous
F9	cancel	SF12	zoom world
F10	grid toggle	CF2	next
F11	zoom in	CF5	color
F12	zoom out	CF6	color priority
SF2	property edit	SCF5	status
SF3	slide		

2-1. 회로도 그리기

작업 표시줄의 [시작]버튼을 선택한 후 [프로그램 〉 Cadence Release 17.2-2016 〉 OrCAD Products 〉 Capture]를 선택한다.

1. 새로운 프로젝트 만들기

– 툴바의 New를 클릭한다.(또는 File 〉 New 〉 Project를 선택한다.)

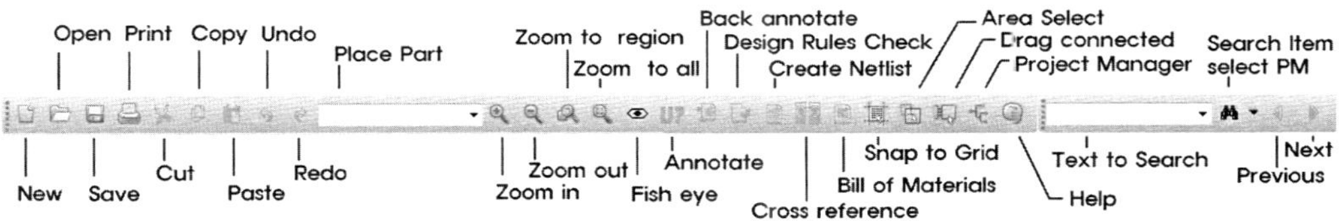

– New Project 창이 뜨면 Name, Create a project Using, Location을 작성한다.

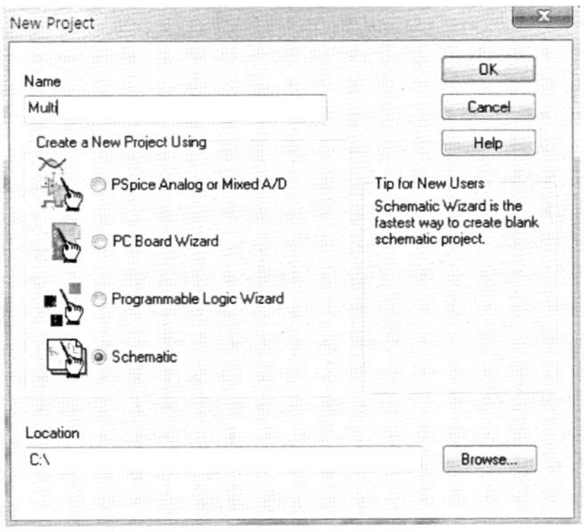

- Name : 작업할 프로젝트의 파일명을 적는다.
- Analog or mixed A/D : Analog 또는 Digital 혼합회로 설계를 위한 Pspice Project option
- PC Board Wizard : A/D 또는 VHDL, Verilog를 이용한 회로 해석
- Programmable Logic Wizard : CPLD나 FPGA design, Digital simulate를 한다.
- Schematic : Schematic 작성용 Capture
- Location : 저장할 위치지정

– [Browse]를 선택하여 저장위치를 선택한다.

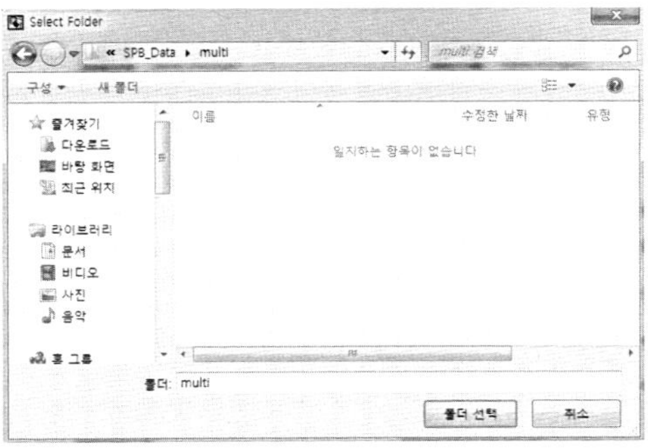

C:₩SPB_Data₩multi 라는 폴더를 생성하고 저장 위치를 선택한다.

주의 : 새로운 폴더를 생성 후 반드시 생성된 폴더를 선택해야 한다.

2. 기본 환경설정

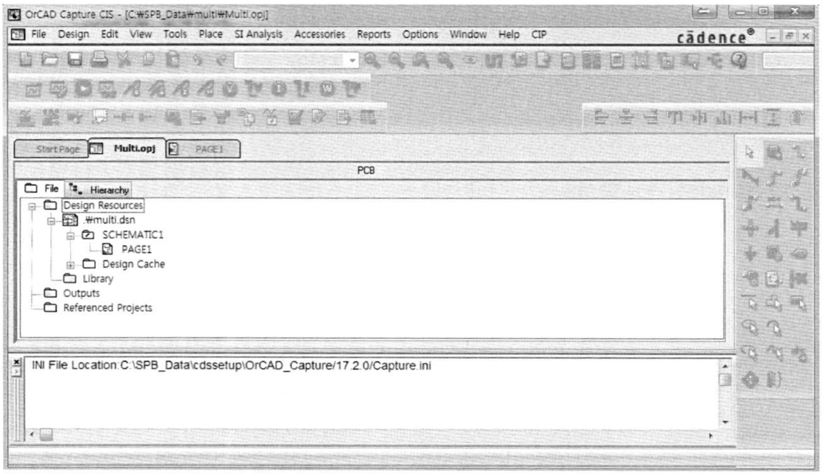

- OK를 클릭하면 위와 같은 OrCAD Project Manager 화면이 뜬다.
- Page1을 더블클릭하면 회로도를 작성할 수 있는 화면이 열린다.

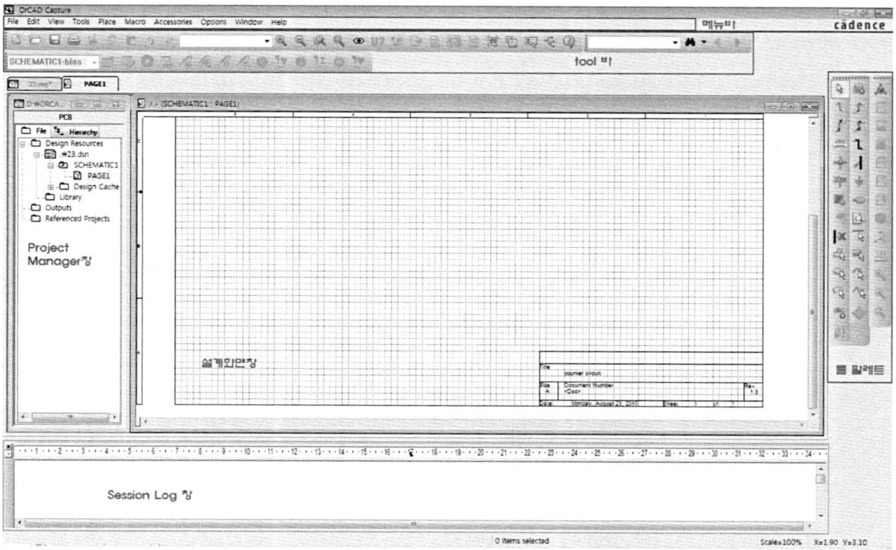

- 회로도 작성을 하기 위해 많이 쓰이는 설정으로 아래와 같이 한다.
  ① Schematic size (회로도 크기)
  ② Auto backup (자동 저장)
  ③ 라이브러리 추가

1) Schematic size 설정하기

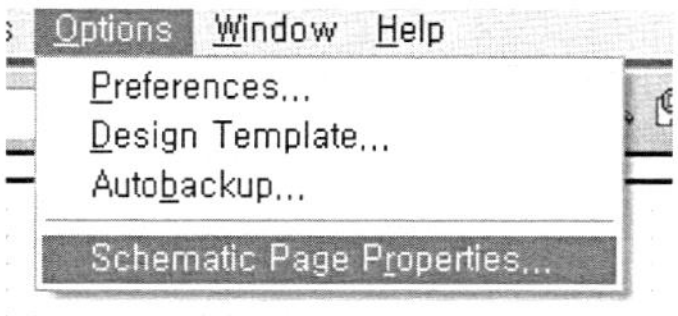

– 메뉴바의 Options에서 Schematic Page Properties 를 선택한다.

– Page size에서 mm를 선택하고 A4를 선택한다.

※ 프린터 출력을 위해 단위를 mm로 쓴다.

2) Auto backup 설정하기

작업을 하다가 정전이나 컴퓨터의 오동작 등으로 인한 손실을 최소화하기 위해 backup을 하는 습관을 가지도록 한다.

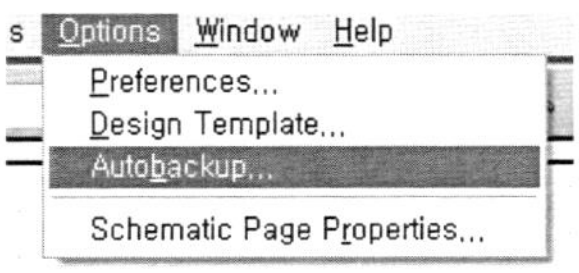

– 메뉴바의 Options에서 Autobackup을 선택한다.

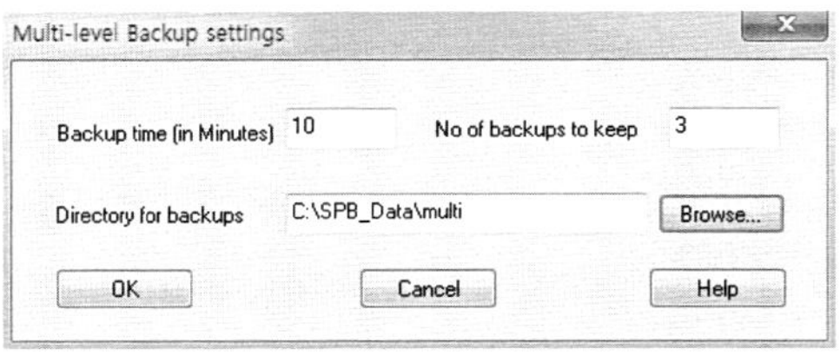

– 설정창에서는 저장시간과 저장파일 개수, 저장위치를 설정한다.
– 10분 간격으로 C:₩OrCAD_EXE₩폴더에 프로젝트 이름_0, ...으로 3개의 파일이 만들어진다.

3) 라이브러리 추가하기

Capture에서 제공하는 기본 라이브러리를 사용하기 위해서 라이브러리를 추가해야 한다. 기존에는 검색시간 단축을 위해 필요한 라이브러리만 추가하는 방법을 택했으나, 현재는 컴퓨터의 성능이 우수해져서 모든 라이브러리를 추가하여도 빠른 검색이 된다.
라이브러리의 추가는 최초 한번만 하면 다음 작업에도 그대로 설정이 지속된다.

– 오른쪽의 툴팔레트에서 part[ ] 또는 메뉴바에서 Place 〉 Part를 선택한다.

<u>단축키 : P</u>

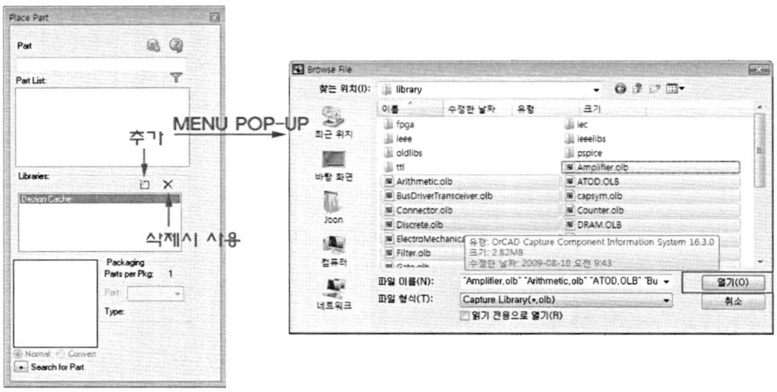

Add Library를 선택한다. 라이브러리(*.olb)를 모두 선택 후 열기를 한다.

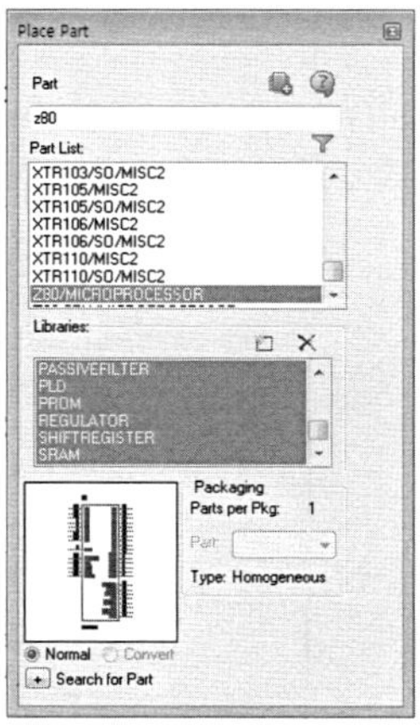

라이브러리가 Libraries 섹션에 모두 추가된 것을 확인한다.

2-2. Footprint 검색 및 생성

Footprint란 PCB에서 사용하는 심벌로 실제부품의 외형정보와 핀(Pin)정보를 가진 데이터를 말한다. Footprint를 생성할 때는 데이터시트에 기반해서 만들어야 하며, 데이터시트가 없는 부품의 경우에는 버니어캘리퍼스 등으로 치수를 정확하게 측정해야 한다.

OrCAD PCB Editor에서 기본적으로 제공된 심벌을 사용하고, 심벌이 없는 경우에는 새로 생성을 한다.

1. PCB Editor에서 부품 검색하기

- Capture를 열어놓은 상태에서 작업을 계속한다.
- 시작 〉 프로그램 〉 Cadence Release 17.2-2016 〉 PCB Editor를 실행한다.

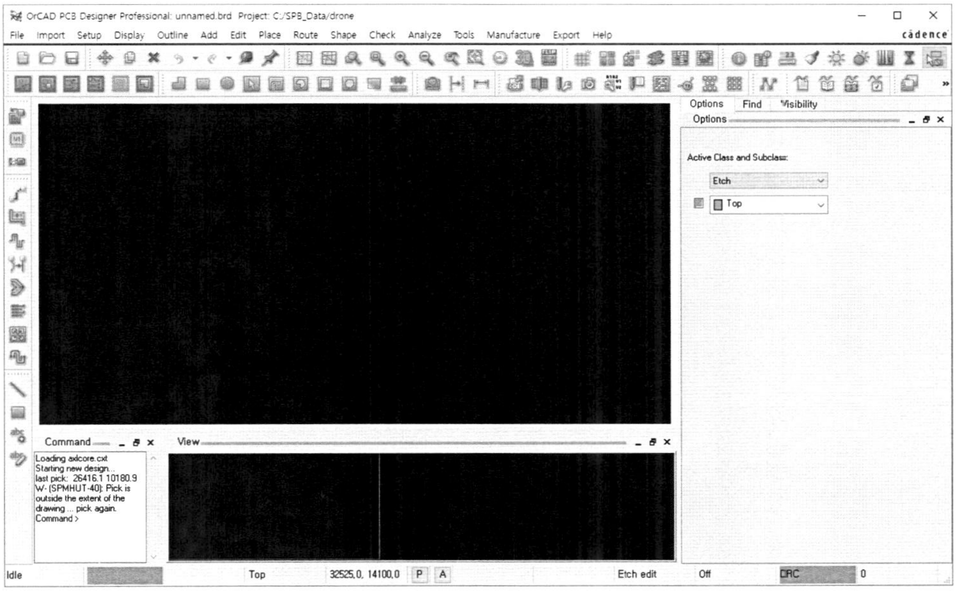

- 메인화면이 열리면 메뉴의 Place 〉 Components Manually...를 선택한다.

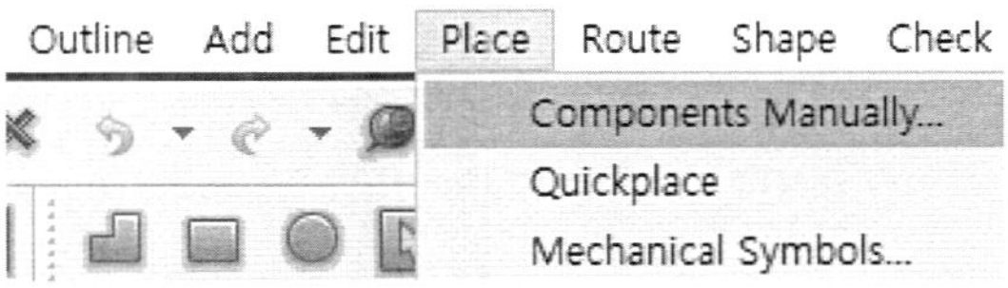

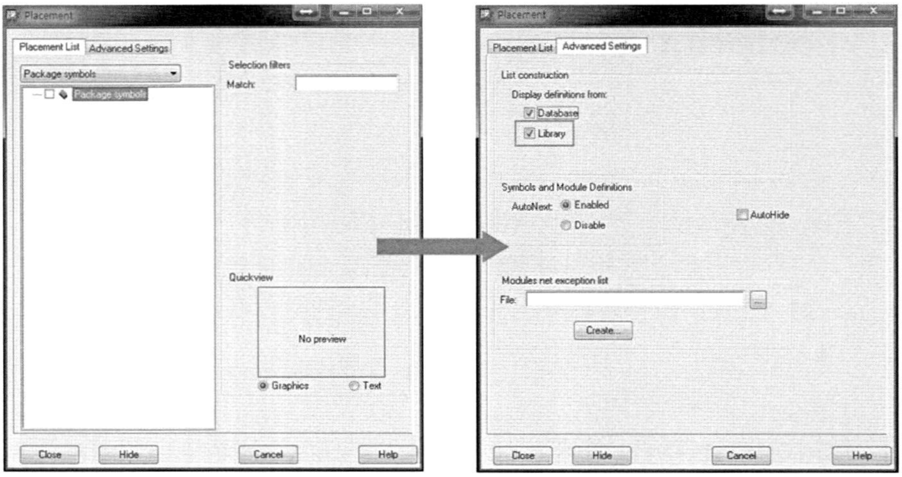

- Placement 창이 열리면 풀다운 메뉴 Package symbols에 아무것도 보이지 않는다.
- 상단의 Advanced settings tab을 선택한다.

- Advanced setting창에 Library 체크를 하고 다시 Placement List tab으로 이동한다.

※ 기본 제공되는 심벌을 불러오는 과정.

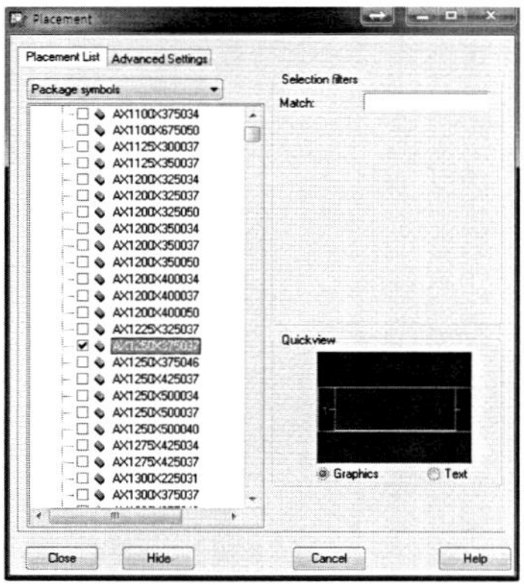

- package symbols을 선택하면 라이브러리들이 보인다.
- 라이브러리의 왼쪽 체크란에 체크를 하면 오른쪽 하단에 모양이 나타난다.
- 숫자가 의미하는 것은 주로 300이면, 핀과 핀사이가 300mil, DIP 10이면 10핀, 또는 패키지 타입(TO92)등으로 나타난다.
- 찾아야할 Footprint는 R, CAP POL, LED, TR, SW, BATTERY에 해당하는 것을 찾으면 된다.

- 저항 : RES400 (핀과 핀 사이가 400mil (10.16mm)인 저항)
- 극성콘덴서 : CAP196 (콘덴서외형의 지름이 196mil (5mm)인 콘덴서)
- TR : TO92 (패키지 모델명이며 흔히 쓰이는 TR타입)
- BATTERY : JUMPER2 (배터리를 연결할 2단자)
- LED : CAP196 (콘덴서와 외형이 같음 지름5mm pin pitch : 100mil)
- SW PUSHBUTTON : 수동소자는 종류가 많고 모양도 다양해서 기본 라이브러리에 제공되지 않는다. 2핀짜리 부품으로 대체해도 되지만, 스위치는 만들도록 하겠다.

※ Footprint 이름은 자주 쓰지 않는 이상 암기가 어렵고 정확하지 않을 경우 에러를 발생시키기 때문에 항상 확인하는 습관을 들이도록 한다.

〈설계단위〉

PCB 설계시 쓰이는 단위는 inch와 mm이다.

① inch
- 미국, 유럽 등지에서 표준화된 단위
- 1 inch = 25.4 mm

<u>** 1 inch를 1000등분 한 0.001 inch 를 1 mil(밀)이라고 정의한다.</u>

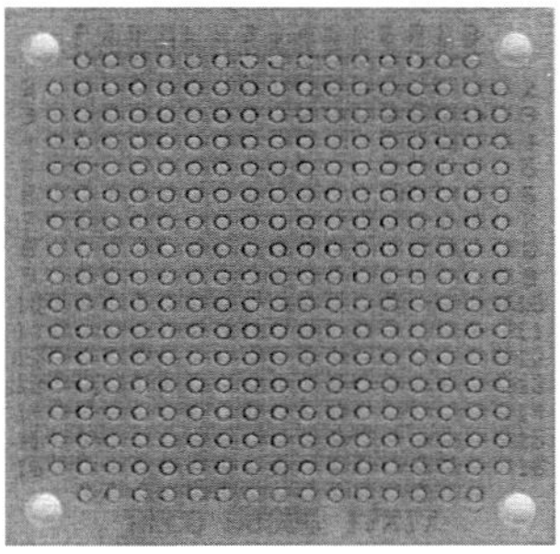

- 그림에서 보이는 구멍(hole)과 구멍 사이의 간격이 100mil(2.54mm)이다. 부품의 다리가 기판을 관통하여 고정(납땜)되어지는 Through hole 부품의 경우 mil 부품이다. 이 기판에 부품을 꽂았을 때 잘 꽂힌다면 mil 부품으로 봐도 무방하다.
데이터시트에서 0.1이라고 되어 있으면 0.1 inch, 즉 100 mil이다.

② mm (밀리미터)
- 국제 표시 규격
- 1 m를 1000등분한 값 0.001 m를 1 mm라고 정의한다.
- SMD(Surface Mounted Device : 표면 실장 부품)의 치수단위
- 1 mm = 39.37 mil이며 약 40mil로 기억한다.

****

2. Push Button Switch 만들기

– 기본 조건 : 2 pin, 기판형

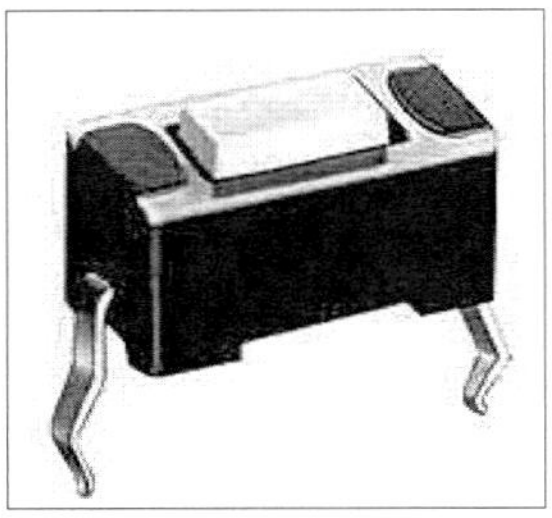

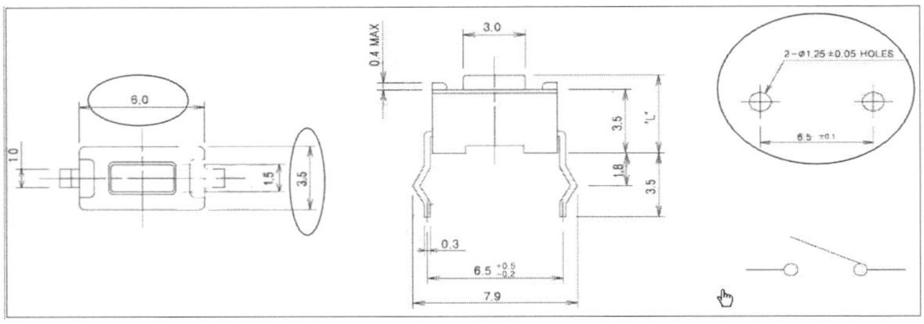

위의 그림에서 필요한 정보를 발췌한다.

– 부품 크기 : 6.0 X 3.5 mm

– Hole 크기 : Ø1.25 ± 0.05 [mm]

– pin pitch (pin to pin) : 6.5 ± 0.1 [mm]

심벌을 생성하는 순서는 아래와 같이 이루어진다.

1. 핀 생성 (확장자 *.pad로 저장된다.)
2. 핀 배치 및 외형치수, 기타 정보 (확장자 *. dra로 저장)
3. 저장을 하면 이 두 가지가 합해진 심벌이 자동 생성된다.(확장자 *.psm)

1) PIN 생성하기

시작 〉 프로그램 〉 Cadence Release 17.2-2016 〉 Padstack Editor의 경로로 이동하여 선택한다.

Summery : 각 값들이 입력된 경우, Padstack의 타입 등 간략한 정보를 보여준다.

- Type – Through : 기판의 윗면에서 아랫면까지 관통하는 일반적인 핀. 부품 핀이나 비아(via)에 쓰인다.
  Blind/Buried : 다층기판에 쓰이는 핀 (via)
  Single Mode On/Off : SMD(표면실장부품) 용 Pin의 설정 유무

Unit : mils / inch / millimeter / centimeter / micron 이 있다.
기본이 mils로 되어있다.

Drill/slot hole : Drill size를 설정해주는 창으로 실제 삽입될 부품의 크기보다 0.3~0.4 mm정도 크게 해 준다. Plating이란 관통된 홀의 내부를 도금 시킬 것인가를 결정하는 것이다.(Plated : 도금 시킴)

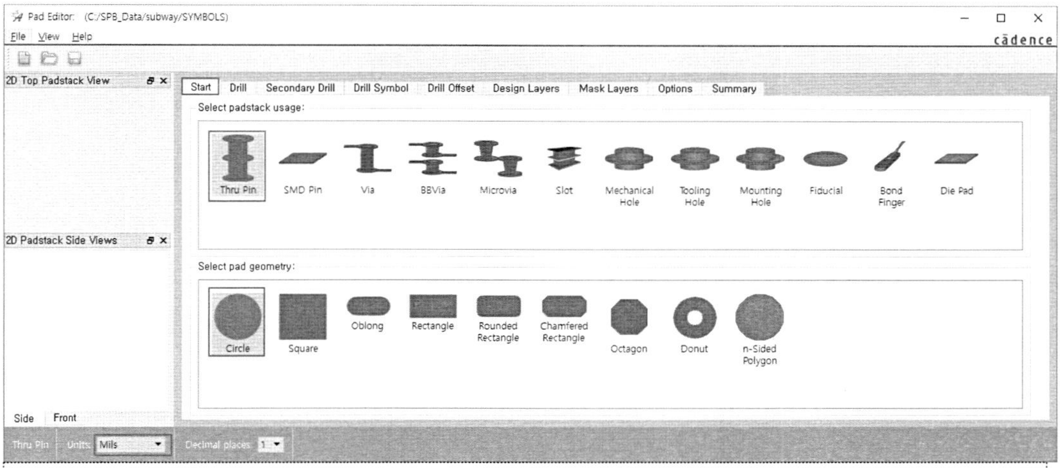

위 그림과 같이 상단 탭의 순서대로 흐름이 진행된다.
먼저 “Start” 탭에서 Thru Pin, Circle 형태로 정하고 두 번째 탭 Drill을 누른다.

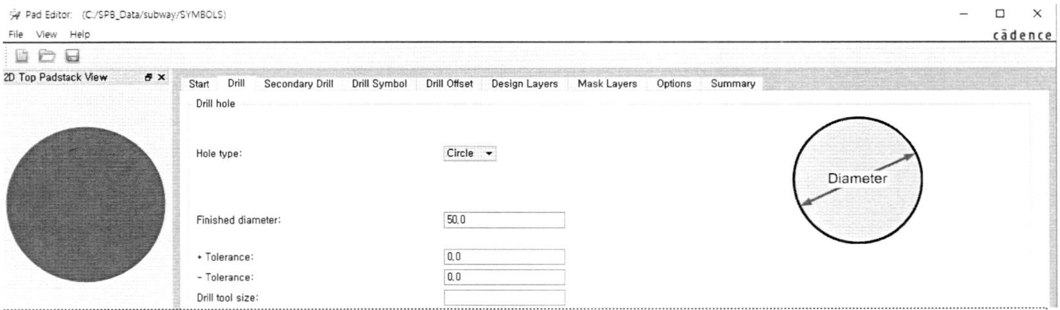

Finished Diameter에 드릴 직경을 입력한다.
mils에 익숙해지도록 하기 위해 본장에서는 mils로 설정하도록 하겠다.
[1.25mm = ? mil]
1mm는 39.37mil, 약 40mil이므로 계산해서 1.25× 40 = 50 mil로 설정한다.
6번째 탭 “Design Layers” 탭을 누른다.

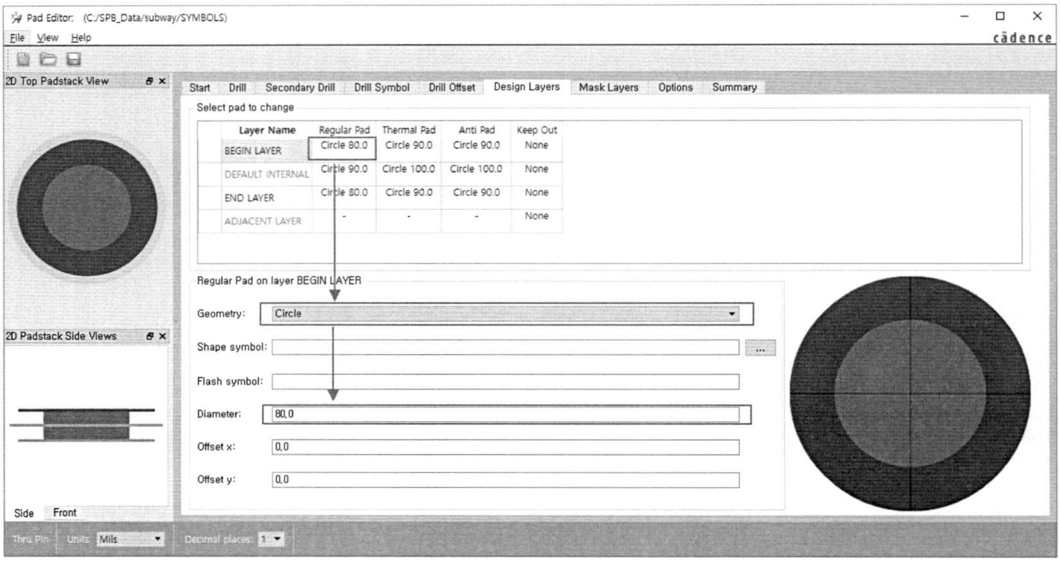

Layer name은 각각 다음을 의미한다.
Begin: Top layer
Default Internal : 내층
End: Bottom layer

- Regular pad : 일반적으로 납이 묻을 패드
- Thermal Pad : same net에 copper 적용 시 단열판 생성
- Anti pad : Difference Net에 copper(카파)적용 시 copper와 pad 사이에 이격되는 크기와 모양

– Begin/End Regular : Circle 80 / Thermal , anti pad : circle 90
– Internal(내층)은 수치를 Begin layer보다 10mil 크게 설정해 준다.

다음 "Mask Layers" 탭을 누른다.

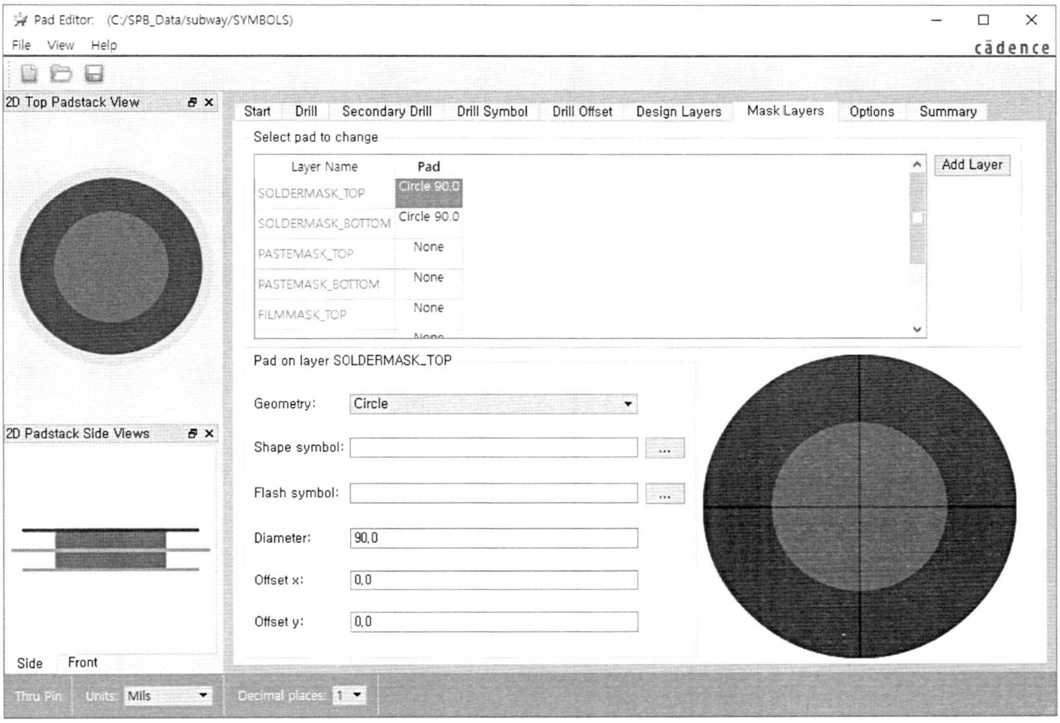

Soldermask : 납이 묻을 부분에 적용될 mask로 Top, Bottcm이 있다.
– SolderMask는 일반적으로 Begin layer보다 10mil 크게 설정해 준다.

– 설정이 완료되었으면 File 〉 Save as...로 저장한다.
– 이름을 PAD80CIR50D로 하고 저장위치를 현재 작업폴더로 맞춘다.

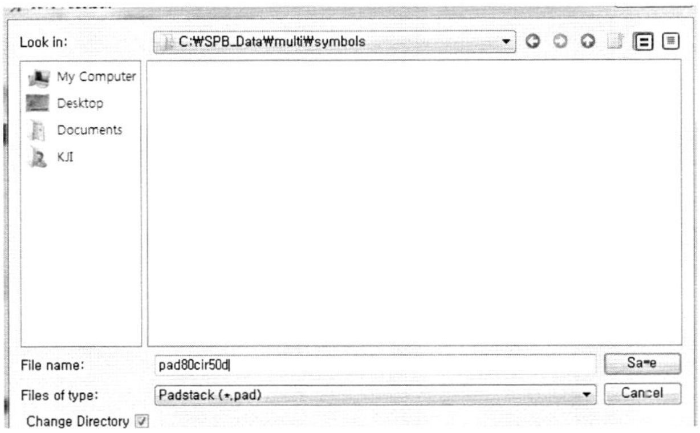

– Change Directory 체크박스에 체크한다.
– 저장 후에는 PAD Designer를 종료한다.

※ 신규 생성 라이브러리의 사용시 반드시 주의할 점

1. 신규 생성된 Padstack 라이브러리(파일명 *.pad)를 사용하려면 선행적으로 라이브러리의 저장경로를 path에 반드시 추가해야 한다.

2. 신규 생성된 Footprint 라이브러리인 Package Symbol(파일명 *.dra와 *.psm) 또한 선행적으로 라이브러리의 저장경로를 path에 반드시 추가해야 한다.

3. 위 두 사항 중 어느 것이나 path에 추가되지 않는다면, PCB Editor상에 부품으로 불러올 수 없다(핀 배치/부품 배치가 되지 않는다).

4. 신규 생성 라이브러리의 Path 추가 방법
   ① 먼저 OrCAD PCB Editor를 실행한다.
   ② 메뉴바 Setup 〉 User Preferences...를 선택한다.
   ③ 왼쪽 카테고리의 Path〉 Library 선택하면, 우측에 관련 Preference가 나타나며, 먼저 padpath 항목의 Value 버튼을 선택한다.

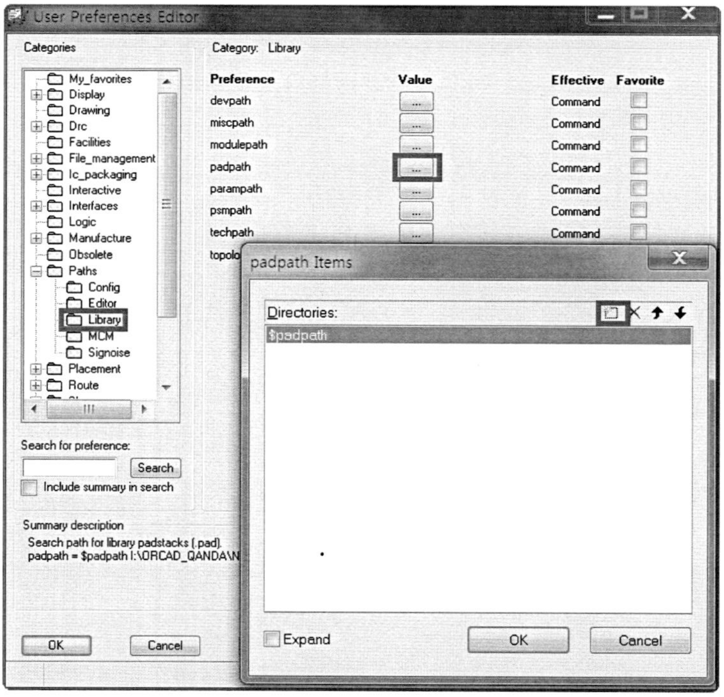

④ Padpath Items 창이 나타나면, New 아이콘과 Broser 아이콘을 선택하여 신규 생성한 라이브러리(*.pad)의 저장 폴더를 지정한다.

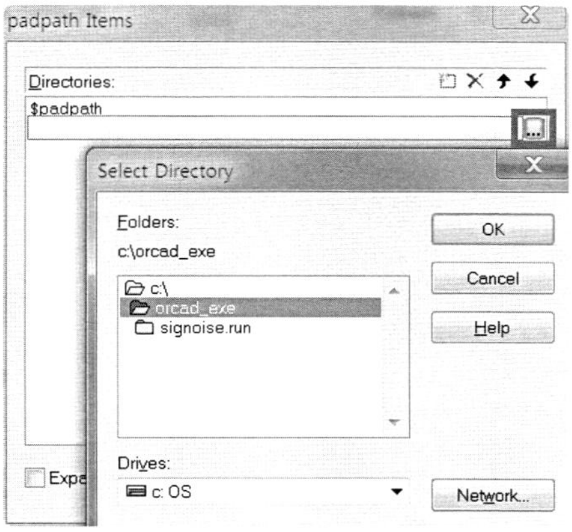

⑤ OK를 연속해서 선택하여 창을 닫고, User Preference Editor 창에서는 반드시 Apply 버튼을 선택한 후 OK 버튼으로 창을 닫는다.

※ Footprint인 Package symbol(*.dra/*.psm) 또한 psmpath 항목에 저장경로를 반드시 추가해야 생성한 라이브러리를 사용할 수 있다.

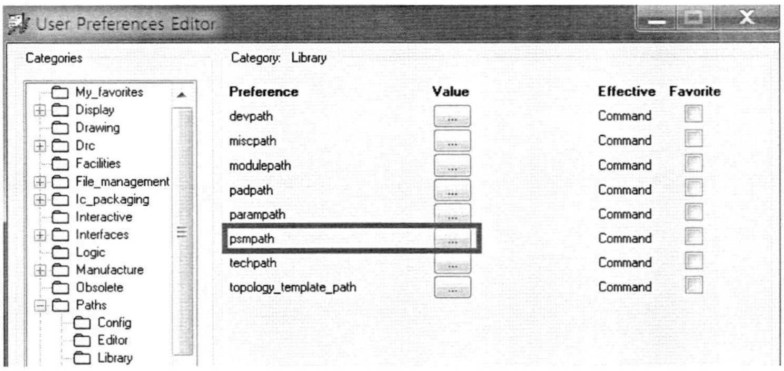

(Psmpath는 Pad를 제외한 모든 Symbol의 Search path이다.)

※ Padpath Items창의 Expand 체크박스에 체크해 보면, 프로그램을 설치하면 기본적으로 지정되어 라이브러리를 읽어 들이는 경로가 나타나다.

※ Netlist 생성이나 PCB Editor로 넘기기 전에 신규 생성한 Padstack이나 Footprint가 있다면, 위 Path에 반드시 추가되어야 에러가 나지 않는다.

2) Package Symbol 만들기

– PCB Editor를 열고 File 〉 New...를 선택한다.

– TYPE은 Package Symbol로 설정한다.

* Drawing Type에 따라 생성 파일의 속성이 달라지니, 주의해서 설정한다.

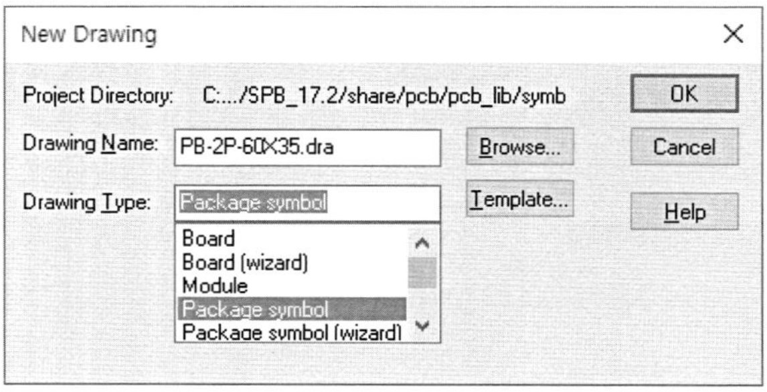

– Browse를 눌러 저장경로를 아래 경로로 지정한다(다른 곳이면 생성 후 라이브러리 Path 추가해야 함).

C:₩Cadence₩SPB_17₩share₩pcb₩pcb_lib₩symbols

– 이름은 PB(PUSH BUTTON) 2PIN 6.0mm × 3.5mm SIZE를 줄여서 주었다.

– Wizard 기능은 간단하게 심벌을 만들 수 있다. 그러나 복잡한 외형을 만들 때에는 다소 부족하므로 기능에 익숙해질 때까지는 직접 만드는 방식으로 작업한다.

▸ **Tool Bar – 마우스 포인터를 아이콘위에 올려놓으면 이름 및 단축키가 나타난다.**

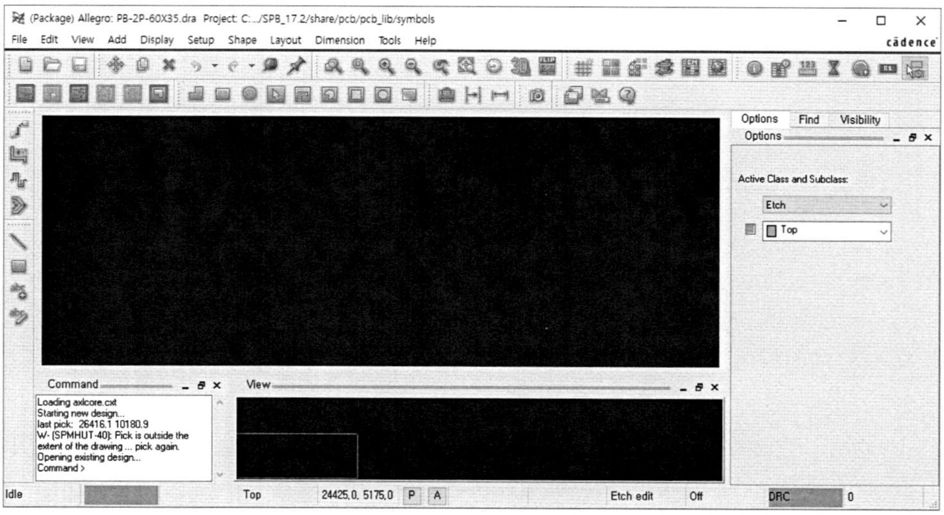

▸ Control Panel - **화면 우측에 있다**

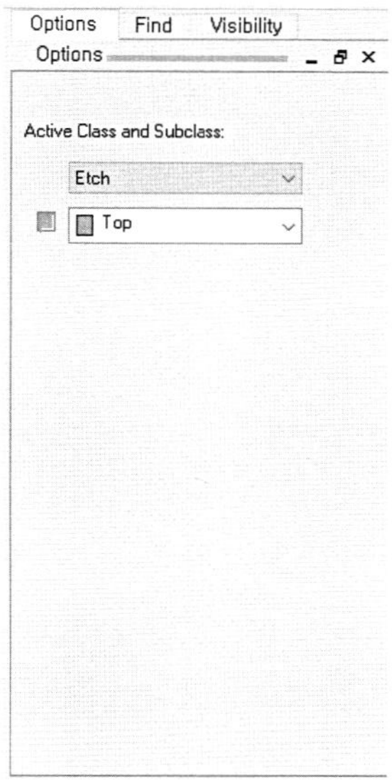

작업을 적용할 수 있는
Class와 Subclass를 선택

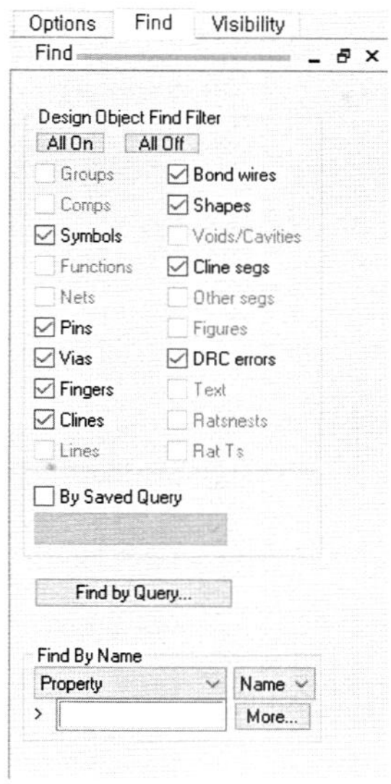

필요한 개체를
선택할 수 있는 filter창

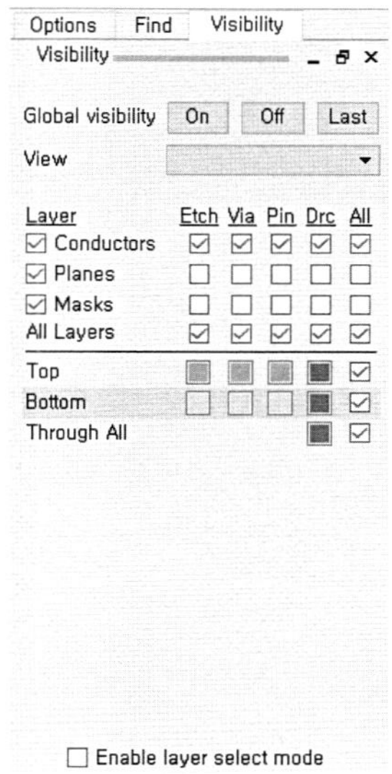

화면의 컬러
보이기 / 숨기기

① 먼저 그리드 간격 설정을 한다.

- 메뉴바 Setup 〉 Grid...

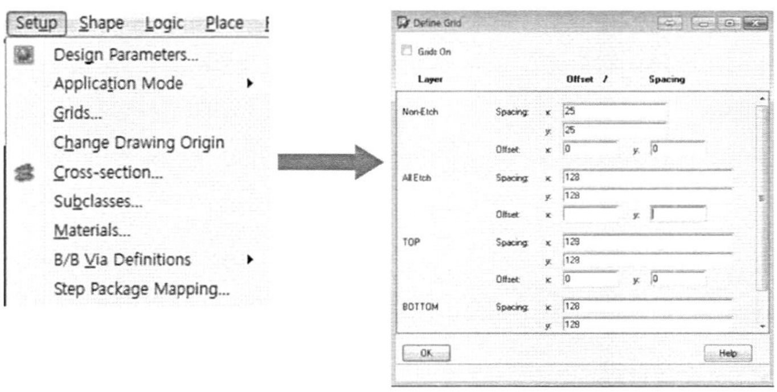

- Non-etch : X : 128 Y : 128
- Define Grid에서 Non-Etch란 전기적 성질이 없는 부분으로 SilkScreen, Reference, Pin 등이 해당된다. Etch란 전기적 성질이 있는 Pattern, Copper(Shape) 등이 해당된다.
- Define Grid의 상단에 Grid On을 켜면 화면에 그리드가 보인다.

; 툴바의 Grid On/Off  아이콘을 눌러도 같은 결과를 낸다.

– 마우스 오른쪽버튼을 누르면 메뉴들이 나타나며 Quick utilities 메뉴의 Grid를 선택해도 된다.

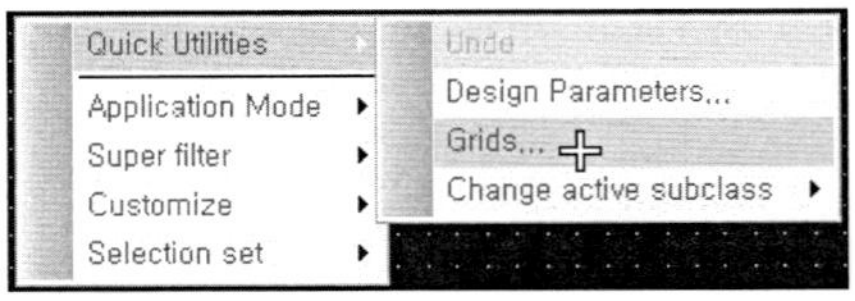

② 메뉴바의 Layout 〉 Pins 또는 툴바의 Add Pin 아이콘을 선택한다.
아이콘을 선택해도 아무 변화가 없다. 화면 오른쪽의 Control Panel에서 option tab의 설정을 변경해야 한다.

– Padstack 설정하기 [PAD80CIR50D]

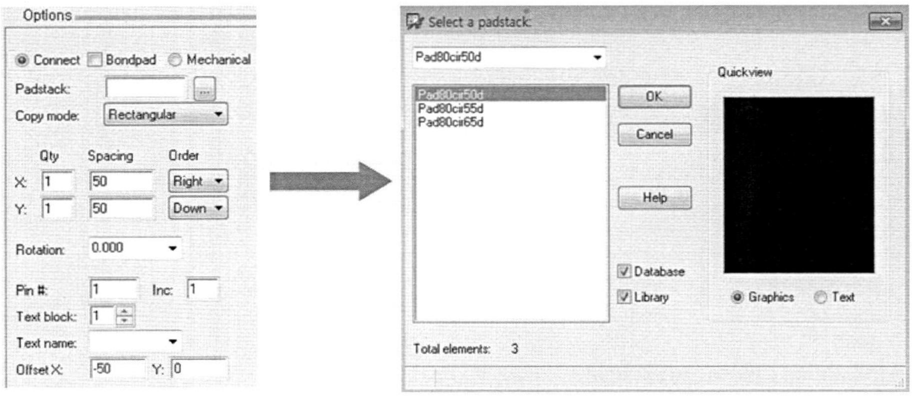

③ 원점 바꾸기
– 핀을 배치 할 때 기본 좌표로는 (–) 좌표값을 이용하여 배치를 할 수 없기 때문에 원점을 바꾸어 주어야 한다. 기본적으로 원점은 작업창 왼쪽 최하단에 고정되어 있다.
– 메뉴바 Setup – Design Parameters...을 클릭

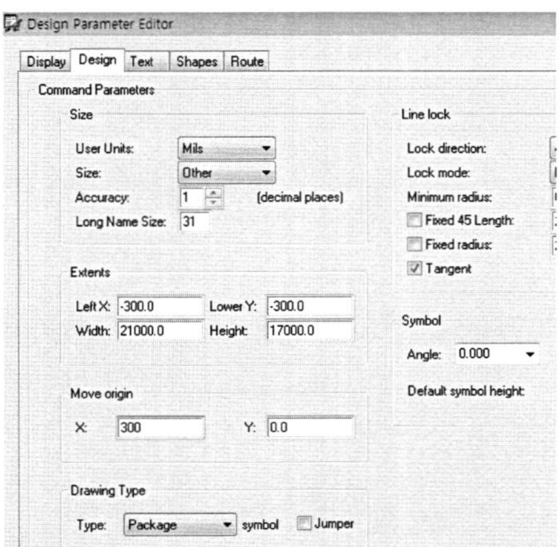

Design tab 메뉴로 이동하여
Move origin 항목에 아래와 같이 작성
X: 300 (입력하면 값이 바로 적용)
Y: 300 (입력하면 값이 바로 적용)

작성하면 extents에
Left X: Lower Y:
값이 변하면서 원점이 바뀌게 된다.
직접 extents 항목에 작성해도 된다.
Left X: –300 Lower Y: –300

④ 핀 배치하기

- 다시 핀을 설정하여 Zoom in(마우스 휠 버튼 활용) 해보면 마우스포인터 끝에 핀이 붙어 따라 다니게 된다. 핀의 배치방법은 두 가지이다.

ⓐ 좌표 입력을 이용한 배치 (Pin to Pin 간격이 256 mils)

화면하단의 command 창에 수치를 적어 넣는다.

◆1번핀 : x -128 0 (Enter키)

◆2번핀 : x 128 0 (Enter키) [절대좌표형식] 또는 ix 256 (Enter키) [상대좌표형식]

*** 반드시 소문자를 써야 하며 x 다음에 반드시 한 칸을 띄워야 한다.**

* 1번 핀은 절대 좌표로 설정해야 하고, 2번 핀은 절대좌표 또는 상대좌표로 가능하다.

ⓑ 마우스로 좌표를 찾아가서 하는 배치(Pin to Pin 간격이 256 mils)

◆Grid를 Non-Etch X : 128, Y :128을 선택해 놓았으므로 마우스로 좌표를 찾아간다. 화면하단에 좌표값을 확인한다.

- 핀 배치가 끝났으면 마우스 오른쪽버튼을 눌러 Done을 누르거나 키보드의 F6을 누른다. 명령 종료 때마다 Done을 하지 않으면, 다른 명령을 실행 못한다.

⑤ Silkscreen Outline , Assembly Outline , Place Bound, Refdes(Reference Designator) 설정하기.

◆ SilkScreen Outline : PCB에 표시가 되는 그림이나 기호로 기판에 표기된다.
◆ Assembly Outline : PCB에 부품을 실장하기 위해 출력하는 그림정보를 말한다.
◆ Place Boundary : 부품의 크기를 나타내며 LAYOUT과정에서 부품이 서로 겹치거나 너무 가깝게 배치되는 것을 방지하기 위한 영역이다.
◆ Refdes : Reference Designator의 약어이며 R1, R2...등을 나타내며 Silkscreen과 Assembly에 각각 작성한다.

◆ Silkscreen Outline 작성하기.

- 부품의 size가 6.0 × 3.5 [mm]이므로 mil로 환산하면 240 × 140 이다.
- Grid의 Non-Etch부분을 X : 120 입력, Y : 10 입력하여 설정한다. (RMB 〉 Quick Utilities 〉 Grid...)
- 화면 왼쪽 하단의 툴바에서 line 또는 메뉴바 Add 〉 Line을 선택한다.
- Control Panel의 Option창에서 설정을 한다.

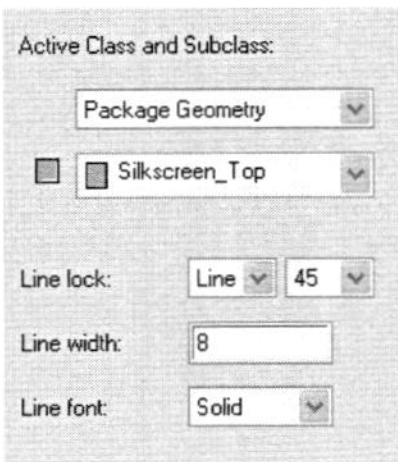

- Class : **Package Geometry**
- Subclass : **Silkscreen_Top**
- Line width : 8mil (0.2mm)

- 화면에서 좌표를 확인하면서 그린다.(Command창에 좌표를 입력해도 됨)

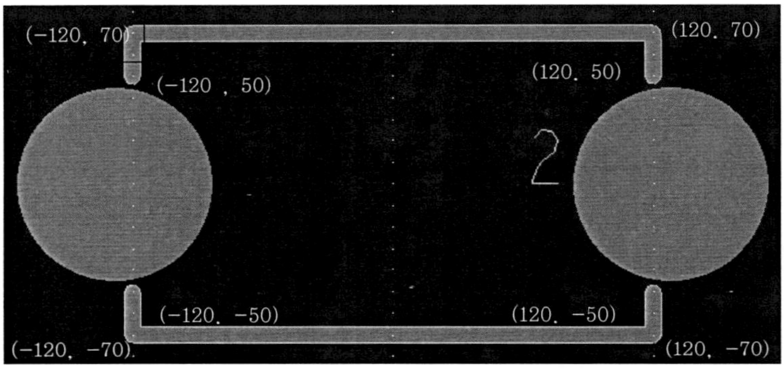

- 라인을 끊어서 그릴 때는 마우스 오른쪽 버튼의 Next 메뉴를 사용하고, 항상 작업이 끝난 후에는 Done 또는 F6을 눌러 작업을 완료한다.

◆ Assembly Outline 작성하기

- Assembly_Top, Assembly_bottom이 있으며, 이는 PCB에 부품이 조립된 모양을 나타낸다. 실제 부품의 모양 및 사이즈와 같게 그려야 하며 Ref 외에 Value 등의 정보도 포함시킨다. Silkscreen은 부품이 삽입된 후에도 보일 수 있도록 해야 하므로 실제 부품보다 크게 그려야 한다.
  현재 국내에서는 Assembly type의 Silkscreen을 사용한다.
- Silkscreen과 같은 모양으로 그려도 무방하나 여기서는 핀까지 포함하여 크게 그리기로 한다.
- Grid를 Non-Etch X : 50 입력, Y : 10 입력으로 설정한다.
- 화면 왼쪽 하단의 툴바에서 line 또는 메뉴바 Add > Line을 선택한다.

– 설정 후 아래와 같이 그린다.

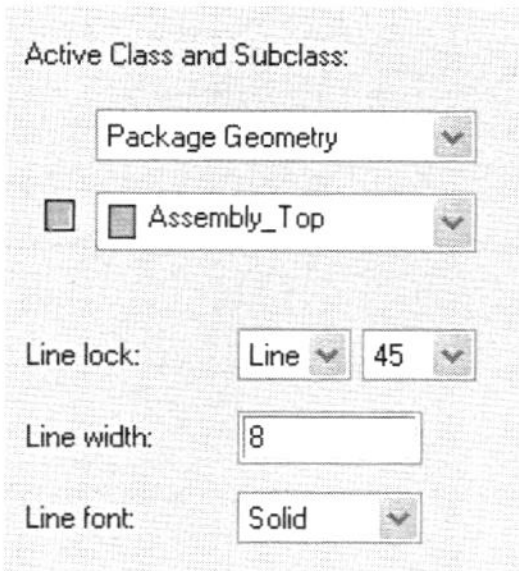

– Control Panel의 Option창에서 설정을 한다.
– Class : **Package Geometry**
– Subclass : **Assembly_top**
– Line width : 8mil (0.2mm)

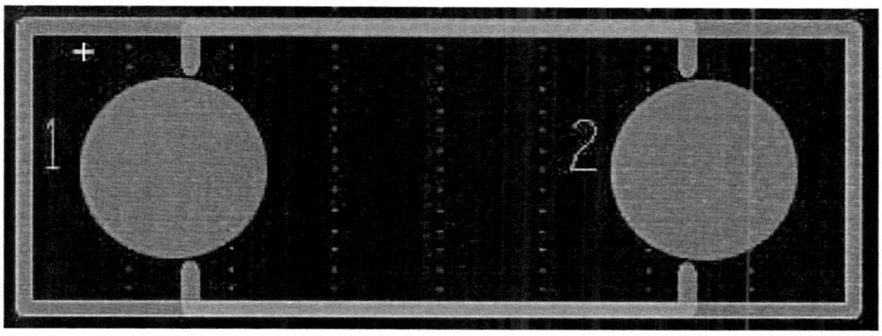

– 완료가 되면 Done (F6)을 누른다.

◆ Place Bound 그리기

– 부품이 보드상에서 차지하는 고유한 영역이며, 이 부분이 겹칠 시 에러를 유발한다.

– 화면 왼쪽 하단 툴바에서 Add Rect 또는 메뉴바 Add 〉 Rectangle을 선택한다.

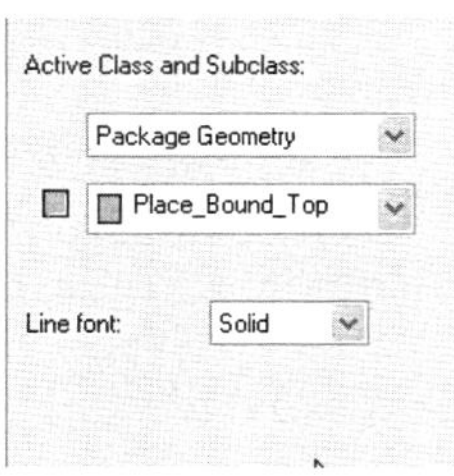

– Control Panel의 Option창에서 설정을 한다.
– Class : **Package Geometry**
– Subclass : **Place_Bound_Top**
– Line width : 8mil (0.2mm)

– 양면 실장의 경우 Bottom도 설정하여야 한다.

– 설정 후 Assembly Top과 같은 크기로 그린다.

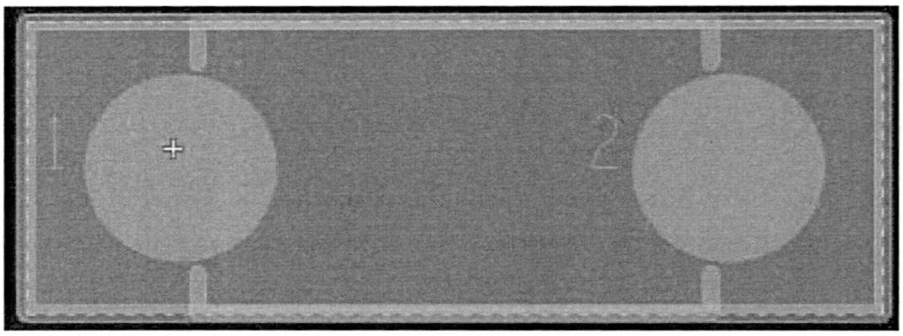

– 완료 후 Done 또는 F6을 누른다.

◆ Reference(부품참조번호) 작성하기

– Reference는 Silkscreen Top과 Assembly top에 각각 부여한다.
– 메뉴 Layout 〉 Labels 〉 RefDes 또는 상단 툴바에서 Label RefDes 를 선택한다.
– Control Panel의 Option창에서 설정을 한다.
– Subclass를 Assembly_Top 으로 맞춘다.
– Text Block은 글씨 크기의 조절값을 나타낸다. (1~16)
  Text Block : 3(3번째 Block의 사이즈 사용)으로 설정
– Text just는 입력되는 글씨의 정렬방법이다.
  (Left, Center, Right)

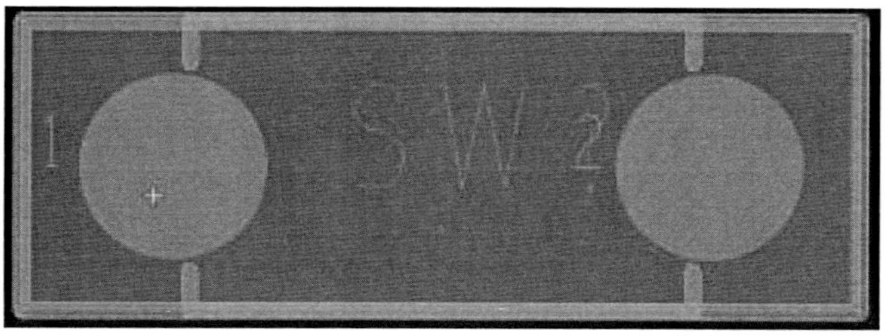

– 그림과 같이 박스 가운데 클릭 후 SW?를 입력한다.
(SW1, SW2... 등은 회로도에 따라 달라짐)

– 메뉴 Layout 〉 Labels 〉 RefDes 또는 상단 툴바에서 Label RefDes 를 선택한다.
– Subclass를 Silkscreen_Top으로 맞춘다.

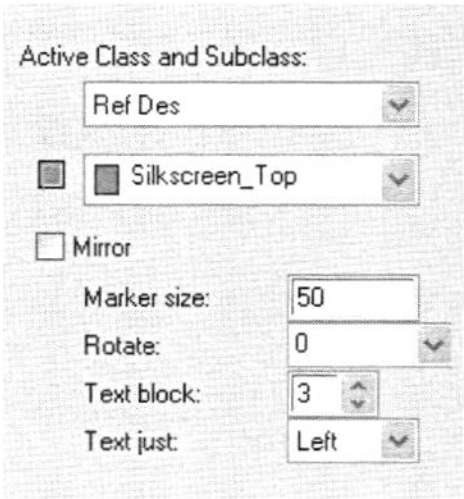

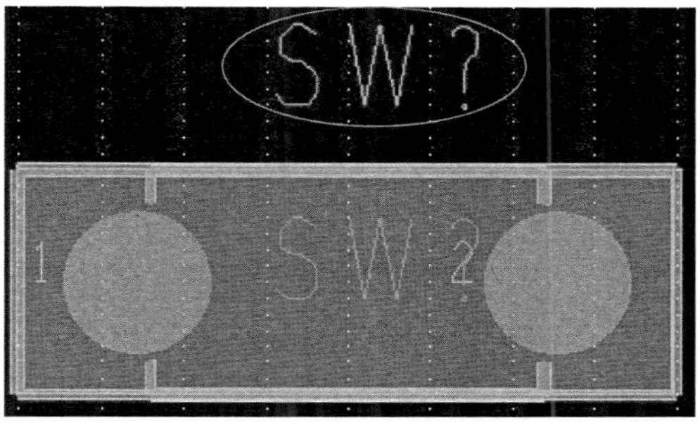

- Reference를 작성하였으면 기본적인 심벌생성이 완료되었다.
  (반드시 추가해야할 항목은 Reference이다).

◆ 메뉴 File 〉 Save 를 클릭하면 저장된다.

- 저장된 곳의 폴더를 열어보면 파일이 생성되어 있다.
- 설정된 저장 경로가 PCB Editor가 기본적으로 제공하는 Footprint가 저장되어 있는 곳이다.
- 기본 Footprint 경로는
  C:₩Cadence₩SPB_17.2₩share₩pcb₩pcb_lib₩symbols 이다.

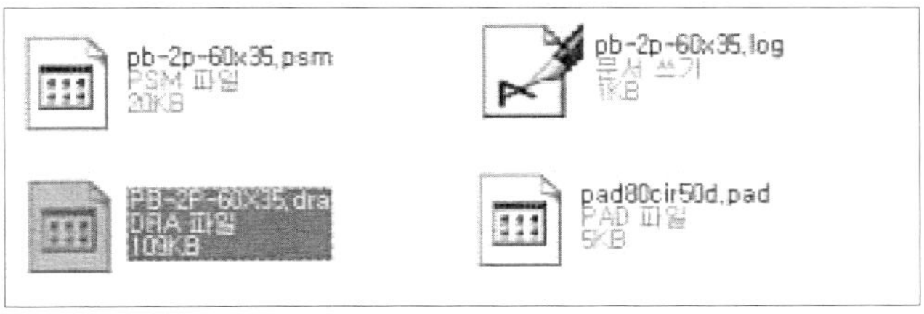

Footprint 정렬 : 알파벳 순

※ 저장 경로에 따라 위 그림은 다를 수 있음

2-3. 회로도 마무리작업 및 Netlist 생성

1. Footprint 작성

- Capture의 회로도를 오픈한다
- 작성된 도면에서 부품을 클릭한 후 마우스 오른쪽 버튼을 클릭 〉 Edit Properties를 선택하거나, 부품을 더블클릭한다.
- 작성해야할 Footprint는 기본적으로 제공하는 것과 새로 생성한 것을 사용한다.

Capture – Part Name	PCB Editor – Footprint
R	RES400
CAP POL	CAP196
NPN ECB	TO92
BATTERY	JUMPER2
LED	CAP196
SW PUSHBUTTON	PB-2P-60X35

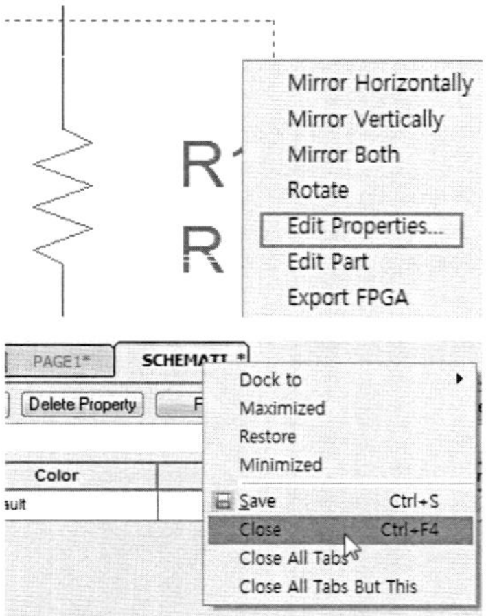

- Edit Properties를 선택하면 속성창이 열린다. PCB Footprint란에 위에서 찾은 Footprint명을 적어 넣는다.(대·소문자 구분 없음)

- 기입 후에는 속성창 상단 탭 메뉴에서 마우스 오른쪽 버튼의 Close를 선택하여 속성창을 닫는다.

- 같은 방법으로 모든 부품의 Footprint 항목을 기입/입력한다.

※ 회로도에서 Ctrl + A (전체선택)한 후 Ctrl + E (속성)을 선택한다.
모든 부품의 속성이 나타나는데
화면 하단에 Parts로 이동한다.

Reference를 보면서 Footprint를 기입한다. 같은 이름은 하나만 기입 후 Ctrl + C (복사), Ctrl + V (붙이기) 한다.

- 입력이 완료되었으면 속성창을 닫는다.

Part Reference	PCB Footprint
BT1	JUMPER2
C1	CAP196
D1	CAP196
Q1	TO92
Q2	TO92
Q3	TO92
R1	RES400
R2	RES400
R3	RES400
R4	RES400
R5	RES400
R6	RES400
R7	RES400

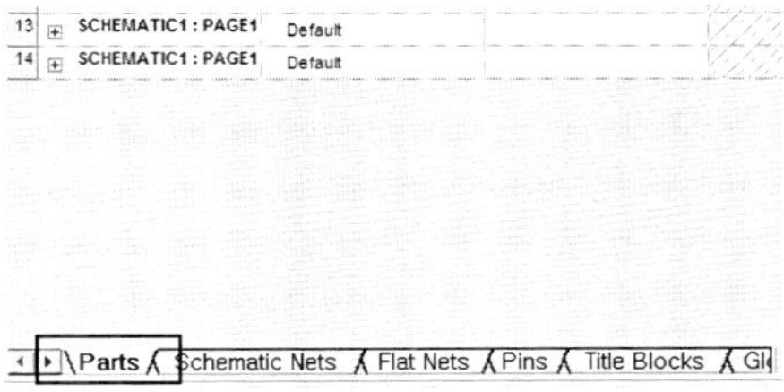

2. Reference Annotate(부품참조번호 자동 부여/정렬하기)

- 툴바의 매니저아이콘 을 눌러 프로젝트 매니저창으로 이동한다.
- Project Manager Window

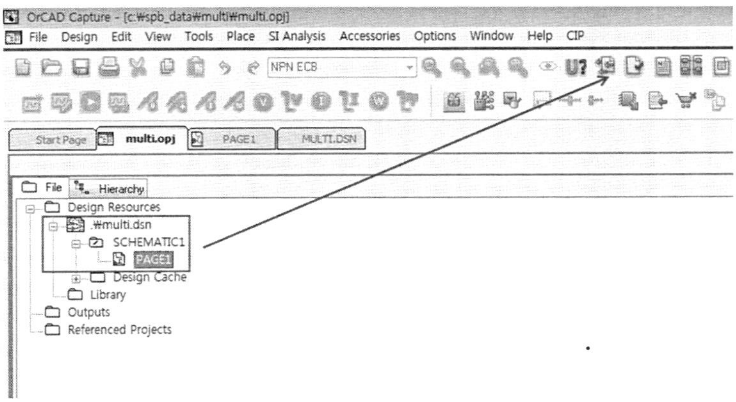

- 툴바에서 활성화된 아이콘이 보인다.

- 회로도 작성시 부품을 불러오고 삭제 하면서 Reference가 차례대로 부여되지 못하는 경우가 발생한다. 아이콘바의 Annotate 를 누른다.
- Annotate 창이 활성화된다.

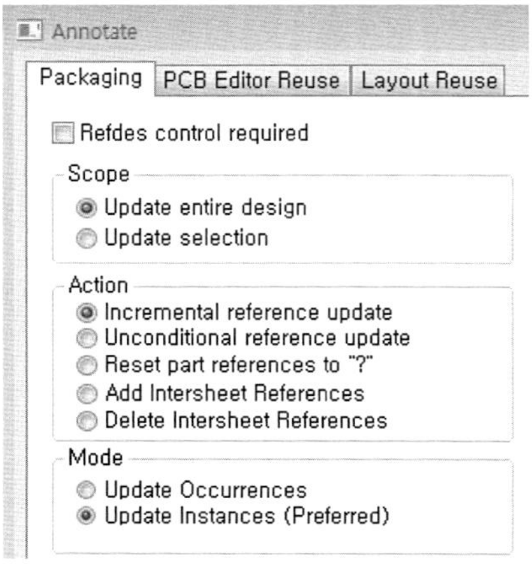

- Update entire design : 도면이 여러 장일 경우 모든 도면에 적용
- Update selection : 도면이 여러 장일 경우 현재 선택된 도면에만 적용
- Incremental reference update : 기존 고정된 Reference를 제외하고 숫자를 증가시켜가며 업데이트
- Unconditional reference update :기존 것을 무시하고 새로 숫자를 증가시켜가며 업데이트
- Reset part reference to "?" : 모든 부품 표시자를 ? 기호로 초기화함 (예: U?, R?, ...)
- Add intersheet References : 페이지가 여러 개 있을 때 페이지 간 번호를 표시함

- Annotate 순서는 일반적으로 Reset part reference to "?"를 선택한 후 확인을 누른다.
- 다시 Annotate 아이콘 을 눌러 Incremental reference update를 선택하여 확인을 누름으로써 정리가 완료된다. (부품 배치 위치에 따라 좌–우, 상–하순 부여)
- 회로도를 열어 확인해보면 가지런히 정렬된 ref를 확인할 수 있다.

3. DRC 검사하기

- DRC란 Design Rules Check의 약어로 회로도 작성에 에러가 있는지 체크해 주는 기능이다.

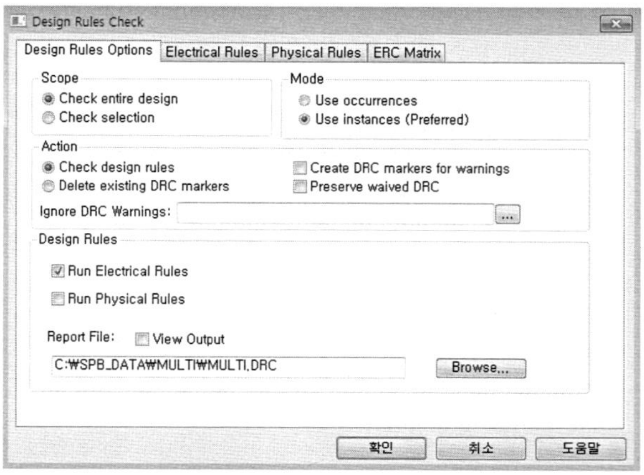

- 툴바에서 DRC아이콘 을 누른다. 또는 메뉴 Tools > Design Rules Check...를 선택한다.
- 기본적으로 체크되어있는 설정으로 검사를 실행한다.
- Project Manager 창으로 이동 후 outputs폴더 아래에 drc파일이 생성되어 있다.

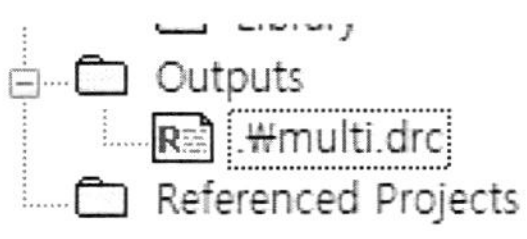

- Outputs폴더는 Capture에서 만들어진 레포트가 저장되는 폴더이다.

- 만약 에러가 발생하면 경고창이 나타난다. Log파일을 열어 확인해보거나 다시 DRC를 열고 Report항목 중 Create DRC marker for warning에 체크를 하고 검사를 실행한다. 회로도를 열어보면 녹색으로 된 동그라미 부분이 에러이다. 이 부분을 수정하고 다시 검사한다.

4. BOM파일 생성하기

- BOM은 Bill Of Materials의 약어로써 회로도에 사용된 부품을 종류, 값 등의 기준으로 나누고 그 개수를 출력해주는 파일이다. 이 표를 가지고 부품을 수급하는데 기초자료로 활용한다.
- 툴바의 Bill Of Materials 아이콘 을 누르거나 메뉴 Tools > Bill Of Materials...를 선택한다.

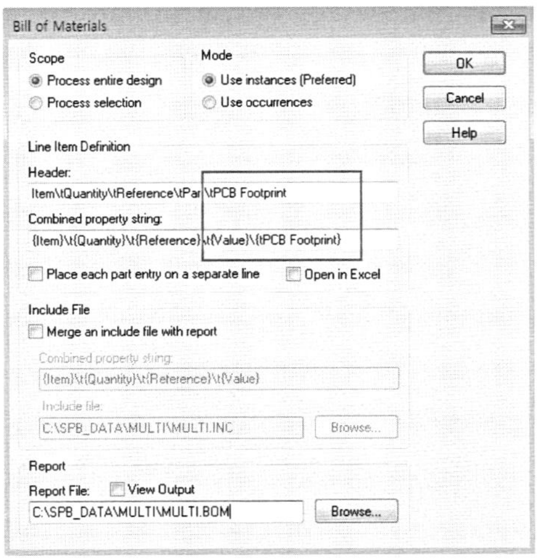

- 기본설정 이외에 Header 란에 ₩tPCB Footprint string 란에 ₩t{PCB Footprint}를 추가 작성한다. 부품에 대한 타입을 알아야 부품 수급시 실수하지 않는다.

- Outputs 폴더에서 확장자 BOM파일이 생성되면 열어서 확인해 본다.

5. Create Netlist

- Netlist란 부품과 부품사이에 연결된 Wire정보와 part와 symbol의 매칭 정보 등을 포함하는 가장 중요한 데이터이다.
  Capture는 거의 모든 전자캐드에 호환되는 form으로 netlist를 추출해 준다.
- 툴바의 아이콘 Create Netlist 를 선택하거나 메뉴 Tools 〉 Create Netlist...를 선택한다.

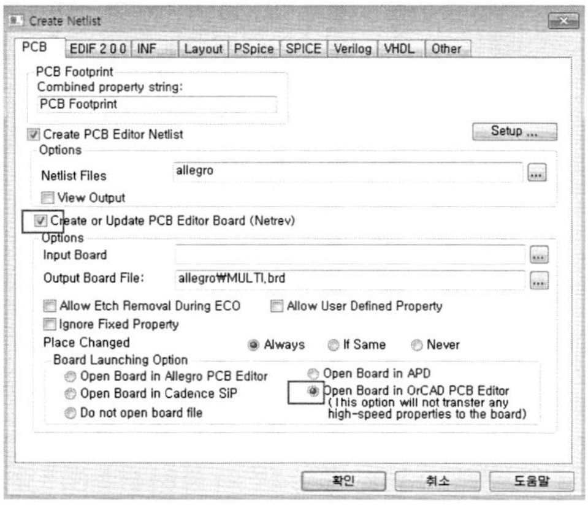

- PCB Editor Tab에서 Netlist를 생성한다.
- 그림과 같이 설정을 하면 OrCAD PCB Editor가 열리면서 Netlist와 Footprint 정보가 넘어가 있다.

- PCB Editor에서 메뉴바 Place 〉 Manually...를 선택하면 회로도에서 사용한 Reference가 모두 나타나고 각각 하나씩 체크박스를 클릭할 때마다 오른쪽 하단 미리보기 창에 Footprint 모양이 보인다.
- Netlist 생성 및 PCB Editor로 Import 과정이 완료되었다.
- Capture의 모든 프로젝트를 저장한다.

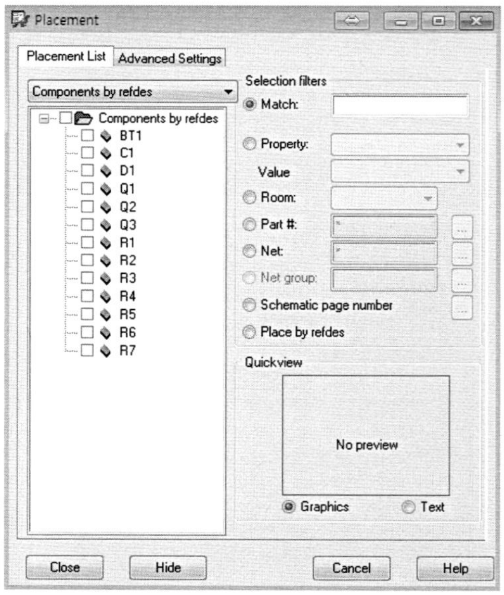

2-4. PCB Editor 2 Layer(양면보드) 설계하기.

1. PCB Editor 환경 설정하기

- PCB Editor의 메뉴 Setup > Design Parameters...를 선택한다.

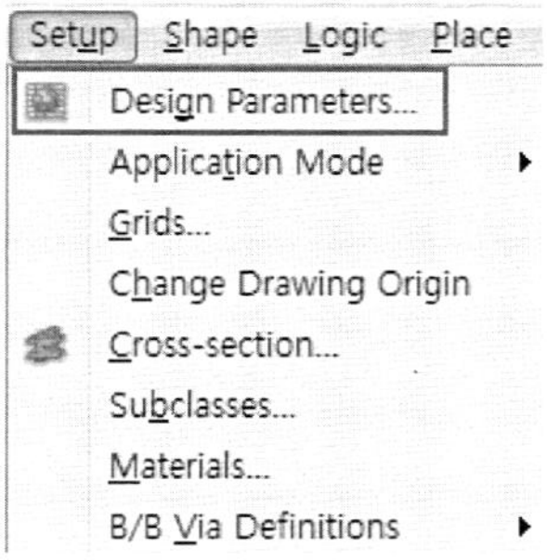

- PCB Editor에서 설정은 Setup에서 이루어진다.
- Design Parameters에서는 기본화면설정 및 기본 설계 사항에 대해 설정한다.
- Cross-section은 레이어 설정을 하는 기능이나 기본적으로 2층으로 되어 있기에 생략한다.

- Display 창에서는 화면에 표시되어지는 정보들의 크기 및 핀에 관계되는 정보를 설정한다. 기본적으로 설정되어 있는 값으로 한다.

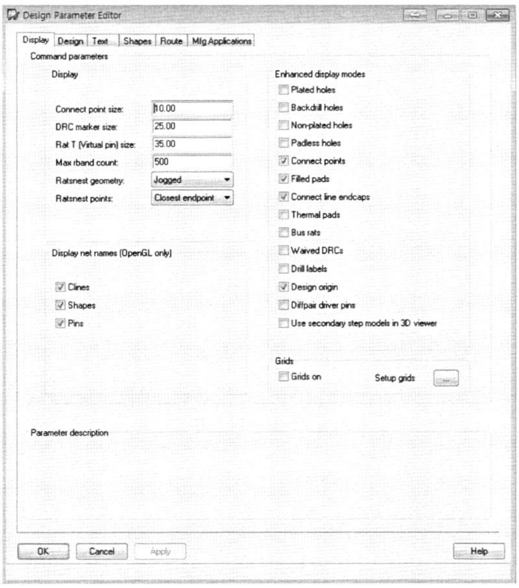

- Grid는 작업마다 필요한 값으로 설정해야하기 때문에 이 창에서 바꾸지 않더라도 마우스 오른쪽버튼의 메뉴나 메뉴바의 Setup > Grid...에서도 바꿀 수 있다.

- Setup Grid를 눌러 그리드를 설정한다.

- 하단의 Parameter description창에는 마우스가 가까이 가는 항목의 기능 설명을 나타낸다.

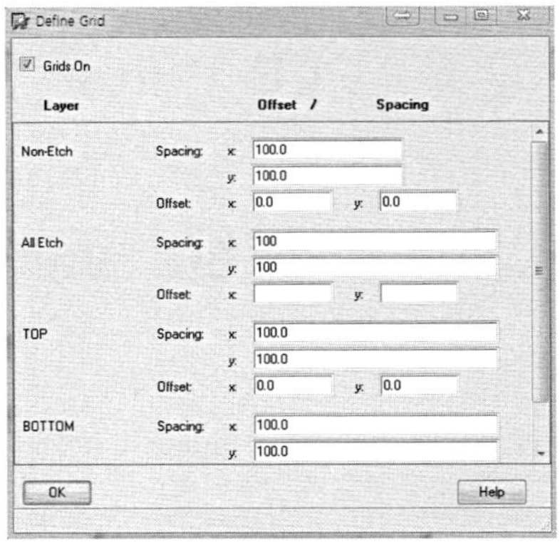

- Non-Etch : 100mil(전기적 속성이 없는 부분)
- All Etch : 100mil(전기적 속성이 있는 부분)

- 설정이 완료되었으면 Design tab을 누른다.

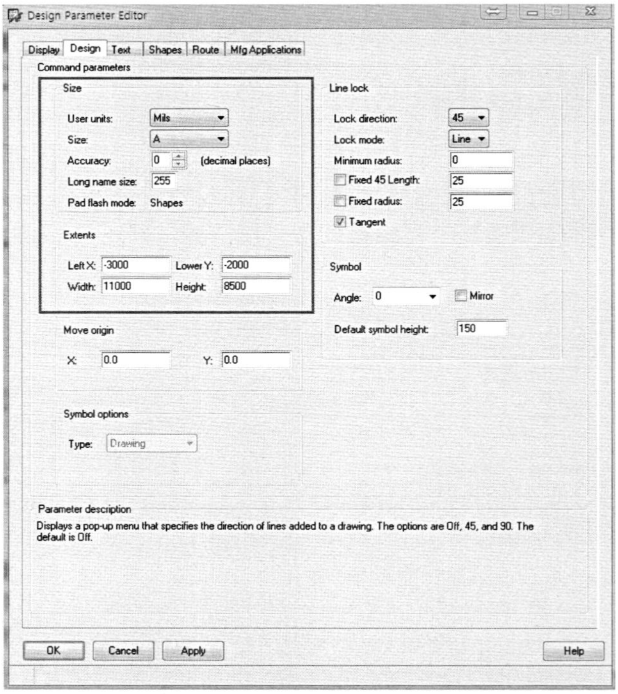

- Size는 화면의 크기를 결정한다. 그려야할 보드가 크다면 화면 사이즈도 커져야 한다.
- Accuracy : 0은 소수점이하 0자리까지 읽는다는 것이다.
- Extents : 화면의 절대좌표 [0, 0]을 어디에 둘 것인가 지정한다. Width와 Height는 이미 A사이즈로 선택되어 있고 Left X와 Lower Y 값만 설정한다.

– Left X : –3000

– Lower Y : –2000

- Apply, OK를 눌러 설정을 끝낸다.

2. Stroke Editor 설정하기

- PCB Editor에서 아주 편리한 기능 중 하나가 바로 스트로크(stroke)이다. 마우스의 오른쪽 버튼을 누른 상태에서 어떤 동작을 하면 지정된 명령이 실행된다. 개인적으로 설정하므로 편리하게 사용할 수 있다.

- 메뉴바 Setup 〉 User Preferences...를 선택한다.

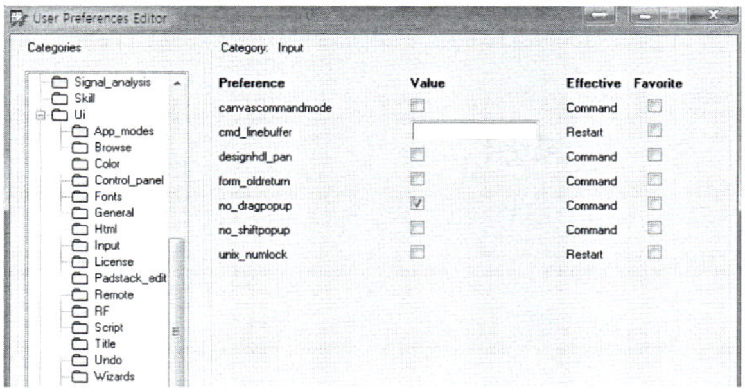

- Ui 〉 Input 폴더에서 no_dragpopup에 체크를 한다.

- 메뉴바 Tools 〉 Utilities 〉 Stroke Editor...를 선택한다.

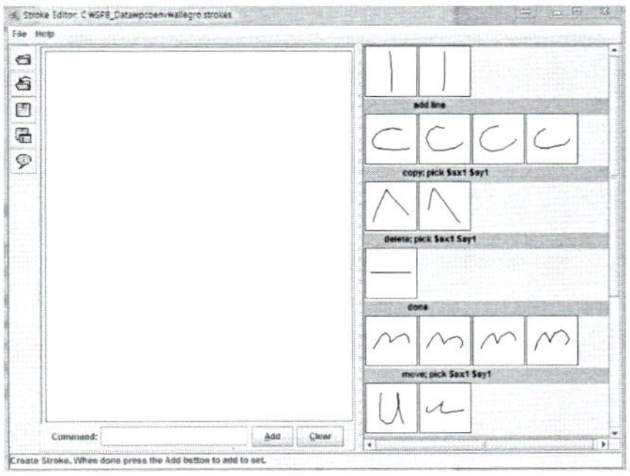

- 기본적으로 제공되는 스트로크는 move(이동), copy(복사), delete(삭제), windows world(전체화면), windows point(확대), oops(실행취소) 이다.
- 가운데 넓은 화면에 스트로크를 그린 후 하단의 command창에 명령을 넣은 후 Add버튼을 누르면 입력이 완료된다.

- 추천 스트로크

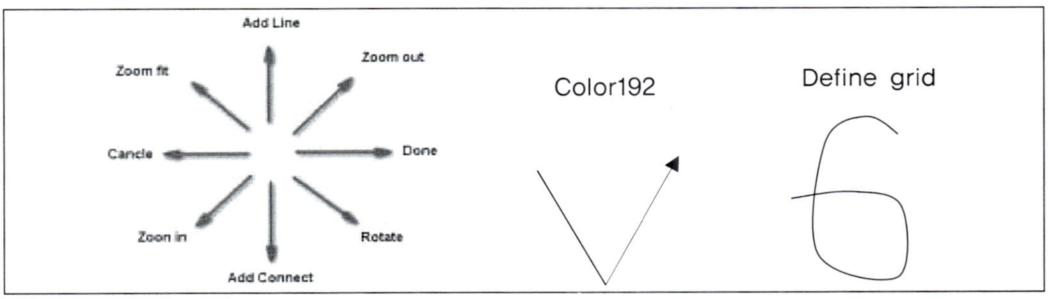

- 설정을 마친 후에는 화면에서 스트로크를 사용해보고 잘 안 되는 스트로크는 수정한다.

3. Board Outline

- Board Outline은 단순히 보드의 크기를 나타낸다. PCB Editor에서는 크기 외에도 Package Keepin (부품이 배치될 영역), Route Keepin (배선이 그려질 영역)의 기본정보와 Place Room (특정부품 또는 그룹이 배치될 영역), 각종 Keepout(금지영역)의 정보를 줄 수 있다. 이 정보들은 설계를 하면서 DRC에 의해 검사되어지고 위반 시 에러를 표기하게 된다.
- PCB Size는 4000 × 4000 [mil] (100 × 100 [mm])로 그린다.
- 메뉴 Outline 〉 Design...을 선택한다.

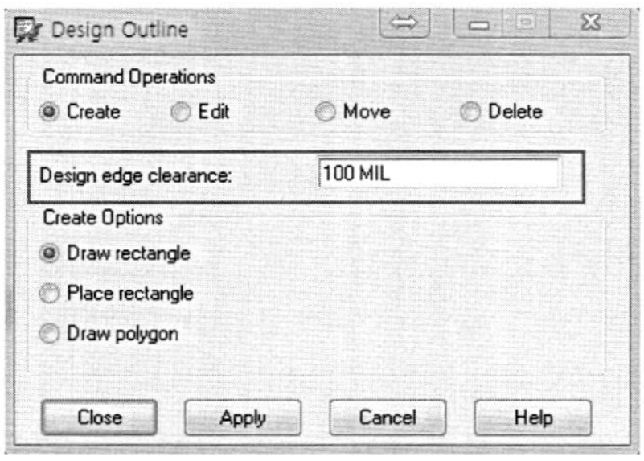

※ Design edge clearance는 Package Keepin과 Route Keepin이다.

- 반드시 창이 띄워진 상태에서 outline을 그린다.
- 화면하단의 좌표를 보면서 그려도 되지만, Command창에 좌표를 입력하여 그린다.

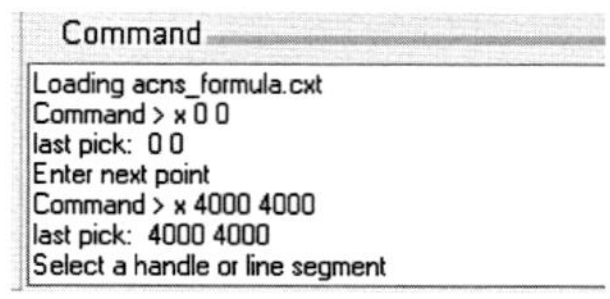

좌표는 x^0^0 [Enter↵] (Space 적용)

x^4000^4000 [Enter↵]

- Command 명령어를 마치고 나면 Command Operation에서 Create가 Edit로 변경이 되며 작성한 Board Edge Clearance 100mil로 변경한다.
- Close를 누른다.

※ Board Outline은 직접 그려야 하지만 Package Keepin과 Route Keepin의 경우 크기를 재설정 할 때 Z-Copy (확대/축소, 복사) 기능을 이용해서 그리면 편리하다.

- 우선 메뉴에 Edit 〉 Delete로 하여 Package Keepin, Route Keepin outline을 선택, 클릭하여 삭제한다.

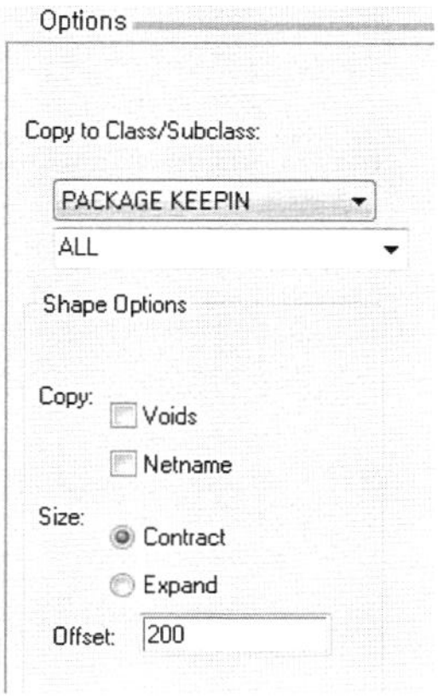

- 메뉴바 Outline 〉 Z-Copy를 선택
- Control Panel Window 중 Option 창을 열어 설정을 한다.
- Class : PACKAGE KEEPIN
- Offset : 200 (보드아웃라인에서 200mil 간격을 띄워 그린다.)

- 마우스 오른쪽 버튼 Done 또는 F6을 누른다.
- 그려진 Board Outline을 클릭하면 안쪽으로 새로운 사각형이 생성된다.
- 마우스를 올려보면 Rectangle "package keepin"이라는 설명이 뜬다.
- Route Keepin도 위와 같은 방법으로 그려준다. (offset : 100mil로 설정)

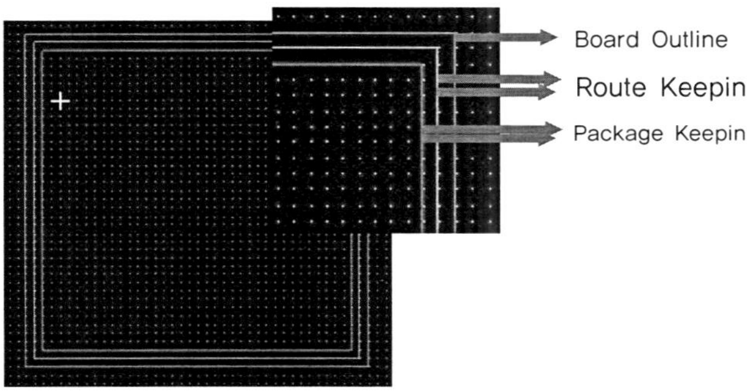

4. Constraints setup (DRC 설정)

- 다음 단계로 넘어가기 전 Constraint (DRC 설정)를 설정해야 한다. Constraints란 설계상의 제약사항을 말하는 것으로, 이격거리(부품과 부품사이의 이격거리, 패턴과 패턴 사이의 이격거리 등등), 패턴두께 등을 설정한다.
- 메뉴 Setup 〉 Constraints...를 선택하거나 툴바 CMGR 아이콘 을 선택한다.

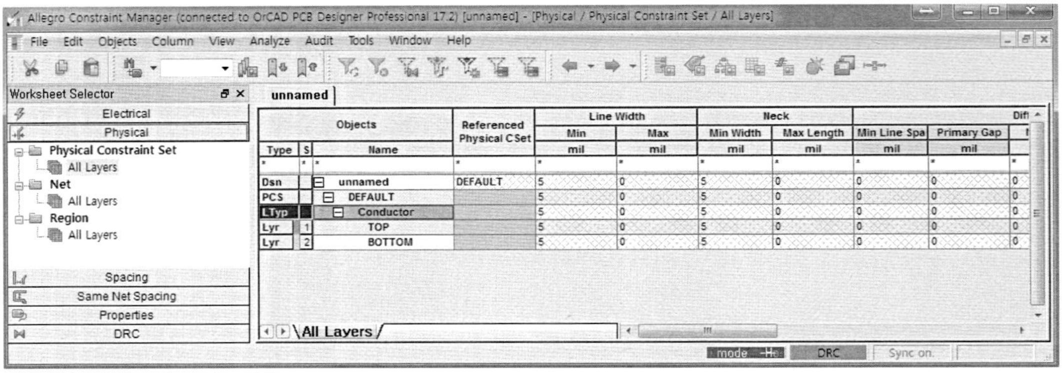

– Constraints Manager창이 나타나면 Physical, Spacing 항목의 값을 수정한다.
– Physical : 전기적 속성을 가진 패턴의 두께, Via 설정 등을 지정한다.
– Net : Net별 패턴의 두께, Via 등을 지정한다.
– 설정은 Physical constraint Set의 All Layers 속성부터 지정하고 Net 속성을 지정한다.
– Line Width : 각 Layer에 기본적으로 Route 될 패턴의 두께를 설정한다.
  설정하기 ☞ Line Width 항목 Min : 20mil로 설정
– Neck : 패턴이 가늘게 배선될 때 적용된다.
  설정하기 ☞ Neck Min Width 항목 Min : 10mil로 설정
– Net의 All Layers를 선택하여, 전원선은 별도의 값으로 지정한다.

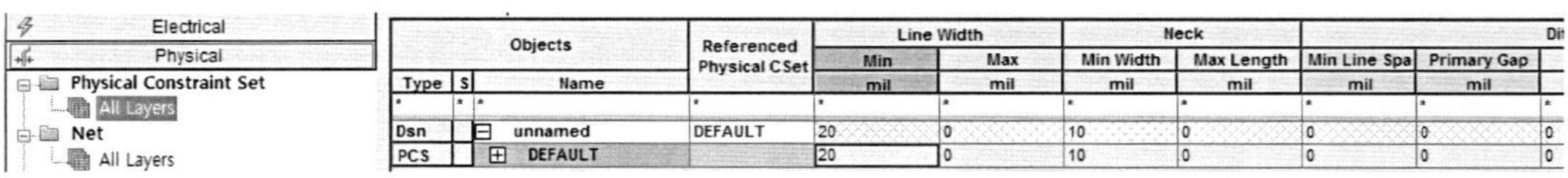

– 중요 Net, 또는 전원처럼 기본 굵기와 차이가 있을 경우 따로 지정한다.
  Layer에 관계없이 우선 적용된다.
– +9V net : Line Width Min : 50 mil , Neck Min Width : 30mi

– Spacing 지정
  – Spacing Constraints는 각 Layer내의 아이템별 이격거리를 설정한다.
    ※ Clearance, gap, space 모두 같은 의미이나 용어만 다르다.

– Line : 10mil, Thru Pin : 10mil, Thru Via : 10mil, Shape : 20mil로 지정한다.

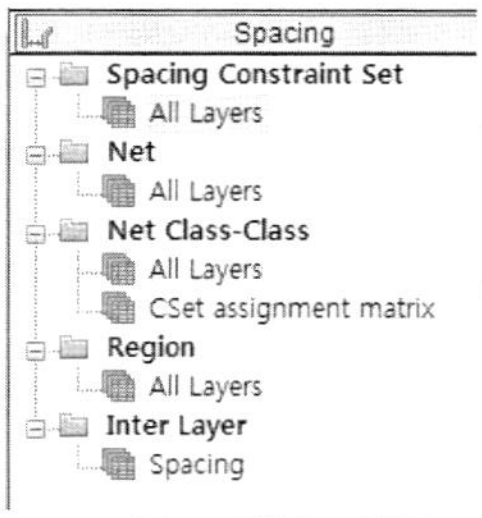

- Net은 각 net의 이격거리를 지정하며 Layer보다 우선 적용된다.
- Net Class-Class는 Class로 묶여진 nets와 또 다른 Class 간의 이격거리를 지정한다.

Line To <<									
Line	Thru Pin	SMD Pin	Test Pin	Thru Via	BB Via	Test Via	Shape	Bond Finger	Hole
mil	mil	mil	mil	mil	mil	mil	mil	mil	mil
*	*	*	*	*	*	*	*	*	*
10	5	5	5	5	5	5	5	5	5
10	10	5	5	10	5	5	20	5	5

Thru Pin To <<									
All	Line	Thru Pin	SMD Pin	Test Pin	Thru Via	BB Via	Test Via	Shape	Bond Finger
mil	mil	mil	mil	mil	mil	mil	mil	mil	mil
*	*	*	*	*	*	*	*	*	*
***	10	10	5	5	5	5	5	5	5
***	10	10	5	5	10	5	5	20	5

Thru Via To <<									
All	Line	Thru Pin	SMD Pin	Test Pin	Thru Via	BB Via	Test Via	Shape	Bond Finger
mil	mil	mil	mil	mil	mil	mil	mil	mil	mil
*	*	*	*	*	*	*	*	*	*
***	10	10	5	5	10	5	5	5	5
***	10	10	5	5	10	5	5	20	5

Shape To <<									
All	Line	Thru Pin	SMD Pin	Test Pin	Thru Via	BB Via	Test Via	Shape	Bond Finger
mil	mil	mil	mil	mil	mil	mil	mil	mil	mil
*	*	*	*	*	*	*	*	*	*
***	20	20	5	5	20	5	5	5	5
***	20	20	5	5	20	5	5	5	5

※ 단안정 멀티바이브레이터에서는 SMD 부품이 사용되지 않아 설정을 하지 않았다.

- 메뉴 File 〉 Close를 선택하여 Constraints Manager창을 닫는다.

5. 배치하기 (Placement)

- 메뉴 Place 〉 Components Manually...를 선택하거나 좌측 툴바의 아이콘을 클릭한다.
- 부품의 Ref를 선택한 후 하단의 Hide를 선택하면 Manually창은 사라지고 화면에 부품이 나타난다. 보드 내에 적당한 위치에 배치시킨다. 배치 시 부품을 회전할 때에는 마우스 오른쪽 버튼의 Rotate를 선택하거나 스트로크를 이용해서 회전시킨다.

※ 모든 부품을 선택한 후 Hide를 누른다. 하나를 배치하고 나면 다음 부품이 나타난다. 이런 방법으로 회로도를 참조하여 모든 부품을 배치한다.

- 대략적인 배치가 끝나면 툴바 Move 아이콘 또는 스트로크를 이용하여 부품을 이동한다.
- Move 명령 적용 순서 : ① Move 명령 선택 ② 부품 선택 ③ 마우스 왼쪽 버튼클릭 ④ 이동 후 마우스 오른쪽 버튼의 Done 클릭(완료)
- 화면의 이동은 마우스 휠 버튼, 또는 단축키 F11 확대, F12 축소를 이용하거나, 마우스 스트로크를 이용한다.

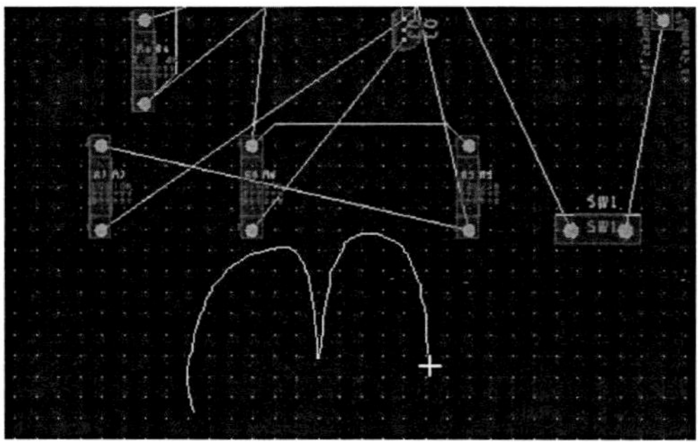

- 마우스 오른쪽 버튼을 누른 상태에서 알파벳 소문자 m자 모양을 그린다. 그린 후 마우스를 놓으면 move 명령이 실행되며 부품을 클릭하면 움직인다.

• 마우스 휠 버튼을 누른 상태로 이동하면 팬(화면이동) • 휠 버튼을 클릭 후 위로 이동하여 클릭하면 네모박스 만큼 확대 • 휠 버튼을 클릭 후 아래로 이동하여 클릭하면 네모박스 만큼 축소 • 휠 버튼의 회전으로 마우스 포인터를 기준으로 한 확대/축소가 된다.

- 배치를 좀 더 잘하기 위해서 +9V와 GND net에 Assign Color를 설정해 준다.
- Display 〉 Assign Color를 선택하거나 툴바에서 아이콘을 선택한다.
- Control Panel 창에서 Option을 선택하여 컬러를 선택한다.
  전원은 붉은색 [GND는 파란색계열]
- Control Panel 창에서 Find를 선택하여 Net을 선택한다.
  +9V를 클릭하면 선택창으로 이동한다.

생상 선택

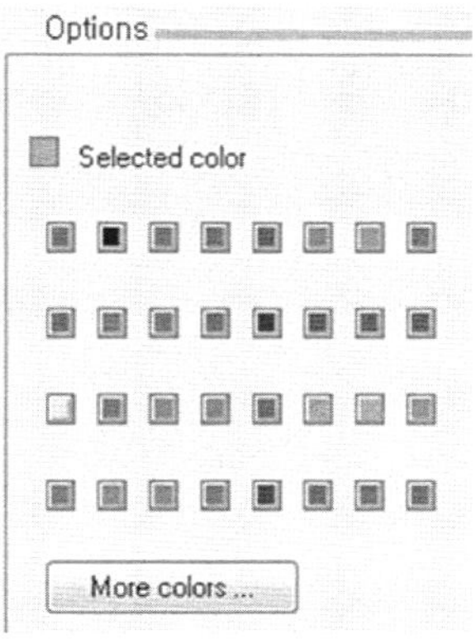

Net 찾기

Net 검색

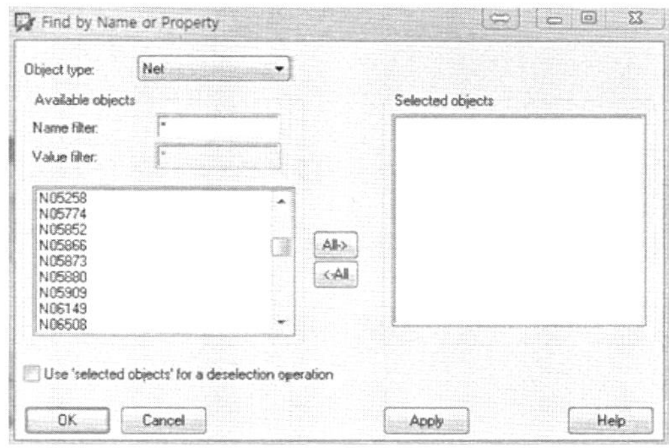

- OK를 누르고 화면을 보면 +9V의 핀과 Rat이 빨간색으로 바뀐 것을 확인할 수 있다.
- 같은 방법으로 GND도 선택한다. [GND는 파란색계열]
- 전원라인을 주의하면서 배치를 완료한다.
- Highlight가 적용된 화면

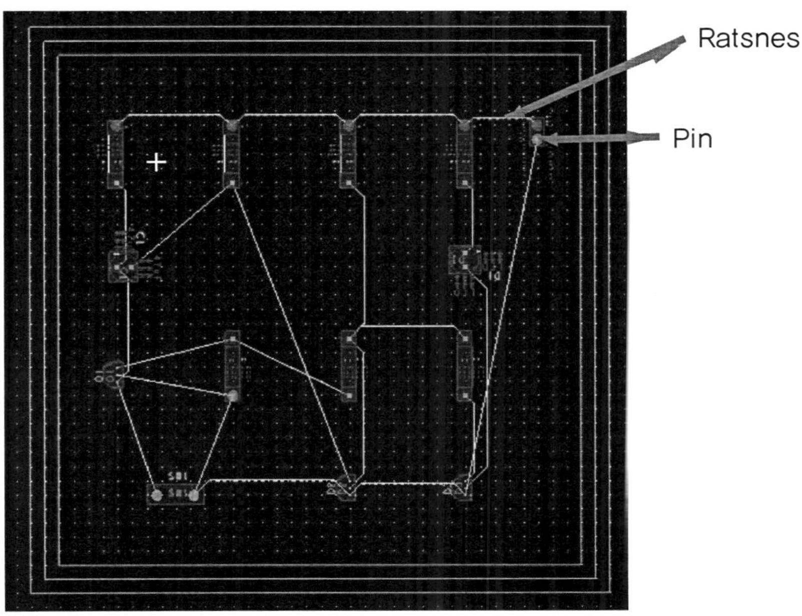

6. Color Setting

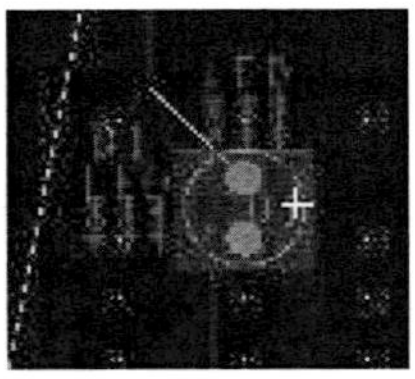

- Color가 모두 켜져 있어 부품 정보가 모두 나타난다.
- 복잡하고 서로 중복이 되어 작업에 불편하므로 작업에 맞는 정보만을 보이게끔 설정한다.

- 툴바 Color192 아이콘을 누르거나 스트로크를 이용하거나 메뉴 Setup 〉 Colors...를 선택한다.

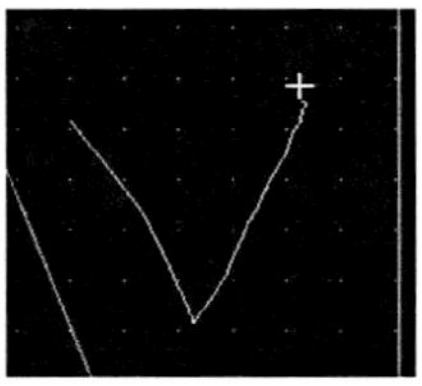

- Color 설정 화면이 열린다.
- 상단의 Global visibility Off를 선택한다.
- Disiplay 〉 Grids의 컬러를 흰색으로 설정/확인한다.

- 하단의 Color panel창에서 원하는 색상을 선택한 후 바꾸고자하는 아이템의 컬러박스를 클릭하면 설정된다.

- 하단의 Apply를 누르면 설정이 바로 적용된다.

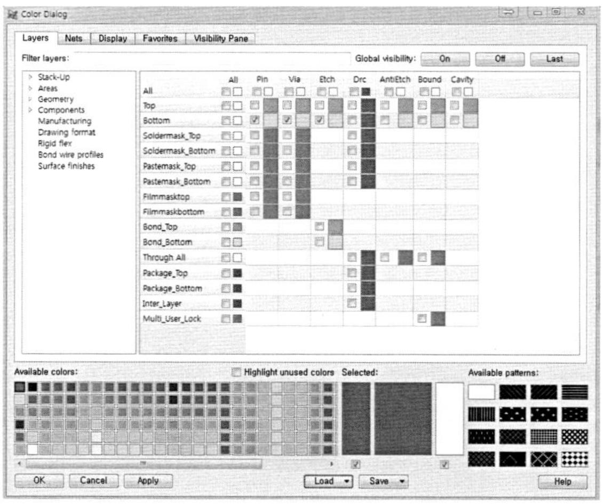

– Stack–Up 설정 : 패턴, 핀, 비아 등 동박과 관계되는 부분의 설정
; Stack–Up에서 Top과 Bottom 항목의 All을 체크해 모두 선택한다.

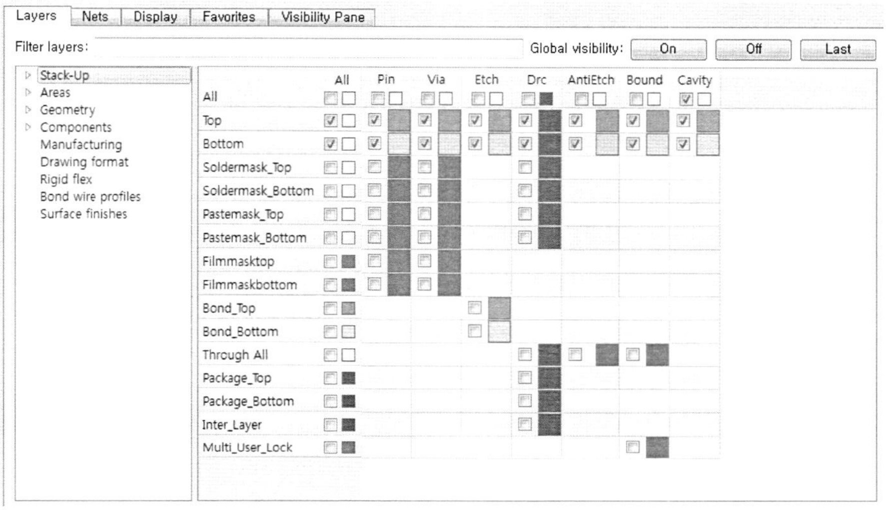

– Areas 설정 : 부품 배치는 끝났으므로 PKG KI (Package keepin : 부품 배치허용영역)은 보이지 않게 그냥 두고, 배선영역표시 RTE KI(Route Keepin: 배선 허용영역)은 보이게 설정한다.

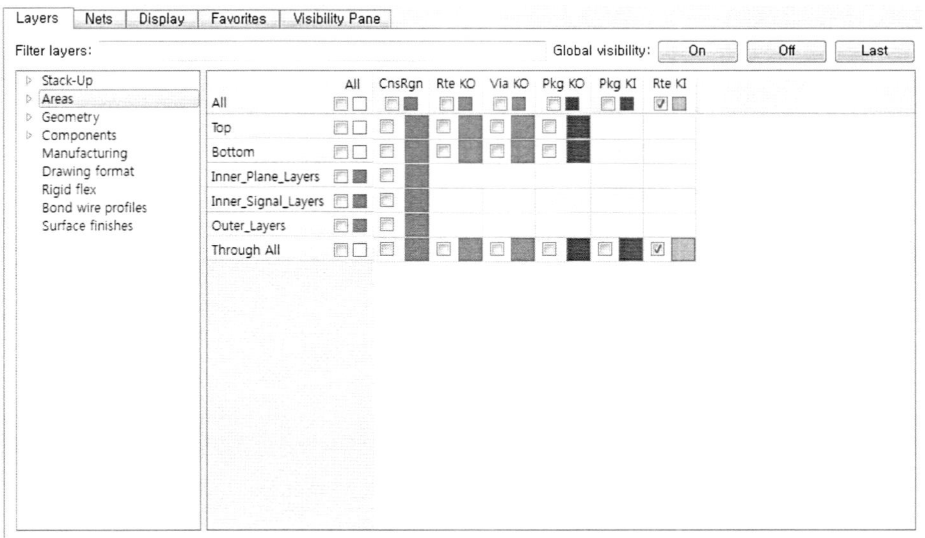

– Board Geometry : 보드에 관계된 컬러설정

; Design_Outline만 보이게 설정한다.

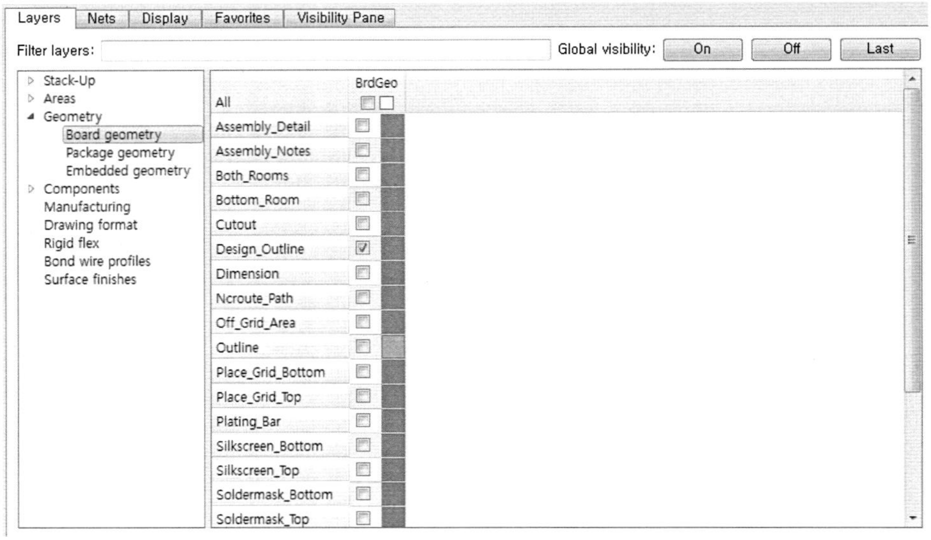

– Package Geometry : 부품의 그림정보에 관계된 컬러설정

; Silkscreen_Top 을 보이게 설정한다.

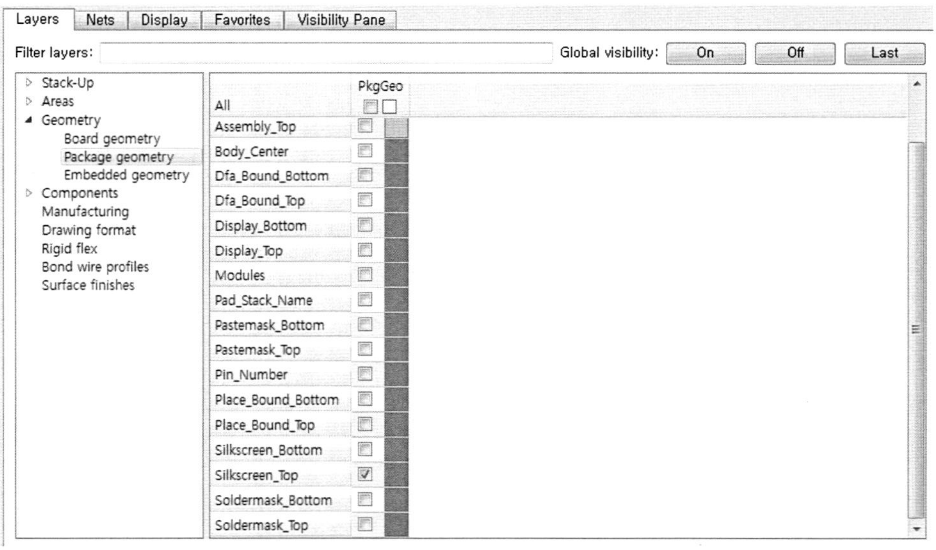

– Components : 부품에 표시될 정보로서 Reference나 Value 등이 있다.
; Silkscreen_Top의 Refdes를 보이게 한다.

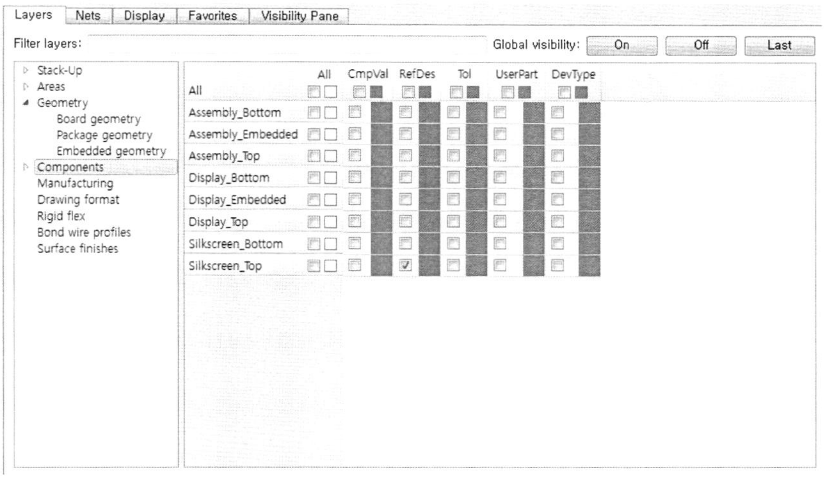

– Apply로 적용하고, OK를 눌러 창을 닫는다.

7. 배선하기 (Route)

– 배선을 위해서 Grid를 바꾼다.
스트로크 또는 마우스 오른쪽 버튼 Quick Utilities 〉 Grids...를 선택하거나,
메뉴바 Setup 〉 Grids...를 선택한다.
All Etch X : 50, Y : 50로 설정을 바꾼다.

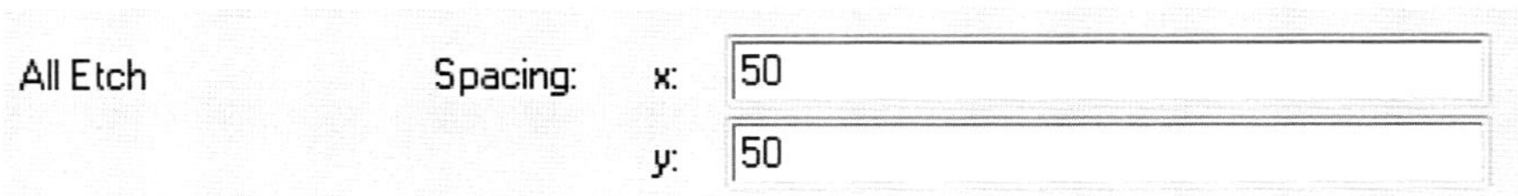

– 화면 좌측의 툴바에서 Add connect icon을 선택하거나 메뉴바 Route 〉 Connect 또는 단축키 F3를 누른다.

*** Control Panel 창의 Visibility와 Find, Option을 확인해 본다.

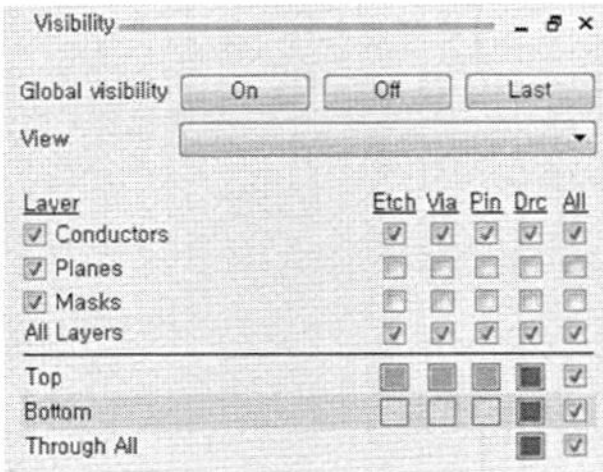

- Top과 Bottom의 색상을 확인한다.
- Find 창에 Pin이 꺼져있다면 라우팅이 되지 않는다.

- Act : 현재 작업하고 있는 Layer
- Alt : 현재 작업창의 Mirror Layer
- Via : 작업에 쓰이는 Via명
- Line lock : 배선각도 0, 45, 90도.
- Miter : 자동으로 배선이 꺾이는 정도
- Line width : 기본 배선 두께
- Bubble : 배선 방식 Off / Hug / Hug Only / Shove
- Shove vias : Off, Min, Full이 있다. Full로 맞춘다.
- Gridless : 그리드를 타지 않는다. DRC에 맞춰 그려진다.
- Snap to connect point : 그리드가 맞지 않아도 핀에 배선을 연결한다.

- Pin을 클릭하면 배선이 시작된다.

; 배선을 할 때 가로 배선은 Top-Layer에 세로 배선은 Bottom-Layer에 그린다는 생각을 하고 각 레이어에 맞게 배선을 그린다.

; 배선은 짧은 Net부터 그리고 핀에서 핀으로 가장 최단거리로 그린다.

; 90° 직각배선을 하지 않는다.

; 비아를 삽입할 때는 배선 라우팅 시 더블클릭을 하면 Layer가 바뀌면서 via가 생성된다.

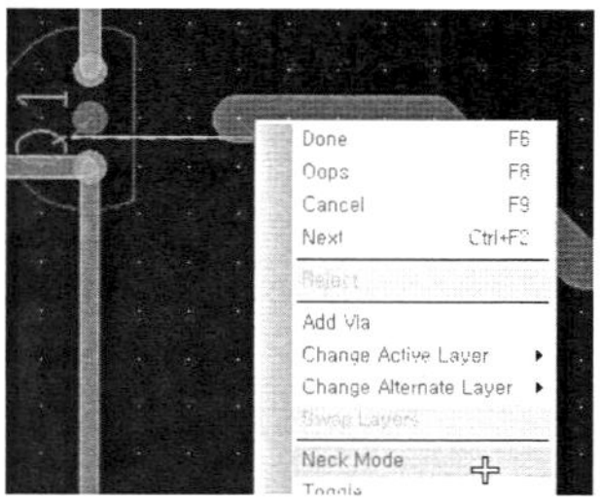

- Neck Mode : 굵은 배선으로 작업 시 패드사이를 지나가기가 힘들어 Clearance 에러가 발생하므로 Neck Mode로 전환하여 얇은 패턴으로 그린다.
- Layer를 바꾸어서 작업 시에는 마우스 오른쪽 버튼 메뉴 중 Change Active Layer 〉 Top 또는 Bottom을 선택한다.(단축키 – 버튼)

- Bottom Layer 배선시 Flipdesign 아이콘을 선택하면 보드를 Bottom면 기준으로 뒤집어서 Display되므로 배선하기가 편리하다.

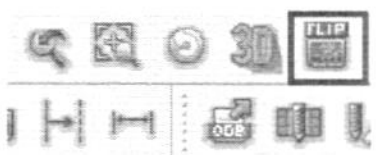

- 3D 아이콘을 선택하면 선택된 개체들의 3D 형상을 볼 수 있다.

- 배선 작업을 끝낸다.

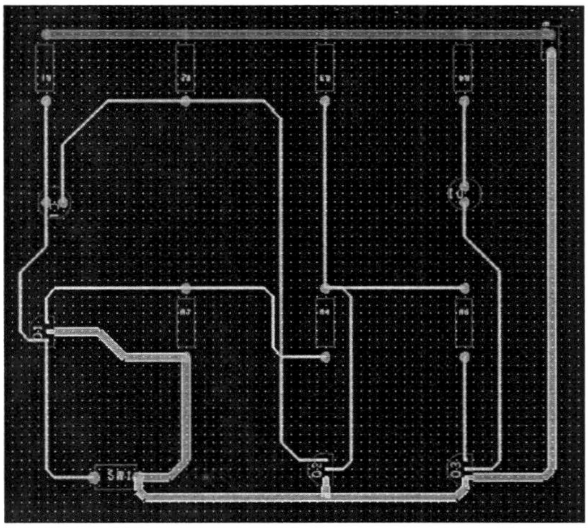

- Top Layer : 노란색
- Bottom Layer : 녹색
- Assign Color : 빨간색 (+9V)

* 배선 등의 Color 색상은 Layer색상보다 하이라이트 색상을 우선 적용한다.

- 마우스오른쪽 버튼의 Done을 선택하여 배선작업을 끝낸다.

8. Copper 씌우기

- Copper(카파)라고 일반적으로 불리며 넓은 면에 씌워진다. 전기적 속성을 가지고 있으며 주로 GND Net이 적용된다.

- 메뉴 Shape 〉 Rectangular를 선택하거나, 툴바 Shape Add Rectangular  아이콘을 선택하고 Control Panel에서 Option을 선택한다.

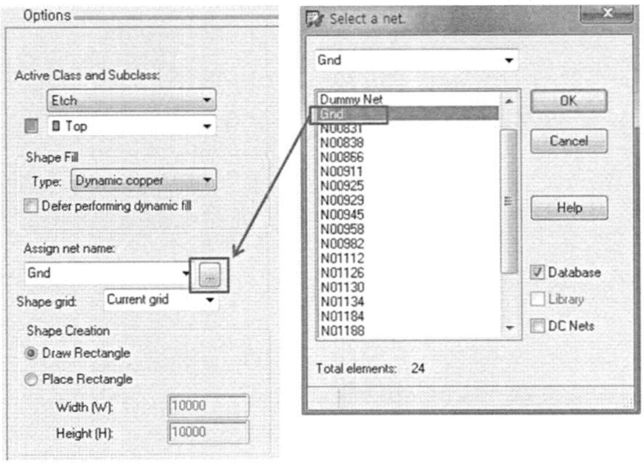

- Layer를 Top에 맞춘다.

- Assign net name 항목에서 Net을 반드시 지정해 주어야 한다.

- 보드 전체에 Copper를 씌우므로 사각형 툴로 그린다. 만약 보드전체가 아닌 복잡하게 그려야 한다면 Polygon(다각형)툴로 그린다.

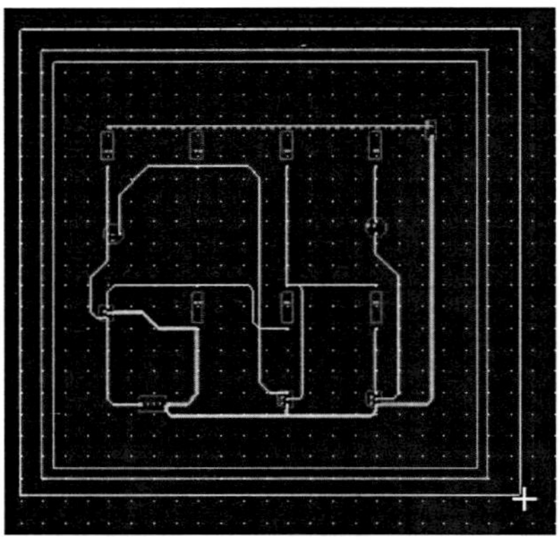

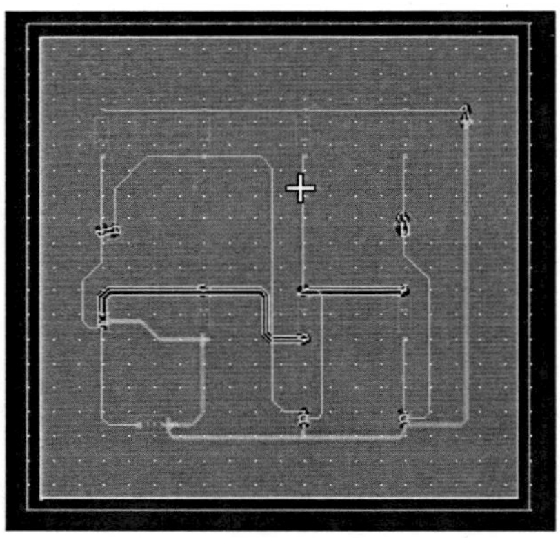

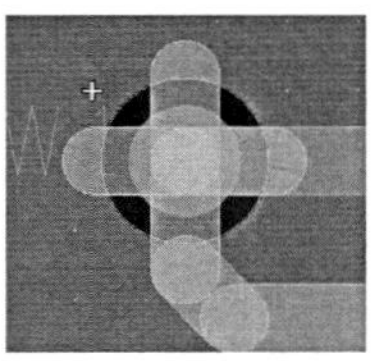

- GND Pin에는 Thermal Relief가 생성된다.

- Bottom에도 같은 방법으로 GND Copper를 씌운다.

9. 설계 마무리 작업

1) Reference 정리

- Reference 정보는 아주 중요하다. 지금까지의 작업과 견주어 간단하지만 그 중요도는 뒤지지 않는다. 수삽(수동삽입)일 경우 조립의 기준이 되며, 점검 또는 수리 시 Reference 정보 없이는 어려움이 따른다.
- Reference 크기를 균일하게 만든다.
- 메뉴바 Display 〉 Color/Visibility...를 선택하여 Color 설정창을 띄운다.
- Stack-Up => Etch : Top, Bottom 항목의 √를 해제 (pin, via 제외) Apply 하면 Pattern(패턴), Copper(카파)가 보이지 않게 된다.

**Control panel에서 Visibility 탭에서 Etch 항목의 체크해제 해도 된다.

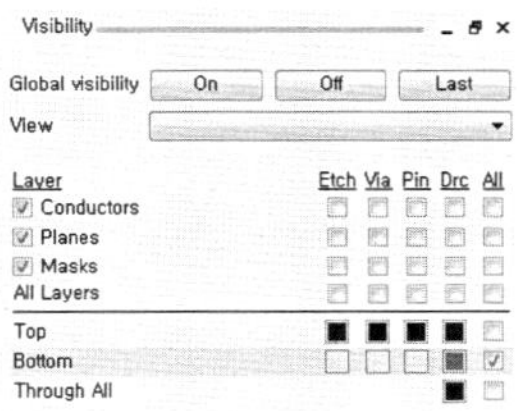

- 한번 누르면 보이지 않게 되고, 다시 한 번 누르면 켜진다.
- Pin과 Via는 드릴과 패드스택이 있어서 반드시 보이게 한 후 이를 피해서 Reference를 배치해야 한다.
- Area => Rte KI에 √ 해제

- Package Geometry => Silkscreen_Top에 √설정
- Component, Refdes => Silkscreen_Top에 √설정

  Assembly_Top : √ 를 해제한다.

*** Assembly 도면이 필요한 경우 Assembly_Top도 정리해야 한다.

- Apply를 누르면 실크, 핀, 비아, 보드외곽선만 남는다.

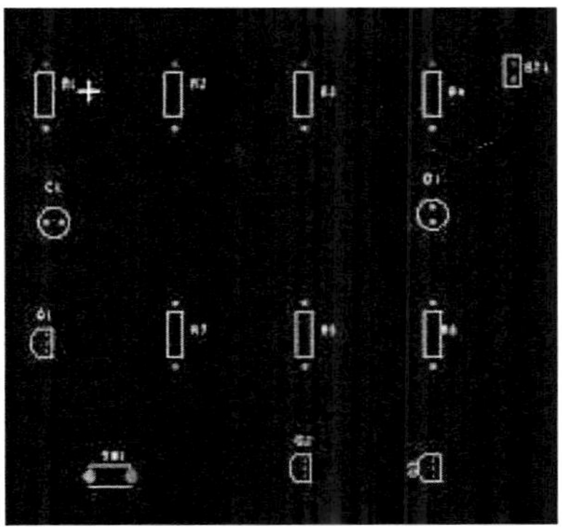

Silkscreen 글자 크기를 동일하게 변경

- 메뉴 Edit 〉 Change 선택
- Control Panel에서 Option 탭을 선택
  - Class : RefDes
  - Subclass :Silkscreen_Top
  - Text block : 3 (☑해준다)
  - Text just : Center

※ Text Block은 1에서 16단계까지 기본적으로 구성되어 있다.

- 메뉴 Setup 〉 Design Parameters... 선택
- Text 탭을 선택

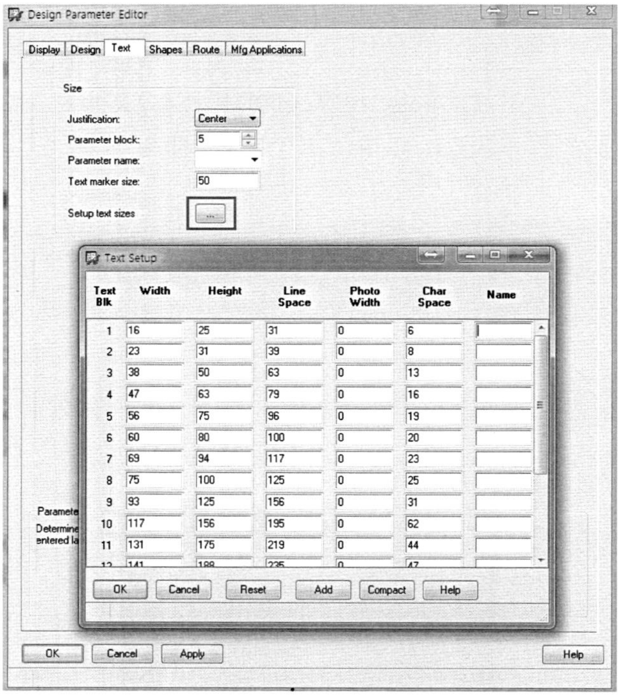

- Option의 설정이 끝났으면 보드 전체를 Drag 한다.
- Drag 후 F6 또는 마우스 오른쪽 Done을 선택한다.

- Grid 변경하기
- 메뉴 Setup 〉 Grid... 또는 마우스 오른쪽 버튼 메뉴 Quick Utilities 〉 Grids...를 선택한다. Non-Etch X : 25, Y : 25 로 설정한다.

- 메뉴 Edit 〉 Move 또는 툴바 Move 아이콘 을 선택 스트로크(m모양)로 선택한다.
- Control Panel에서 Find Tab을 선택한 후 Text만 선택되도록 한다.
- All Off로 모두 해제 후 Text만 선택한다.

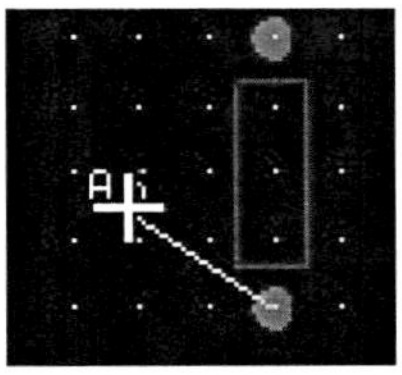

- Reference를 선택하면 마우스에 붙어서 움직인다. 흰색선이 나타나 어떤 부품의 Ref인지 분명히 표시된다. 원하는 위치에서 클릭하면 배치된다.

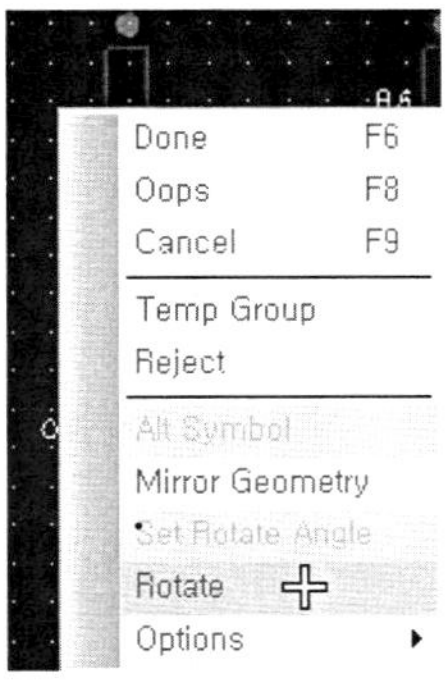

- 회전할 필요가 있을 때 마우스 오른쪽 버튼을 누르고 Rotate 항목을 선택한다.
- 스트로크를 이용하면 간편하다.

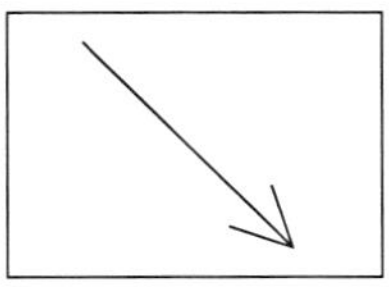

- Reference를 모두 정리한다.

2) Board 정보 작성

- 작성한 보드에 Silkscreen으로 보드명이나 회사로고, 버전 등의 정보를 기입할 필요가 있다.
- 메뉴 Add 〉 Text 또는 화면 좌측 툴바에서 Add Text아이콘 을 선택한다.
- Control Panel의 Option을 선택하여 설정을 변경한다.

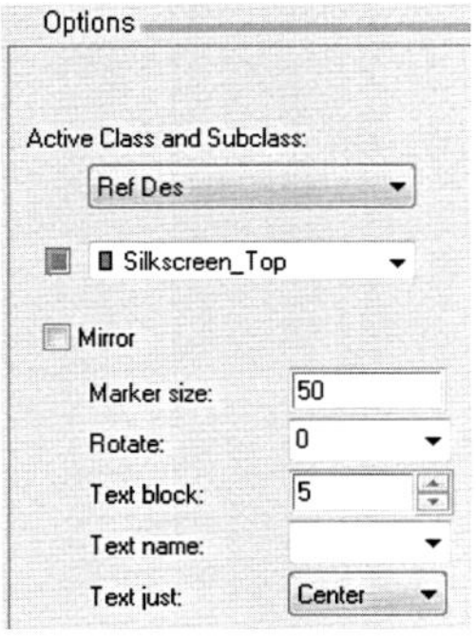

- 화면과 같이 설정을 완료한 다음 보드의 빈 공간에 클릭 후 글씨를 적어 넣는다.
- Monostable MV라고 적는다.(한글 불가)

3) Board Dimension

- 보드의 사이즈를 표기해 준다.
- 보드 사이즈는 mm로 주로 표기해주나 mil로 설계되었으므로 mil로 표시 후 보조치수로 mm를 표기한다.
- 메뉴 Setup 〉 Design Parameters...또는 마우스 우측 버튼 메뉴 Quick Utilities 〉 Design Parameters...를 선택한다.

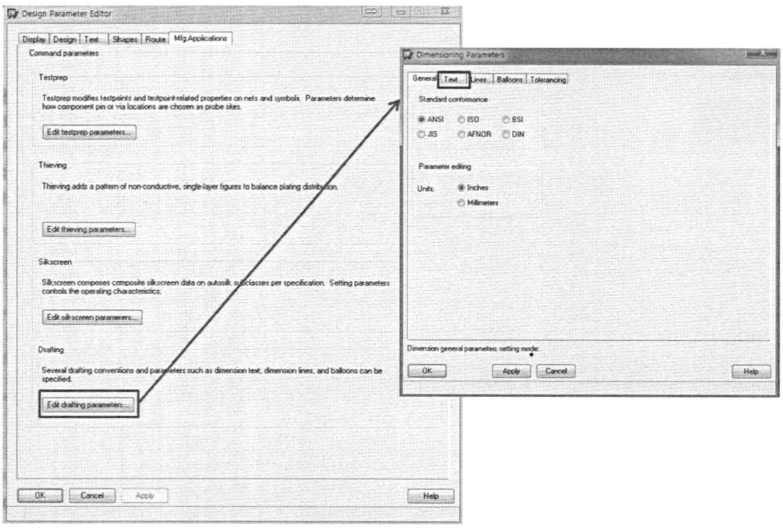

- Mfg Applications 탭을 선택한다.
- Drafting 항목의 Edit Drafting Parameters를 선택한다.
- ANSI : 미국규격 [Inch]
- ISO : 국제규격 [mm]
- Dimension text를 선택한다.

  - Primary dimensions 기본표시 치수
    Units : Mils로 바꾼다.
    Decimal places : 0
    (소수점아래 0자리 까지 표시)
  - Secondary dimensions 보조치수
  - Use Dual Dimensions에 √한다.
    (보조치수사용)

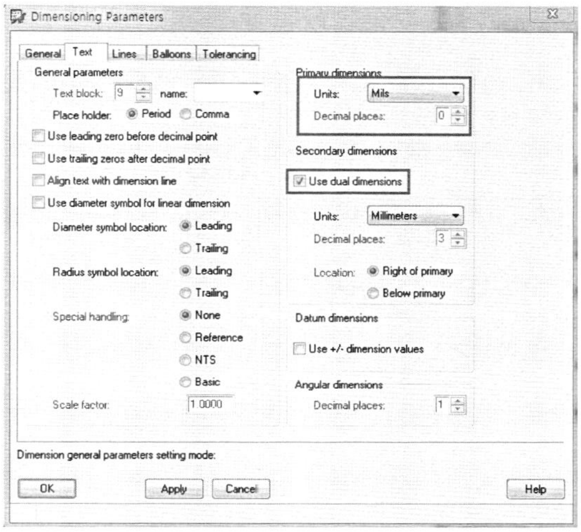

- Color 설정을 변경한다. (command 입력창에 color192)

; Board Geometry 의 Dimension 체크 박스에 체크하여 나타나게 한다.

- 메뉴 Manufacture 〉 Dimension Environment 선택한 후 마우스 오른쪽 버튼 Linear Dimension을 선택하거나, 툴바 Dimension Edit 아이콘을 선택한다.

; 레이어는 자동으로 Board Geometry / Dimension으로 변경된다.

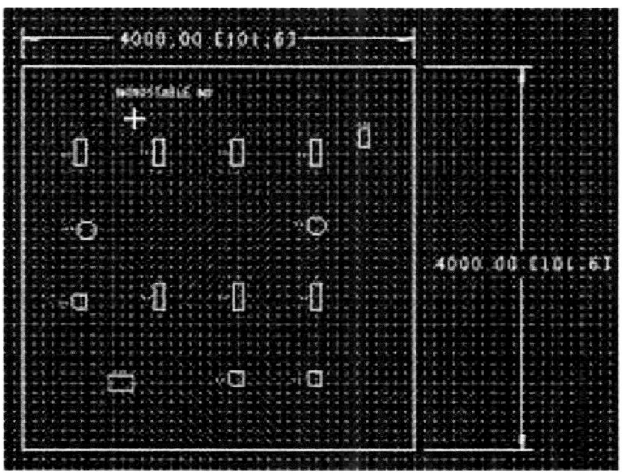

- 한 Segment의 끝지점 클릭, 다른 한 지점 클릭하면 치수보조선이 나타나며, 원하는 위치에 배치시킨다.
- 또는 Segment를 선택해도 무방하다.
- 마우스 오른쪽 버튼의 Done을 하기 전까지 계속 치수보조선을 기입할 수 있다.

2-5. Gerber 생성하기

1. Drill Legend

- 메뉴 Manufacture 〉 NC 〉 Drill Customization...을 선택한다.

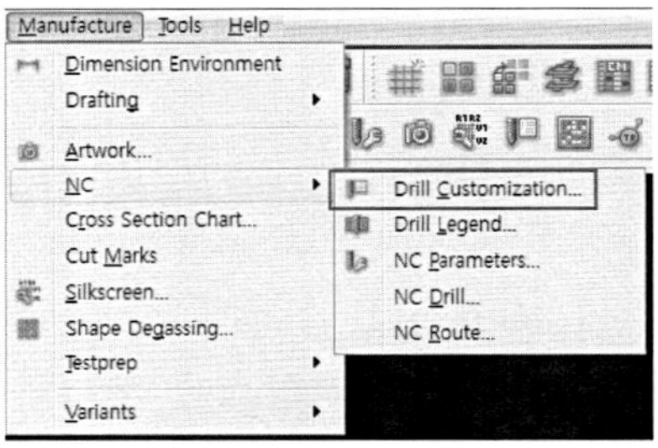

- Drill Symbol을 자동으로 생성한다.

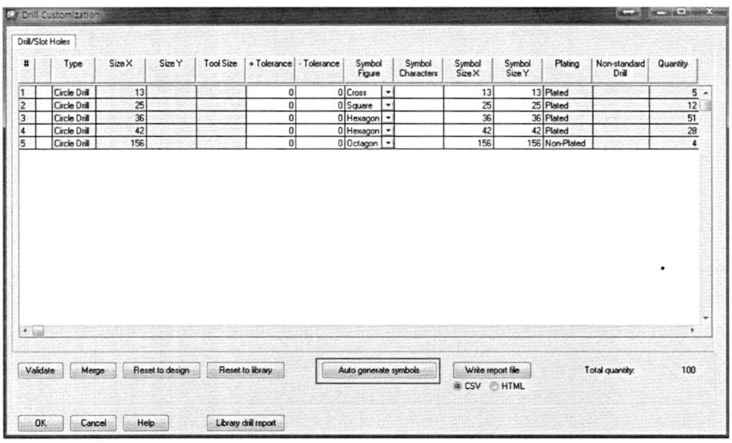

- Auto generate symbols 버튼을 눌러 자동으로 드릴 심벌을 생성한다.
- OK를 누른다.
- 메뉴 Manufacture 〉 NC 〉 Drill Legend...를 선택하거나 툴바 Drill Legend 아이콘 을 선택한다.
- 기본값으로 OK 선택한 후, 마우스에 붙어 있는 Drill Legend을 적당한 위치에 배치한다.

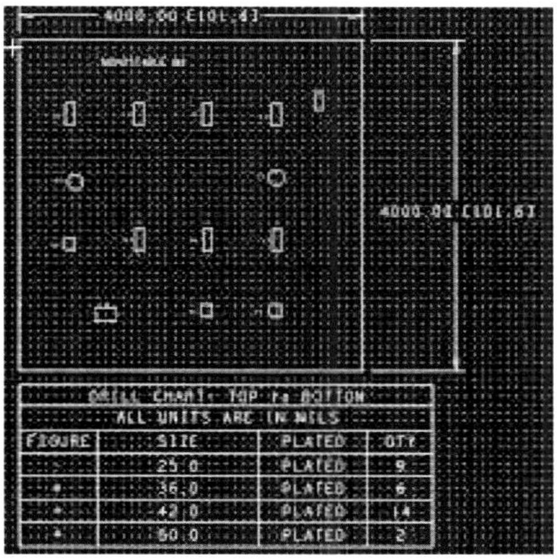

2. Artwork Film 생성하기

- PCB를 제조하기 위해서 Gerber(거버) File을 출력해야 한다.

양면기판(2-Layer) Gerber Film

① TOP : TOP Layer의 패턴, 핀, 비아 등의 동박부분

② BOTTOM : BOTTOM Layer의 패턴, 핀, 비아 등의 동박부분

③ Soldermask_Top : TOP Layer의 PIN, VIA등 납이 묻을 부분만 표시

④ Soldermask_Bottom : BOTTOM Layer의 PIN, VIA등 납이 묻을 부분만 표시

⑤ Silkscreen_Top : 보드에 그림, 글씨 등의 정보를 표시

⑥ Drilldraw : Drill Symbol정보, Dimension 등의 Drill에 관한 정보를 표시

⑦ Nc-Drill : 실제 작업할 수 있는 DATA, 좌표와 Drill Size 정보

⑧ Assembly_Top : 조립 시 확인할 수 있는 Print용 정보

* Pastemask_Top : SMD부품 실장 시 Reflow방식에 쓰이며, Metalmask 라고도 부른다.

① TOP과 ② BOTTOM은 기본으로 설정되어 있다.

③ Soldermask_TOP 생성하기

- Color 설정창을 띄운다.(메뉴바 Display 〉 Color/Visibility...)
- Global visibility를 Off한 후 '예' 를 선택한다.
- Stack-Up폴더의 Soldermask_Top에서 Pin과 Via를 체크한다.

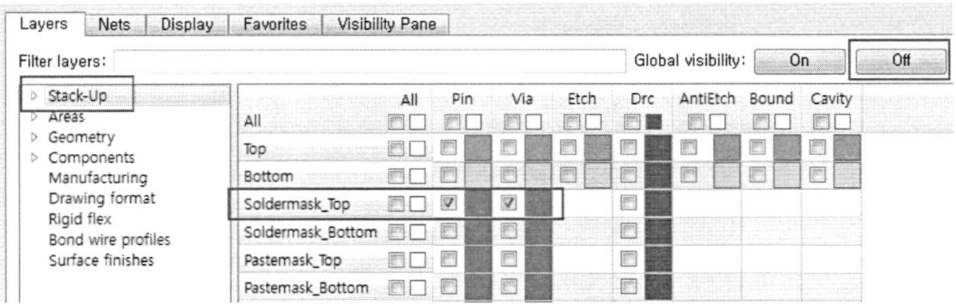

- 확인을 누르고 나면 화면에 Pin과 via만 보인다.

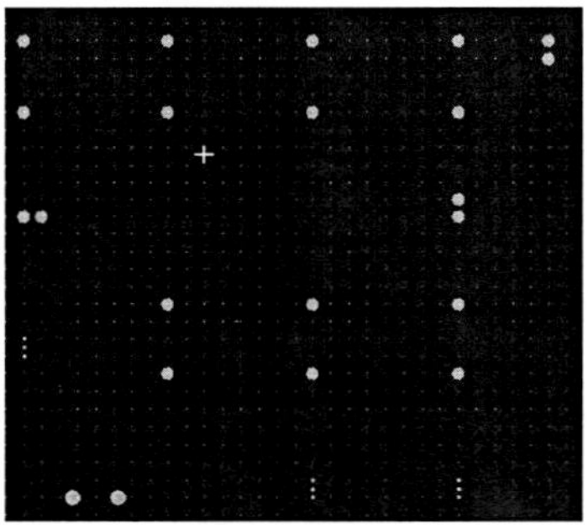

- 만약 Via에 납이 묻지 않게 하고 싶다면 Color 설정 시 Via를 체크하지 않는다.
- 현재 보이는 화면 설정을 그대로 적용해서 거버에 추가한다.

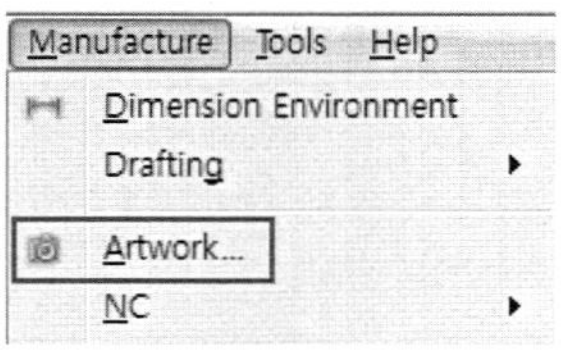

- 메뉴 Manufacture 〉 Artwork...를 선택하거나 툴바 Artwork 아이콘 을 누른다.

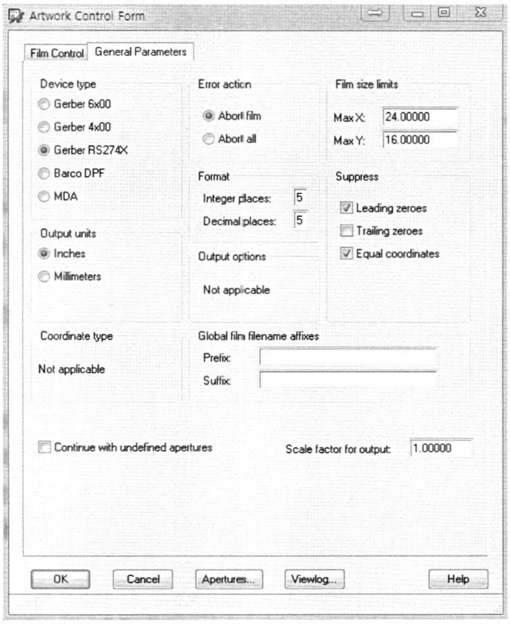

- Artwork Control Form 창이 나타나면, General Parameters 탭을 선택한다.
- 거버의 종류에는 여러 가지가 있으나 가장 많이 쓰고 알려진 RS274X를 선택한다.
- Output Units은 설계 단위 그대로 출력한다. mil과 mm 사이의 작은 오차 때문에 설계에 충실한 보드를 만들려면 설계단위 그대로 사용한다.

- 한번만 설정하면 모든 Film에 공통으로 적용된다.
- Film Control 탭으로 이동한다.

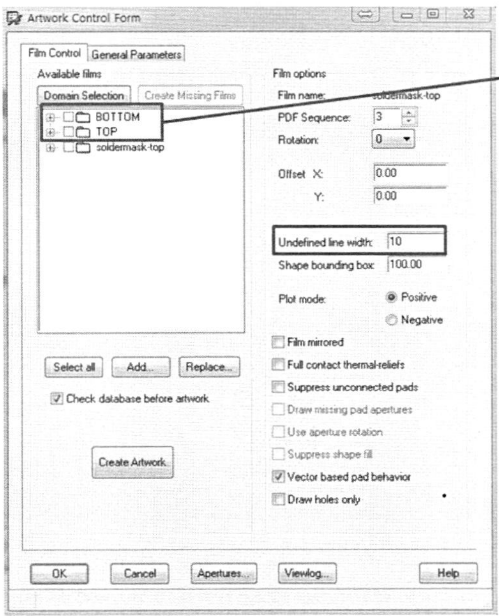

TOP선택 후 마우스 오른쪽 버튼클릭

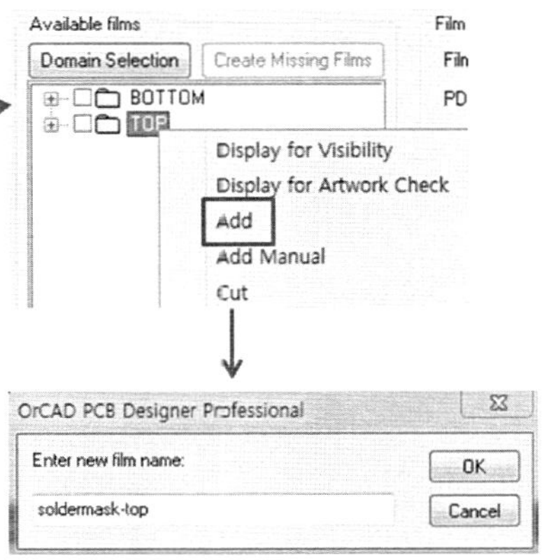

- Soldermask-Top이라고 입력함.
- Undefined line width : 10 mil 두께가 지정되지 않은 선, 글씨 등의 두께를 지정.

- 추가를 하고 OK를 눌러 빠져 나온다.

④ **Soldermask_Bottom**

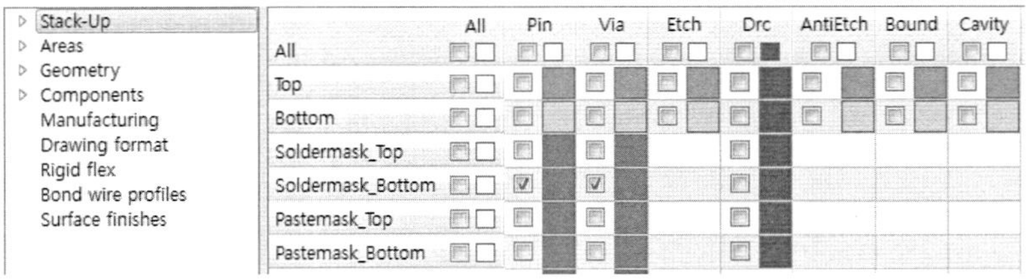

- Color 설정창을 띄운다.
  (command 창에 color192 입력)
- Global visibility를 Off한 후 '예' 를 선택한다.
- Stack-Up폴더의 Soldermask_bottom에서 Pin, Via를 체크한다.

- 확인을 누르고 나면 화면에 Bottom면의 Pin과 via만 보인다.
- Soldermask_top과 같은 방법으로 추가한다.
- + 를 누르면 설정 내용을 확인할 수 있다.

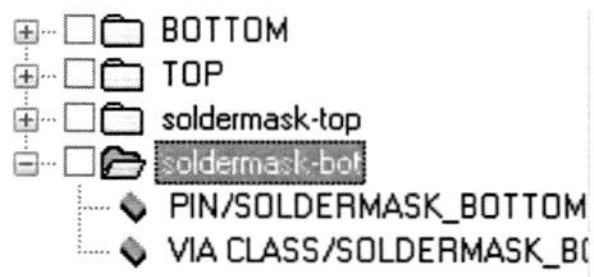

⑤ **Silkscreen_Top**

- Color 설정창을 다시 나타낸다. (command 창에 color192 입력)
- Global visibility를 Off한 후 '예' 를 선택한다.
- Package Geometry의 Silkscreen_Top을 체크한다(부품의 외형을 표시).
- Component의 RefDes의 Silkscreen_Top을 체크한다(부품의 Reference를 표시).

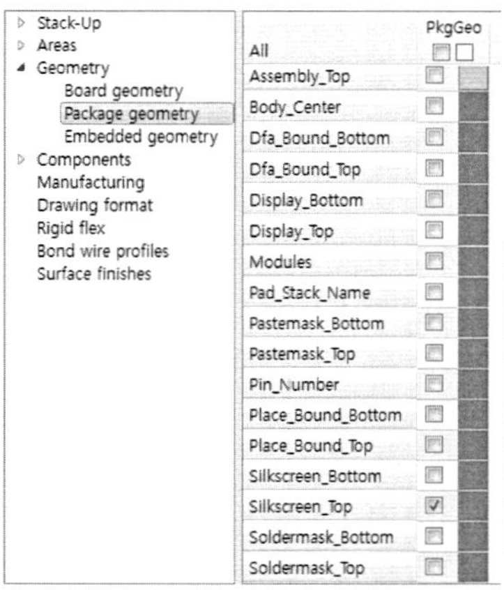

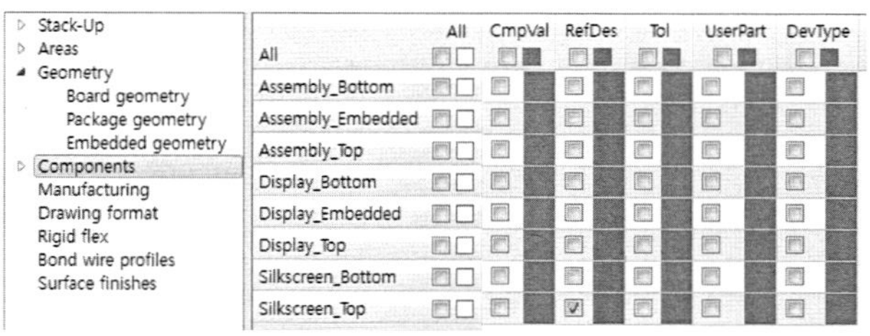

- 화면에 부품외형과 Reference, Add Text로 입력한 글씨만 표기된다.
- Film을 추가한다.

⑥ **Drilldraw**

- Color 설정창을 다시 나타낸다. (command 창에 color192 입력)
- Global visibility를 Off한 후 '예' 를 선택한다.
- Board Geometry에서 Design_Outline과 Dimension을 체크한다.
- Manufacturing에서 Nclegend-1-2를 체크한다.

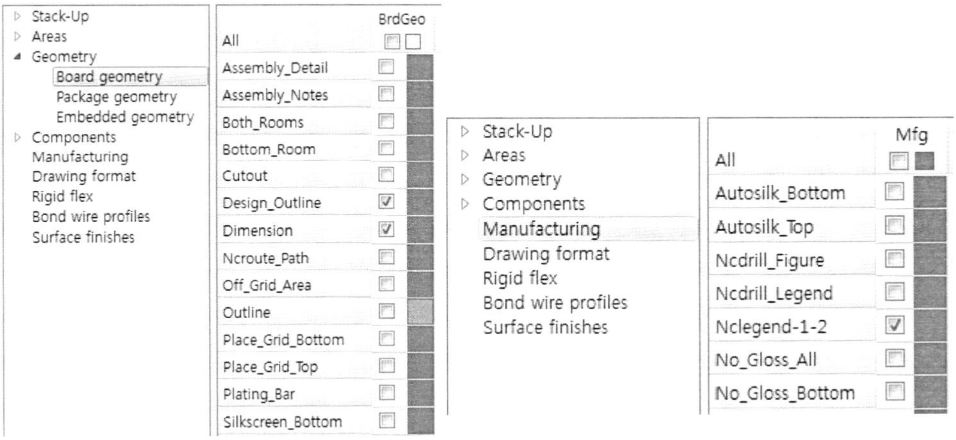

- Apply 후 확인을 누른다.
- Artwork Control Form창에서 Film을 추가한다.

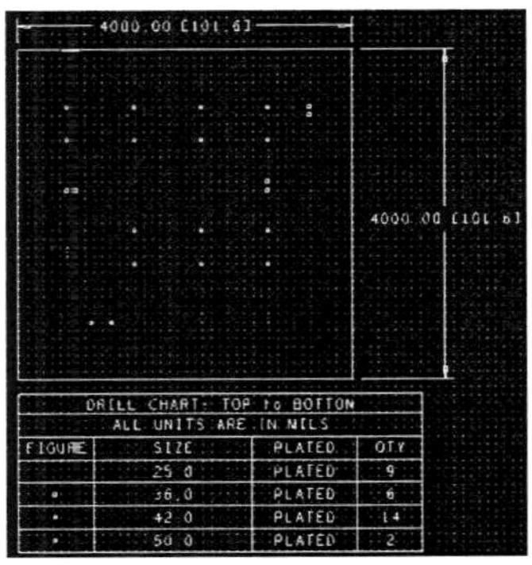

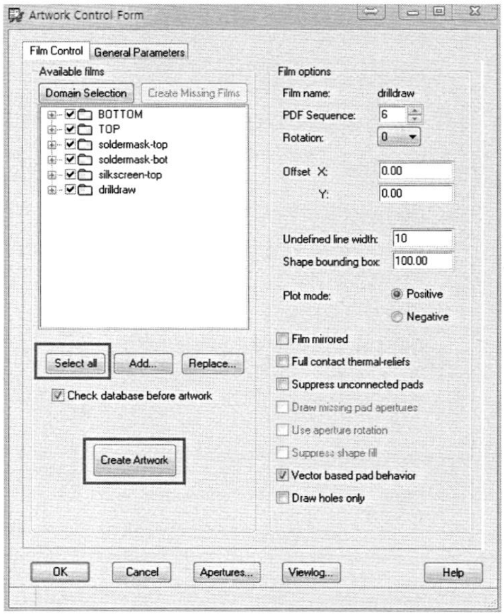

- Select all을 눌러 모두 선택한다.
- Create Artwork을 눌러 파일을 생성한다.
- 거버파일(*.art)의 저장 위치는 PCB Editor 타이틀바에서 쉽게 확인이 가능하며, *.brd 파일의 저장경로와 동일한다.

⑦ NC-Drill

- 메뉴바 Manufacture 〉 NC 〉 NC Drill...을 선택한다.

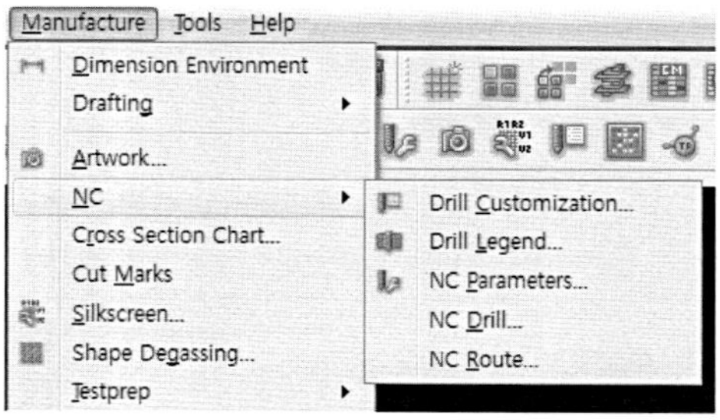

- NC Drill 창이 뜨면 NC Parameters...를 선택한다.
- NC Parameter 창에서 Format을 5.5로 설정하고 Leading Zero suppression에 체크한다.

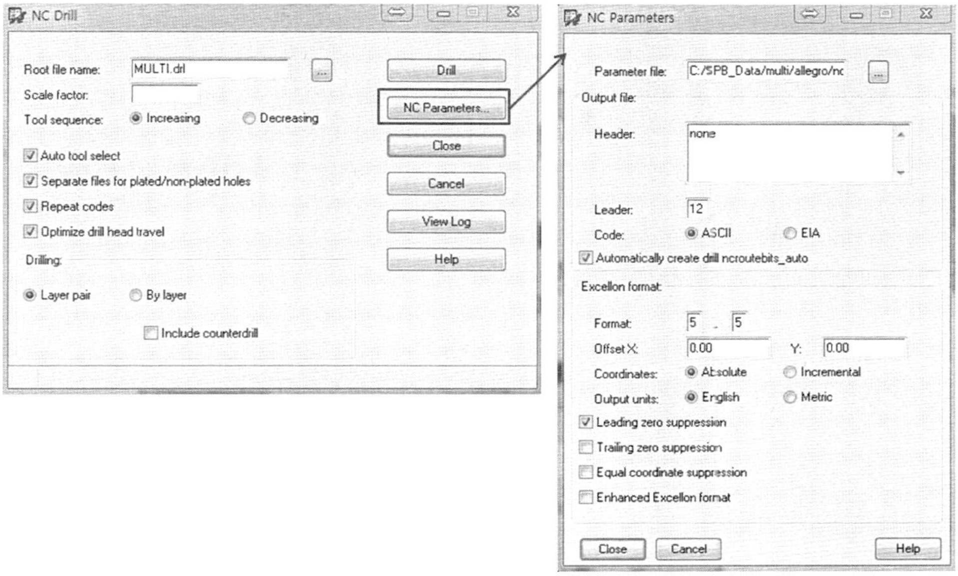

- 그림과 같이 설정이 끝나면 Drill을 눌러 NC Drill Data를 생성시킨다.
- 작업 폴더를 열어보면 거버 파일이 생성되어 있다.(설계 파일인 *.brd 파일의 저장경로와 동일)
- * . art [Gerber film]
- * . drl [NC drill File]

거버파일의 확인은 Chapter5에서 다루므로 여기서는 생략한다.

3

OrCAD PCB Editor V17.2

PIN 생성

- Pin이란 부품이 실장될 때 부품다리가 납땜으로 고정되어지는 부분이다.

3-1. 핀의 종류

1. Through Hole PIN

; 부품의 다리(Lead)가 기판에 관통되어 삽입되는 형태에 쓰이는 Pin

- Through Hole에는 두 가지 타입으로 나누어진다.

① Plate Hole : 기판의 관통된 부분에 도금처리를 한다.

- 주로 부품 핀에 적용된다.

② Non Plate Hole : 기판의 관통된 부분에 도금처리를 하지 않는다.

- 주로 단면기판용 핀, 보드 마운트 홀(기구에 기판을 고정시키는 홀)에 쓰인다.

[위에서 본 모양]

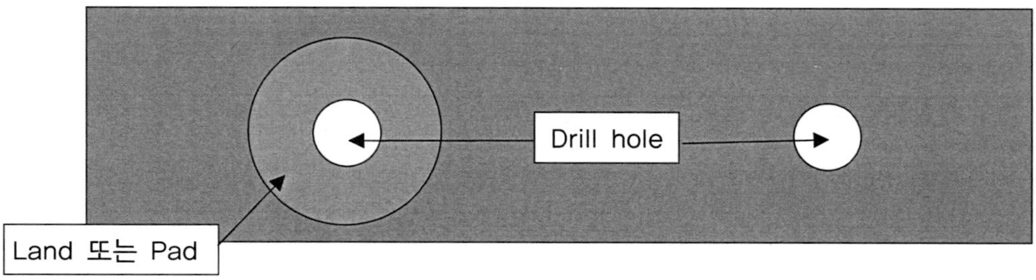

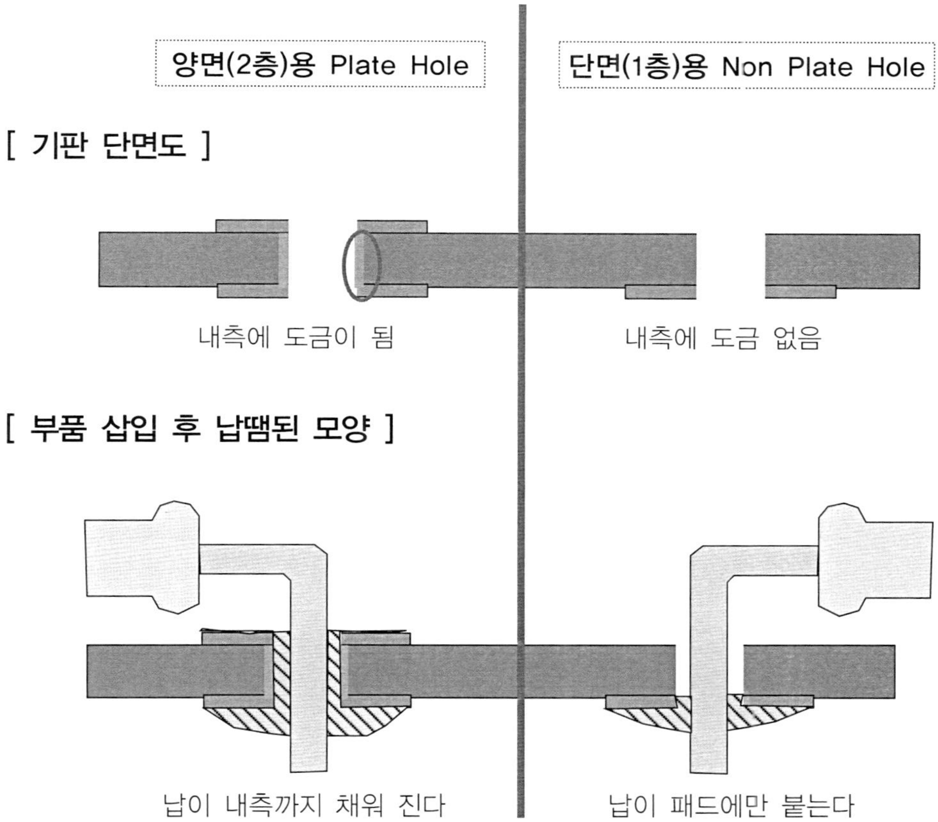

2. SMD PIN

- Surface Mounted Device (표면실장부품)이라 불리는 부품의 핀으로 Hole이 뚫리지 않고 부품이 표면에 바로 실장 된다.

3. VIA

- 부품의 실장이 아닌 신호선간의 연결을 목적으로 만들어진 핀이다. 비아(Via)는 3종류가 있다.

① Through Hole Via (관통비아)

- Through Hole Pin과 구성은 같다. 그러나 Non Plate 설정을 하면 안된다. 신호선을 Top Layer, Inner Layer, Bottom Layer 사이에 연결을 시켜준다.

② Blind Via

- Top Layer 또는 Bottom Layer의 신호선을 Inner Layer와 연결시켜 준다.
  기판의 표면을 볼 때 한쪽면에는 Via가 있으나 반대쪽에는 Via가 없다.

③ Buried Via (내층비아)

- Inner Layer(내층)에 있는 신호끼리 연결해 준다.
  기판의 표면에는 표시가 나지 않는다.

[6층 PCB]

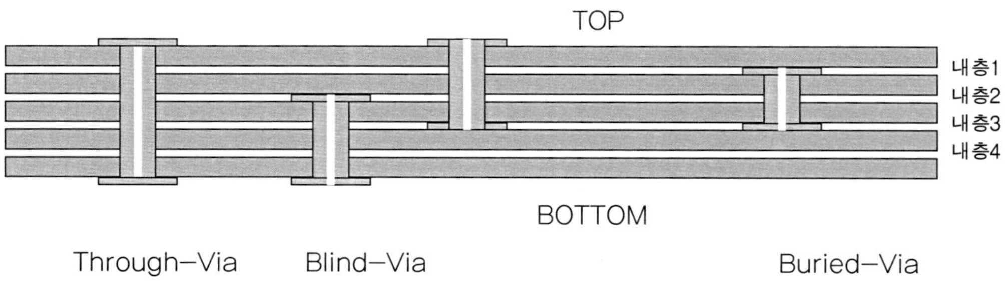

3-2. PIN의 구성

- 일반적인 핀은 납이 묻는 부분인 Land 또는 Pad 와 부품다리가 삽입될 Hole 로 구성되어 있다. 이를 Through Hole PIN이라 부른다.
- Land 만으로 이루어진 핀을 SMD PIN이라 한다.

3-3. Thermal Pad

- 열에 의한 부품의 기판의 손상 및 납땜을 용이하게 할 목적으로 만들어진다.

넓은 영역에 동박(Copper)을 씌울 때, 패드에 가해지는 열이 동박으로 전달되지 않도록 하는 것이 목적이다. 열이 전달되면 기판의 휨, 부품손상, 냉납의 발생 등의 문제를 일으킨다.

3-4. Solder Mask

- 기판을 만들기 위해서 필요한 필름(Film)중 핀에 관계된 Film이다.
- 기판의 핀에서 납땜할 부분은 은색으로 보인다. 기판의 원단은 양면으로 동판이 붙어 있다. 이를 가공 처리하여 기판을 만든다. SolderMask는 납이 묻을 부분을 표시해주는 필름이다. 일반적으로 랜드 사이즈보다 0.2mm (10mil) 정도 크게 만들며 핀과 같은 형상을 가진다. Solder Mask는 Top, Bottom Layer (납땜이 되어지는)만을 만든다.

3-5. Paste Mask

- Paste Mask는 SMD 부품용으로 만들어진다.
- Solder Mask와 달리 기판 제작을 위해서 만들어지는 필름이 아니라, 기판에 부품을 조립하기 위해 만들어지는 필름이다.

기판에 부품을 부착하고 납땜으로 완성하는 과정을 Flow 방식이라 한다. Flow방식은 주로 Through Hole부품 즉 부품다리를 기판에 꽂아서 실장하는 부품들의 조립방식이다.
Reflow방식은 SMD부품의 자동삽입 방식에 쓰인다. 기판에 납을 먼저 묻이고 부품을 올린 후 가열기(오븐)에서 납땜이 되는 방식이다. Paste Mask는 Reflow방식에만 쓰인다. 필름으로 만드는 경우도 있고 금속으로 만드는 경우도 있어 Metal Mask라고도 한다.

> **〈Tip. PCB 발전에서 변화하는 용어〉**
> * Layer 명칭
>   - 단면기판을 설계하던 시대에는 Component Side (부품면), Solder Side (납땜면)로 구별을 하고 불려 졌으나, 양면기판을 시작으로 다층기판(Build Up)이 보편화된 지금에는 부품이 양면으로 실장되면서 comp, solder라는 용어는 사라지게 되었다.
>   단지 위, 아래만을 구별해주는 TOP Layer, BOTTOM Layer로 불리게 되었다.
> * Flow방식 / Reflow방식
>   - SMD 부품이 먼저 개발되고 Through hole부품이 나중에 개발되었다면 Flow 방식은 지금의 Reflow방식이 되었을 것이다.
> * SMT (Surface Mounted Technology)
>   - SMD 부품을 산업에 적용시키는 모든 기술들은 말한다. 광범위하기 때문에 자주 쓰이며 장비, 설계기술, 제작기술, 부품개발, 실장기술 등의 모든 것을 포함하는 용어이다.

3-6. Padstack의 구조

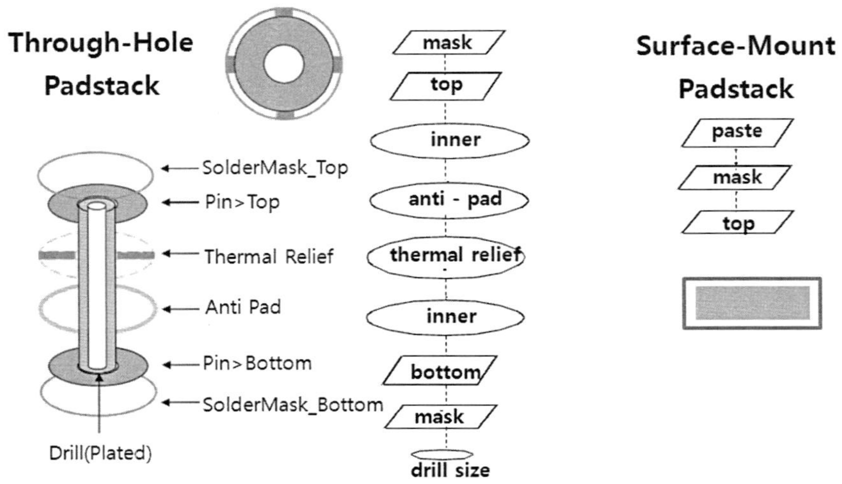

– Padstack Details

Regular Pad(Land) :

기본 모양 positive pad
(circle, square, rectangle, oblong)

Thermal Relief, Positive :

Copper area와 Pin 연결시 사용

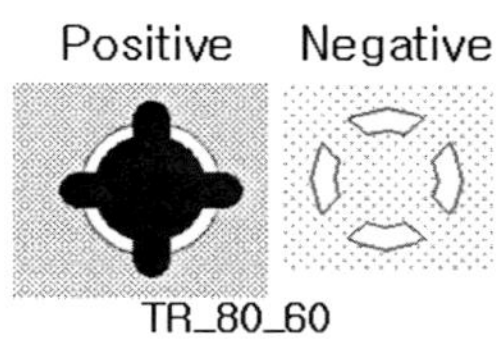

Thermal Relief, Negative :

Negative copper area와 Pin 연결시 사용

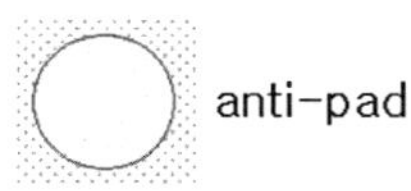

Anti-Pad :

Copper area부터 핀 분리

Shape : 이형 모양 패드 생성

– Thermal Relief(단열판)

Thermal relief는 핀과 비아에 대한 냉납방지용 특정패턴으로 “Spoked-wheel” 패턴이라고도 함.

Negative Plane Thermal Relief

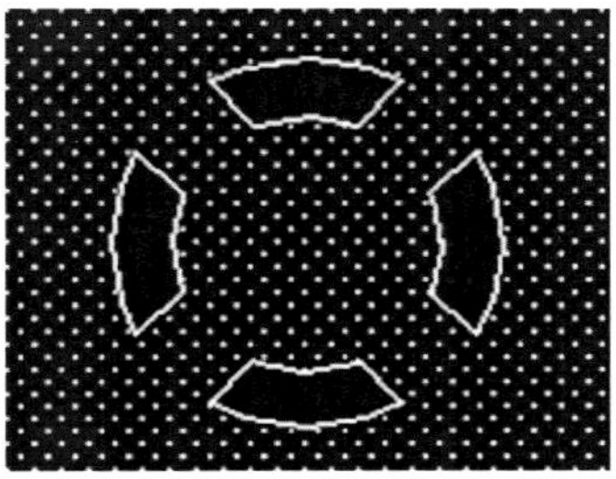

Positive Plane Thermal Relief

– Flash Symbols

Flash symbols은 negative planes에서만 필요하다.

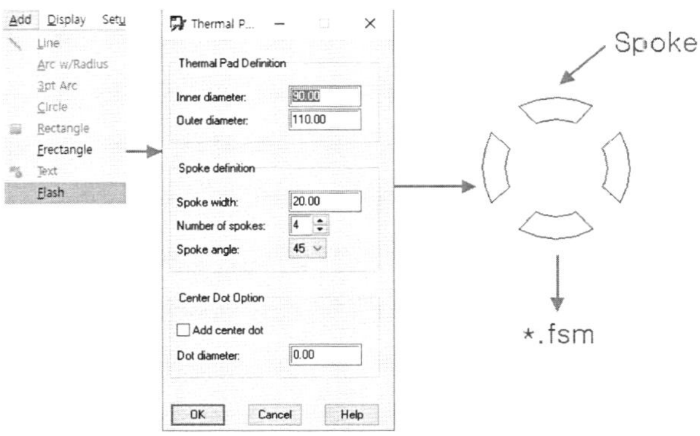

3-7. PCB Editor에서 PIN 생성하기

- 일반적인 저항 1/4W의 핀을 생성한다.

[기초 정보]

- Land : 60 mil
- Drill : 38 mil (약 0.9mm)
- SolderMask : 70 mil
- PasteMask : 없음
- Inner layer(내층) : TR_80_60
- Anti pad(핀이 연결되지 않을 때 내층 Plane Copper와 이격) : 80mil

1. Through-Hole Pin제작

1) **시작〉 프로그램 〉 Cadence Release 17.2-2016 〉 Product Utilities 〉 PCB Editor Utilities 〉 Padstack Editor 선택**
2) **File 〉 New... 선택**

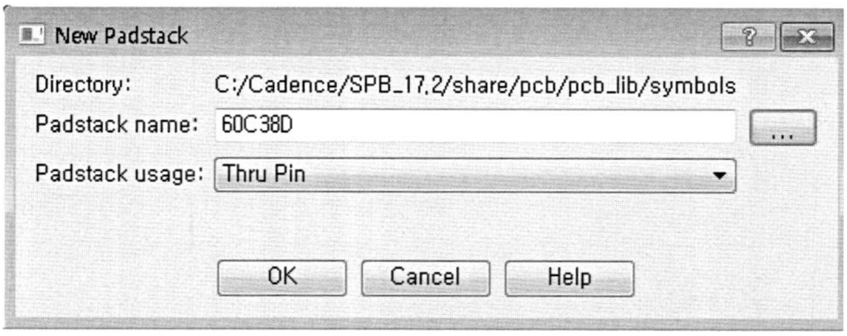

60C38D 입력

3) Directory를 C:₩Cadence₩SPB_17.2₩share₩pcb₩pcb_lib₩symbols으로 변경 후 OK를 선택한다.
4) Start Tab에서 Select padstack usage를 Thru Pin, Select pad geometry를 Circuit, Units을 Mils, Decimal places를 0으로 변경 후 Drill Tap으로 이동한다.

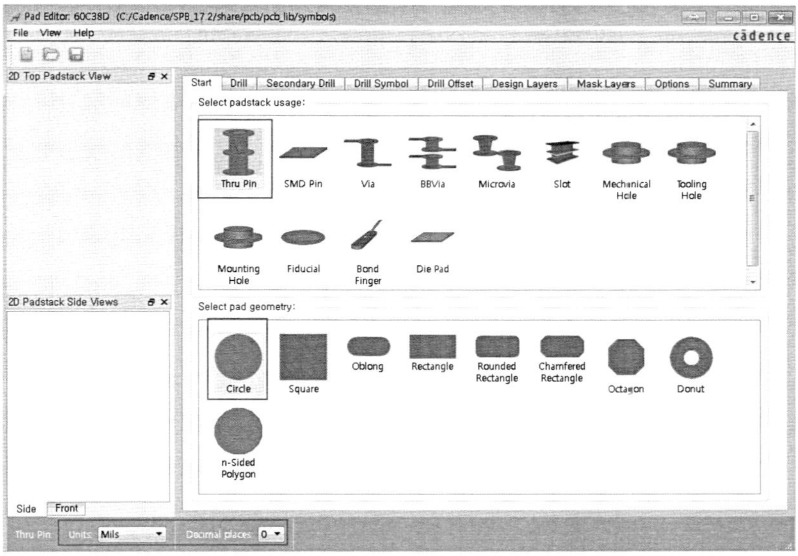

5) Drill tap에서 Finished diameter를 38로 설정 후 Drill Symbol tab으로 이동한다.

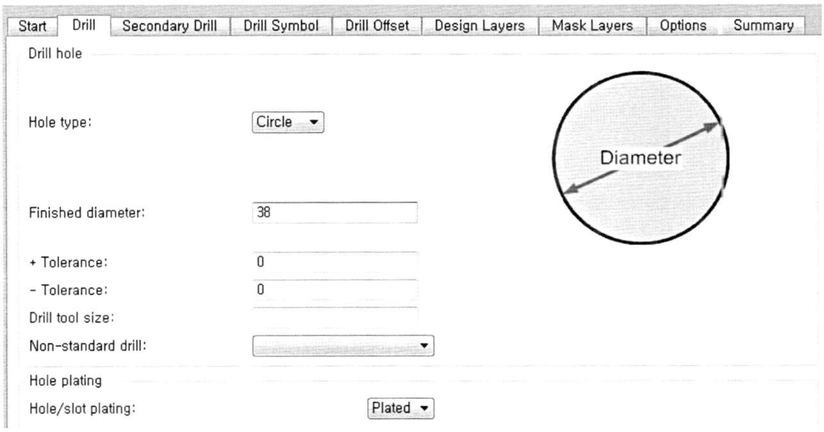

6) 아래와 같이 설정 후 Design Layers tab으로 이동한다.

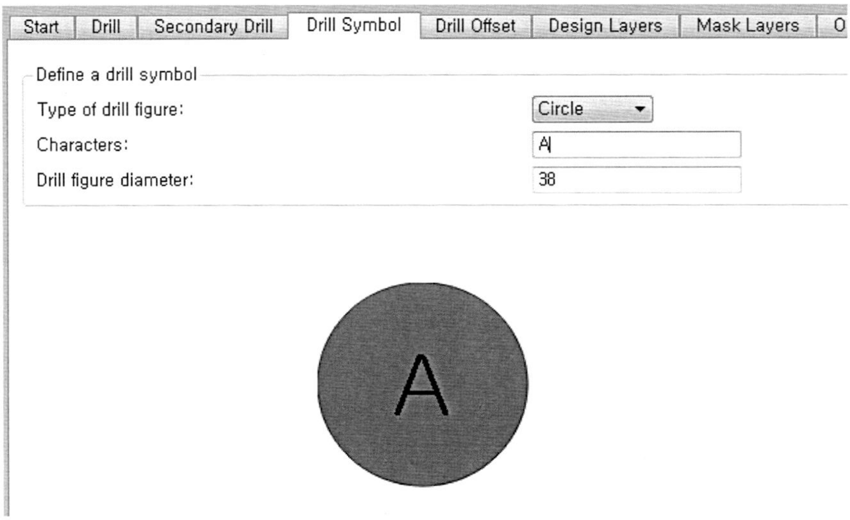

7) Design Layers tap에서 아래와 같이 설정한다.

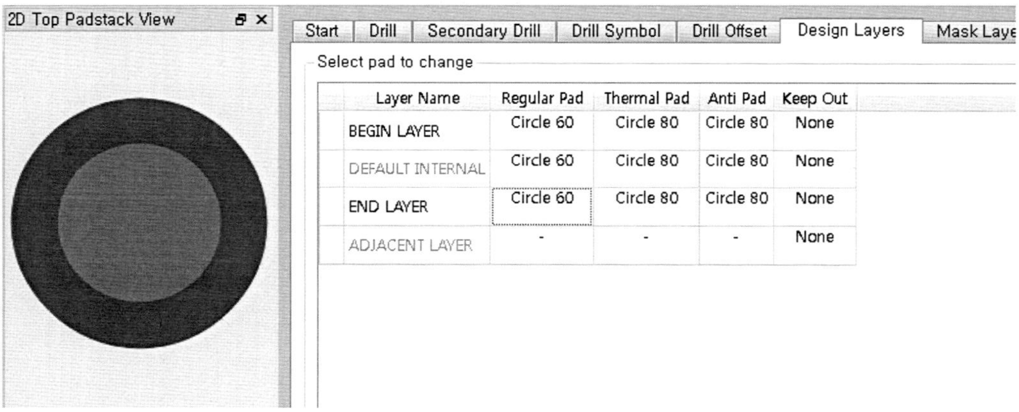

8) Mask Layers tab으로 이동하여 Soldermask_top, Solermask_bottom을 아래와 같이 설정한다.

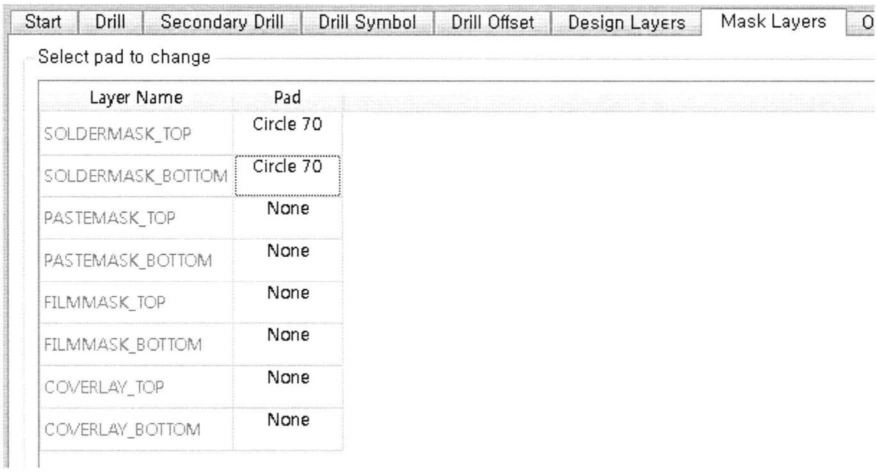

9) **File 〉 Save**를 한다. 저장 경로를 확인/기억한다.

4

OrCAD PCB Editor V17.2

Modulation Circuit – 2 Layer PCB 설계

회로도

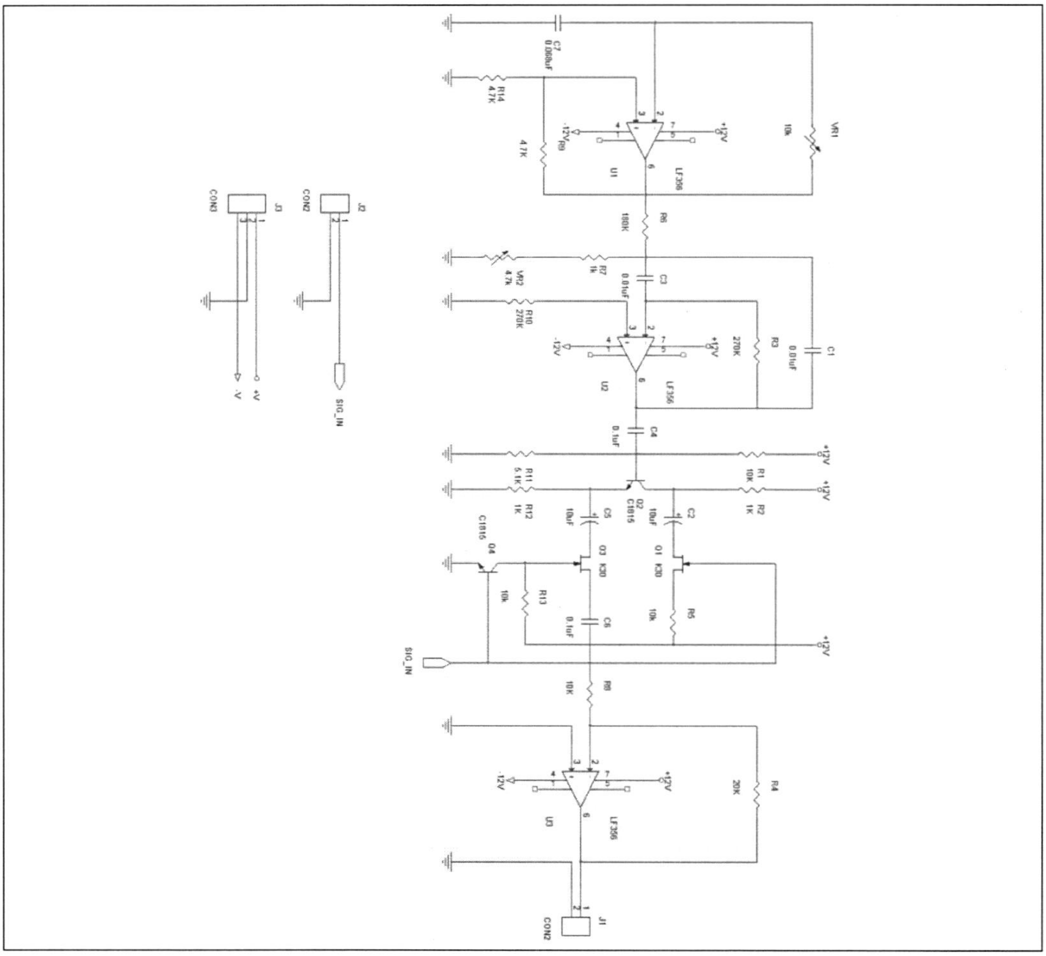

PCB

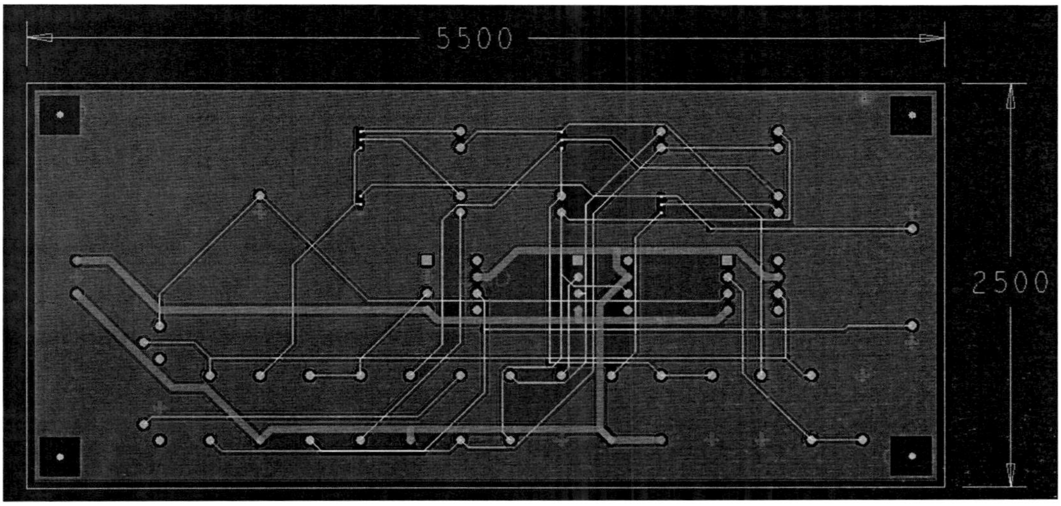

4-1. 회로도 그리기

1. 기본 환경 설정하기

- 시작 〉 프로그램 〉 Cadence Release 17.2-2016 〉 OrCAD Products 〉 Capture를 실행한다.
- 메뉴바 File 〉 New 〉 Project... 를 선택한다.
- New Project 창에서 Name, Create a New Project Using, Location 상자에서 작업명, 작업 종류, 저장 경로 설정을 한다.

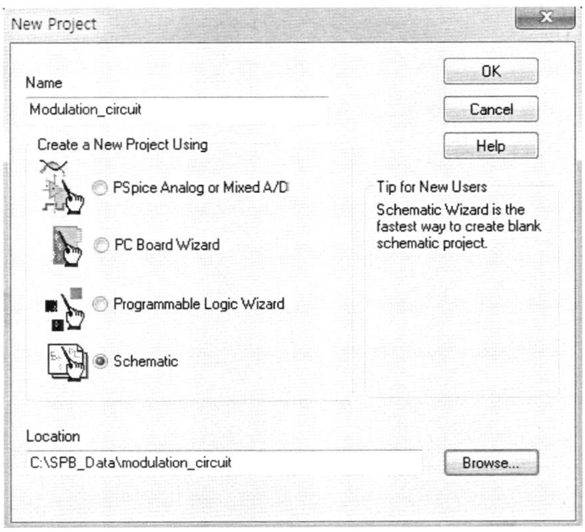

- 메뉴 Options 〉 Autobackup...을 선택하여 현재 작업경로로 설정을 한다.
- 메뉴 Options 〉 Schematic Page Properties...를 선택하여 Millimeters를 선택한다. Page Size를 A4를 선택한 후 [확인]버튼을 선택한다.
- 화면 하단의 타이틀블록 안의 글씨를 더블클릭하여 Display Properties창이 나타나면 Value 상자에 내용을 입력한다.

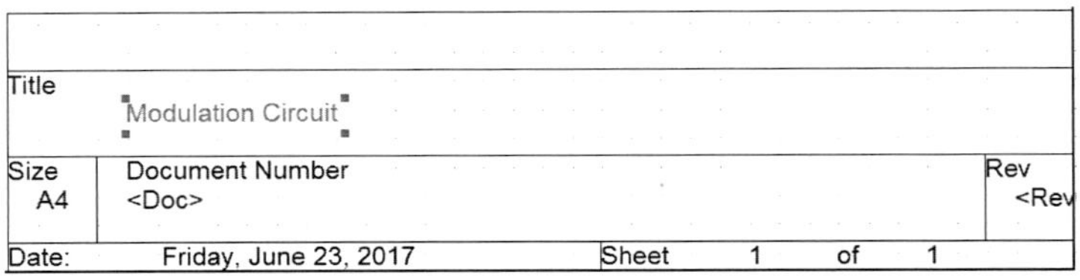

2. 부품 배치하기

- 툴팔레트 Place part 아이콘 을 누르거나, 단축키 P를 누른다.
- Add Library 버튼을 눌러 라이브러리를 모두 추가한다.
  (Amplifier.olb ~ Transistor.olb)
- 불러올 부품은 아래 표와 같다.

부품명	Capture Part	부품명	Capture Part
저항	R	커넥터	CON2, CON3
극성콘덴서	CAP POL	가변저항	R_VAR
C1815	NPN BCE	K30	BF245
커패시터	C	LF356	LF356

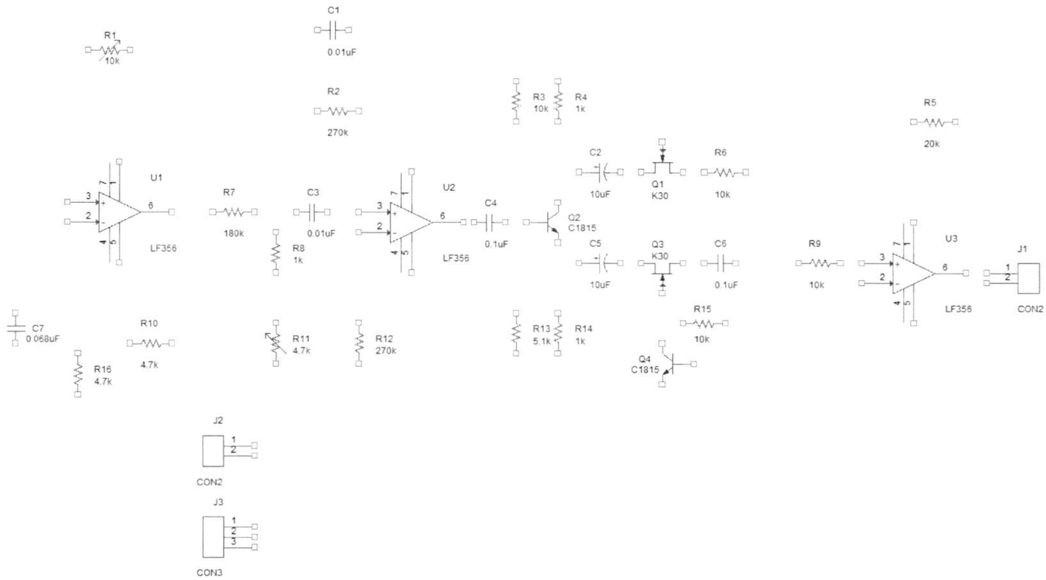

- 툴팔레트 Place power 아이콘이나 단축키 F를 선택하여 VCC/CAPSYM과 VCC_ARROW/CAPSYM을 불러 온다.
- 툴팔레트 Place GND 아이콘이나 단축키 G를 선택하여 GND/CAPSYM을 불러온다.

** Place power 또는 Place GND를 선택해도 같은 창이 뜬다. 굳이 구별하여 사용할 필요는 없다.

- VCC의 이름을 +12V, VCC_ARROW의 이름을 -12V로 변경한다.
- 툴팔레트 Place Port 아이콘을 선택하여 PORTRIGHT-L/CAPSYM과 PORTRIGHT-R/CAPSYM을 불러온다.

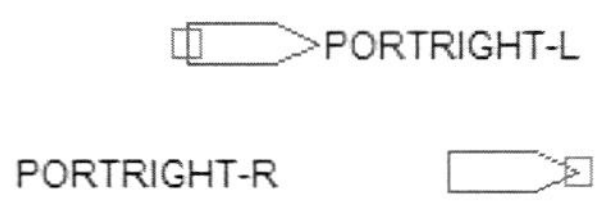

- PORTRIGHT-L과 PORTRIGHT-R의 이름을 SIG_IN으로 변경한다.

3. 배선하기

- 메뉴 Place 〉 Wire 또는 툴 팔레트 Place Wire 아이콘 선택한다.
  단축키 W
- Junction은 Wire와 Wire가 겹칠 때 발생한다. 필요한 부분에 생성되지 않거나, 필요 없는 부분에 생성되었을 때는 툴바 Place Junction 아이콘을 눌러 수정한다. (잘못 위치시켰을 때는 다시 한 번 위치시키면 사라진다. toggle방식)
- 배선을 완료한다.
- 사용하지 않는 핀은 메뉴 Place 〉 No connect나 툴바의 Place no connect 아이콘을 선택하여 사용하지 않는 핀에 위치시킨다.
  (잘못 위치시켰을 때는 다시 한 번 위치시키면 사라진다. toggle방식)
- 부품 값과 Reference의 위치를 수정한다.
- 저장을 한다.
- Footprint를 작성한 후 Annotate와 DRC를 실행한다.
  (Annotate와 DRC는 Footprint 작성과 관계없이 실행해도 된다. 집필상 Project Manager에서 한꺼번에 한다.)

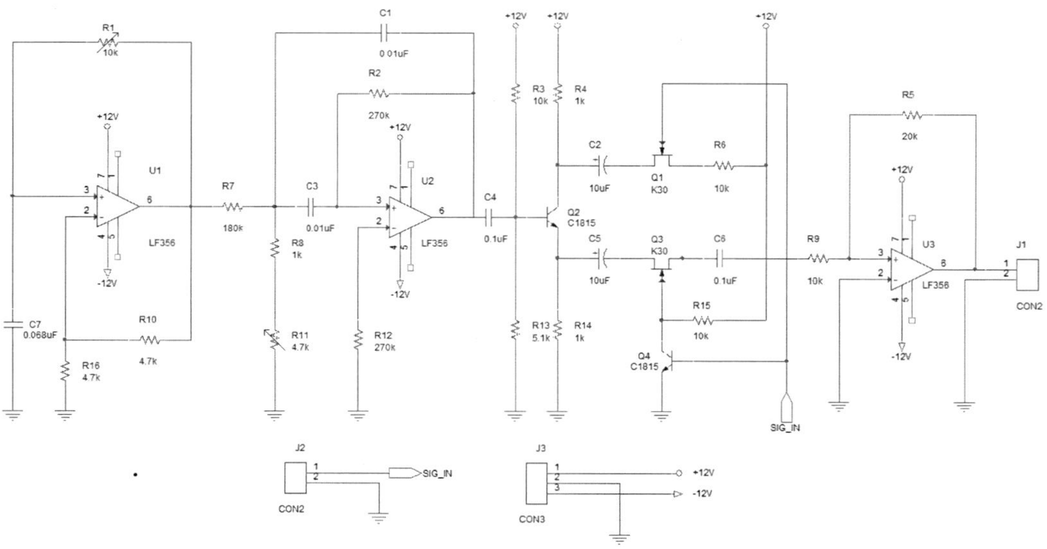

4-2. Footprint 작업 및 Netlist 만들기

1. Footprint 찾기

- 시작 〉 프로그램 〉 Cadence Release 17.2-2016 〉 OrCAD Products 〉 PCB Editor를 실행한다.
- 메뉴 File 〉 Open... 또는 툴바 열기 아이콘을 선택하고 파일형식을 Symbol Drawing(.dra)으로 맞춘다.

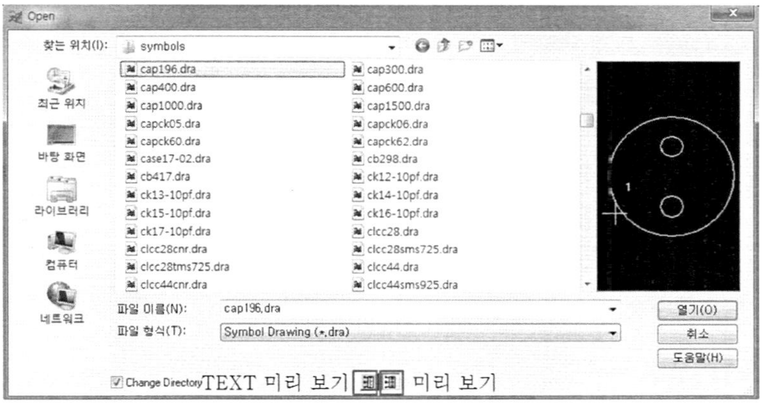

- 기본 제공되는 라이브러리의 경로는 C:₩Cadence₩SPB_17.2₩Share₩pcb₩pcb_lib₩symbols이다.
- 미리보기 아이콘을 누르면 그림처럼 보여야 하나 버전이 이전 버전이면 No PREVIEW라는 문구가 뜨며 보이지 않는다.
- 심벌을 17.2 버전으로 변경하는 방법은 두 가지이다.

① 심벌을 열었다가 다시 저장한다. (SAVE AS)

② 프로그램 〉 Cadence Release 17.2-2016 〉 Product Utilities 〉 PCB Editor Utilities 〉 DB Doctor를 선택한다.

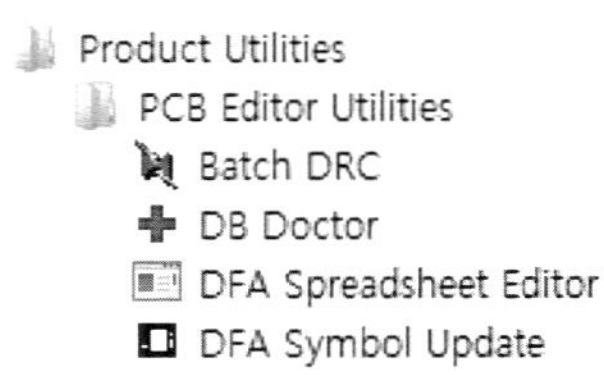

- Input Design with extension창에 바꿀 심벌을 찾는다.

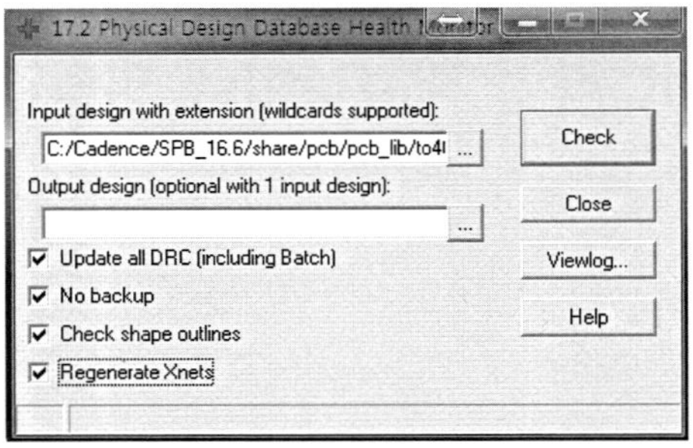

- 옵션을 모두 선택한 다음 CHECK를 누른다.
- 검색해야 할 FOOTPRINT 명칭이다.

Capture Part	FOOTPRINT	Capture Part	FOOTPRINT
R	RES400	CON3	JUMPER3
CAP POL	CAP196	R_VAR	RESADJ
NPN BCE	TO92	BF245	TO92
C	CAP196	LF356	DIP8_3
CON2	JUMPER2		

- 풋프린트를 모두 확인한 후 풋프린트 이름을 기록해둔다.

2. Create Netlist

1) 회로도에 Footprint 기입하기

- OrCAD Capture를 실행하여 회로도를 열어 메뉴 Edit 〉 Select All을 선택. 다시 Edit〉properties를 선택한다. [단축키 Ctrl + A (전체선택) Ctrl + E (속성)]
- 하단의 Tab 중 첫 번째 Part Tab을 선택한다.

Capture Part	FOOTPRINT	Capture Part	FOOTPRINT
R	RES400	CON3	JUMPER3
CAP POL	CAP196	R_VAR	RESADJ
NPN BCE	TO92	BF245	TO92
C	CAP196	LF356	DIP8_3
CON2	JUMPER2		

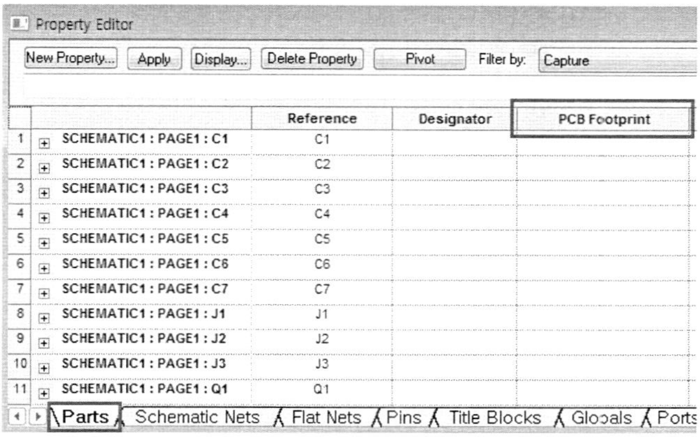

- Footprint 항목에 빠짐없이 Footprint 명칭을 기입한다.(대、소문자 무관)
- NC 항목을 찾아 LF356(U1, U2, U3)에 8이라고 기입하고 가변저항(R1, R11)에도 NC 항목에 3이라고 기입한다.

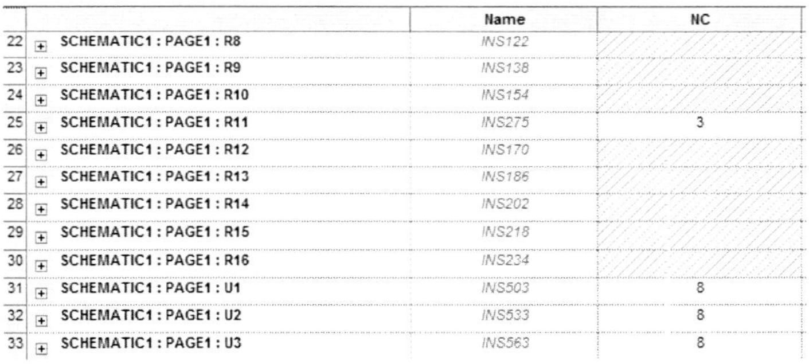

- 입력이 완료되면 Close를 눌러 저장 후 Project Manager 창을 선택한다.

2) Reference 정리하기(Annotate)

- Project Manager창이 열리면 메뉴 Tools 〉 Annotate... 또는 Annotate U? 아이콘을 누른다.
- Action 항목의 Reset part references to "?" 를 선택한 후 확인을 누른다.
- 다시 Annotate창을 열어 Incremental reference update를 선택한 후 확인을 누른다.
- 부품 배치 위치에 따란 좌-우, 상-하 순으로 Reference가 자동 정렬된다.

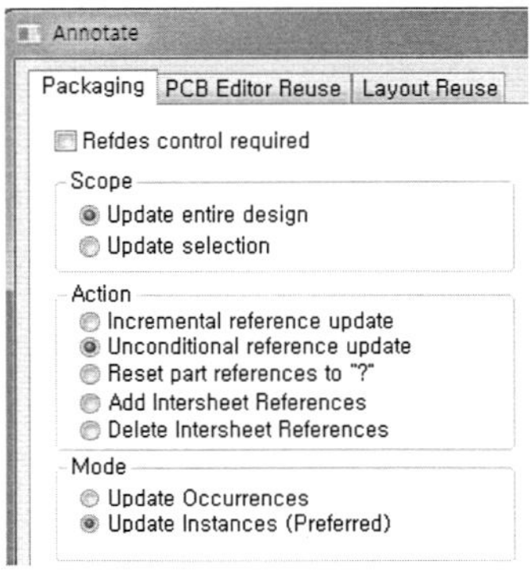

3) DRC (Design Rule Check)

- 툴바에서 DRC 아이콘 을 선택하거나 메뉴 Tools 〉 Design Rule Check... 를 선택한다.
- 기본적으로 체크되어 있는 설정으로 검사를 실행한다.
- 경고창이 뜨지 않으면 에러가 없다.

4) BOM 생성하기

- 툴바의 Bill Of Materials 아이콘 을 누르거나 메뉴 Tools 〉 Bill Of Materials...를 선택한다.
- 기본설정 이외에 \tPCB Footprint \t{PCB Footprint}를 추가 작성한다.

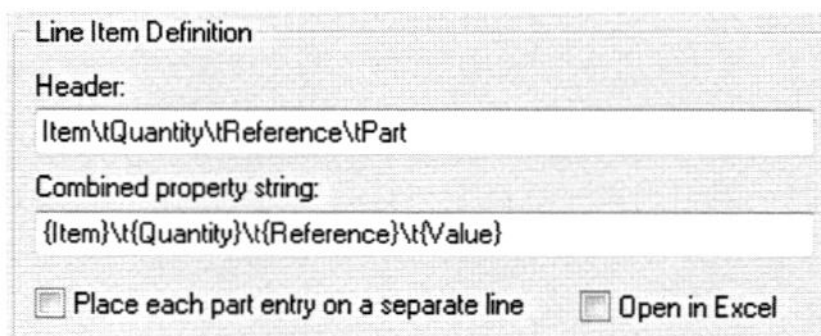

- View Output 체크박스에 체크한 후 OK 선택하면 *.bom 파일이 나타난다.
- 추가된 항목도 Bill Of Materials(*.BOM) 파일에 나타나며, 참고 파일이다.

5) Netlist 생성하기

- 툴바의 아이콘 Create Netlist 를 선택하거나 메뉴 Tools 〉 Create Netlist 를 선택한다.

5. Package(부품) 배치하기

① 메뉴 Place 〉 Components Manually를 선택한다.

- Placement List Tab을 선택 후 Components by refdes로 맞춘다.

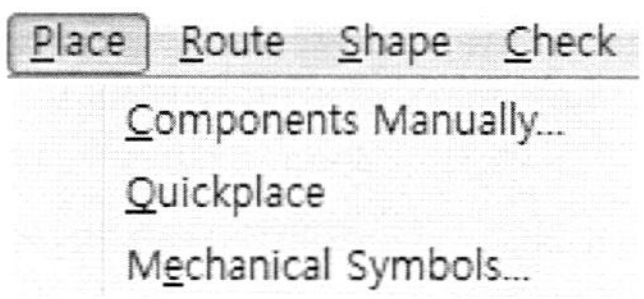

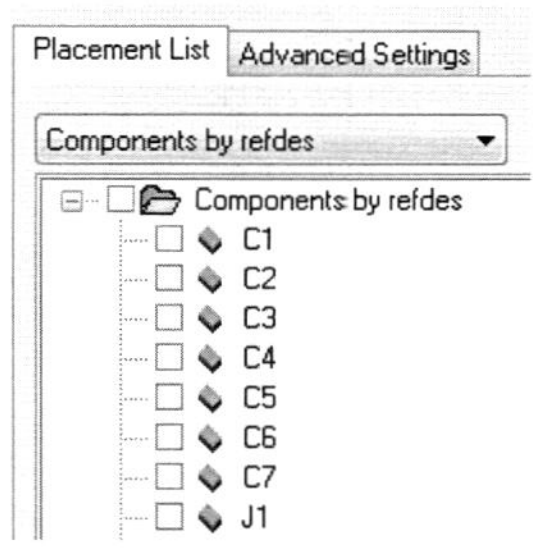

- 모두 선택 후 하단의 Hide를 선택한다.

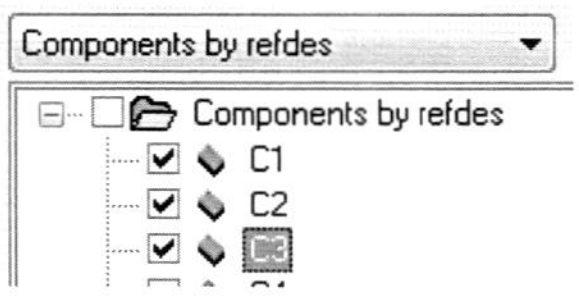

- 보드 내에 부품을 하나씩 배치하면 자동으로 하나씩 나타난다.
- 하나씩 불러와서 배치해도 무방하다.
- 대략적인 배치를 한다. 에러가 있어도 무시하고 일단 모두 배치한다.

② Assign Color(별도 색상 부여) – VCC , GND Net

- 배치를 좀 더 잘하기 위해서 VCC와 GND net에 Assign Color를 설정해 준다.
- 메뉴바 Display 〉 Assign Color를 선택하거나 툴바에서 아이콘을 선택한다.
- Control Panel 창에서 Option을 선택하여 컬러를 선택한다.
  [VCC은 붉은색] [GND는 파란색계열]
- Control Panel의 Find Tab에서 하단의 Find By Name의 설정을 Net / Name 으로 선택 후 more 버튼을 눌러 VCC를 선택한다.

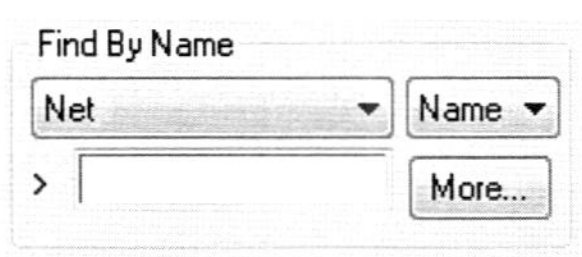

- OK를 누르면 부품핀 중 VCC연결 핀은 빨간색으로 표시된다.
- 같은 방법으로 GND Net은 파랑색을 적용시킨다.

③ GRID 설정하기

- 메뉴 Setup 〉 Grid 또는 마우스우측버튼 메뉴 Quick Utilities 〉 Grid를 선택한다.

  Non-Etch X :50 , Y : 50 All-Etch X: 50 , Y : 50으로 설정한다.

④ Color 설정하기

- 메뉴 Setup 〉 Colors...또는 툴바 Color192 아이콘을 선택한다.
- 배치 시 보여야 할 부분만 선택한다.
- 컬러 설정창이 열리면 Global Visibility의 Off를 선택한다. (전부 안보이게 설정)

- Stack-Up 폴더의 Conductor폴더 내의 설정을 보두 보이게 All을 선택한다.

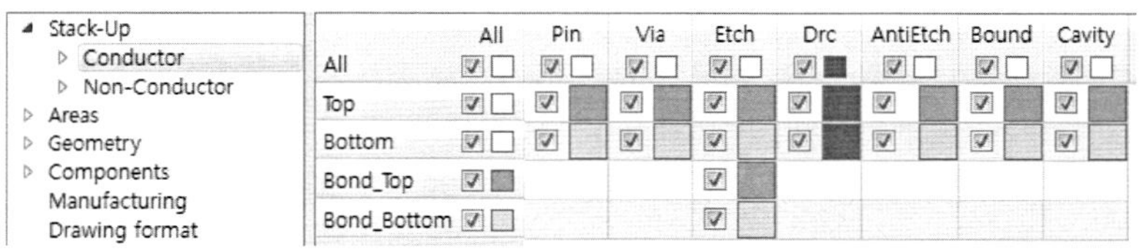

- Area 폴더의 Through_All 항목의 Rte KO, Pkg KI, Rte KI를 선택한다.(부품배치영역표시)

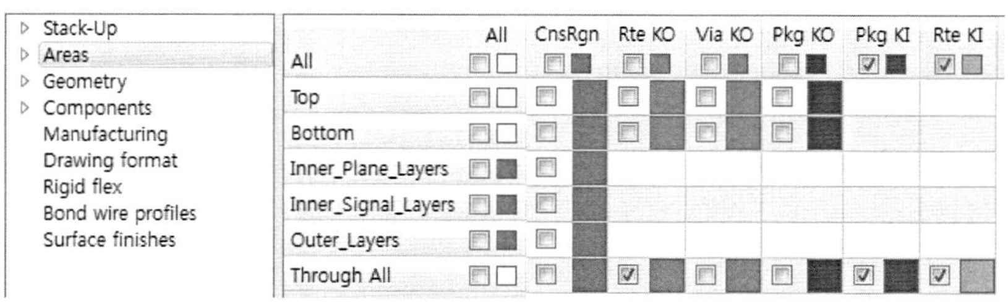

– Board Geometry 폴더의 Design_Outline을 선택한다.

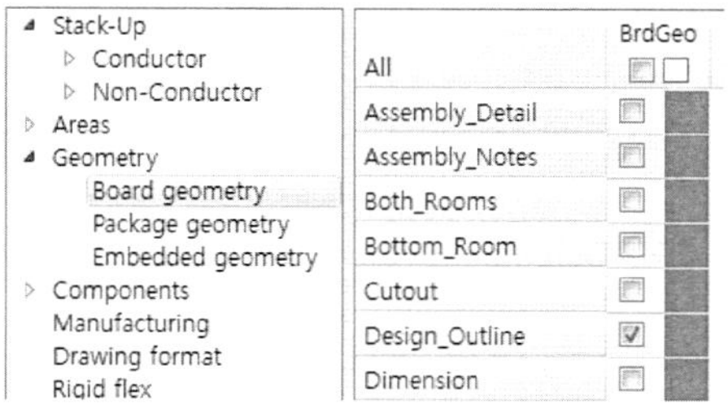

– Package Geometry 폴더의 Place_Bound_Top, Silkscreen_Top을 선택한다.

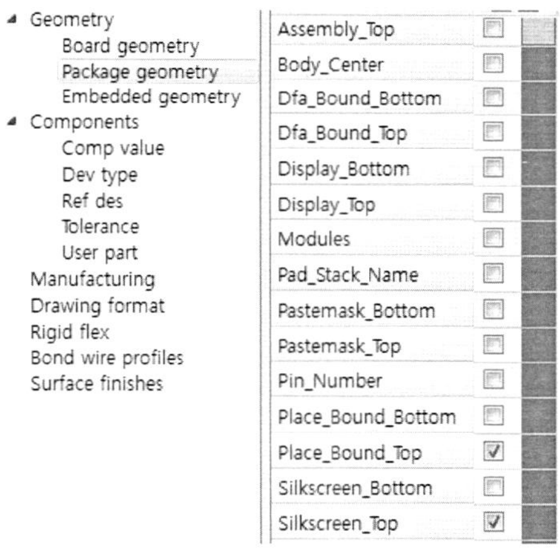

– Component의 Assembly_Top항목의 RefDes를 선택한다.

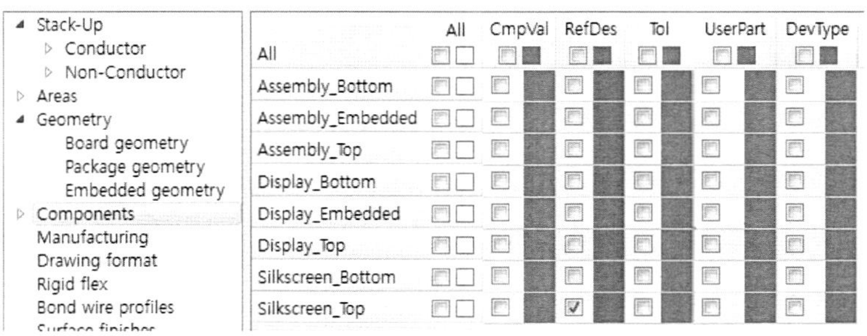

– OK를 선택하여 설정을 완료한다.

⑤ 배치하기

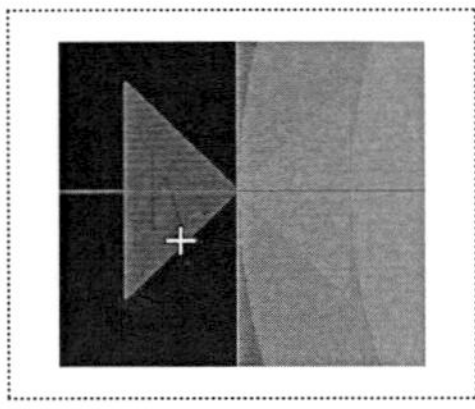

- 배치 시 에러가 발생하면 에러 마크가 나타난다.
  에러 마크가 발생하지 않도록 배치한다.
- 부품배치가 완료되면 F6 키로 배치명령어를 종료한다.

6. Route (배선)하기

- Setup 〉 Grids All etch X :50, Y :50으로 설정한다. (Grid on 체크 확인)

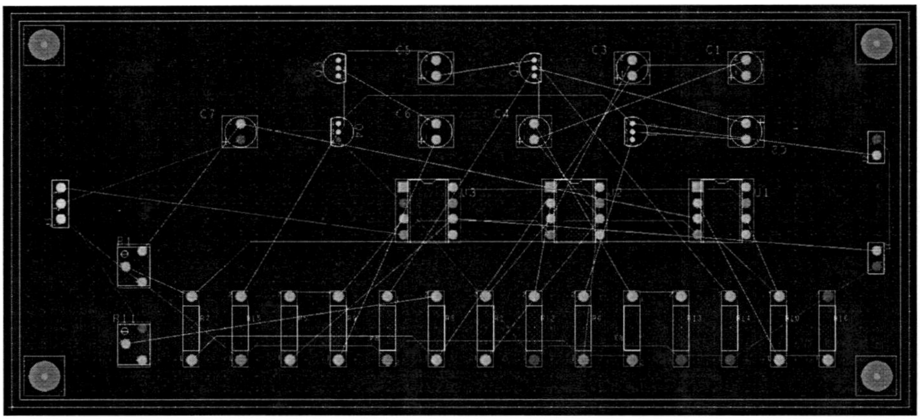

- Add Connect 아이콘을 선택하거나, 메뉴 Route 〉 Connect를 선택한다.
  단축키 F3를 누르거나 스트로크를 사용한다.
- Top Layer는 세로방향, Bottom Layer는 가로방향으로 배선을 한다.
- GND Net은 (파랑색 Assign Color) Copper 처리하므로, 배선을 하지 않는다.
- 배선 중 레이어를 변경할 때는 마우스 오른쪽 버튼 메뉴를 이용한다.

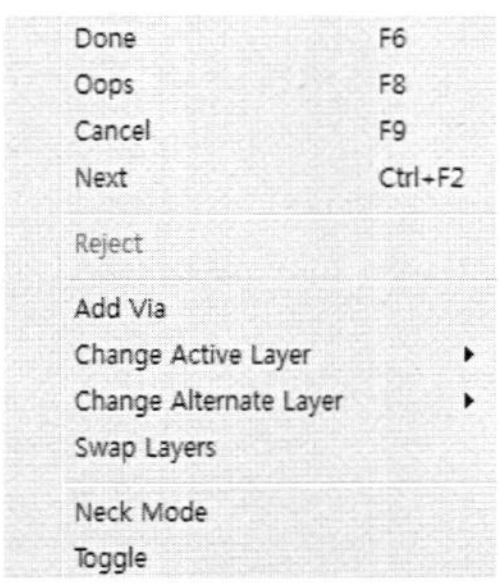

Swap Layers : 레이어를 바꿔준다.
Change Active Layer : 레이어를 바꿔준다. 다층 시 전체 레이어를 표시 해준다.
Add Via : 배선 중 비아설치 기능으로 다른 방법은 배선 중 더블 클릭하는 방법이 있다.
Neck Mode : 배선이 가늘어지는 부분

– GND를 제외한 배선을 완료한다.

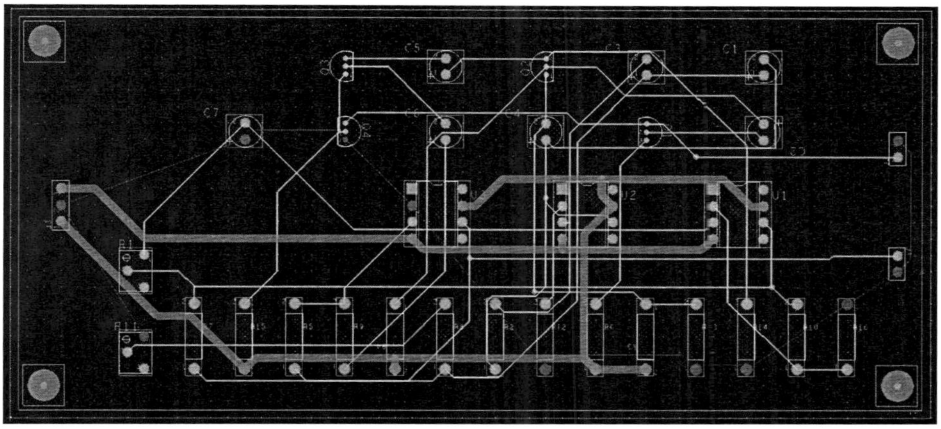

– Highlight 설정이 되어있는 net은 배선이 되어서도 색상을 유지한다.
시각적으로 Top, Bottom을 구별하기 위해서는 Visibility Tab에서 보고자 하는 Layer만 남기고 체크를 해제해서 확인한다.

7. Copper 씌우기

– Top Layer와 Bottom Layer에 GND Net Copper를 씌운다.

– Control Panel 의 Visibility Tab에서 Bottom의 체크를 해지한다.

– 메뉴 Shape 〉 Rectangular를 선택하거나 툴바 Shape Add Rect 아이콘을 선택한다.

– Control Panel 의 Option Tab에서 설정을 한다.
Class : Etch / Subclass : Top / Assign net name / Gnd

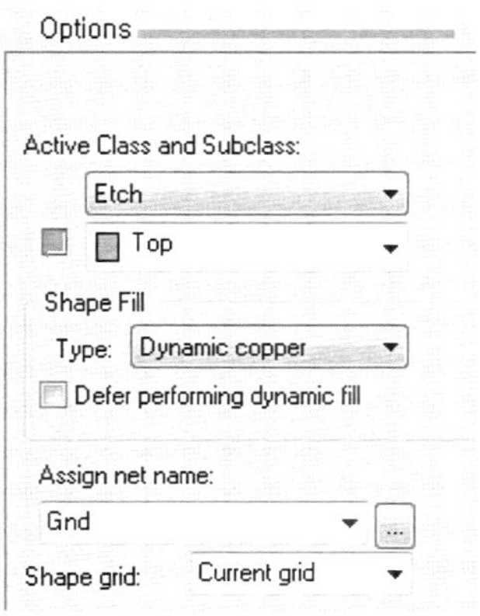

– Board Outline과 동일하게 사각형을 그린다.

; Route Keepin / Route Keepout 설정과 Design parameters의 Shape 설정, Constraint Manager의 설정이 조합되어 씌워진다.

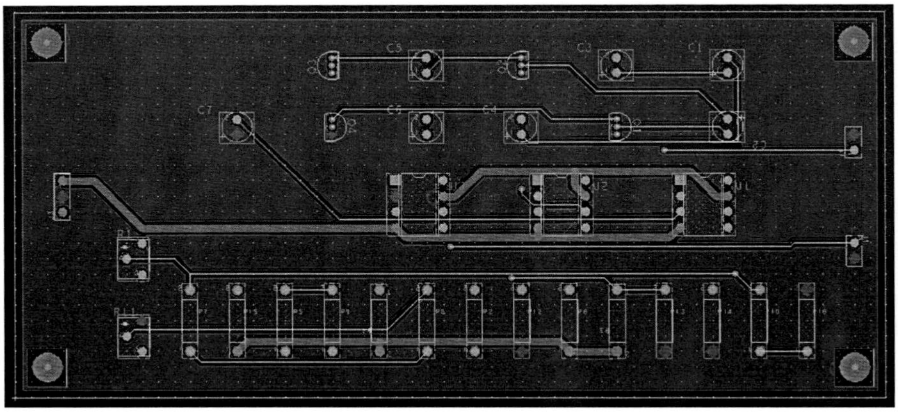

– Copper(Shape)를 씌우면 찌꺼기가 발생한다. Island라고 불리며 Design Parameters의 속성에서 준 값(Default : 25mil)으로 자동 제거가 되고, 남아 있는 부분은 수동으로 제거한다.

– 메뉴 Shape 〉 Delete Unconnected Copper 또는 툴바 Island_delete 아이콘을 선택한다.

– Control Panel의 Option Tab을 선택한다.

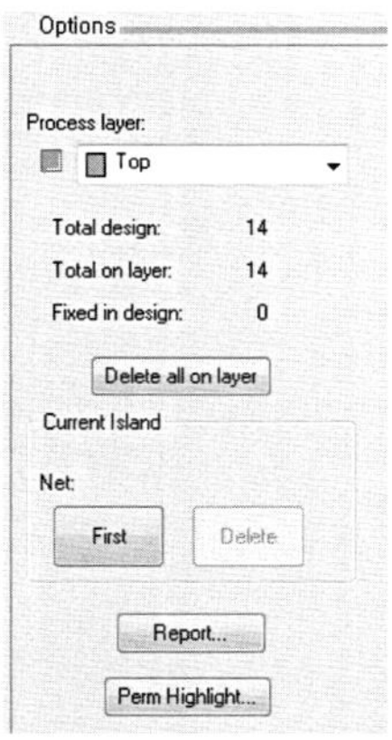

- Delete all on layer : 모든 Island를 제거한다.
- First : 하나씩 선택해서 지운다.

– Top Layer의 Copper 작업이 끝났으면 같은 방법으로 Bottom Layer에도 GND Copper를 씌운다. (VCC의 모든 pin은 route로 배선한다)

8. 작업 상태 확인하기

- 현재 작업에 문제가 없는지 최종 점검하는 단계이다.
- 메뉴 Display 〉 Status를 선택한다.
- 상태박스가 모두 녹색을 나타내면 정상이다.
- 만약 에러가 있거나 작업이 완료되지 않았으면, 빨간색/노란색으로 나타난다.
- 에러가 있다면 Report를 통해서 확인할 수 있다.
- Color Box를 클릭하거나, 메뉴 Tools 〉 Quick Report 〉 Design Rules Check Report 또는 Waived Design Rules Check Report를 선택하면 레포트가 보여진다. 확인 후 에러부분을 수정한다.

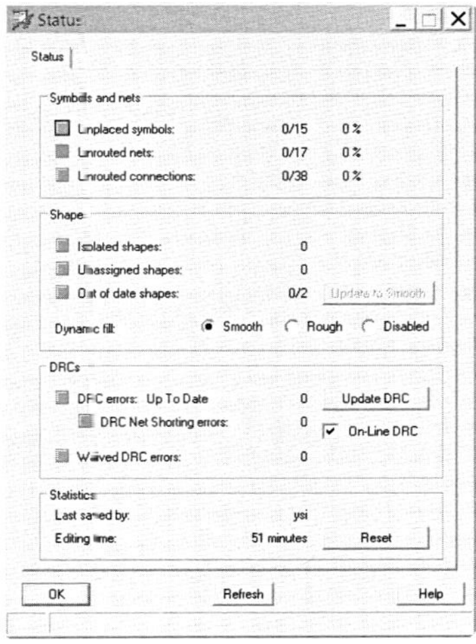

9. Silkscreen , Drill Legend 및 Dimension 작성하기

- 중요한 배선 작업이 끝나면 거버데이터를 만들기 위해 마무리 작업을 진행한다.

1) Silkscreen으로 작성된 Reference의 크기와 방향을 정리한다.

- Color 설정을 변경한다. (Command 창에 Color192 입력)
- Global visibility : off 클릭한 뒤

  Visibility ☑ 설정 Stack-Up : Pin , Via (Top, Bottom)
  Board Geometry : Design_Outline
  Package Geometry : Silkscreen_Top
  Component : Silkscreen_Top의 RefDes
- OK 버튼을 눌러서 화면의 표시되는 layer를 변화한다.
- 메뉴 Edit 〉 Change를 선택한다.
- Control Panel의 Find Tab을 선택한다. Text만 선택한다.
- Control Panel의 Option Tab을 선택한다.

Class : RefDes

Subclass : Silkscreen_Top

☑ Text Block : 3

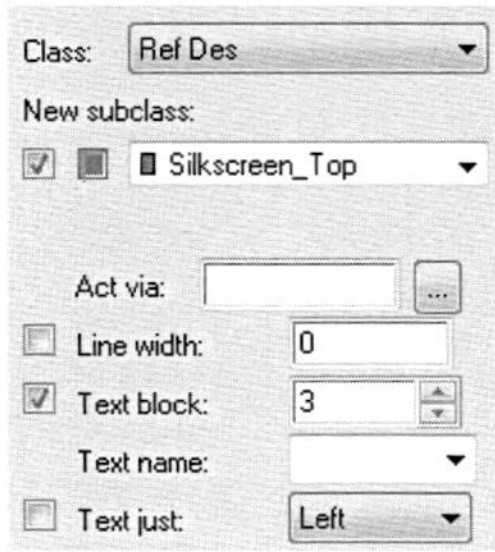

- 마우스로 보드 전체를 드래그(Drag)하면 Reference 크기가 같게 되고 Done 선택
- Setup>Grids... 클릭 Non-Etch : X 10, Y 10으로 변경.(Grid on 체크)
- Edit>Move 명령을 실행한다.
- Control Panel의 Find Tab을 선택하여 모두 선택을 해제하고 Text만 선택한다.
- Reference를 선택하여 적절한 위치에 배치한다.
- 방향성을 맞추기 위해서 Move 명령 중 마우스 오른쪽 버튼에 rotate를 클릭하면 텍스트(Reference)를 회전시킬 수 있다.

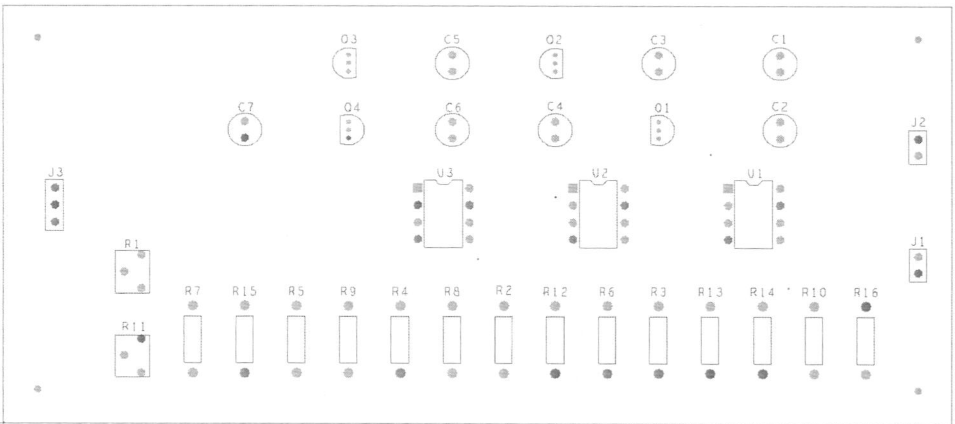

2) 보드명 기입하기

- 기존 Color 설정창에서 Board Geometry / Silkscreen_Top을 추가로 선택한다.
- 툴바 Add Text 아이콘을 선택한다.
- Control Panel의 Option Tab에서 설정을 변경한다.

  Class : Board Geometry

  SubClass : Silkscreen_Top

  Text block : 5

- 보드 내의 빈 공간에 작성을 한다(한글은 지원되지 않는다).
  예 : COUNT BD
- F6 이나 Done을 선택한다.

3) Dimension 작성하기

- 기본 설정은 시작단계에서 설정하였으므로 Color 설정만 변경한다.
- Color 설정 Board Geometry / Dimension을 선택☑한다.
- 메뉴 Manufacture 〉 Dimension Environment 선택 후 설계 화면창에서 마우스 오른쪽 버튼의 Linear Dimension을 선택한다.(삭제의 경우도 마우스 오른쪽 메뉴)
- Board Outline에서 상단의 선 끝점과 끝점을 클릭하여 치수를 배치시킨다.
- Board Outline에서 좌측의 선 끝점과 끝점을 클릭하여 치수를 배치시킨다.
- F6이나 Done을 선택한다.

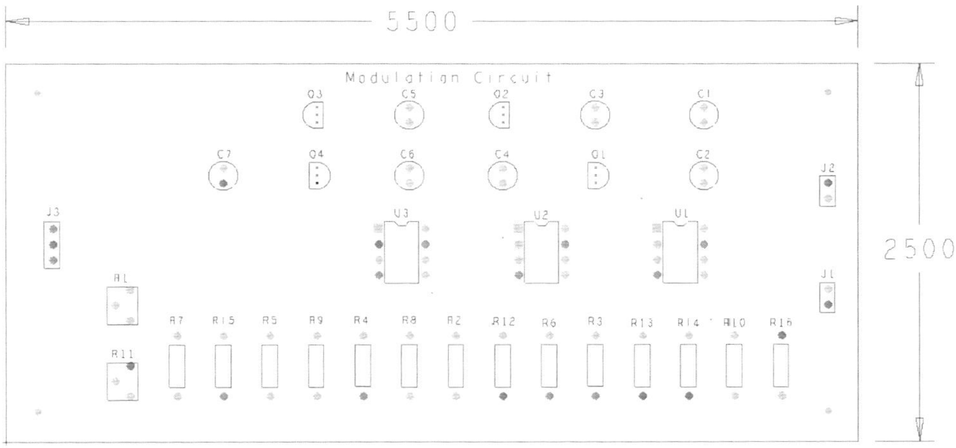

4) Drill Legend

- 메뉴 Manufacture 〉 NC 〉 Drill Customization...을 선택한다.
- Drill Customization 창이 열리면 Auto generate Symbol 버튼을 눌러 자동으로 심벌을 생성시키고, 경고 문구가 나타나면 확인을 누르면 된다.

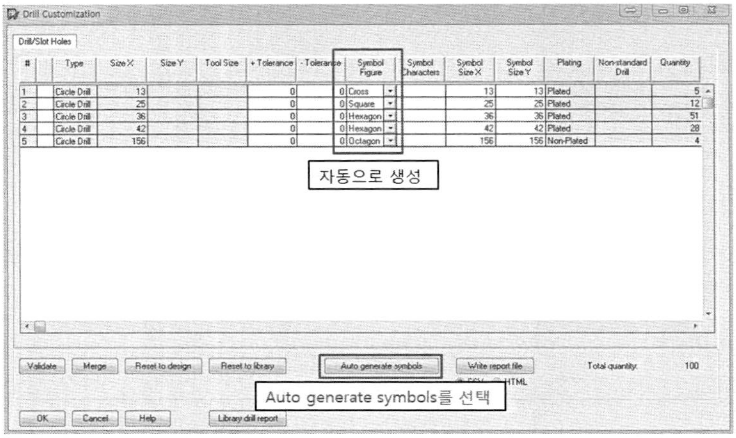

- 메뉴 Manufacture 〉 NC 〉 Drill Legend ...를 선택한다.
- 설정창이 뜨면 OK를 선택한다.
  Drill 차트를 보드 아래쪽에 배치시킨다.
  (다른 위치도 무방)

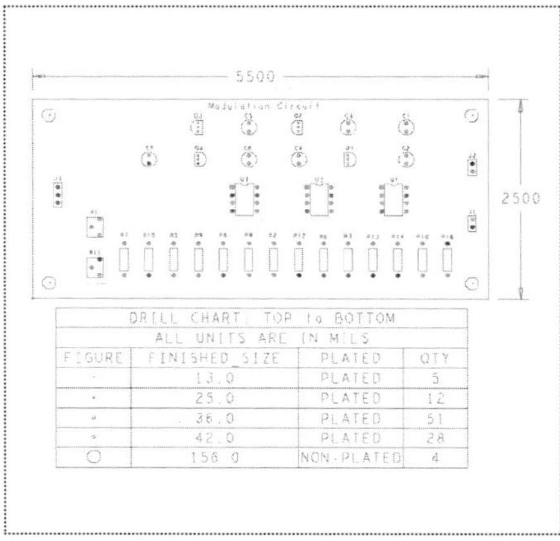

4-4. Artwork Film 생성

- 작성해야 할 거버파일은 양면기판용 7개이다.

① TOP (Default로 지정되어 있음)
② BOTTOM (Default로 지정되어 있음)
③ SOLDERMASK–TOP
④ SOLDERMASK–BOTTOM
⑤ SILKSCREEN–TOP
⑥ DRILL–DRAW
⑦ NC–DRILL

1. Gerber Format 설정하기

- 메뉴 Manufacture 〉 Artwork...을 선택하거나 툴바 Artwork 아이콘을 선택한다.
- Artwork Control Form이 열리면 General Parameter Tab을 먼저 설정한다.

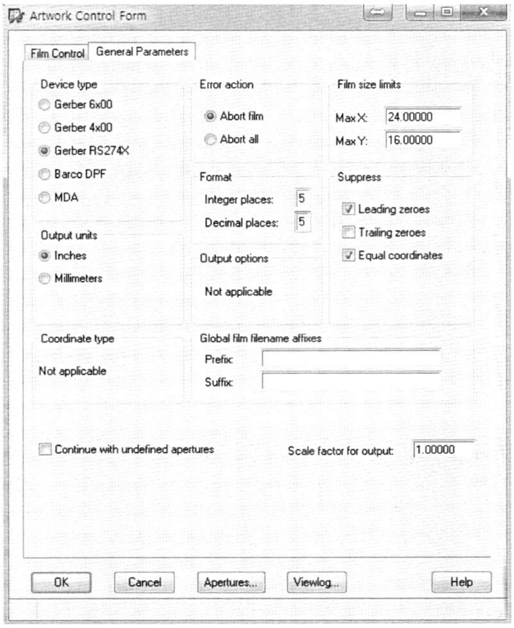

- Device Type : RS274X
  ; RS274X 포맷은 Aperture 정보와 데이터 정보가 거버파일에 포함되는 형식으로 가장 널리 쓰이는 포맷이다. 참고로 RS274D는 거버 데이터에 Aperture 정보가 포함되지 않아 거버 작업 후 따로 Aperture 정보를 저장해주어야 한다. 거의 모든 CAM 프로그램은 RS274X 포맷을 무난히 읽어들인다.
- Format : 5. 5 (소수점 앞으로 세 자리, 소수점 뒤로 다섯 자리 표시)
  ; 소수점 아랫자리를 너무 작게 설정하면 정밀도가 떨어져 자칫 제작과정 에서 에러를 유발할 수 있다. 그렇다고 해서 너무 크게 설정하면 데이터도 커지지만 제작 가능한 수치범위를 벗어나고 만다. 따라서 무난히 쓸 수 있는 Format은 5. 5 [mm기준]이다.

- Suppress : Leading Zeroes (Origin Point로 절대좌표 0,0을 의미하며 설계 시 사용한 좌표를 그대로 읽는다는 의미이다.)
- Output : mil과 mm 단위사이에 변환하면서 약간의 미묘한 오차가 있다. 설계 시 사용한 단위를 선택하는 것이 좋다.
- 설정을 마치고 Film control Tab을 선택한다.

2. Artwork Film 생성하기

1) Soldermask_Top

- Artwork Control Form창을 최소화 버튼 을 눌러 화면 하단으로 내려놓는다.
- 메뉴바 Display > Color/visibility... 설정 창을 연다.(command창에 color192)
  모든 Visibility 설정을 Off를 선택해 해제한다.

좌측 Stack-Up 폴더에서 Soldermask_Top에 체크해서 보이게 한다.

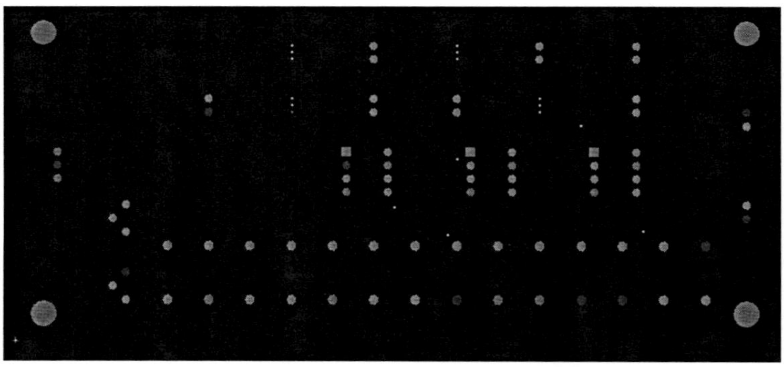

; 화면에 보이는 부분이 Soldermask_Top Film이다.
기판에서 은색으로 납땜이 되는 부분이다.

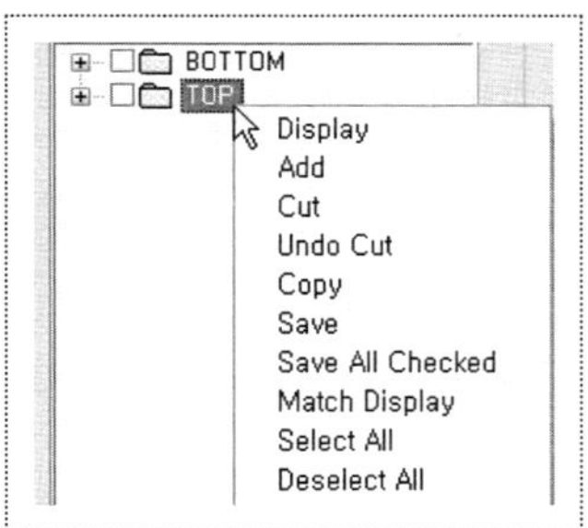

- TOP을 선택한 후 마우스 오른쪽 버튼을 눌러 Add를 선택한다.
- 이름 입력 필드에 [SM-TOP]라고 입력한다.
- 다시 최소화 시키거나, 창을 띄운 상태로도 무방하다.

2) Soldermask_Bottom

- Soldermask_Top과 같은 방법으로 한다.
- 메뉴바 Display 〉 Color/visibility... 클릭 후 우측 상단에 Global visibility off 선택
- Color : Stack-Up폴더의 Soldermask_Bottom만 보이도록 설정한다.
- 최소화 되어있던 Artwork Control Form 창을 원래 크기로 복원시킨다.

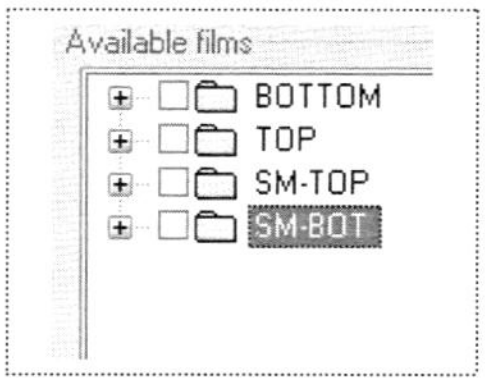

- SM-TOP을 선택한 후 마우스 오른쪽 버튼을 눌러 Add를 선택한다.
- 이름 입력 필드에 [SM-BOT]라고 입력한다.
- 다시 최소화 시키거나, 창을 그대로 띄워 놓는다.

3) Silkscreen_Top

- 메뉴바 Display 〉 Color/visibility... 클릭 후 우측 상단에 Global visibility off 선택
- Board Geometry : Silkscreen_Top (보드명)
  Package Geometry : Silkscreen_Top (부품 외곽선)
  Component : Silkscreen_Top 항목의 RefDef (부품 Ref)
- 실크정보가 모두 보이는지 화면상에서 확인한다. 문제가 있으면 수정한다.
- 최소화 되어있던 Artwork Control Form 창을 원래 크기로 복원시킨다.

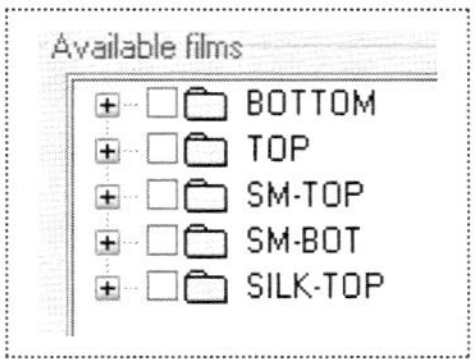

- SM-BOT을 선택한 후 마우스 오른쪽 버튼을 눌러 Add를 선택한다.
- 이름 입력 필드에 [SILK-TOP]라고 입력한다.
- 부품을 TOP면에만 실장시키므로 SILK-TOP만 만든다.
- Silkscreen에는 line의 두께가 지정되지 않은 것이 있으므로 오른쪽에 있는 Undefined line width 항목에 10mil을 입력한다. 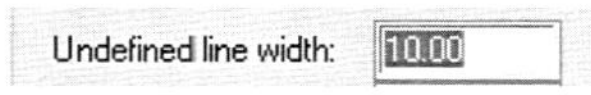

- 다시 최소화 시킨다.

4) Drill Draw

- 메뉴바 Display 〉 Color/visibility... 클릭 후 우측 상단에 Global visibility의 off 선택
- Board Geometry : Design_Outline (보드 외곽선) / Dimension (보드 치수)

Manufacturing : Nclegend-1-2

- 최소화 되어있던 Artwork Control Form 창을 원래 크기로 복원시킨다.

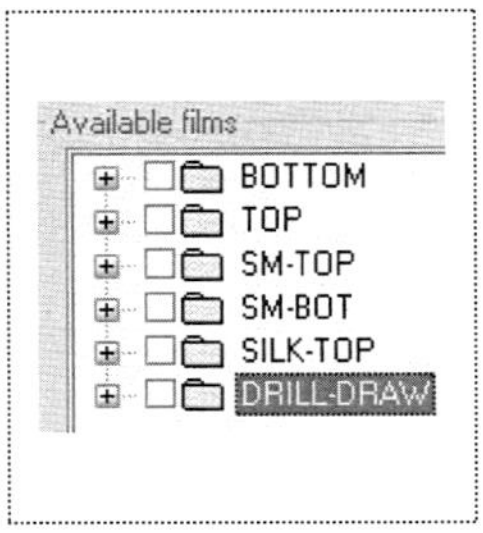

- SILK-BOT을 선택한 후 마우스 오른쪽 버튼을 눌러 Add를 선택한다.
- 이름 입력 필드에 [DRILL-DRAW]라고 입력한다.
- Silkscreen에는 line의 두께가 지정되지 않은 것이 있으므로 오른쪽에 있는 Undefined line width에 10mil을 입력한다.

5) GERBER FILM 생성하기

- Select All로 모두 선택한 다음 Create Artwork를 눌러 거버파일을 생성한다.
- OK를 눌러 완료한다.
  - *.brd 파일이 저장되는 폴더(타이틀바에서 확인 가능)에 거버파일이 생성된다.

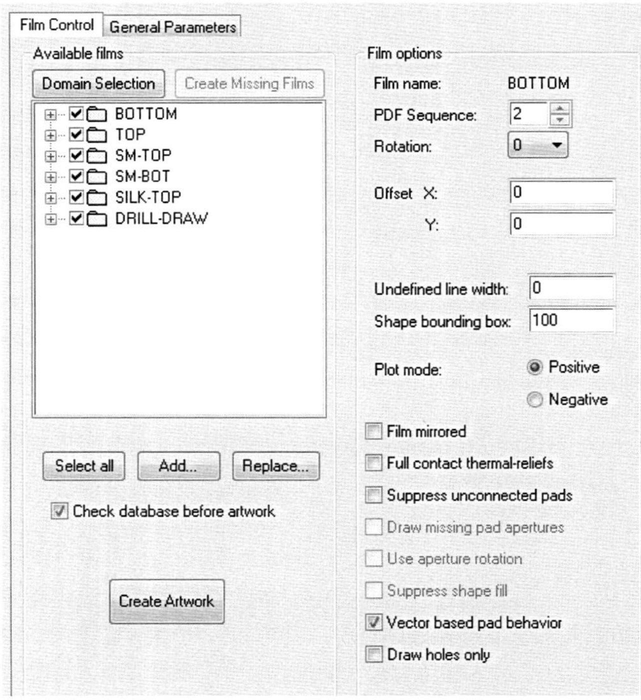

3. NC Drill

- 메뉴 Manufacture 〉 NC 〉 NC Parameters... 선택 또는 툴바 NC Parameters 아이콘을 선택한다.
- NC Parameters창이 열리면 설정을 확인한다.

  Excellon format

  Format 5.5

  Leading zero suppression 체크

  Equal coordinate suppression 체크

  Enhanced Excellon format 체크

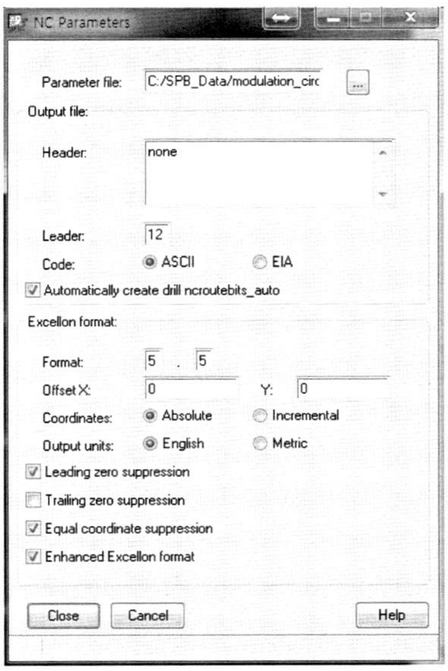

- Close를 눌러 닫는다.
- 메뉴 Manufacture 〉 NC 〉 NC Drill...을 선택한다.
- 옵션 항목을 선택한 다음 우측의 Drill을 눌러 데이터를 생성한다.
- Close를 눌러 닫는다.

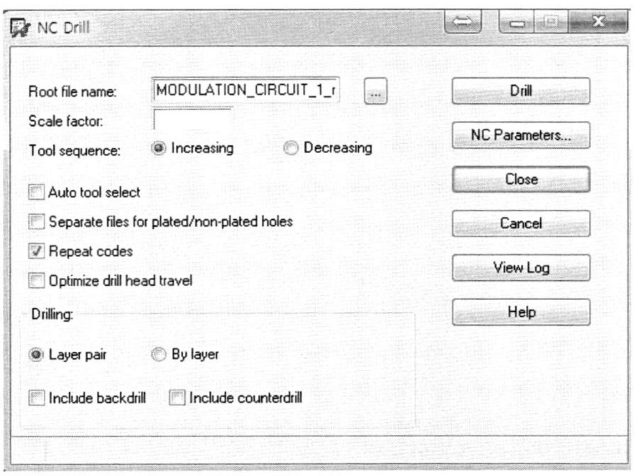

4. 작업 마무리

– Report 출력하기

메뉴 Tools 〉 Report... 또는 Quick Report를 선택하여 필요한 Report를 출력한다.

– 설계에 쓰인 Footprint를 저장한다.

메뉴 File 〉 Export 〉 Library...를 선택한다.

저장 경로를 설정하고 저장한다.

작업 폴더 안에 회로도, PCB Artwork, Gerber, Library의 폴더로 나눠 같이 보관하면 파일의 관리가 편리하며, 파일명칭이나 폴더명칭이 한글 또는 특수기호, Space 등이 들어가면 안 되기 때문에 영문 또는 숫자, _ 등으로 명칭을 부여한다.

– 저장하기

5

OrCAD PCB Editor V17.2

Gerber 파일 출력

5-1. Gerber파일 프린터로 출력하기

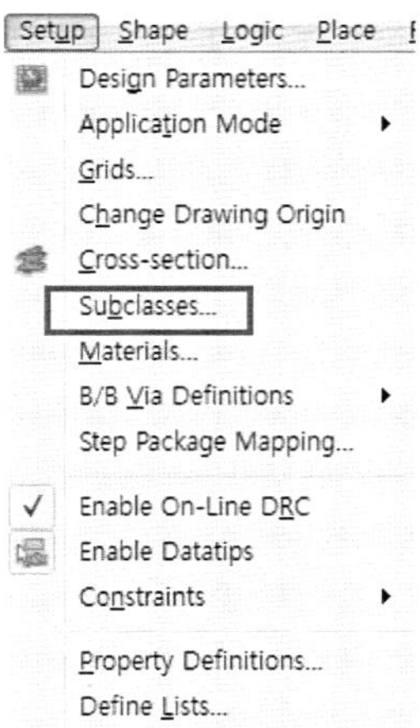

- 만들어진 거버파일을 불러와서 프린터로 출력한다.
- 출력할 거버파일은 확장자가 art로 끝난다.
  NC-Drill 데이터는 출력되지 않는다.

1. File > New... 선택,

Name : Gerber 입력 / Drawing Type : Board 선택 후 OK 버튼 선택

2. 메뉴 Setup > Subclasses...를 선택한다.

3. DRAWING FORMAT의 사각박스를 선택한다.

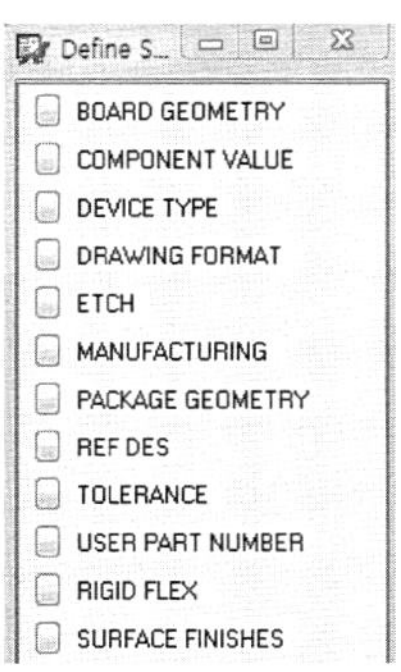

4. New Subclass 항목에

- TOP
- BOTTOM
- SOLDERMASK_TOP
- SOLDERMASK_BOTTOM
- SILKSCREEN_TOP
- DRILL_DRAW를 입력한다.

한 항목씩 입력 후 [Enter↵]를 누른다.
입력 후에는 [✕]를 눌러 창을 닫는다.
Define Subclasses창을 OK를 눌러 닫는다.

5. Color 설정하기

- 모든 레이어의 Color를 보이지 않게 설정한다.
- Drawing Format 항목의 방금 추가한 레이어만 보이게 설정한다.

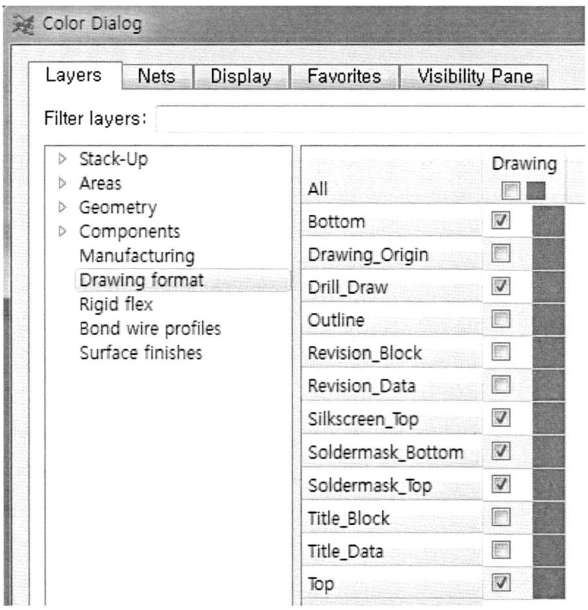

6. 거버 불러오기

- 메뉴 File 〉 Import 〉 Artwork...를 선택한다.

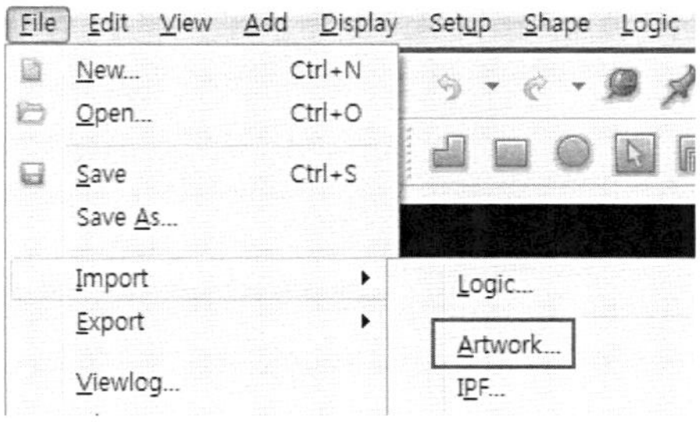

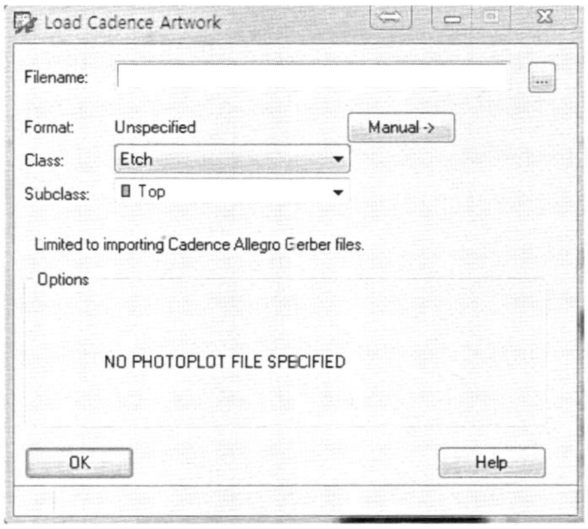

- Load Cadence Artwork 창이 열리면 Filename의 Browse 아이콘을 눌러 TOP .art를 불러온다.
- Class : Drawing Format 선택
- Subclass : TOP 선택
- Load file을 선택한다. [OK를 선택하면 창이 닫힌다.]

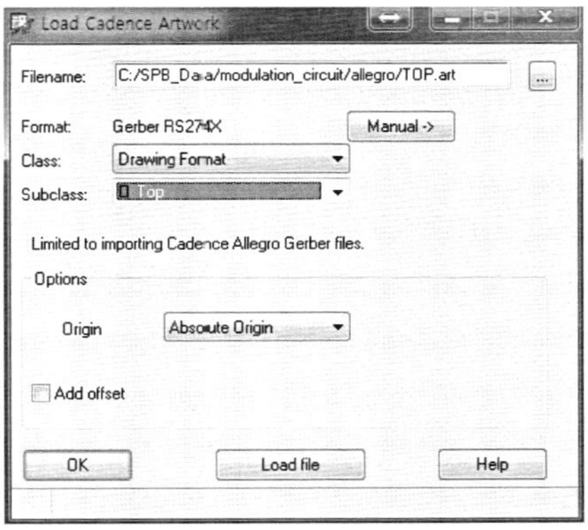

- Load file를 누르면 마우스 끝에 TOP.art(거버) 파일이 따라 다니고 화면 중앙쯤에 놓는다.(또는 Command창에 좌표 x^0^0 입력 후 Enter)

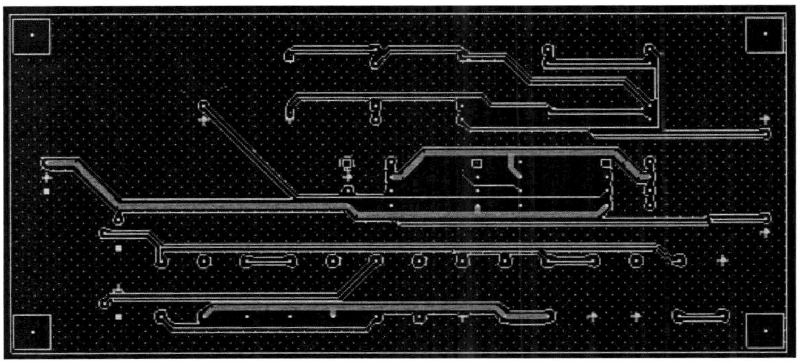

– 화면에 배치하고 나면 다시 Load Cadence Artwork창이 열린다.

* 겹치게 배치하려면

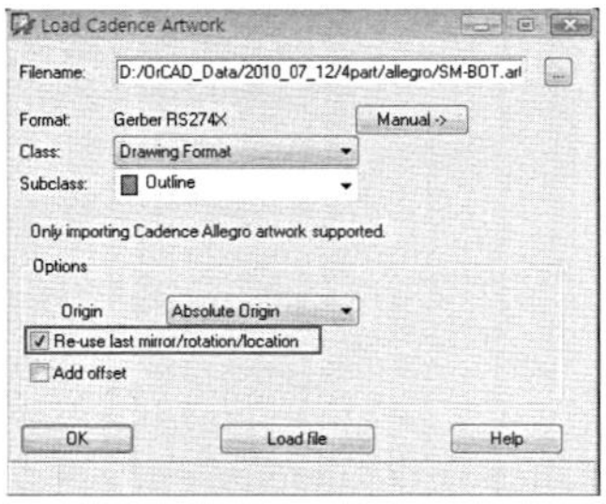

처음 배치후
Origin을 Absolute Origin으로 하여
Re–use last mirror/rotation/location을
체크한 후 OK를 클릭하면 겹쳐서 배치된다.

– Filename : BOTTOM.art
  Class : Drawing Format
  Subclass : BOTTOM
  설정 후 Load file을 눌러 겹쳐지게 배치한다.

– Filename : SILK_TOP.art
  Class : Drawing Format
  Subclass : SILKSCREEN_TOP
  설정 후 Load file을 눌러 겹쳐지게 배치한다.

– Filename : SM_TOP.art
  Class : Drawing Format
  Subclass : SOLDERMASK_TOP
  설정 후 Load file을 눌러 겹쳐지게 배치한다.

– Filename : SM_BOT.art
  Class : Drawing Format
  Subclass : SOLDERMASK_BOTTOM
  설정 후 Load file을 눌러 겹쳐지게 배치한다.

– Filename : DRILL_DRAW.art
  Class : Drawing Format
  Subclass : DRILL_DRAW

설정 후 Load file을 눌러 겹쳐지게 배치한다.

- OK를 눌러 Load Cadence Artwork창을 닫는다.

7. 프린터로 출력하기

- Color 설정창을 열어 Drawing Format / TOP만 보이게 설정한다.
- 메뉴 File 〉 Plot Setup...을 선택한다.

- 설계한 데이터를 그대로 확인한다.
- Plot orientation〉Auto center를 선택하여 출력물 가운데 위치하도록 한다.
- Mirror : 반대로 보이게 하는 옵션으로 Bottom, Soldermask_bottom에 적용한다.
- Color 또는 흑백모드를 선택한다.
- OK를 눌러 설정을 마친다.

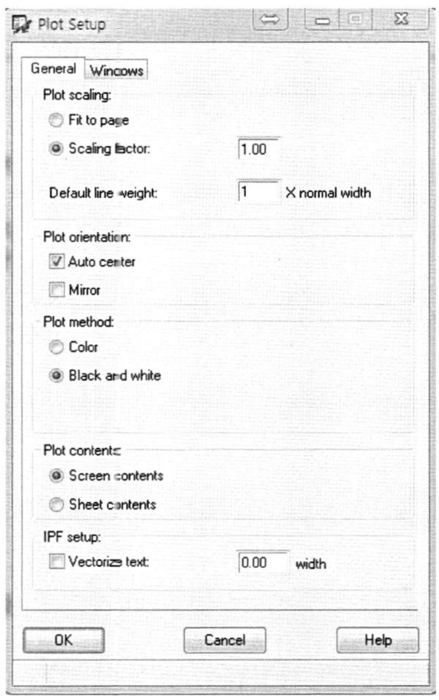

- 메뉴 File 〉 Plot...을 선택한다.
- Setup를 눌러 프린터, 용지 및 방향을 선택한다.
- OK를 누르면 출력이 된다.
- 위의 과정을 반복하여 출력한다.

6 OrCAD PCB Editor V17.2
Multiplexer-2 회로 - 2 Layer PCB 설계

회로도

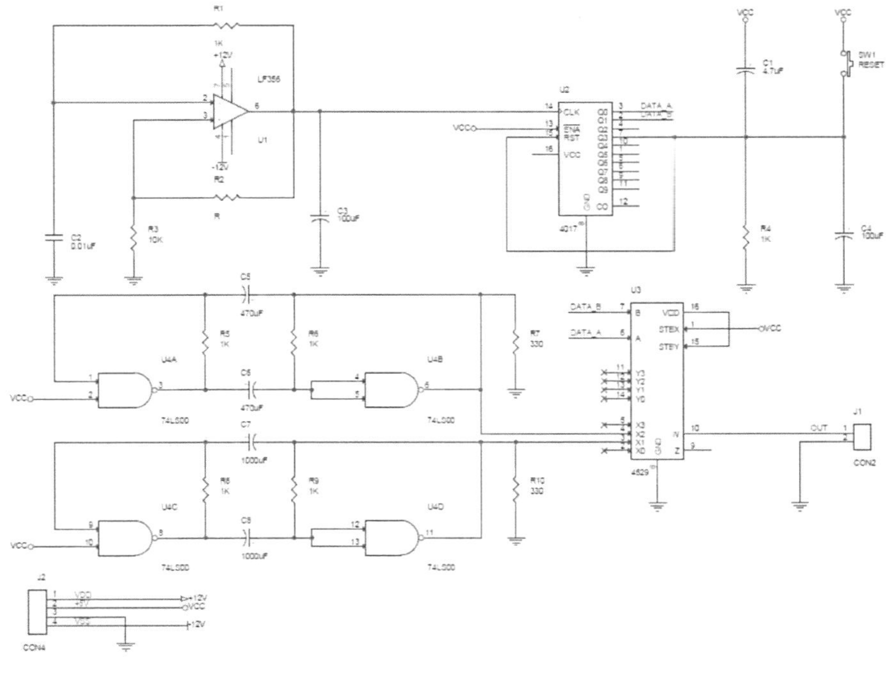

PCB

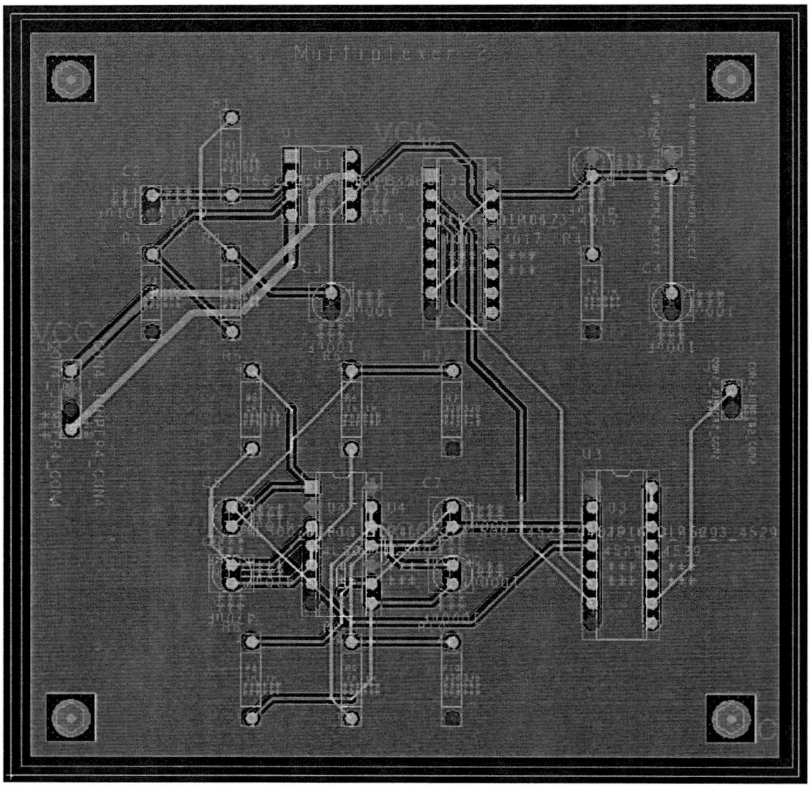

6-1. 회로도 그리기

1. 새 프로젝트 만들기

- 툴바 New를 선택한다.
- New Project 창에서 Name, Create a New Project Using, Location 상자에서 작업명, 작업종류, 저장 경로 설정을 한다.

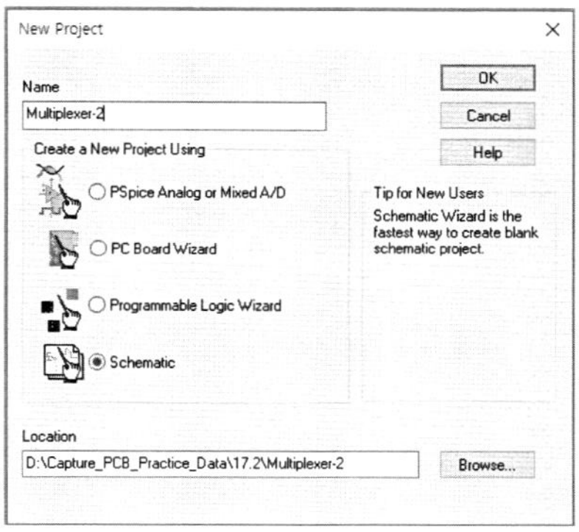

- 메뉴 Options 〉 Autobackup...을 선택하여 현재 작업경로로 설정을 한다. (자동 저장 설정)

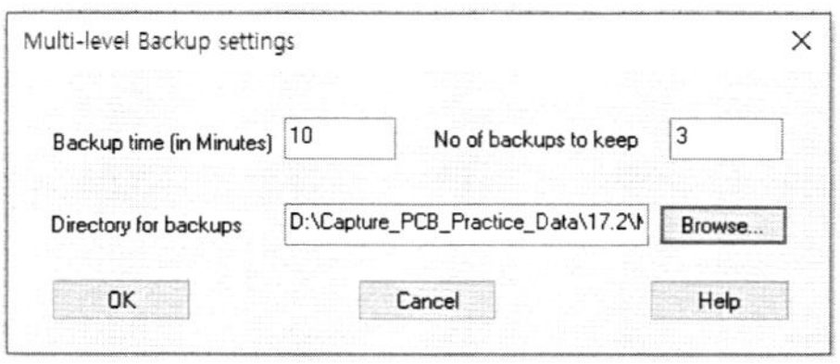

- 메뉴 Options 〉 Schematic Page Properties...를 선택하여 Millimeters를 선택한다. Page Size를 A4를 선택한 후 [확인]버튼을 선택한다.
- 화면 하단의 타이틀 블록 안의 글씨를 더블클릭하여 Display Properties창이 나타나면 Value 상자에 내용을 입력한다.

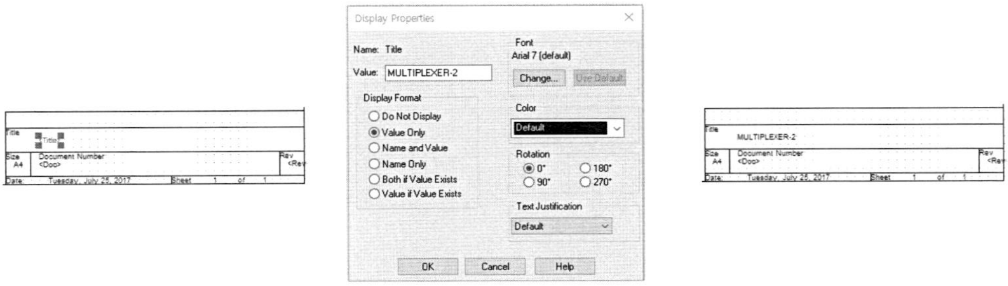

2. 부품 배치하기

- 툴 팔레트 Place part 아이콘을 누르거나, 단축키 P를 누른다.
- 라이브러리가 없으면 Add Library 버튼을 눌러 라이브러리를 모두 추가한다.
- 불러올 부품은 아래 표와 같다.

부품명	Capture Part	부품명	Capture Part
저항	R	4529	4529
극성 콘덴서	CAP POL	74LS00	74LS00
무극성 콘덴서	CAP NP	스위치	SW PUSHBUTTON
LF356	LF356	커넥터(2핀)	CON2
4017	4017	커넥터(4핀)	CON4

- 부품의 좌우 반전은 해당 부품을 마우스 오른쪽으로 클릭하면 나오는 Mirror Horizontally로 할 수 있다.(LF356은 Mirror Vertically로 상하 반전을 한다.)

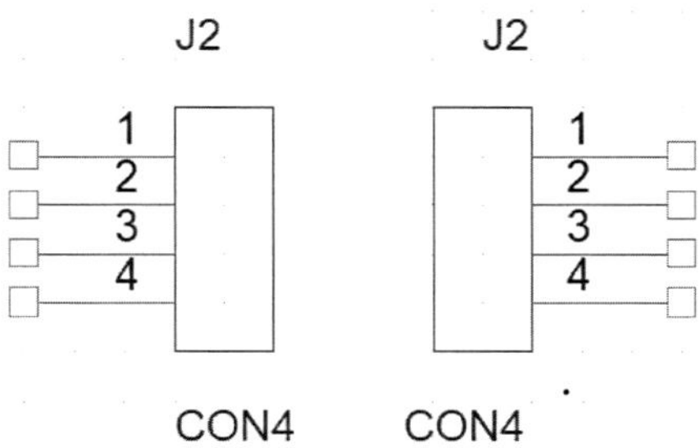

- 부품의 핀 배치의 변경은 해당 부품을 마우스 오른쪽으로 클릭하면 나오는 Edit Part로 들어가서 할 수 있다. (핀의 이동은 마우스로 드래그를 한다.)

- 수정할 핀을 더블 클릭하면 Pin Properties에서 핀의 이름과 모양, 보이거나 보이지 않게 할 수 있다. (LF356, 4529도 같은 방법으로 수정한다.)

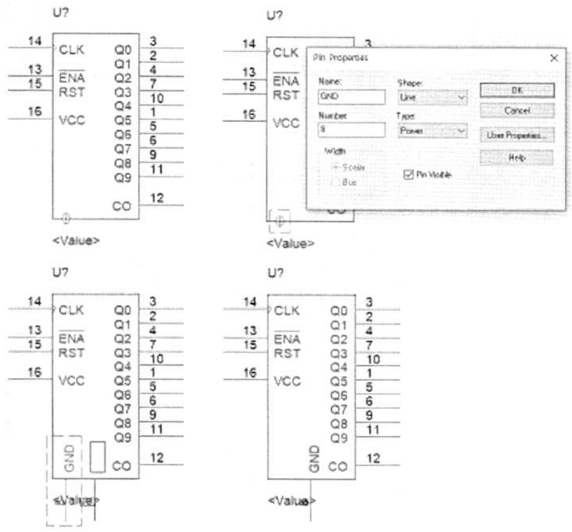

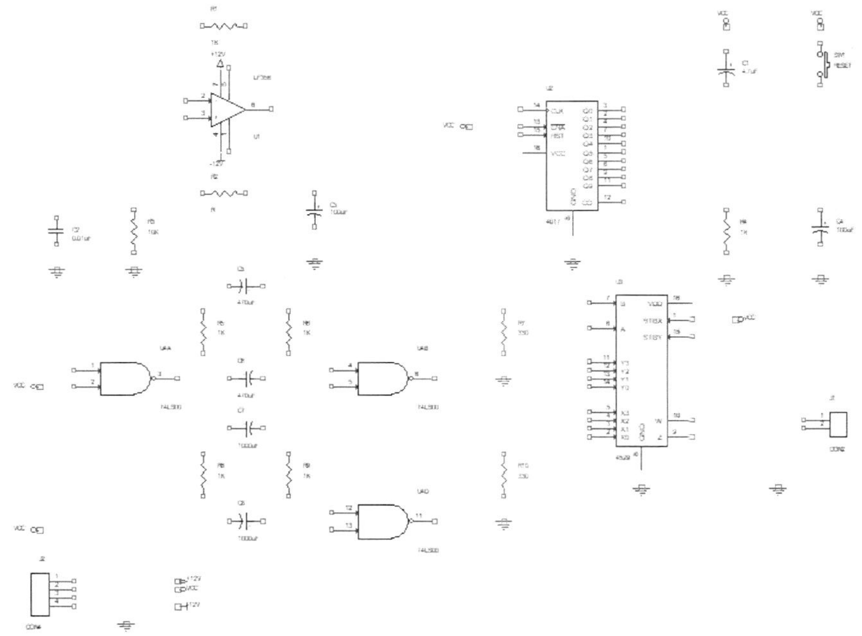

- 툴팔레트 Place Power 아이콘이나 단축키 F를 선택하여 알맞은 VCC을 불러온다.
- 툴팔레트 Place GND 아이콘이나 단축키 G를 선택하여 알맞은 GND을 불러온다.
- Place Power나 Place GND를 선택해도 같은 창이 뜬다. 굳이 구별하여 사용할 필요는 없다.

3. 배선하기

- 메뉴 Place 〉 Wire 또는 툴팔레트 Place Wire 아이콘 선택한다. 단축키 W
- Junction은 Wire와 Wire가 겹칠 때 발생한다. 필요한 부분에 생성되지 않거나, 필요 없는 부분에 생성되었을 때는 툴바 Place Junction 아이콘을 눌러 수정한다. (잘못 위치시켰을 때는 다시 한 번 위치시키면 사라진다. Toggle방식)
- 사용하지 않는 핀은 메뉴 Place 〉 No connect나 툴바의 Place no connect 아이콘을 선택하여 사용하지 않는 핀에 위치시킨다.
  (잘못 위치시켰을 때는 다시 한 번 위치시키면 사라진다. Toggle방식)
- 부품값과 Reference의 위치를 수정한다.
- Net Alias 아이콘을 눌러 [6V], [GND] 이름을 작성한다. 단축키 : N
- 작업파일을 저장한다.

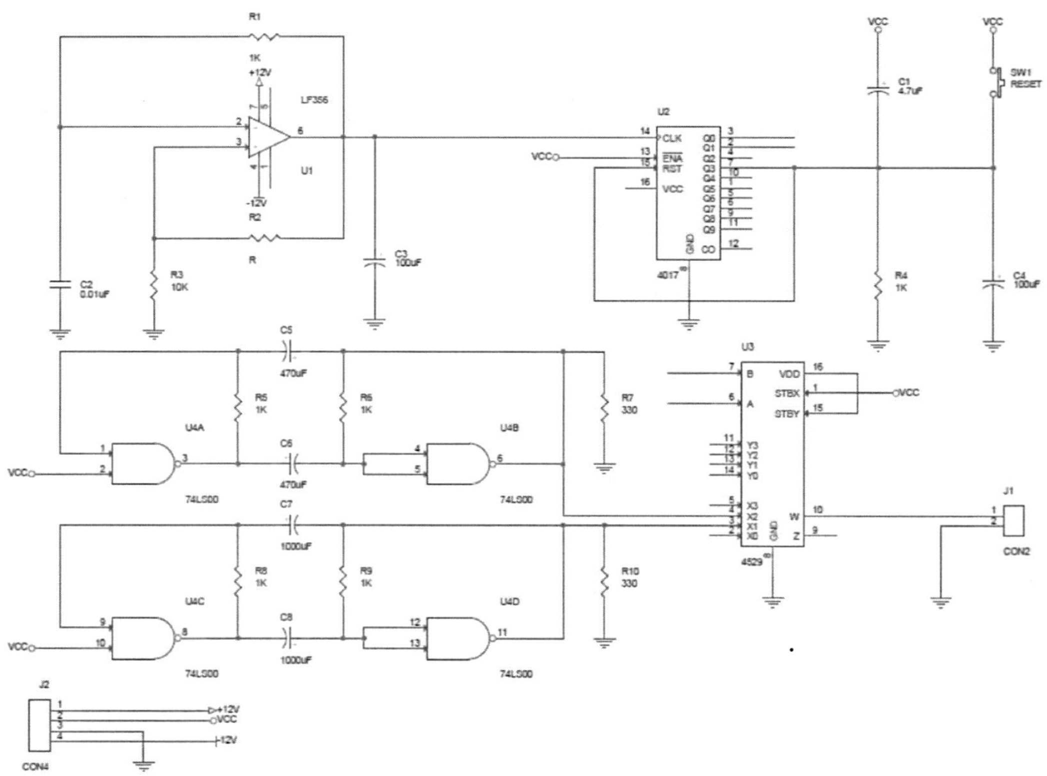

- Net의 이름을 지정하여 끊어진 부분을 연결한다.
- 메뉴 Place 〉 Net Alias에서 Alias를 기입하여 해당 Net의 이름을 지정한다.

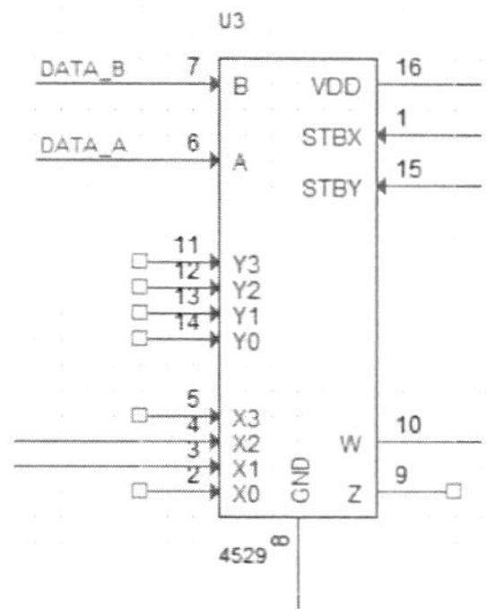

부품의 지정 핀	네트의 이름	부품의 지정 핀	네트의 이름
U2 IC의 3번 핀	DATA_A	U3 IC의 6번 핀	DATA_A
U2 IC의 2번 핀	DATA_B	U3 IC의 7번 핀	DATA_B
J2 커넥터의 2번 핀	+5V	J1 커넥터의 1번 핀	OUT
J2 커넥터의 4번 핀	VSS	J2 커넥터의 1번 핀	VDD

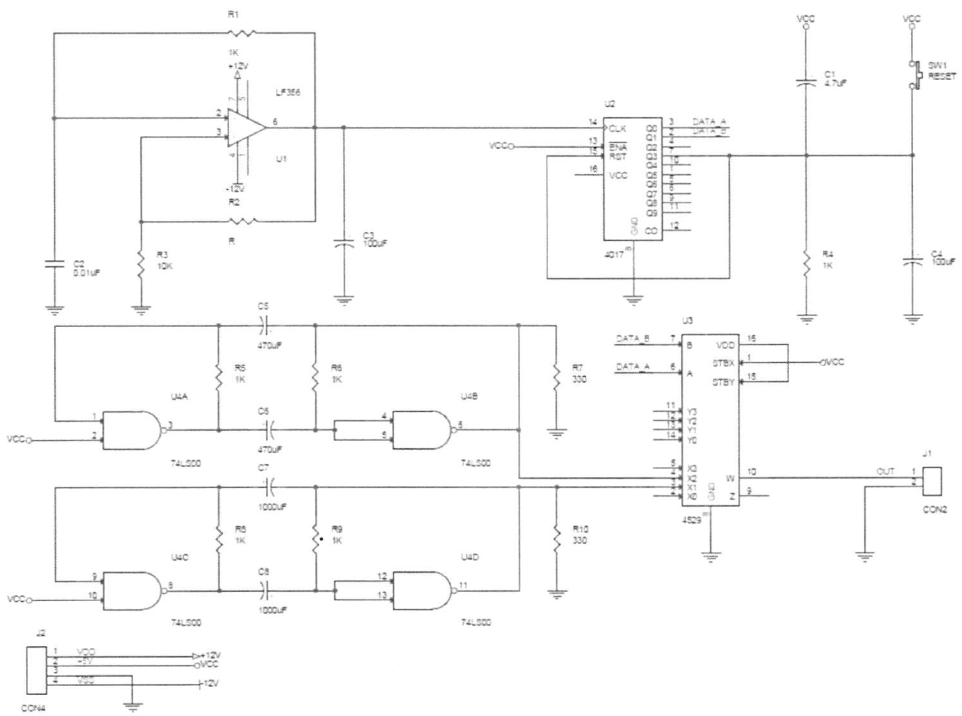

6-2. Footprint 작업 및 Create Netlist

1. Footprint 작성

- 시작 〉 프로그램 〉 Cadence 〉 Release 17.2 〉 OrCAD PCB Editor를 실행한다.
- 메뉴 File 〉 Open 또는 툴바 열기 아이콘을 선택하고 파일형식을 Symbol Drawing(.dra)으로 맞춘다.
- 기본 제공되는 라이브러리의 경로는
  C:₩Cadence₩SPB_17.2₩share₩pcb₩pcb_lib₩symbols이다.

Capture Part	FOOTPRINT	Capture Part	FOOTPRINT
저항	RES400	4529	DIP16_3
극성 콘덴서	CAP196	74LS00	DIP14_3
무극성 콘덴서	CAPCK05	스위치	JUMPER2
LF356	DIP8_3	커넥터(2핀)	JUMPER2
4017	DIP16_3	커넥터(4핀)	JUMPER4

2. Create Netlist

1) 회로도에 Footprint 기입하기

- Project Manager를 열어 PAGE1 Sheet를 선택하고 메뉴 Edit 〉 Object Properties를 선택한다.
- 하단의 Tab중 첫 번째 Part Tab을 선택한다.
- Footprint 빈칸에 기입한다.
- 입력이 완료되면 툴바 Project Manager 아이콘을 누른다.

2) Reference 정리하기(Annotate)

- Project Manager창이 열리면 메뉴 Tools 〉 Annotate... 또는 Annotate 아이콘을 누른다.
- Reset part references to "?"를 선택한 후 확인을 누른다.
- 다시 Annotate창을 열어 Incremental reference update를 선택한 후 확인을 누른다.

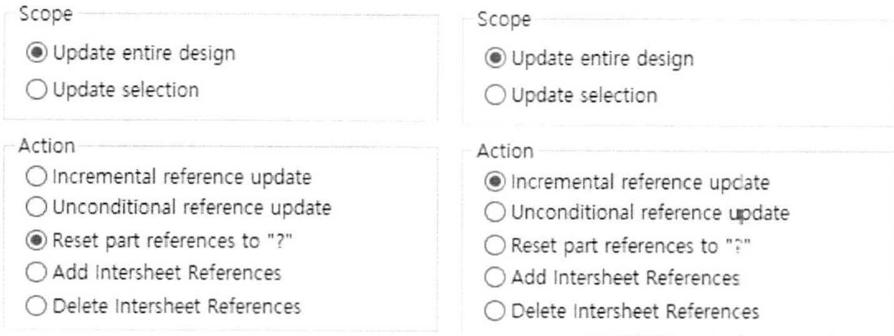

3) DRC (Design Rules Check)

- 툴바에서 DRC아이콘 을 누른다. 또는 메뉴 Tools 〉 Design Rules Check...를 선택한다.
- 기본적으로 체크되어 있는 설정으로 검사를 실행한다.
- U3의 사용하지 않는 핀으로 인한 경고가 발생한다.

```
Checking Electrical Rules
WARNING(ORCAP-1831): Unconnected pin U3,X0
                     SCHEMATIC1, PAGE1  (180.34, 132 08)
WARNING(ORCAP-1831): Unconnected pin U3,X3
                     SCHEMATIC1, PAGE1  (180.34, 124 46)
WARNING(ORCAP-1831): Unconnected pin U3,Y0
                     SCHEMATIC1, PAGE1  (180.34, 116 84)
WARNING(ORCAP-1831): Unconnected pin U3,Y1
                     SCHEMATIC1, PAGE1  (180.34, 114 30)
WARNING(ORCAP-1831): Unconnected pin U3,Y2
                     SCHEMATIC1, PAGE1  (180.34, 111 76)
WARNING(ORCAP-1831): Unconnected pin U3,Y3
                     SCHEMATIC1, PAGE1  (180.34, 109 22)
```

- 회로도에서 U3의 2와 5, 11, 12, 13, 14번 핀을 아이콘 나 메뉴 Place 〉 No Connect로 체크한다.

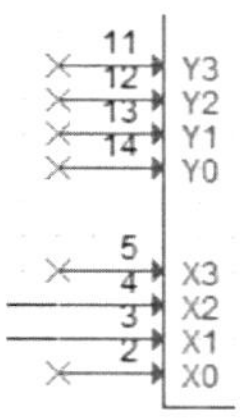

- 다시 DRC 체크를 진행하면 에러 및 경고가 발생하지 않는다.

4) BOM 생성하기

- 툴바의 Bill Of Materials 아이콘 을 누르거나 메뉴 Tools 〉 Bill Of Materials...를 선택한다.
- 기본설정 이외에 \tPCB Footprint \t{PCB Footprint}를 추가 작성한다.

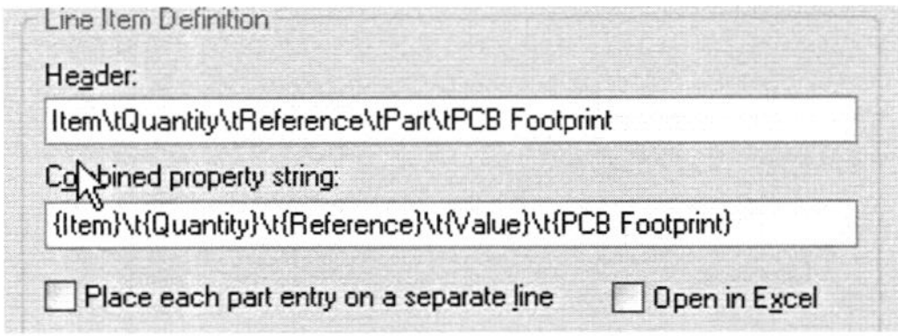

5) Netlist 생성하기

- 툴바의 아이콘 Create Netlist 를 선택하거나 메뉴 Tools 〉 Create Netlist...를 선택한다.

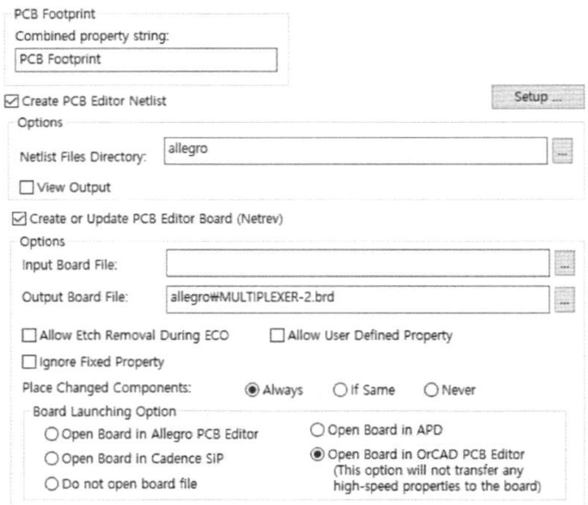

- 그림과 같이 설정을 하면 OrCAD PCB Editor가 열리면서 Netlist와 Footprint 정보가 전송된다.

- 이 과정에서 LF356의 8번 핀이 DIP8_3과 매칭될 때에 사용되지 않는다고 경고한다.

ERROR(SPMHNI-196): Symbol 'DIP8_3' for device 'LF356_1_DIP8_3_LF356' has extra pin '8'.

- 회로도에서 LF356을 마우스 오른쪽으로 눌러 Edit Properties...를 선택한다.
- New Property...를 눌러 Name에 NC, Value에 8이라 입력한다.
- OK를 누르고, 저장하여 빠져 나온다.
- 다시 Netlist 과정을 진행하면 경고 및 에러가 발생하지 않는다.
- 확인을 누르면 PCB Editor가 열리면서 새로운 작업 화견이 열린다.

6-3. PCB Editor - 2 Layer PCB 설계하기

1. 기본 설정

- Design Parameter 설정하기
- 메뉴 Setup 〉 Design Parameters... 또는 마우스 오른쪽 버튼 메뉴 〉 Quick Utilities 〉 Design Parameters...를 선택한다.
- 상단의 Tab의 순서대로 설정을 한다.

- Display Tab의 Setup Grids에서 Grid를 설정한다. (Grids On은 체크한다.)
  Non-Etch : X 100 , Y 100
  All Etch : X 100 , Y 100

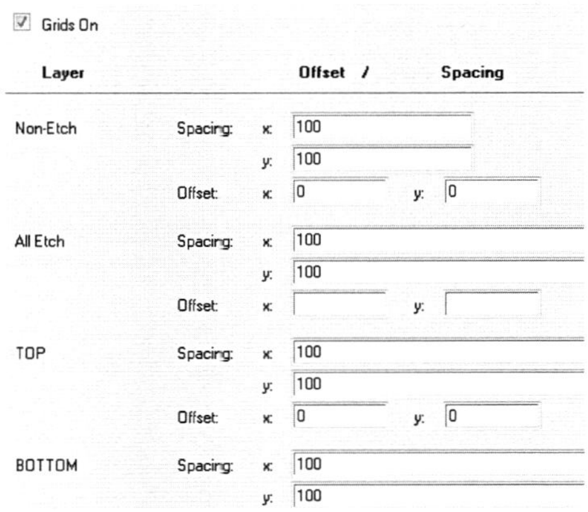

- Design Tab에서
  Unit : Mils
  Sheet Size : A
  Extents : Left X : -2000, Lower Y : -3000

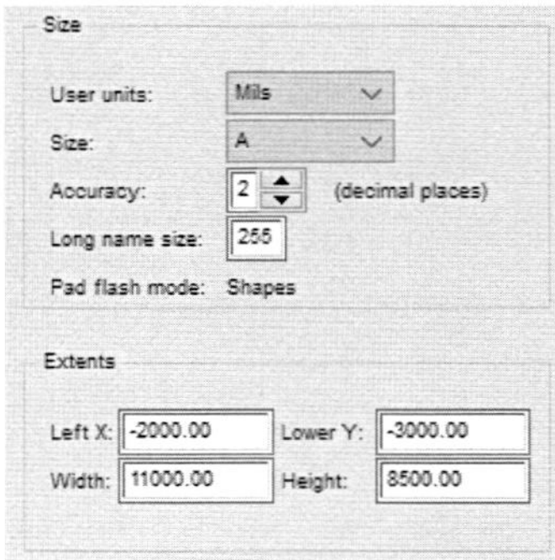

- Text Tab에서
  Justification : Center
  Parameter block : 3

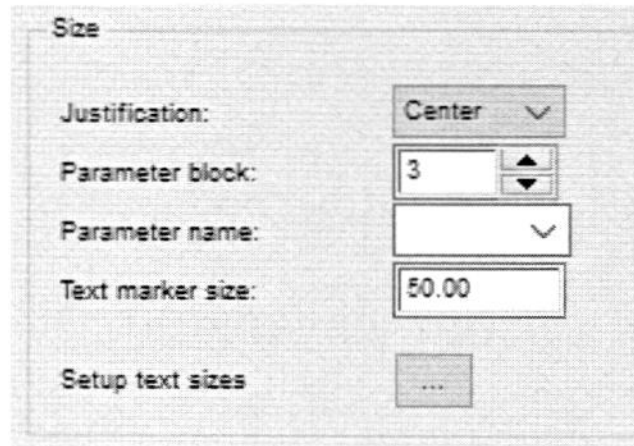

- Shape Tab에서
  Dynamic Shape 항목에서 Edit Global Dynamic Shape Parameters... 를 선택한다.
  창이 뜨면 Void control Tab을 선택한다.
    Artwork format : Gerber RS274X
    Create Pin Voids : In-line
    Distance between pins : 100

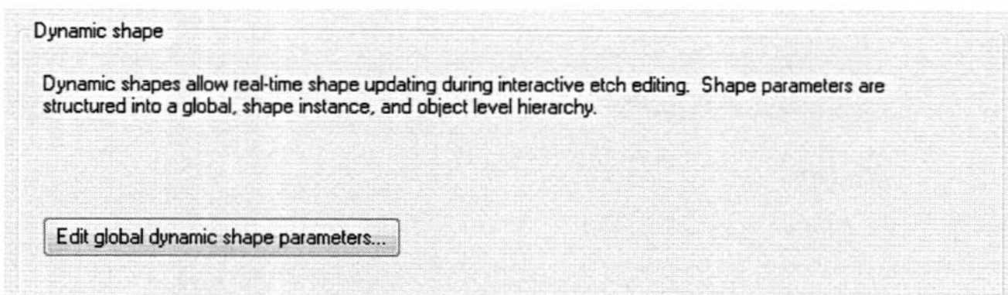

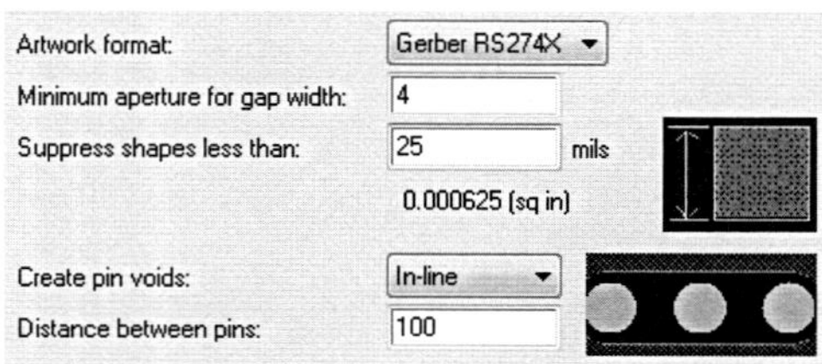

- Route Tab에서

  Add connect 폴더를 선택하고, 우측 Style 항목에서 Bubble을 Shove preferred로 설정한다.

  · Off : 기능 해제

  · Hug : Clearance에 의해 Pin을 감싸며 라우팅

  · Shove : 배선 시 마우스의 움직임을 따라 기존 배선을 밀어내며 라우팅

  Gridless : 체크를 해제한다. (설정 그리드를 따라 배선된다.)

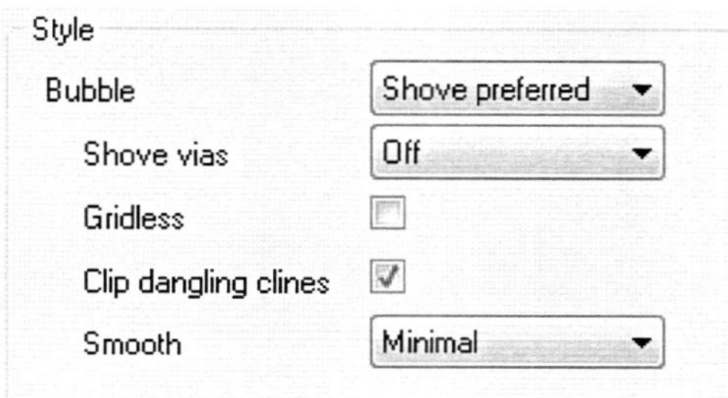

- Mfg Application Tab에서

  Drafting 항목에서 Edit Drafting Parameters...를 선택한다.

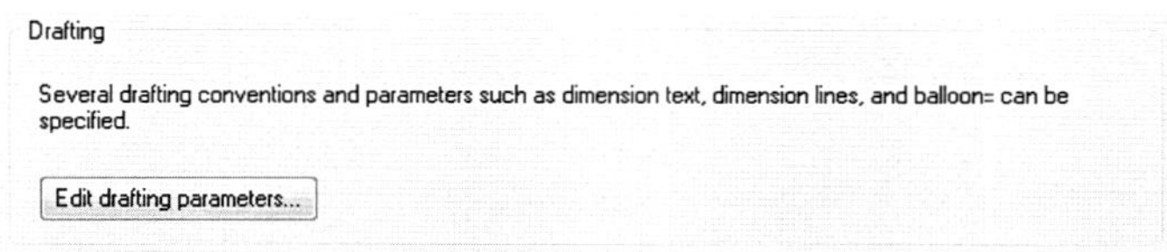

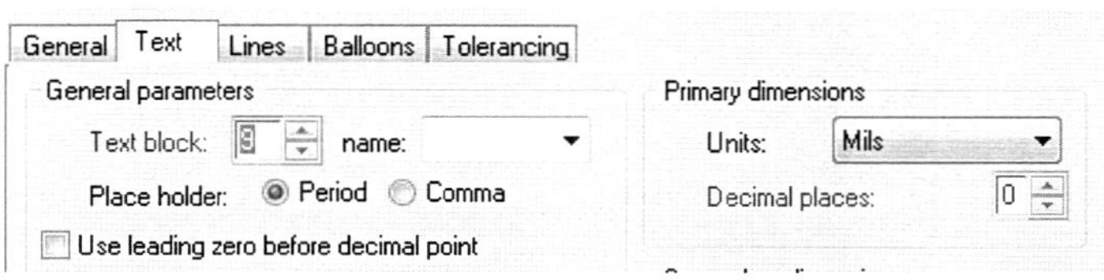

창이 뜨면 Demension Text를 선택한다.

Unit : Mils

Decimal places : 0 (소수점 이하 자릿수)

2. Constraints 설정하기

– 메뉴 Setup > Constraints... > Constraints Manager...를 선택한다.

① Physical 항목부터 설정한다.

– Physical Constraint Set All Layers를 먼저 선택하여 Default Line(Pattern) Width를 설정한다.

Objects			Line Width		Neck	
			Min	Max	Min Width	Max Length
Type	S	Name	mil	mil	mil	mil
*	*	*	*	*	*	*
Dsn		⊟ MULTIPLEXER-2	20.00	0.00	20.00	0.00
PCS		⊞ DEFAULT	20.00	0.00	20.00	0.00

Line Width : Min 20mil / Neck Min Width : 20mil

– Physical Constraint Set을 추가한다.
DEFAULT 셀을 선택한 후 마우스 오른쪽 버튼을 눌러 Create > Physical CSet...을 선택한다.

– Name을 VCC로 하고 OK를 선택한다.
VCC가 추가되면 값을 Line Width : Min 39mil / Neck Min Width : 25mil 로 설정한다

– GND도 같은 방법으로 추가하고 Line Width : Min 39mil / Neck Min Width : 20mil로 설정한다.

Objects			Line Width		Neck	
			Min	Max	Min Width	Max Length
Type	S	Name	mil	mil	mil	mil
*	*	*	*	*	*	*
Dsn		⊟ MULTIPLEXER-2	20.00	0.00	20.00	0.00
PCS		⊞ DEFAULT	20.00	0.00	20.00	0.00
PCS		⊞ GND	39.00	0.00	20.00	0.00
PCS		⊞ VCC	39.00	0.00	25.00	0.00

– Net 폴더 All Layers를 선택하고 상단 툴바의 Physical/Local Name 아이콘을 눌러 Net Name만 보이게 설정한다.
GND의 Physical CSet을 GND로 변경한다.
VCC와 +12V, –12V의 속성을 VCC CSet으로 변경한다.

MULTIPLEXER-2	DEFAULT
+12V	VCC
-12V	VCC
DATA_A	DEFAULT
DATA_B	DEFAULT
GND	GND
N01406	DEFAULT
N01422	DEFAULT
N01447	DEFAULT
N01532	DEFAULT
N01688	DEFAULT
N01711	DEFAULT
N01763	DEFAULT
N01770	DEFAULT
N01818	DEFAULT
N01839	DEFAULT
N01854	DEFAULT
N01892	DEFAULT
N02150	DEFAULT
OUT	DEFAULT
VCC	VCC

**** Spacing 항목도 같은 방법으로 설정 적용한다.

② Spacing 항목을 선택한다. (Clearance)

- Spacing Constraint Set All Layers를 먼저 설정하여 Default Spacing을 설정한다.
  Line : 10 mil, Thru Pin : 10 mil, Thru Via : 10 mil, Shape : 20mil

- Line 설정

Line To <<										
All	Line	Thru Pin	SMD Pin	Test Pin	Thru Via	BB Via	Test Via	Shape	Bond Finger	Hole
mil	mil	mil	mil	mil	mil	mil	mil	mil	mil	mil
*	*	*	*	*	*	*	*	*	*	*
10.00	10.00	10.00	10.00	10.00	10.00	10.00	10.00	10.00	10.00	10.00
***	10.00	10.00	5.00	10.00	10.00	5.00	10.00	20.00	5.00	10.00

- Pins 설정
  True Pin To

Thru Pin To <<									
All	Line	Thru Pin	SMD Pin	Test Pin	Thru Via	BB Via	Test Via	Shape	Bond Finger
mil	mil	mil	mil	mil	mil	mil	mil	mil	mil
*	*	*	*	*	*	*	*	*	*
10.00	10.00	10.00	10.00	10.00	10.00	10.00	10.00	10.00	10.00
***	10.00	10.00	5.00	5.00	10.00	5.00	5.00	20.00	10.00

- Vias 설정

  True Via To

Thru Via To <<									
All	Line	Thru Pin	SMD Pin	Test Pin	Thru Via	BB Via	Test Via	Shape	Bond Finger
mil	mil	mil	mil	mil	mil	mil	mil	mil	mil
*	*	*	*	*	*	*	*	*	*
***	10.00	10.00	5.00	5.00	10.00	5.00	5.00	5.00	5.00
***	10.00	10.00	5.00	5.00	10.00	5.00	5.00	20.00	5.00

- Shape 설정

  Shape To

Shape To <<									
All	Line	Thru Pin	SMD Pin	Test Pin	Thru Via	BB Via	Test Via	Shape	Bond Finger
mil	mil	mil	mil	mil	mil	mil	mil	mil	mil
*	*	*	*	*	*	*	*	*	*
***	20.00	20.00	5.00	20.00	20.00	5.00	5.00	20.00	5.00
***	20.00	20.00	5.00	20.00	20.00	5.00	5.00	20.00	5.00

- 설정이 완료되었으면 메뉴 File 〉 Close를 누른다.

3. Board outline 작성하기

① Outline(외각선) 그리기

- Board Size는 3937 x 3937 [mil]이다.
- 메뉴 Setup 〉 Outlines 〉 Design Outline...을 선택한다.

*** Option 탭을 확인해보면 Board Geometry / Outline로 자동으로 맞추어져있다.

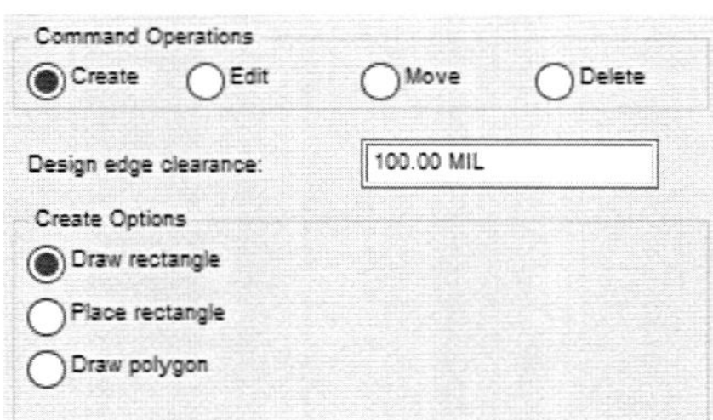

- Command 창에 좌표를 입력하거나 좌표창의 좌표를 확인하면서 그린다.

  x^0^0 [Enter↵]

  x^3937^3937 [Enter↵]

- Design edge clearance : 100 (mil)
- Close를 누른다.

** 만약 command 창이 안 보이면 메뉴 View 〉 Windows 〉 Command를 선택한다.

** Outline보다 100mil 안쪽인 곳에 Package Keepin영역과 Route Keepin영역이 생성되어져 있다.

② 부품 고정홀 배치하기

– 메뉴 Place 〉 Manually...를 선택한다.

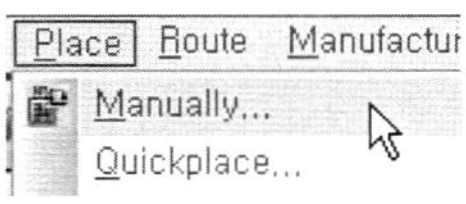

– Placement 창이 뜨면 Advance Setting Tab을 선택한다.

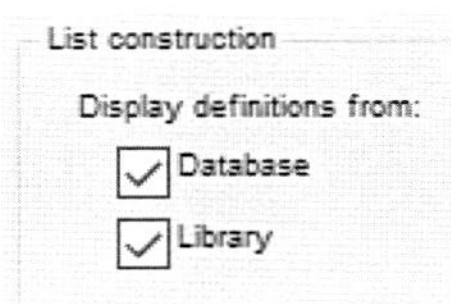

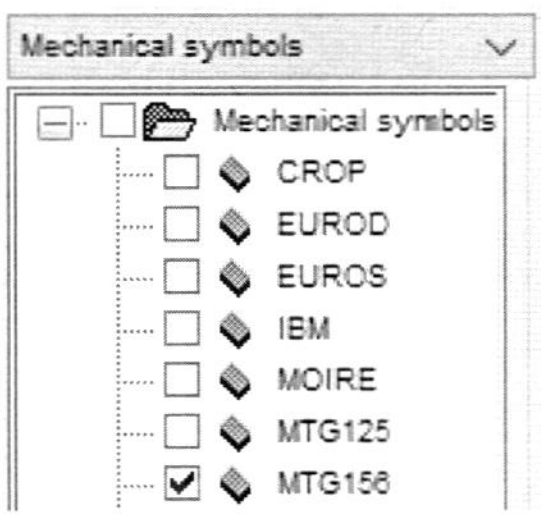

- Placement List Tab을 선택 후 Mechanical Symbols로 맞춘다.
- MTG156을 선택(☑)한 후 하단의 Hide를 누른다.
- Board에 배치를 한다. 좌표 x^300^300
- F6 또는 Done을 누른다.

- 나머지 세 곳에 배치를 한다.

◉ Place 〉 Manually를 선택해서 배치한다.

- 다시 Placement List Tab을 열어 같은 방법으로 배치한다.

좌표 x^3607^300

좌표 x^3607^3607

좌표 x^300^3607

F6 또는 Done을 누른다.

*** MTG156 Symbol에는 Route Keepout (배선 금지 영역)이 적용되어 있다.

4. Package(부품) 배치하기

① 메뉴 Place 〉 Manually를 선택한다.

- Placement List Tab을 선택 후 Components by refdes로 맞춘다.

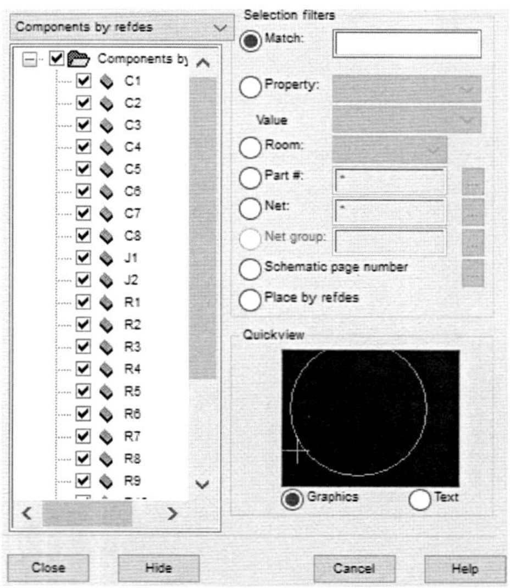

- 모두 선택 후 하단의 Hide를 선택한다.
- 보드 내에 부품을 하나씩 배치하면 자동으로 하나씩 나타난다.
- 하나씩 불러와서 배치해도 무방하다.

② Assign Color - VCC , GND Net
- 배치를 좀 더 잘하기 위해서 VCC와 GND net에 Assign Color를 설정해 준다.
- 메뉴 Display 〉 Assign Color를 선택하거나 툴바  아이콘을 선택한다.
- Control Panel 창에서 Option을 선택하여 컬러 및 패턴을 선택한다.
  [VCC은 붉은색] [GND는 파란색계열]
- Control Panel의 Find Tab에서 하단의 Find By Name의 설정을 Net / Name 으로 선택 후 More 버튼을 눌러 VCC를 선택한다.
- OK를 누르면 부품 핀 중 VCC 연결 핀은 빨간색으로 표시된다.
- 같은 방법으로 GND Net은 파랑색을 적용시킨다.

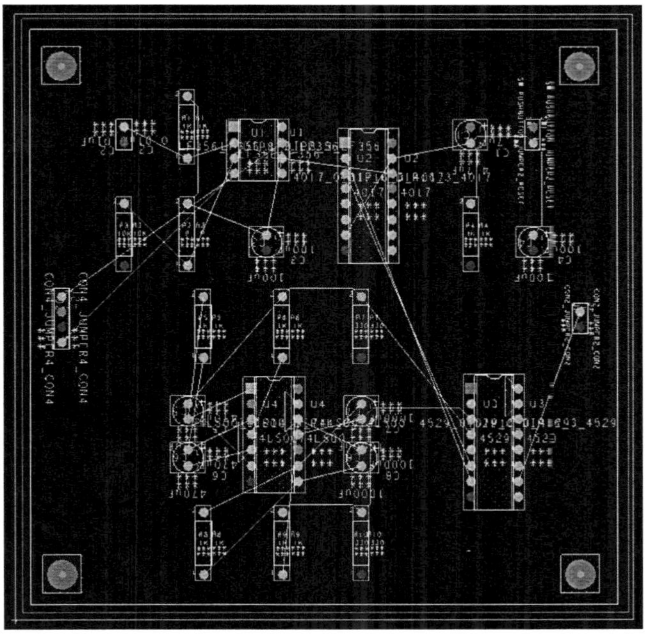

③ GRID 설정하기
- 메뉴 Setup 〉 Grids... 또는 마우스 우측 버튼 메뉴 Quick Utilities 〉 Grid... 를 선택한다.

Non-Etch X : 50, Y : 50 All-Etch X : 50, Y : 50으로 설정한다.

④ Color 설정하기

- 메뉴 Display 〉 Color/Visibility... 또는 툴바 Color192 아이콘을 선택한다.
- 배치 시 보여야 할 부분만 선택한다.
- 컬러 설정창이 나타나면 Global Visibility의 Off를 선택한다. (전부 안보이게 설정)

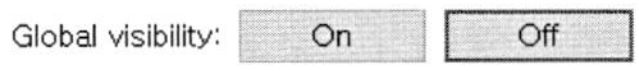

- Stack-Up의 Conductor 폴더 내의 설정을 보두 보이게 All을 선택한다.

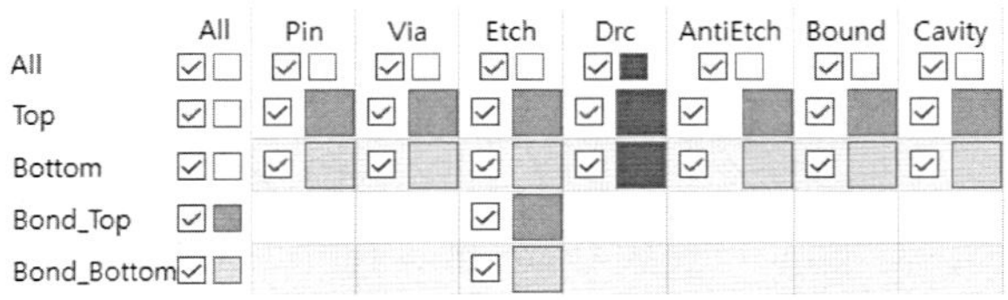

- Areas의 Through All / Pkg KI을 선택한다.(부품 배치영역 표시)

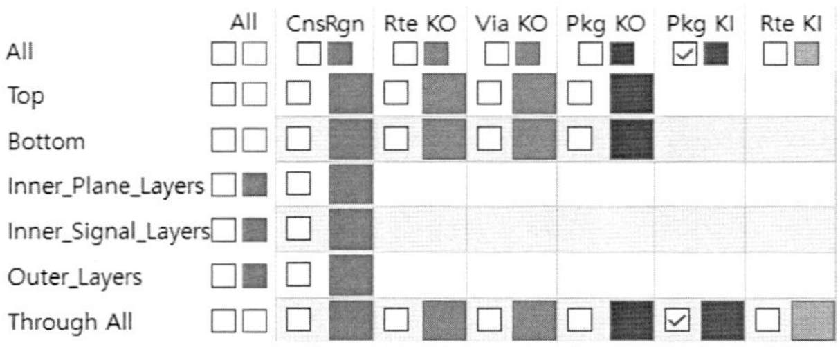

- Geometry의 Board geometry / Design_Outline을 선택한다.

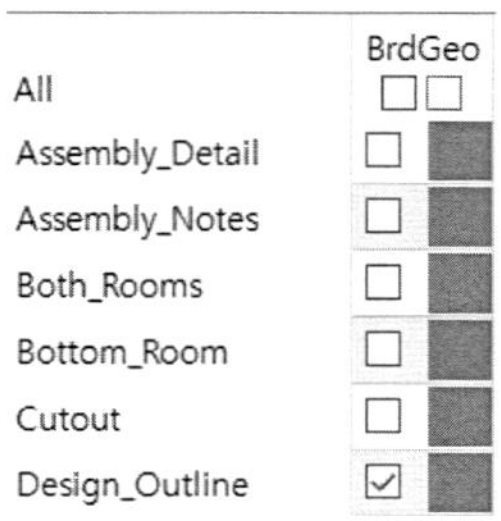

– Package Geometry의 Assembly_Top을 선택한다.

– Components의 Assembly_Top / RefDes를 선택한다.

– OK를 선택하여 설정을 완료한다.

⑤ 배치하기

– 배치 시 에러가 발생하면 에러 마크가 나타난다.
  에러 마크가 발생하지 않도록 배치한다.
– 배치를 완료한다.

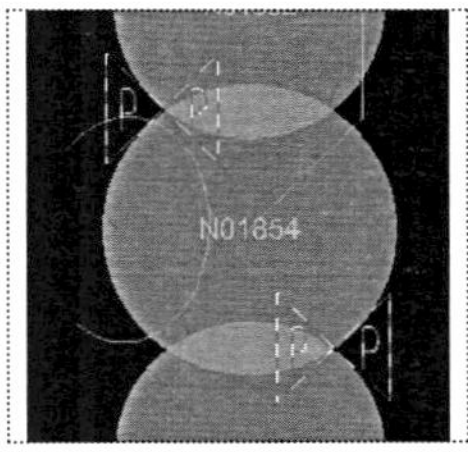

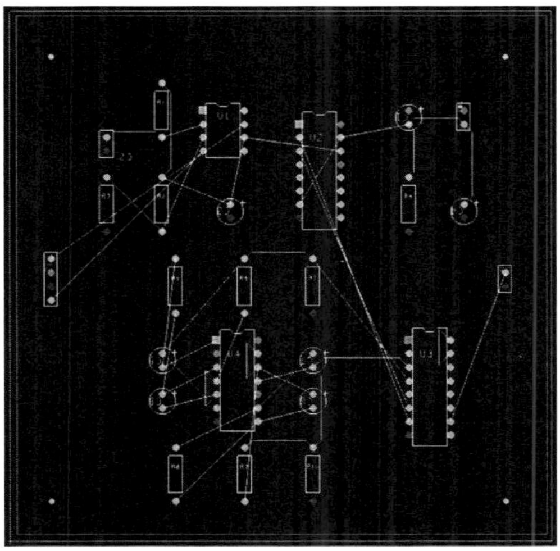

5. Route (배선)하기

- 부품 배치가 끝났으므로 Package Keepin은 안보이게 설정하고 Route Keepin을 보이게 설정한다. 메뉴 Display 〉 Color/visibility...로 들어간다.
- 메뉴 Setup 〉 Grids...선택하여 All etch X : 50, Y : 50으로 설정한다. (Grid on 체크 확인)
- Areas의 Through_All 항목의 Rte KO, Rte KI를 선택한다.(배선영역 표시)
- Add Connect 아이콘을 선택하거나, 메뉴 Route 〉 Connect를 선택한다. 단축키 F3를 누르거나 스트로크를 사용한다.
- Top Layer는 세로방향, Bottom Layer는 가로방향으로 배선을 한다.
- GND Net은 (파랑색 Assign Color) Copper 처리하므로, 배선을 하지 않는다.
- 배선 중 레이어를 변경할 때는 마우스 오른쪽 버튼 메뉴를 이용하거나 키보드 - 버튼을 누르면 순차적으로 변경된다.

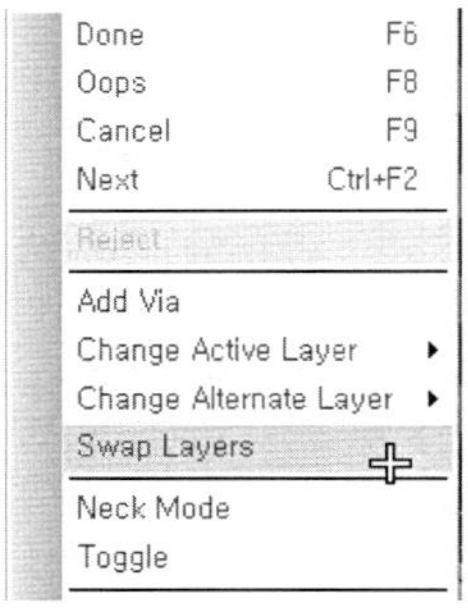

Swap Layers : 레이어를 바꿔준다.
Change Active Layer : 레이어를 바꿔준다. 다층 시 전체 레이어를 표시 해준다.
Add Via : 배선 중 비아설치 기능으로 다른 방법은 배선 중 더블 클릭하는 방법이 있다.
Neck Mode : 배선이 가늘어지는 부분

- GND를 제외한 배선을 완료한다.
- Assign Color 설정이 되어있는 Net은 배선이 되어서도 색상을 유지한다. 시각적으로 Top, Bottom을 구별하기 위해서는 Visibility Tab에서 보고자 하는 Layer만 남기고 체크를 해제해서 확인한다.

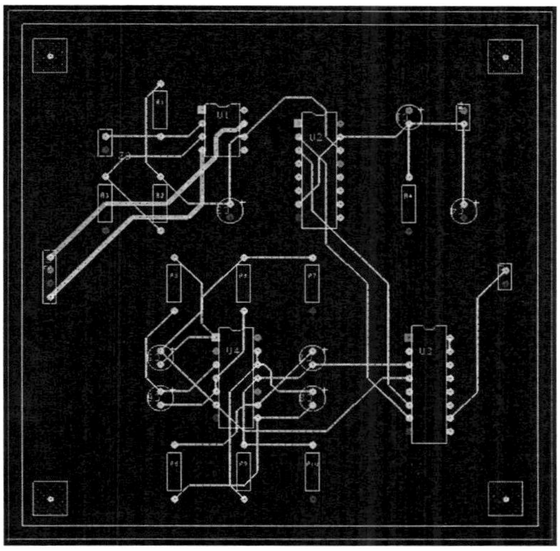

6. Copper 씌우기

- Bottom Layer에 GND Net Copper를 씌운다.
- Control Panel 의 Visibility Tab에서 Bottom의 체크를 해지한다.
- 메뉴 Shape 〉 Rectangular를 선택하거나 툴바 Shape Add Rect 아이콘을 선택한다.
- Control Panel의 Option Tab에서 설정을 한다.
  Class : Etch / Subclass : Bottom / Assign net name / Gnd

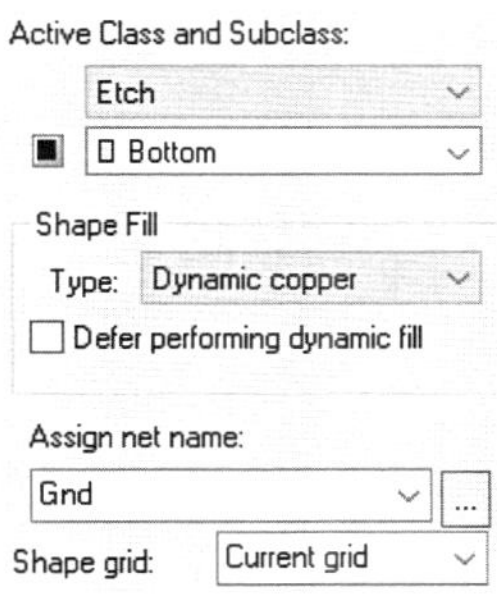

- Board 보다 조금 크게 사각형을 그린다.
  Route Keepin / Route Keepout 설정과 Design parameters의 Shape 설정, Constraint Manager의 설정이 조합되어 씌워진다.

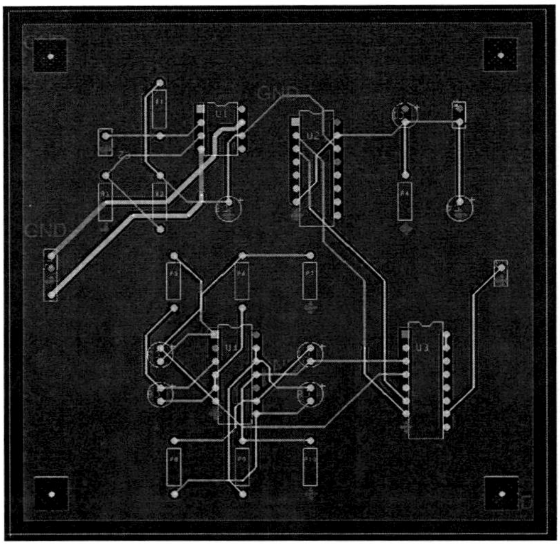

- Copper(Shape)를 씌우면 찌꺼기가 발생한다. Island라고 불리며, Design Parameters의 속성에서 준 값(Default : 25mil)으로 자동 제거가 되고, 남아 있는 부분은 수동으로 제거한다.
- 메뉴 Shape 〉 Delete Island 또는 툴바 Island_delete  아이콘을 선택한다.
- Control Panel 의 Option Tab을 선택한다.

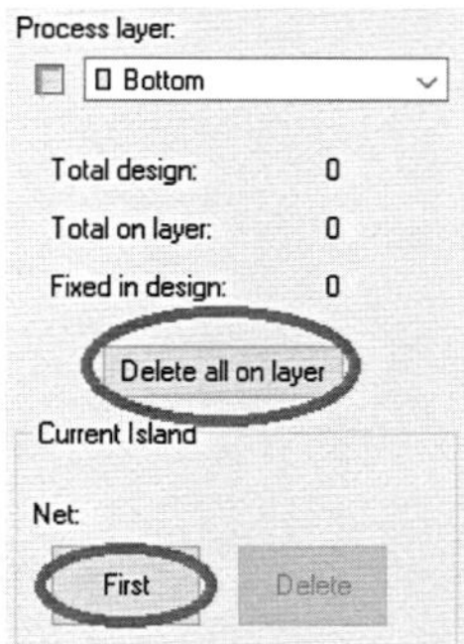

- Delete all on layer : 모든 Island를 제거한다.
- First : 하나씩 선택해서 지운다.

※ Top과 Bottom으로 나뉠 시 각각 layer를 변경하여 삭제한다.

7. 작업 상태 확인하기

- 현재 작업에 문제가 없는지 최종 점검하는 단계이다.
- 메뉴 Display 〉 Status...를 선택한다.
- 상태박스가 모두 녹색을 나타내면 정상이다.

- 만약 에러가 있거나 작업이 완료되지 않았으면, 빨간색/노란색으로 나타난다.
- 에러가 있다면 Report를 통해서 확인할 수 있다.
- 메뉴 Tools 〉 Quick Report 〉 Design Rules Check Report
  Waived Design Rules Check Report
  선택하면 레포트가 보여진다. 확인 후 에러 부분을 수정한다.

- 이 단계에서 Out of date shapes에 에러가 있다면 앞의 박스를 눌러 해당 위치를 확인할 수 있다.
- 여기에서의 원인은 GND Copper가 기구홀의 Route Keepout 영역을 약간 넘었기 때문이며, Update to Smooth를 눌러 해결을 할 스 있다.

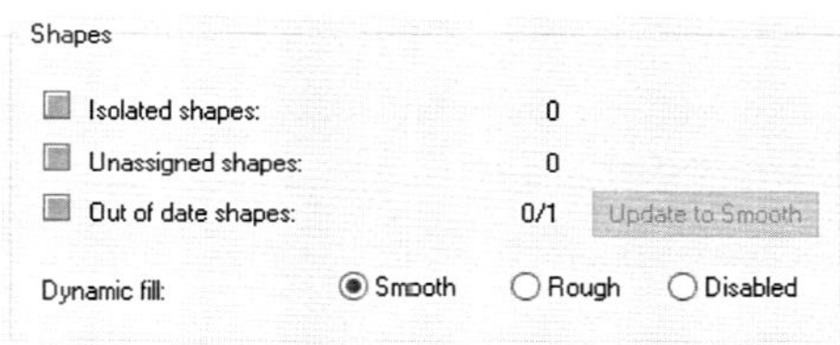

- Unrouted connections는 연결되어야 하는 핀들이 연결되지 않았을 때 발생하는 부분이며, 앞의 박스를 눌러 원인을 알 수 있다.

```
VCC
From: U3.1 (2900.00 1500.00) To: U4.14 (1800.00 1500.00)
From: C1.1 (2900.00 3200.00) To: U3.1 (2900.00 1500.00)
From: U4.2 (1500.00 1400.00) To: J2.2 (300.00 2000.00)
From: U4.14 (1800.00 1500.00) To: U4.10 (1800.00 1100.00)
From: U4.14 (1800.00 1500.00) To: U4.2 (1500.00 1400.00)
From: U2.16 (2400.00 3100.00) To: U2.13 (2400.00 2800.00)
From: C1.1 (2900.00 3200.00) To: SW1.1 (3300.00 3200.00)
From: U2.16 (2400.00 3100.00) To: C1.1 (2900.00 3200.00)
```

- 해당 부분들을 연결하여 해결이 가능하며, 각각 핀을 연결하거나 VCC Copper를 Top Layer에 생성하는 방법이 있다.
- 이후에 다시 Island를 제거하고, Status를 확인하면 에러가 없어진다.

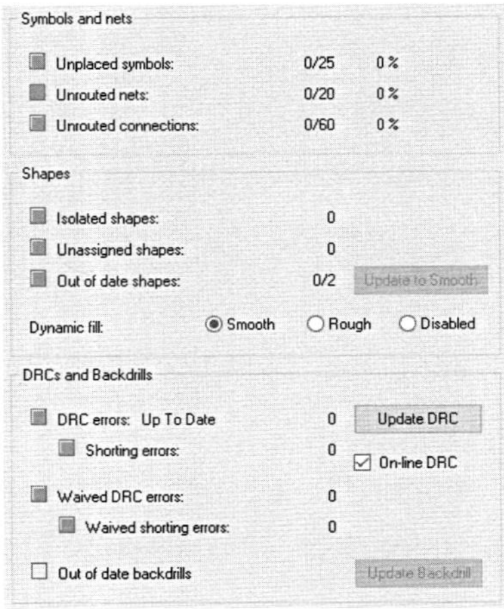

8. Silkscreen, Drill Legend 및 Dimension 작성하기

- 중요한 배선 작업이 끝나면 거버를 만들기 위해 마무리 작업을 진행한다.

1) Silkscreen으로 작성된 Reference의 크기와 방향을 정리한다.

- Color 설정을 변경한다. (Command 창에 Color192 입력)

Visibility ☑ 설정 Stack-Up : Pin , Via (Top, Bottom)
Board Geometry : Outline
Package Geometry : Silkscreen_Top
Component : Silkscreen_Top - RefDes

- 메뉴 Edit 〉 Change 를 선택한다.
- Control Panel의 Find Tab을 선택한다. Text만 선택한다.
- Control Panel의 Option Tab을 선택한다.

Class : RefDes
New Subclass : Silkscreen_Top
☑ Text Block : 3

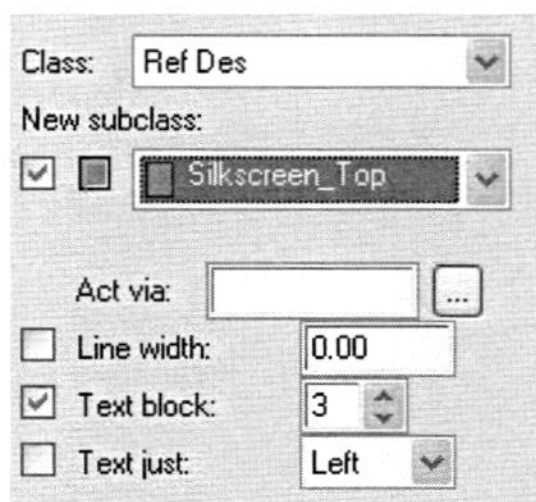

- 마우스로 보드 전체를 드래그(Drag)하면 Reference의 크기가 같게 바뀌어져 있다.

- 먼저 Grid를 Non-Etch : X 10, Y 10으로 변경한다.
- Move 명령을 실행한다.
- Control Panel의 Find Tab을 선택하여 모두 선택을 해제하고 Text만 선택한다.
- 메뉴 Edit 〉 Move를 선택한다.
- Control Panel의 Find Tab을 선택한다. Text만 선택한다.
- Reference를 적절한 위치에 배치한다.

2) 보드명 기입하기

- 기존 Color 설정에서 Board Geometry / Silkscreen_Top을 추가로 선택한다.
- 툴바 Add Text 아이콘을 선택한다.
- Control Panel의 Option Tab에서 설정을 변경한다.

  Class : Board Geometry

  SubClass : Silkscreen_Top

  Text block : 5
- 보드내의 빈 공간에 작성을 한다.

  예 : Multiplexer-2
- F6이나 Done을 선택한다.

3) Dimension 작성하기

- 기본 설정은 시작단계에서 설정하였으므로 Color 설정만 변경한다.
- Color 설정 Board Geometry / Dimension과 Design_Outline을 선택☑한다.
- 메뉴 Manufacture 〉 Dimension Environment를 선택한 후, 마우스 오른쪽 버튼의 Linear Dimension을 선택한다.
- Board Outline에서 상단의 선 끝점과 끝점을 클릭하여 치수를 배치시킨다.
- Board Outline에서 좌측의 선 끝점과 끝점을 클릭하여 치수를 배치시킨다.

- F6 이나 Done을 선택한다.
  * Dimension을 지우는 경우에도 마우스 오른쪽 버튼의 Delete Dimension 사용

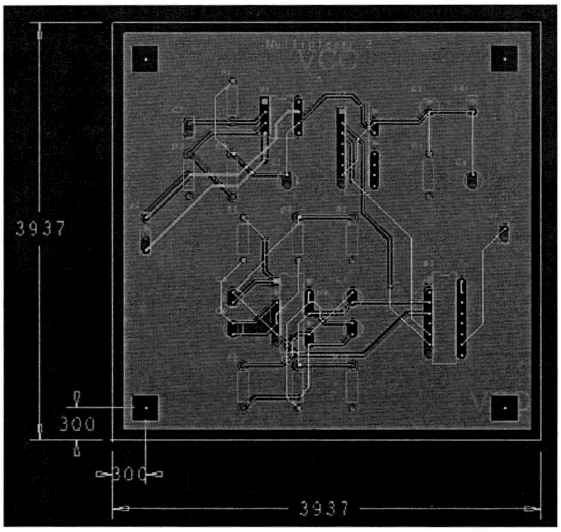

4) Drill Legend

- 메뉴 Manufacture 〉 NC 〉 Drill Customization...을 선택한다.
- Drill Customization 창이 열리면 Auto generate Symbol 버튼을 눌러 자동으로 심벌을 생성시킨다.

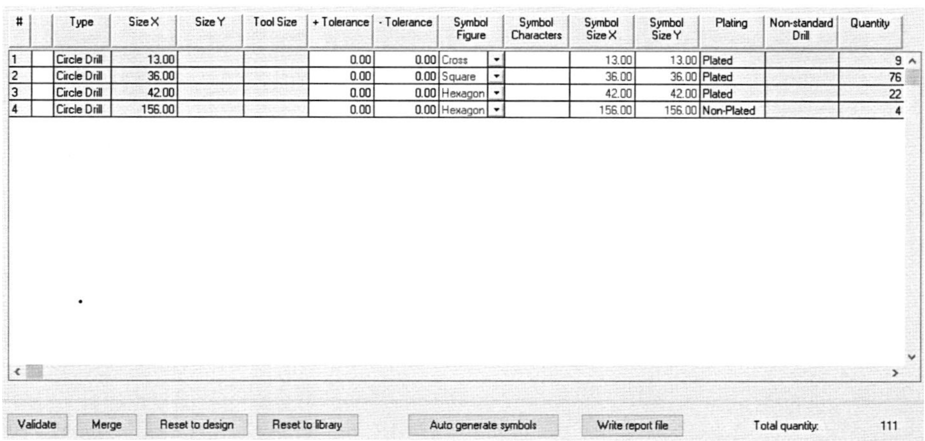

#	Type	Size X	Size Y	Tool Size	+ Tolerance	- Tolerance	Symbol Figure	Symbol Characters	Symbol Size X	Symbol Size Y	Plating	Non-standard Drill	Quantity
1	Circle Drill	13.00			0.00	0.00	Cross		13.00	13.00	Plated		9
2	Circle Drill	36.00			0.00	0.00	Square		36.00	36.00	Plated		76
3	Circle Drill	42.00			0.00	0.00	Hexagon		42.00	42.00	Plated		22
4	Circle Drill	156.00			0.00	0.00	Hexagon		156.00	156.00	Non-Plated		4

Validate | Merge | Reset to design | Reset to library | Auto generate symbols | Write report file | Total quantity: 111

- 메뉴 Manufacture 〉 NC 〉 Drill Legend...를 선택한다.
- 설정창이 뜨면 OK를 선택한다.
  보드 아래쪽에 배치시킨다.

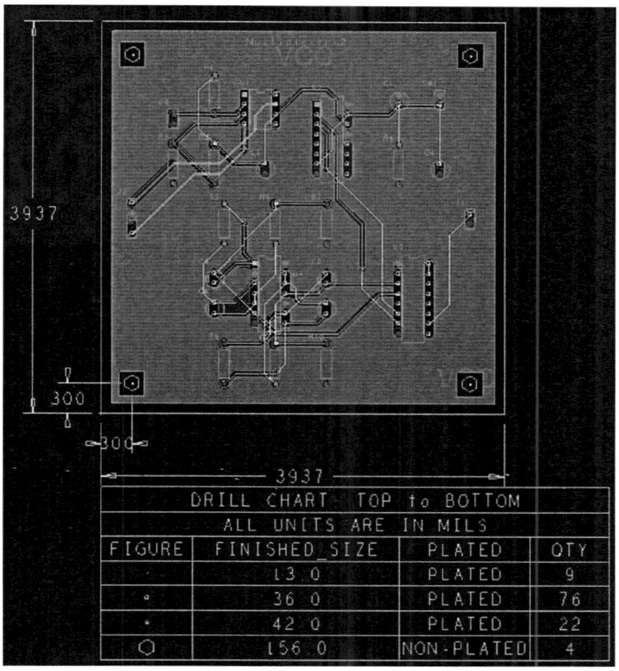

DRILL CHART TOP to BOTTOM			
ALL UNITS ARE IN MILS			
FIGURE	FINISHED_SIZE	PLATED	QTY
·	13.0	PLATED	9
◦	36.0	PLATED	76
•	42.0	PLATED	22
⬡	156.0	NON-PLATED	4

6-4. Artwork Film 생성

- 작성해야할 거버 파일은 양면기판용 7개이다.

① TOP (Default로 지정되어 있다.)

② BOTTOM (Default로 지정되어 있다.)

③ SOLDERMASK-TOP

④ SOLDERMASK-BOTTOM

⑤ SILKSCREEN-TOP

⑥ DRILL-DRAW

⑦ NC-DRILL

1. Gerber Format 설정

- 메뉴 Manufacture 〉 Artwork을 선택하거나 툴바 Artwork 아이콘을 선택한다.
- Artwork Control Form이 열리면 General Parameter Tab을 먼저 설정한다.
- Device Type : RS274X
  ; RS274X 포맷은 Aperture 정보와 데이터 정보가 거버파일에 포함되는 형식으로 가장 널리 쓰이는 포맷이다. 참고로 RS274D는 거버 데이터에 Aperture 정보가 포함되지 않아 거버 작업 후 따로 Aperture 정보를 저장해주어야 한다.
- Format : 5 . 5 (소수점 앞으로 다섯 자리, 소수점 뒤로 다섯 자리 표시)
  ; 소수점 아랫자리를 너무 작게 설정하면 정밀도가 떨어져 자칫 제작과정에서 에러를 유발할 수 있다. 그렇다고 해서 너무 크게 설정하면 데이터도 커지지만 제작가능한 수치범위를 벗어나고 만다. 따라서 무난히 쓸 수 있는 Format은 5 . 5 [mm기준]이다.
- Suppress : Leading Zeroes (Origin Point로 절대좌표 0.0을 의미하며 설계 시 사용한 좌표를 그대로 읽는다는 의미이다.)
- Output Units : mil과 mm 단위사이에 변환하면서 약간의 미묘한 오차가 있다. 설계 시 사용한 단위를 선택하는 것이 좋다.

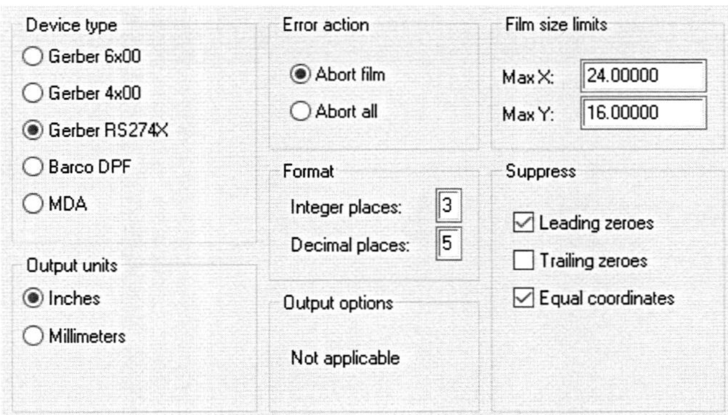

- 설정을 마치고 Film control Tab을 선택한다.

2. Artwork Film 생성

1) Soldermask_Top

- Color 설정 창을 연다.

모든 Visibility 설정을 Off를 선택해 해제한다. 

Stack-Up 폴더에서 Soldermask_Top에 체크해서 보이거 한다.

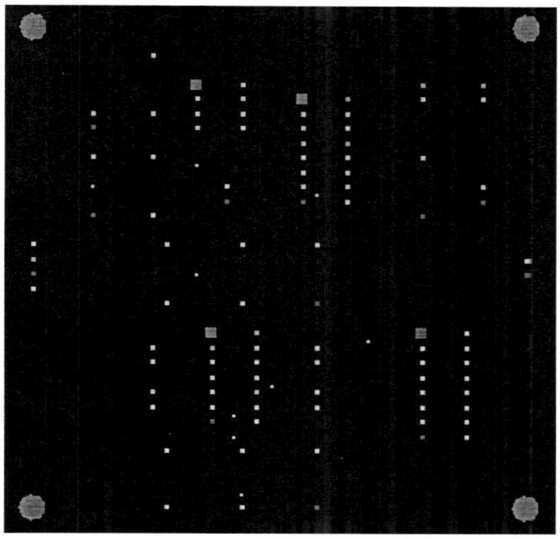

- Artwork Control Form으로 돌아온다.

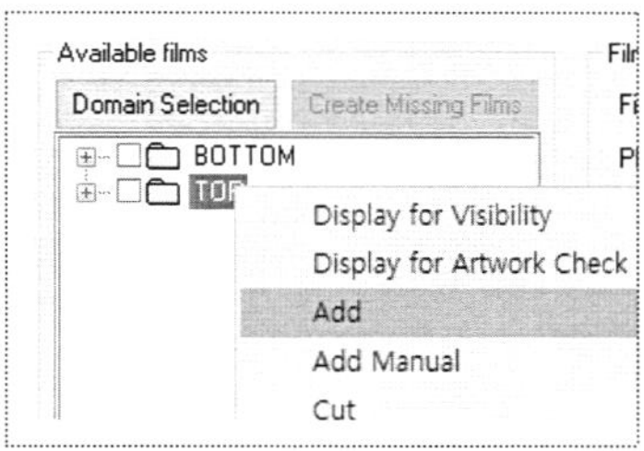

- TOP을 선택한 후 마우스 오른쪽 버튼을 눌러 Add를 선택한다.
- 이름 입력 필드에 SOLDERMASK-TOP이라고 입력한다.

2) Soldermask_Bottom

- Soldermask_Top와 같은 방법으로 한다.
- 메뉴 Display 〉 Color/Visibility... 클릭 후 오른쪽 위에 Global visibility off 선택
- Color : Stack-Up폴더의 Soldermask_Bottom만 보이도록 설정한다.

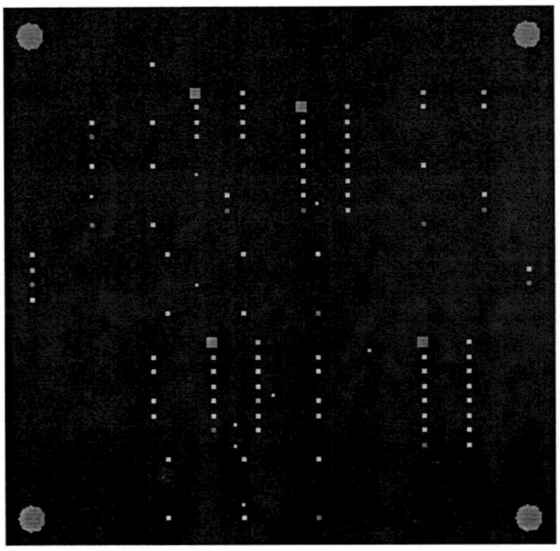

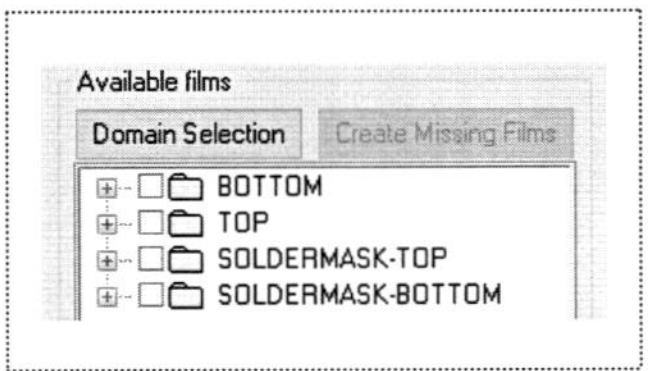

- SOLDERMASK-TOP을 선택한 후 마우스 오른쪽 버튼을 눌러 Add를 선택한다.
- 이름 입력 필드에 SOLDERMASK-BOTTOM라고 입력한다.

3) Silkscreen_Top

- 메뉴 Display 〉 Color/Visibility... 클릭 후 오른쪽 위에 Global visibility off 선택
- Board Geometry : Silkscreen_Top (보드명)
  Package Geometry : Silkscreen_Top (부품 외곽선)
  Component : Silkscreen_Top 항목의 RefDes (부품 Ref)
- 실크정보가 모두 보이는지 화면상에서 확인한다. 문제가 있으면 수정한다.

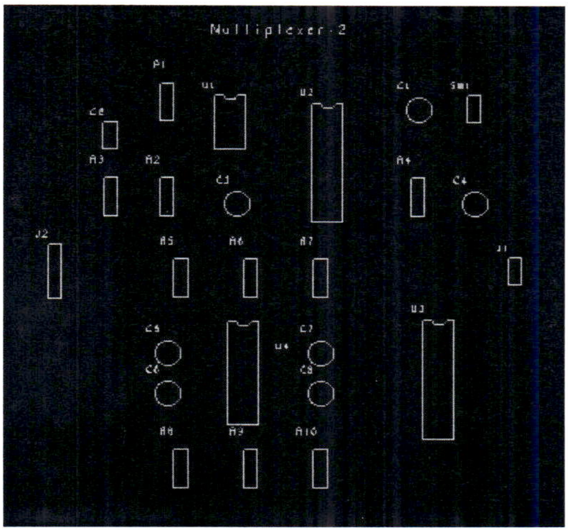

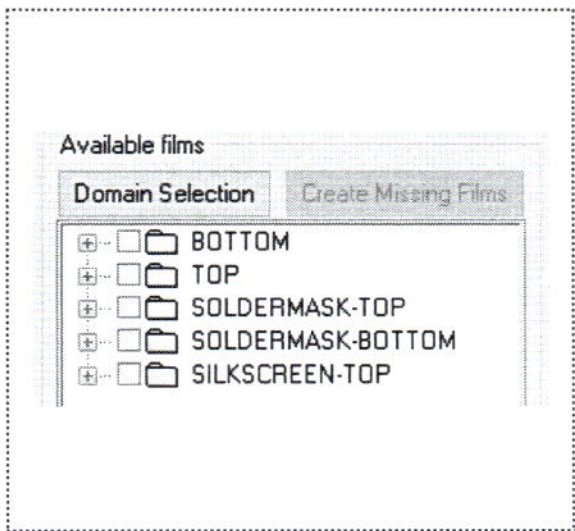

- SOLDERMASK-BOTTOM을 선택한 후 마우스 오른쪽 버튼을 눌러 Add 를 선택한다.
- 이름 입력 필드에 SILKSCREEN-TOP이라고 입력한다.
- 부품을 TOP면에만 실장하기 때문에 SILKSCREEN - BOTTOM은 만들지 않는다.

- Silkscreen에는 line의 두께가 지정되지 않은 것이 있으므로 오른쪽에 있는 Undefined line width 항목에 10mil을 입력한다.

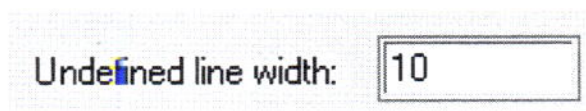

4) Drill Draw

- 메뉴 Display 〉 Color/Visibility... 클릭 후 오른쪽 위에 Global visibility off 선택
- Board Geometry : Design_Outline (보드 외곽선) / Dimension (보드 치수)
  Manufacturing : Nclegend-1-2 (드릴 심벌 및 표)

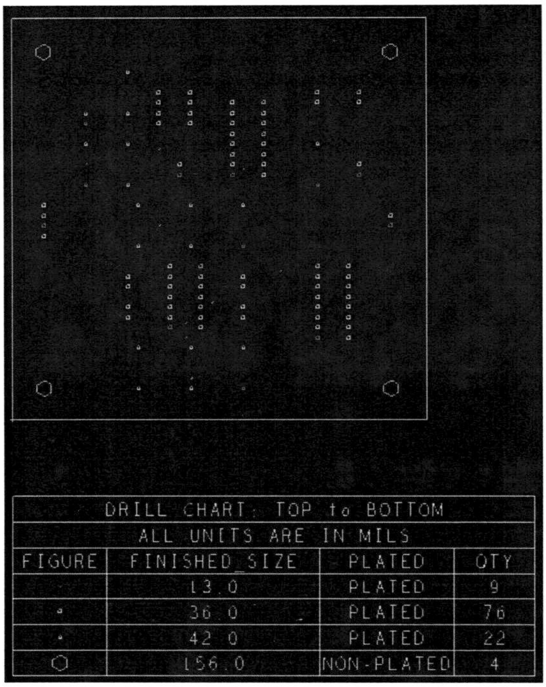

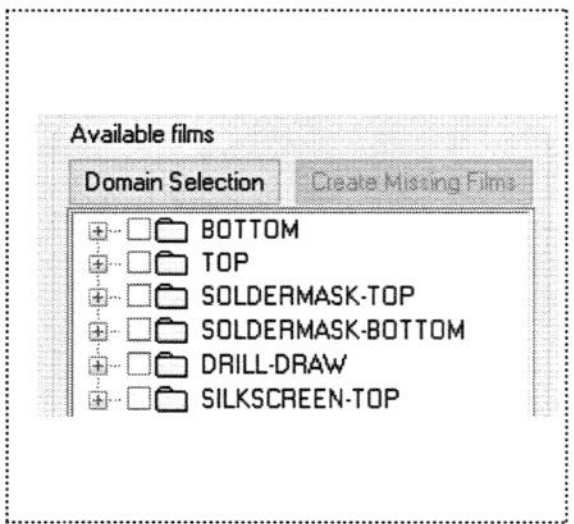

- SOLDERMASK-BOTTOM을 선택한 후 마우스 오른쪽 버튼을 눌러 Add를 선택한다.
- 이름 입력 필드에 DRILL-DRAW라고 입력한다.
- Silkscreen에는 line의 두께가 지정되지 않은 것이 있으므로 오른쪽에 있는 Undefined line width 항목에 10mil을 입력한다.

5) GERBER FILM 생성하기

- Select all로 모두 선택한 다음 Create Artwork를 눌러 거버 파일을 생성한다.

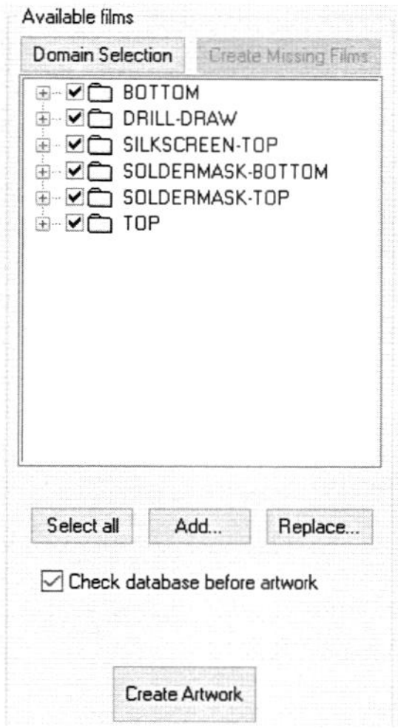

- OK를 눌러 완료한다.

3. NC Drill

- 메뉴 Manufacture 〉 NC 〉 NC Parameters... 선택 또는 툴바 NC Parameters  아이콘을 선택한다.
- NC Parameters 창이 열리면 설정을 확인한다.

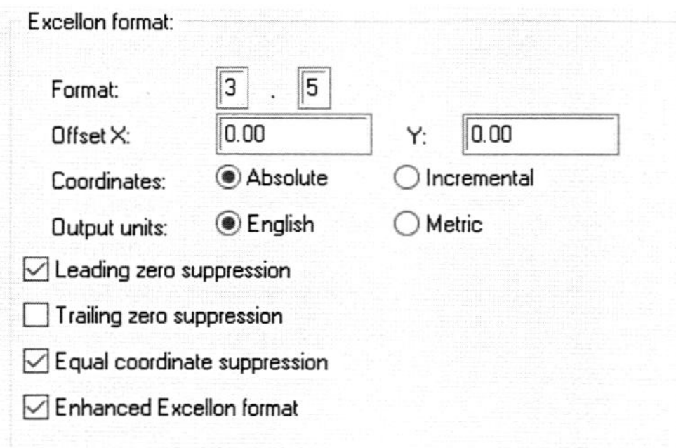

- Close를 눌러 닫는다.
- 메뉴 Manufacture 〉 NC 〉 NC Drill...을 선택한다.
- 옵션 항목을 선택한 다음 우측의 Drill을 눌러 데이터를 생성한다.
- Close를 눌러 닫는다.

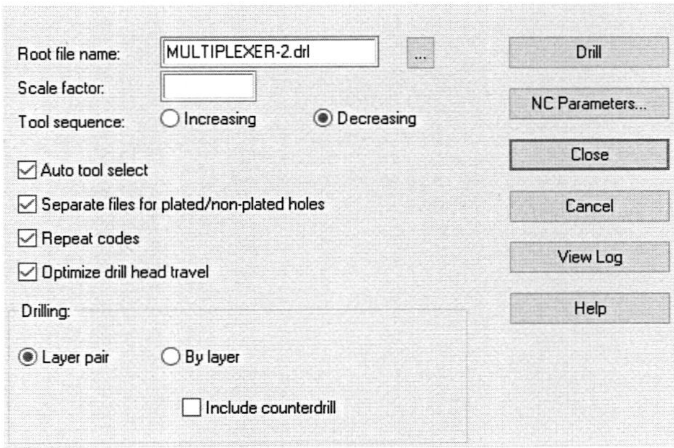

4. 작업 마무리

– Report 출력하기

메뉴 Tools 〉 Reports...나 Quick Report를 선택하여 필요한 Report를 출력한다.

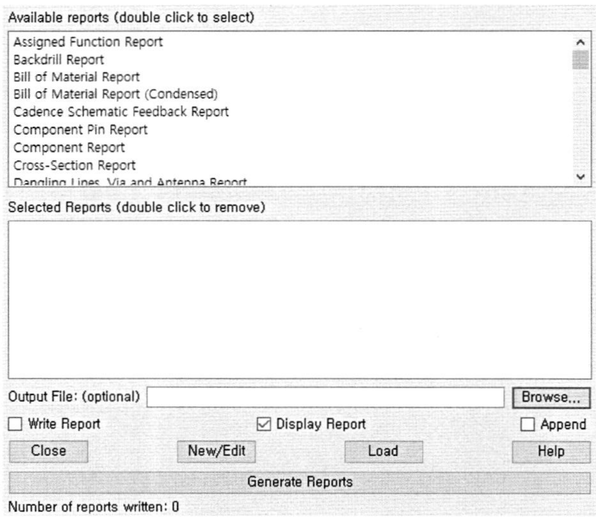

– 거버 파일을 출력한다.

– 설계에 쓰인 Footprint를 저장한다.

메뉴 File 〉 Export 〉 Libraries...를 선택한다.

저장 경로를 설정하고 Export를 누른다.

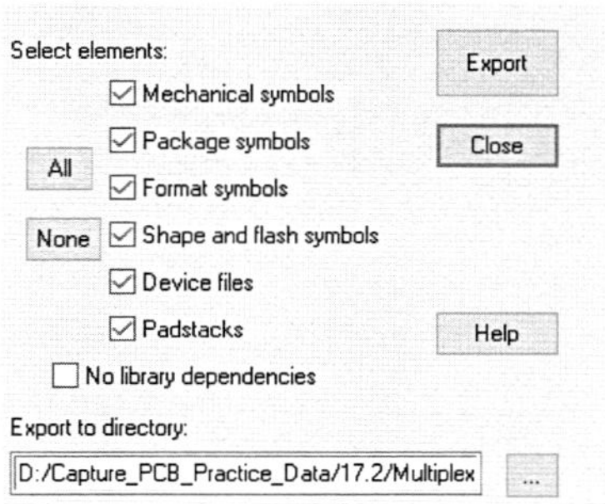

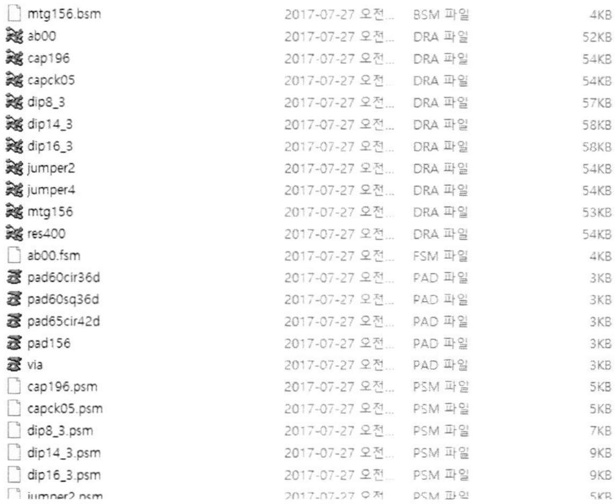

- 작업 폴더 안에 회로도, PCB Artwork, Gerber, Library의 폴더로 나눠 같이 보관하면 수정이나 보관이 용이하다.

- 저장하기

7

OrCAD PCB Editor V17.2

가감산기 회로 – 4 Layer PCB 설계

회로도

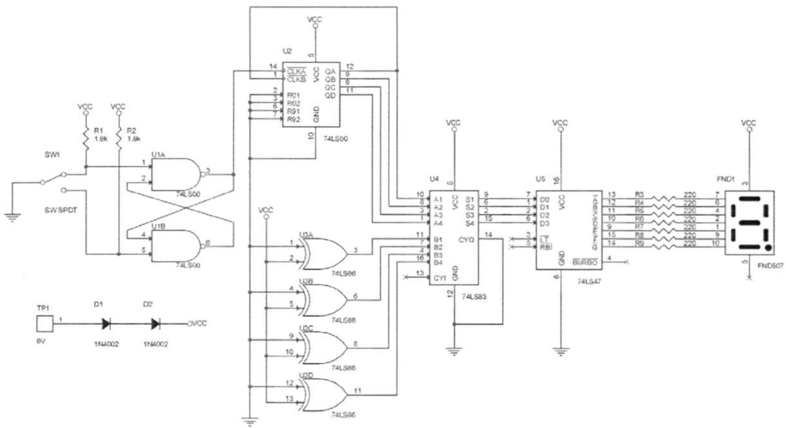

PCB

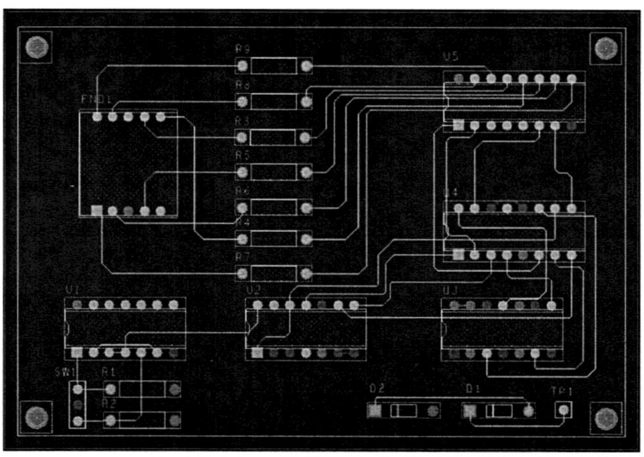

7-1. 회로도 그리기

1. 새 프로젝트 만들기

- 툴바 New를 선택한다.
- New Project 창에서 Name, Create a New Project Using, Location상자에서 작업명, 작업종류, 저장 경로 설정을 한다.
- 메뉴 Options 〉 Autobackup...을 선택하여 현재 작업경로로 설정을 한다.
- 메뉴 Options 〉 Schematic Page Properties...를 선택하여 Millimeters를 선택한다. Page Size를 A4를 선택한 후 [확인]버튼을 선택한다.
- 화면 하단의 타이틀블록 안의 글씨를 더블클릭하여 Display Properties창이 나타나면 Value 상자에 내용을 입력한다.

2. 부품 배치하기

- 툴 팔레트 Place part 아이콘을 누르거나, 단축키 P를 누른다.
- 불러올 부품은 아래와 같다.

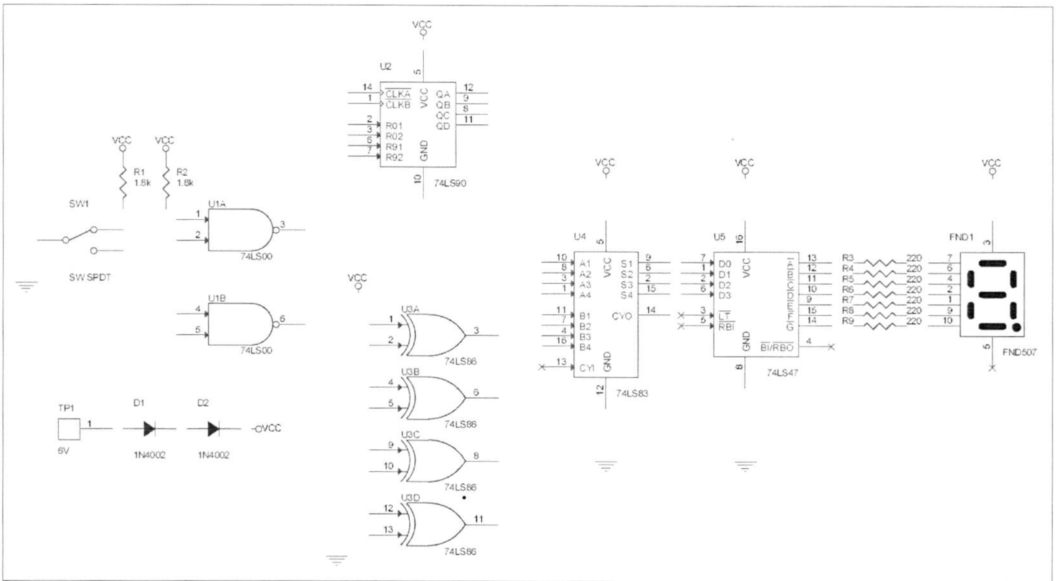

부품명(띄워 쓰기 적용) : 74LS00,74LS47,74LS83,74LS86,74LS90

R, DIODE, TEST POINT, SW SPDT, FND5160(사용자생성)

– 배선을 하면서 배치의 수정이 되어야 하므로 적절히 배치를 한다.

3. FND 만들기

– 메뉴 File 〉 New 〉 Library를 선택한다.
– 프로젝트 매니저창에 보면 Library 폴더 아래에 Library1.olb라는 새로운 라이브러리가 생성된 것이 보인다.

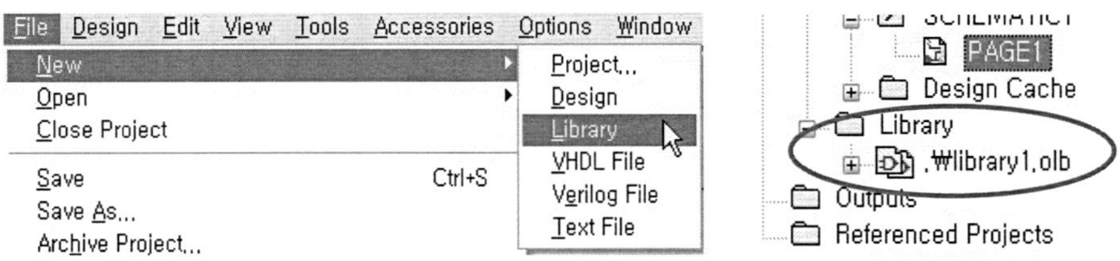

– Datasheet에서 핀 번호를 확인한다.

[PIN 배치도]

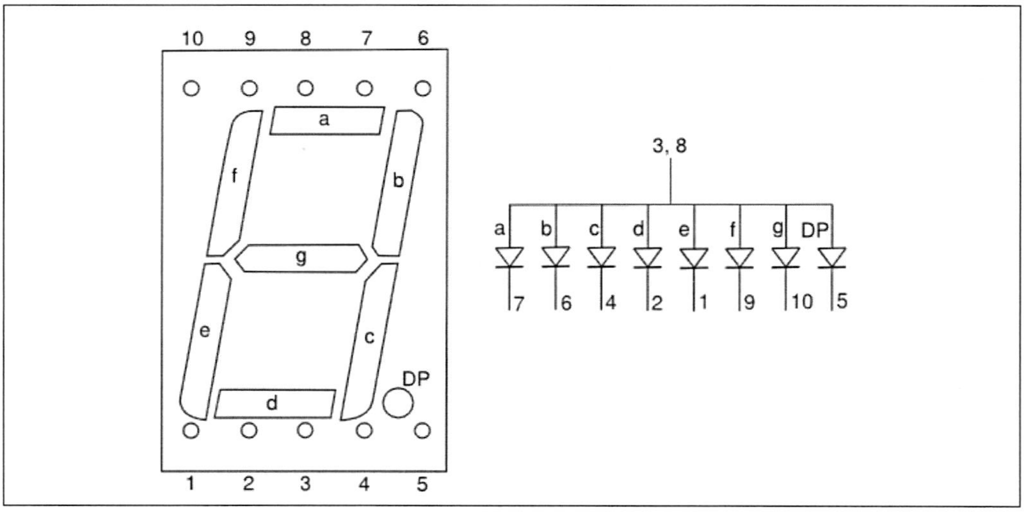

– 새로 생성된 library1.olb를 클릭하고 메뉴 Design 〉 New Part...를 선택하거나 마우스 오른쪽 버튼 팝업메뉴의 New Part를 선택한다.

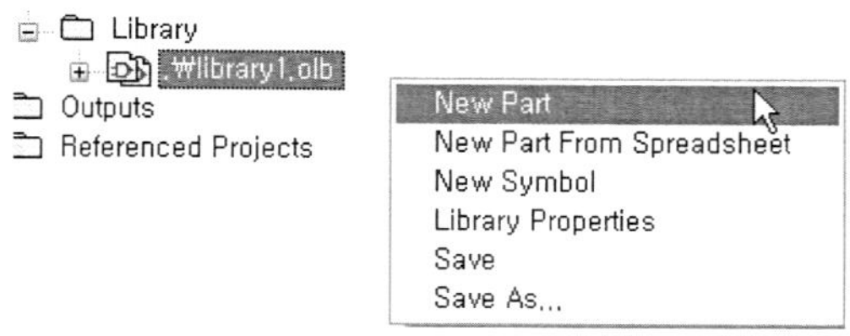

- 속성입력창이 뜨면 Name [FND5160] Part Reference Prefix [FND]로 입력 한다.

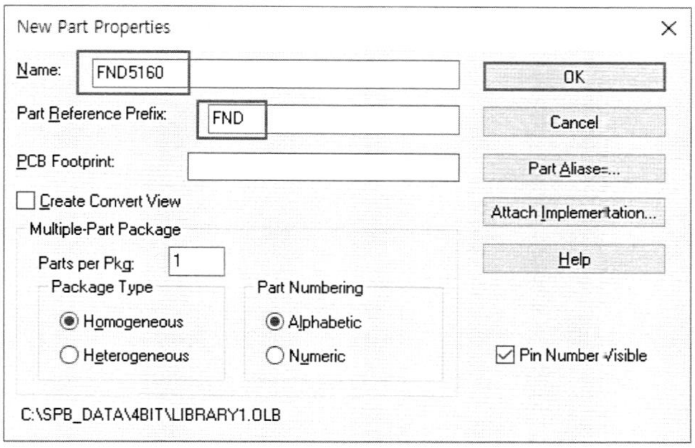

- Part Reference Prefix : 부품 참조번호로 FND1, FND2..로 증가한다.
- Part per Pkg : 패키지 부품을 만들 때 내부에 만들어지는 게이트 수
  예) 7400은 내부에 4개의 NAND 게이트로 구성된다.
- Package Type : Homogeneous : 동일한 모양의 부품으로 구성.
  : Heterogeneous : 다른 모양으로 구성
- Part Numbering : 각 부품이 숫자나 영문으로 표기
  예) U1-A, U1-B... U1-1, U1-2...통상적으로 알파벳으로 많이 쓴다.
- 여러 가지 Footprint를 사용할 수 있으므로 그때그때 적절하게 사용하게 하기 위해 비워둔다.

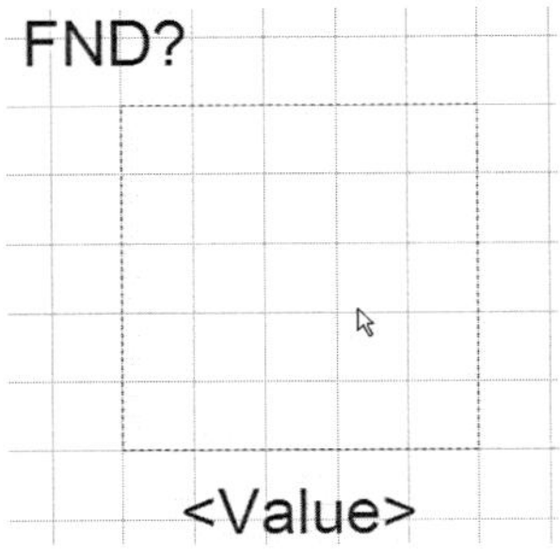

– Part Editor가 열리면 바탕화면에 점선의 사각형이 보인다. 점선의 사각형 안쪽 영역은 그림정보와 핀네임이 들어갈 부분이고, 바깥영역은 핀이 배치되어질 영역이다. 이 영역은 마우스로 꼭짓점을 클릭한 상태로 드래그해서 크거나 작게 할 수 있다.

– 메뉴 Place 〉 Pin 또는 툴팔레트 Place Pin  아이콘을 선택한다.

Name과 Number에 핀 배치도를 보고 기입한다.

A : 7 , B : 6 , C : 4
D : 2 , E : 1 , F : 9
G : 10
COM1 : 3
COM2 : 8
DOT POINT(점) : 5

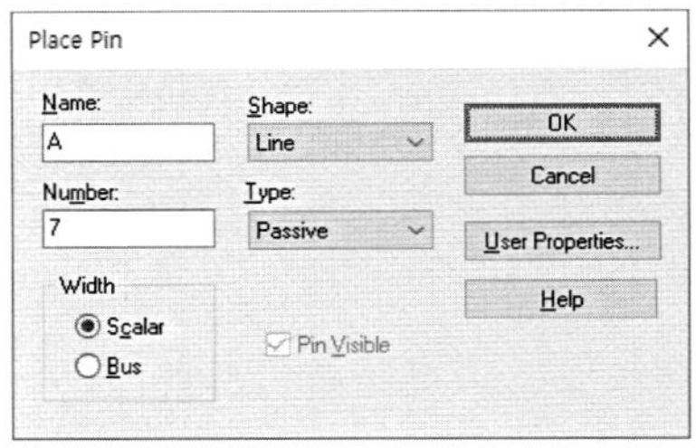

– Name이 같으면 경고창이 뜬다. 그래서 이름을 다르게 표기한다.

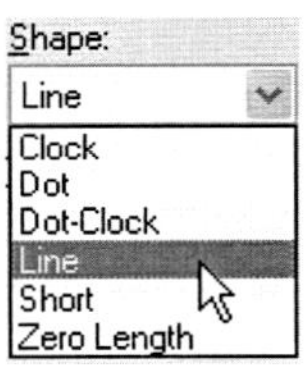

– line : 3눈금길이
– Short : 1눈금 길이
– Zero Length : 핀 길이 없음

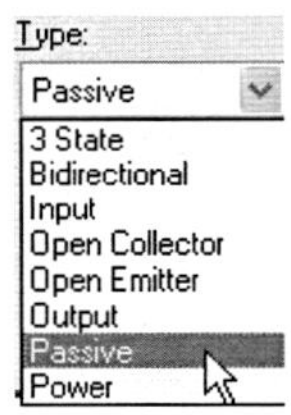

– 주로 Passive 타입을 많이 쓴다.

– Power를 선택 시 Pin Visible 속성을 바꿀 수 있으며 Pin name이 Net Alias로 적용되므로 조심해야한다.

*** Pin name을 GND로 작성하고 Pin Shape를 Zero Length, Pin Type을 Power로 하면 회로도에서 핀은 보이지 않으나 속성은 적용된다.

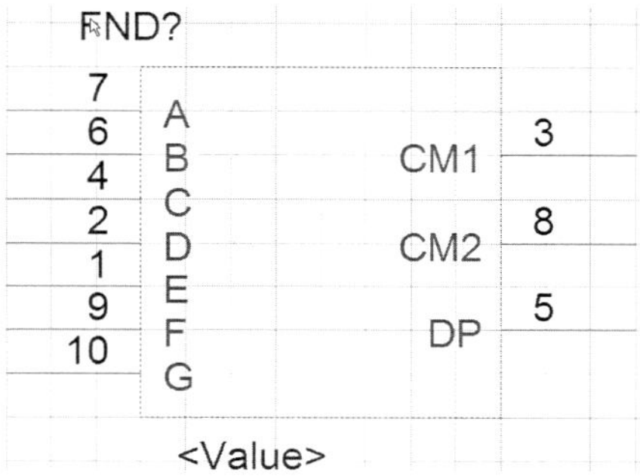

- 파란색 사각형 바깥쪽으로 차례대로 핀을 배치시킨다.
- 배치를 하면서 파란색 점선 사각형의 크기를 조절한다.
- Pin name은 보이지 않도록 설정한다. (대신 그림을 삽입시킨다.)
- 메뉴 Option 〉 Part Properties... 또는 화면의 빈 공간을 더블클릭한다.
- Pin Names Visible 항목을 False로 설정한다.

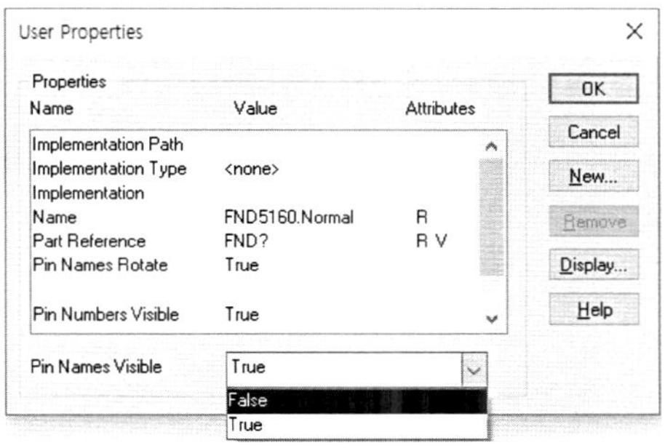

- OK를 누르면 화면에서 Pin Name이 사라진다.
- Part의 그림 정보를 작성한다.
- 메뉴 Place 〉 Line 또는 Rectangle을 선택하거나 툴팔렛트에서 Place Line  아이콘 또는 Place Rectangle  아이콘을 누른다.
- 화면의 파란색 점선을 따라 사각형을 그리고 esc를 눌러 사각형 작성명령을 종료한다.(파란색 점선은 실제로 회로도 작성 화면에서는 보이지 않는 선이다.)
- 메뉴 Place 〉 Line 또는 툴팔렛트에서 Place Line  아이콘을 선택하여, 그림과 같이 그리고 esc 클릭하여 선을 더블클릭하여 속성을 굵은 선으로 바꾼다.

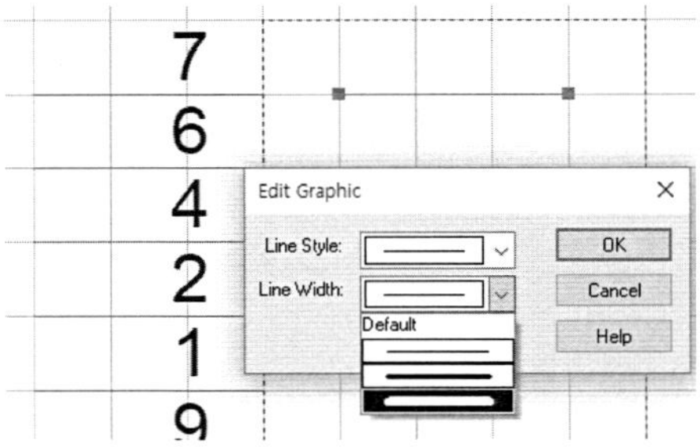

- 하나의 선을 굵게 했으면 마우스 오른쪽 버튼의 Copy를 이용하여 복사, Paste로 붙여넣기를 한다. Ctrl + C (복사) Ctrl +V (붙여넣기)
- Dot Point를 그릴 때는 먼저 툴바의 Snap Grid On/Off 아이콘을 눌러 Snap to Grid를 해제시킨다.
- 메뉴 Place 〉 Ellipse 또는 툴팔레트 Place Ellipse를 선택한다. Shift 키를 누르고 클릭 후 드래그하면 그리드에 관계없이 사각형이 그려진다.
- 그린 후에는 반드시 Snap to Grid를 On시킨다.
- 메뉴 File 〉 Save를 눌러 현재 작업 폴더에 저장시킨다.(*.olb로 저장 됨)
- 메뉴 File 〉 Close를 눌러 Part Editor를 종료한다.

4. FND 불러오기

- 새로 생성된 Part는 자동으로 라이브러리에 추가된다.
- 툴팔레트 Place part 아이콘을 누르거나, 단축키 P를 누른다.
- Libraries 선택창의 라이브러리 중 파란색으로 선택되어진 부분만을 검색한다.
- 다른 부품을 검색할 때는 라이브러리창을 한번 클릭한 후 모두 드래그하거나 Ctrl + A(전체선택)을 실행한다.
- FND를 회로도에 배치시킨다.

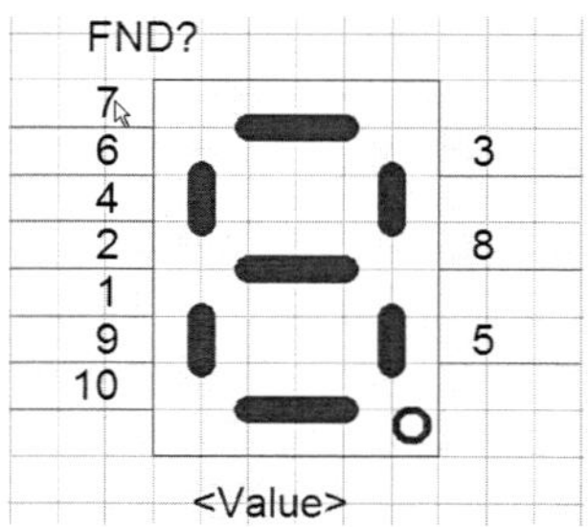

5. 배선하기

- 메뉴 Place 〉 Wire 또는 툴팔레트 Place Wire 아이콘 선택한다. [단축키 W]
- Junction은 Wire와 Wire가 겹칠 때 발생한다. 필요한 브분에 생성되지 않거나, 필요 없는 부분에 생성되었을 때는 툴바 Place Junction 아이콘을 눌러 수정한다. (잘못 위치시켰을 때는 다시 한 번 위치시키면 사라진다. toggle방식)
- 배선을 완료한다.
- 사용하지 않는 핀은 메뉴 Place 〉 No connect 나 툴바의 Place no connect 아이콘을 선택한다. 사용하지 않는 핀에 위치시킨다.
  (잘못 위치시켰을 때는 다시 한 번 위치시키면 사라진다. toggle방식)
- Net Alias 아이콘을 선택하여 Net alias를 작성한다. [단축키 N]
- 부품 값과 Reference의 위치를 수정한다.

7-2. Footprint 작업 및 Netlist 만들기

1. Footprint 찾기

- PCB Editor를 실행한다.
- 메뉴 File 〉 Open 또는 툴바 열기 아이콘을 선택하고 파일형식을 Symbol Drawing(.dra)으로 맞춘다.
- 기본 제공되는 라이브러리의 경로는
  C:₩Cadence₩SPB_17.2₩Share₩PCB₩PCB_Lib₩Symbols이다.
- 풋프린트를 모두 확인한 후 풋프린트 이름을 기록해둔다.

Capture Part	Footprint	Capture Part	Footprint
DIODE	DO35	74LS00	DIP14_3
FND5160	FND	74LS90	DIP14_3
R	RES400	74LS86	DIP14_3
SW SPDT	JUMPER3	74LS83	DIP16_3
TEST POINT	JUMPER1	74LS47	DIP16_3

- FND5160 풋프린트가 없기 때문에 사용자가 만들어주어야 한다.

2. FND 풋프린트 생성하기

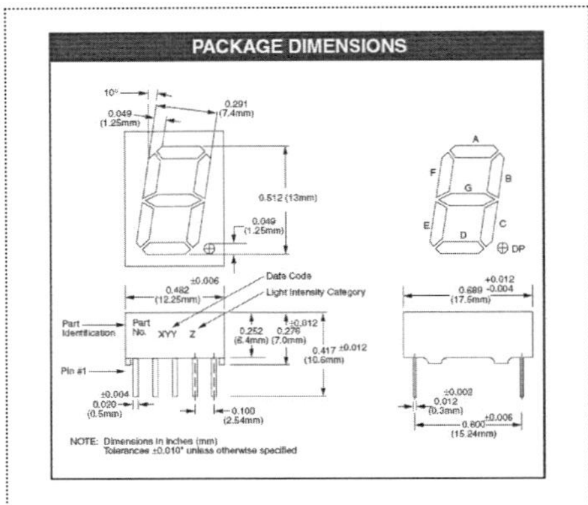

- 데이터시트를 확인한다.
- Pin : 0.5mm(핀 굵기)+0.4mm(여유공간) =0.9mm(드릴) (35mil)로 한다.
- Padstack : Pad65sq35d(1번핀)
  Pad65cir35d(2~10번핀)

 * 65는 Pad지름, 35는 드릴지름 (mil 단위)
- Pin to Pin : 2.54mm (100 mil)
  15.24mm (600 mil)
- 부품 Size : 12.25 × 17.5 [mm]
  482 × 689 [mil]
- 부품 사이즈는 실제 부품보다 약간 크게 만들므로 500×700 [mil]로 한다.
- 필요한 부품 정보를 모두 구했으므로 FND Footprint를 새로 만든다.
- 부품 만들때는 millimeter보다 mil 단위가 편한 경우가 많다. 여기서도 mil 단위로 하겠다. (0.1inch = 100mil = 2.54mm)

- OrCAD PCB Editor를 실행한다.
- 메뉴 File 〉 New...를 선택한다.
- 저장경로는 C:₩Cadence₩SPB_17.2₩Share₩PCB₩PCB_LIB₩SYMBOL로 설정한다.
- Drawing Name : FND, Drawing Type : Package symbol

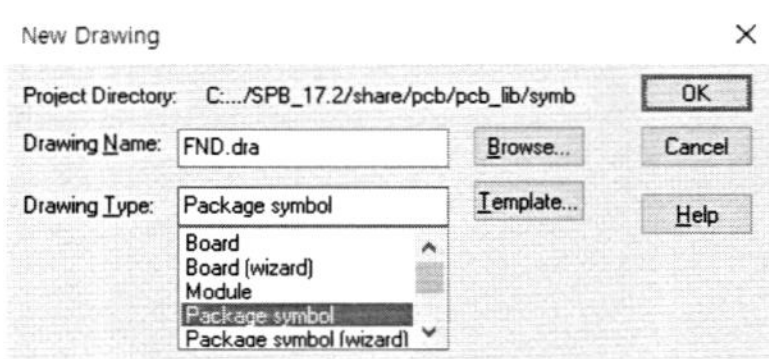

1) 기본 환경 설정하기

- 메뉴 Setup 〉 Design Parameters...을 선택한다.
- Display Tab에서 Grid on을 체크한 후 Setup Grids을 클릭한다.
  Non-Etch : X : 25, Y : 25 [mil]
  All-Etch : X : 50, Y : 50 [mil]
- Design Tab에서 Unit과 Sheet Size를 선택한다.
  Unit : mils
  Size : A

2) Pin 배치하기

- 메뉴 Layout 〉 Pins 또는 툴바 Add Pin 아이콘을 선택한다.
- Control Panel에서 Option Tab을 선택한다.
  Padstack : Pad65sq35d
- Command 창에 x^0^0을 입력하고 Enter↵를 누른다.(^기호: 띄어쓰기, Space키)
- F6을 누르거나 마우스 오른쪽 버튼을 눌러 Done을 선택 한다.
- 1번 핀 배치가 되었다.

※ 1번 핀은 부품 배치 및 회로를 판독하기 쉽게 하기 위해서 사각형 pad로 배치되며 이후 2번 핀부터 10번 핀까지는 둥근 pad로 배치하면 된다.

- 2번핀부터 10번핀까지는 둥근 타입의 핀으로 배치한다.
- Add Pin을 실행한다.
- Option Tab을 열어 설정을 바꾼다.
  Padstack : Pad65cir35d

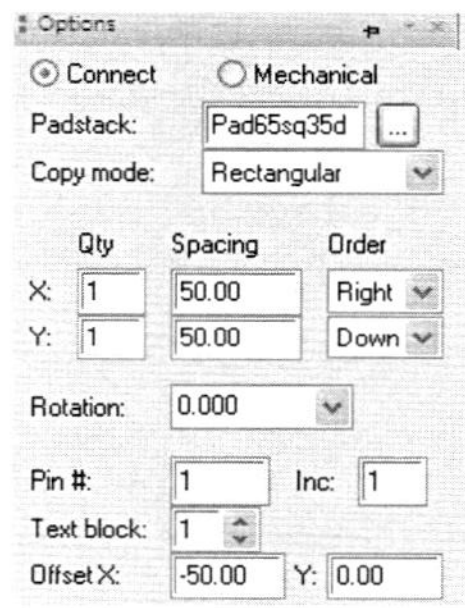

X축으로 4개의 핀을 100mil 간격으로 오른쪽으로 연속배치

Pin # 2번부터 1 씩 증가

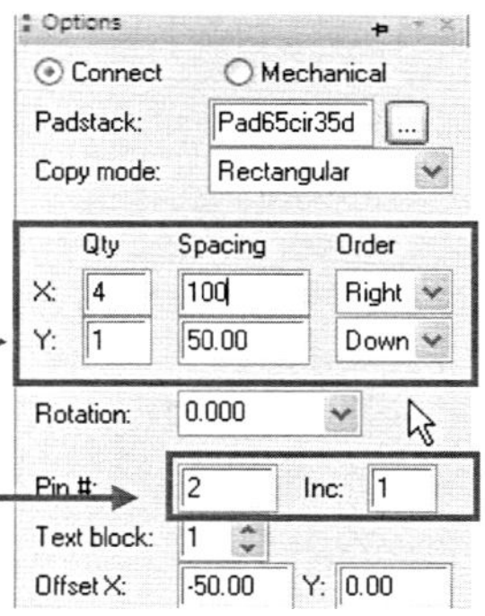

- 설정이 완료되면 x^100^0에 놓으면 자동으로 2번에서 5번 핀까지 배치.

- X축으로 5개의 핀을 100mil 간격으로 왼쪽으로 연속배치 (X의 Order 값을 : Left로 변경)
- 6번 핀을 x^400^600에 놓으면 자동으로 10번핀까지 배치된다.

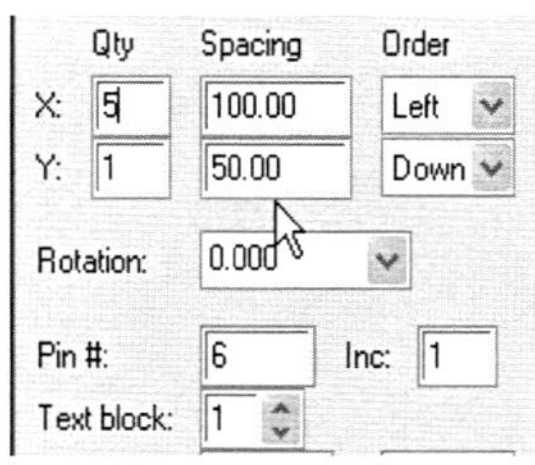

* Pin 배치 규칙

- 항상 왼쪽이 기준이 된다.
- 연속된 핀 배열로 보았을 때 좌측 하단이 1번핀이 된다.
- 반시계방향으로 핀 번호가 부여된다.
- 1번핀은 사각형 패드를 배치한다.

3) Drawing 정보 작성하기

– Silkscreen_Top, Assembly_Top, Place_Bound_Top, Silkscreen_Ref, Assembly_Ref

① Silkscreen_Top

– 메뉴 Add 〉 Rectangle 또는 좌측 툴바 Add Rectangle 아이콘을 선택한다.

– Option Tab을 열어 Package Geometry/ Silkscreen_Top을 선택한다.

– Command 창에 x^-50^-50 [Enter↵] ix^500^700 [Enter↵]를 입력하고 [F6] 또는 마우스 오른쪽 버튼 메뉴의 Done을 선택한다.

[x^-50^-50 : 절대좌표 (-50, -50)위치]

[ix^500^700 : 상대좌표로써, 절대좌표로 찍은 포인트에서 x축으로 500만큼, y축으로 700만큼 이동된 곳을 찍음]

② 같은 방법으로 Assembly_top에 x^-50^-50 [Enter↵] ix^500^700 [Enter↵]를 입력한다.

③ Place_Bound_Top도 동일한 방법으로 그린다.

*** 메뉴 Edit 〉 Z-Copy Shape를 선택한다. 옵션 탭에서 Package Geometry / Place_Bound_Top을 선택한 후 이미 그려진 사각형을 클릭하면 같은 위치에 Copy 된다.

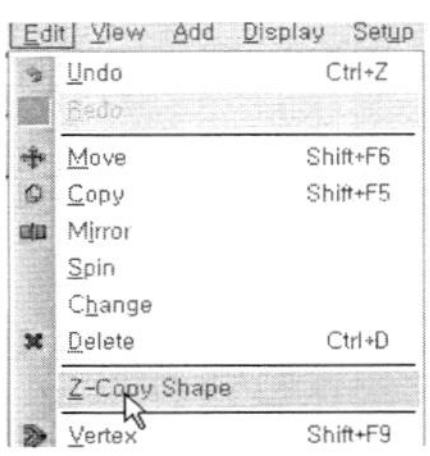

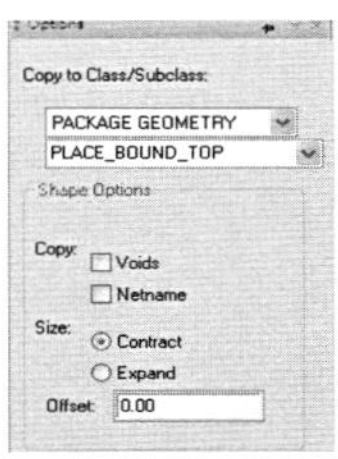

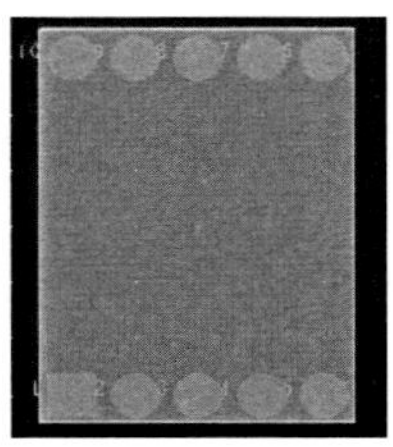

④ Silkscreen_Ref

– 메뉴 Layout 〉 Labels 〉 Refdes 또는 툴바 Label Refdes 아이콘을 선택한다.

– Option Tab을 열어 Class/Subclass를 Package Geometry/Silkscreen_Top을 선택한다.
– Text Block을 3으로 선택한다.
– Text just : center

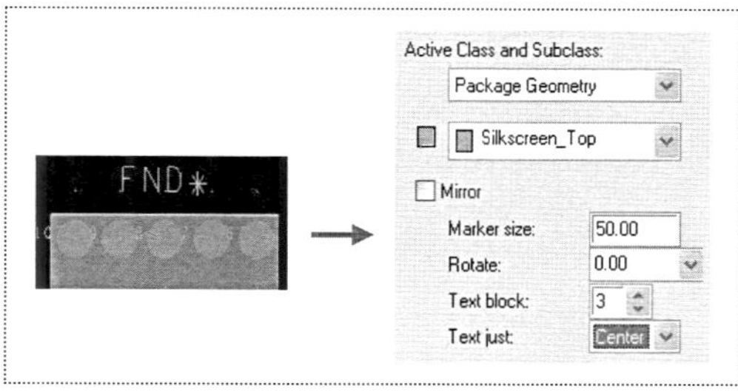

– 사각형의 위쪽에 클릭 후 FND*를 입력한 후 F6을 누른다.

⑤ Assembly_Ref

– 메뉴 Layout 〉 Labels 〉 Refdes 또는 툴바 Label Refdes 아이콘을 선택한다.
– Option Tab을 열어 Package Geometry/ Assembly_Top을 선택한다.
– Text Block을 3으로 선택한다.
– 사각형의 안쪽에 클릭하고 FND*를 입력 후 F6을 누른다.

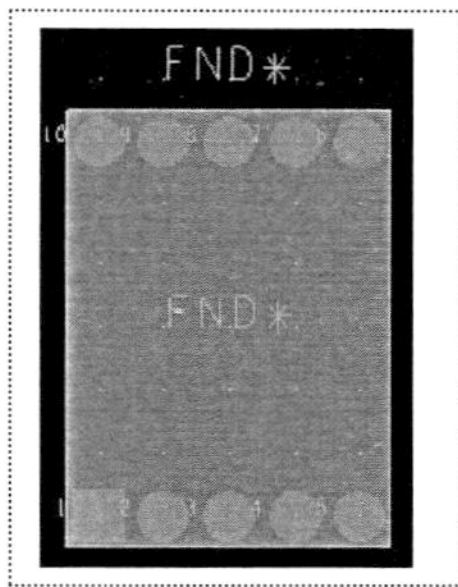

– Save를 눌러 저장하고 PCB Editor를 닫는다.

3. Create Netlist

1) 회로도에 Footprint 기입하기

– 회로도를 열어 메뉴바 Edit 〉 Select All을 선택한 후 다시 Edit 〉 properties를 선택한다.(Schematic Page 창이 활성화되어 있어야 됨)

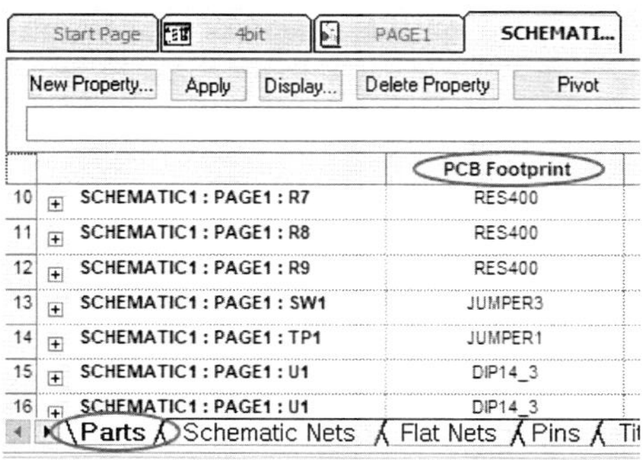

단축키 Ctrl + A (전체선택) Ctrl + E (속성)

- 하단의 Tab중 첫 번째 Part Tab을 선택한다.
- Footprint 빈칸에 기입한다.
- 입력이 완료되면 툴바 Project Manager 아이콘을 누른다.

2) Reference 정리하기(Annotate)

- Project Manager창이 열리면 메뉴 Tools 〉 Annotate... 또는 Annotate 아이콘을 누른다.
- Reset part references to "?"를 선택한 후 확인을 누른다.
- 다시 Annotate창을 열어 Incremental reference update를 선택한 후 확인을 누른다.

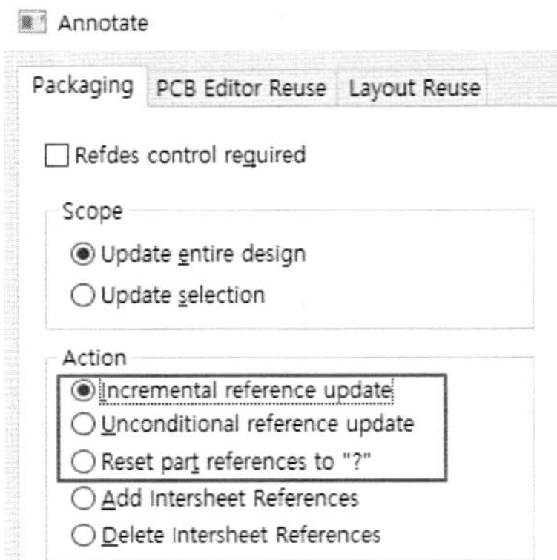

3) DRC (Design Rules Check)

- 툴바에서 DRC 아이콘 을 누른다. 또는 메뉴바 Tools 〉 Design Rules Check...를 선택한다.
- 기본적으로 체크되어있는 설정으로 검사를 실행한다.
- 경고창이 뜨지 않으면 에러가 없다.

4) BOM 생성하기

- 툴바의 Bill Of Materials 아이콘 을 누르거나 메뉴 Tools 〉 Bill Of Materials...를 선택한다.
- 기본설정 이외에 \tPCB Footprint \t{PCB Footprint}를 추가 작성한다.

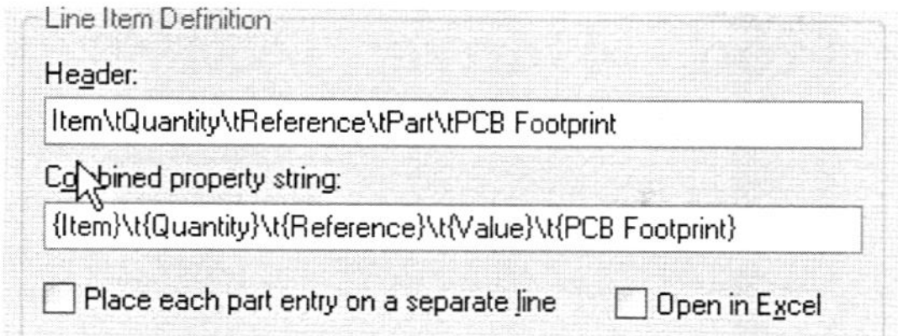

*** 부품에 대한 타입을 알아야 부품 수급 시 실수하지 않는다.

5) Netlist 생성하기

- 툴바의 아이콘 Create Netlist 를 선택하거나 메뉴 Tools 〉 Create Netlist...를 선택한다.

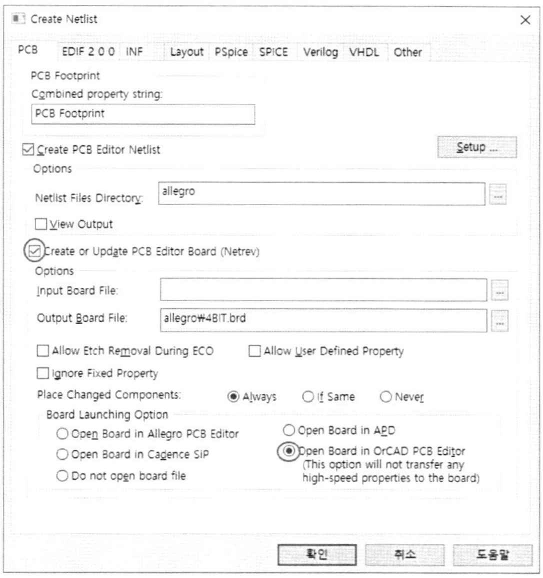

- PCB Editor Tab에서 Netlist를 생성한다.

- 그림과 같이 설정을 하면 OrCAD PCB Editor가 열리면서 Netlist와 Footprint 정보가 전송되어 있다.

- Capture는 저장한다.

7-3. PCB Editor - 4 Layer PCB 설계하기

– PCB Editor가 실행되고 난 뒤 제일 먼저 확인할 사항은 메뉴 Place 〉 Manually...를 선택해서 회로도의 모든 Reference가 모두 보이는지 확인한다. FND1에서 FND6150은 GRAPHIC이 보이지 않을 것이다.
(보인다면 Path 설정이 제대로 된 것이며, 안 보이면 일단 그대로 진행한다.)

1. 기본 설정

– Design Parameter 설정하기
– 메뉴 Setup 〉 Design Parameters..또는 마우스 오른쪽 버튼 메뉴 〉 Quick Utilities 〉 Design Parameters..를 선택한다.
– 상단의 Tab의 순서대로 설정을 한다.

– Display Tab에서 Grid를 설정한다.
Non-Etch : X 1.27, Y 1.27
All Etch : X 1.27, Y 1.27

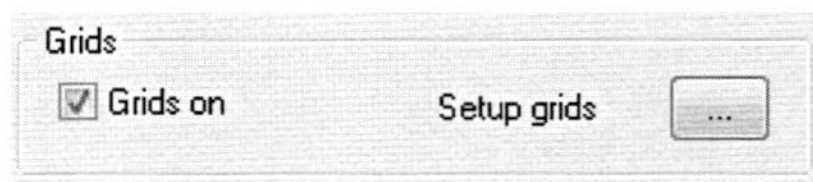

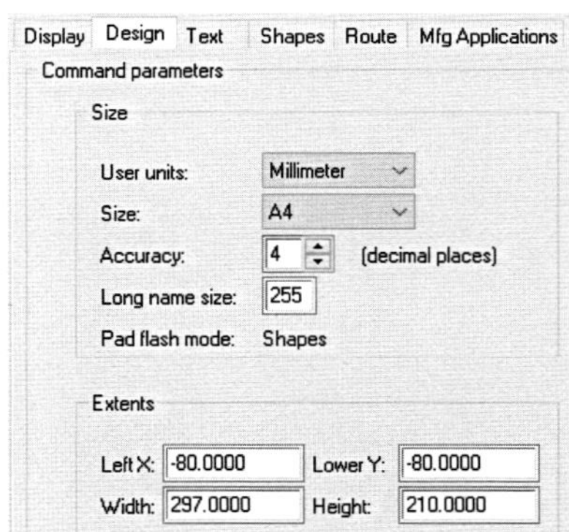

– Design Tab에서
Unit : Millimeter
Sheet Size : A4
Extents : Left X : -80 , Lower Y : -80

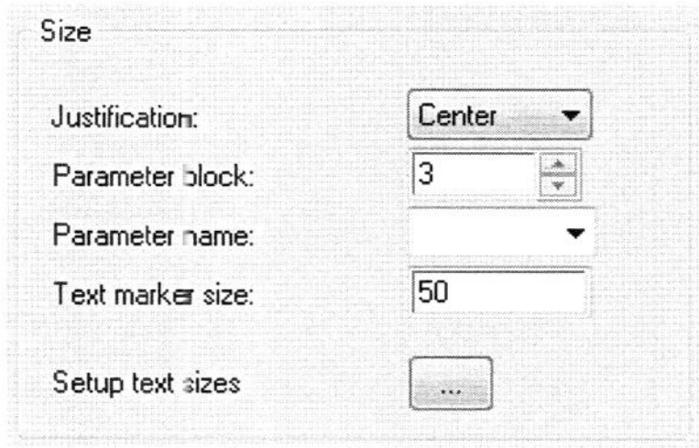

– Text Tab에서
Justification : Center
Parameter block : 3

– Route Tab에서 Add connect 폴더를 선택하고 우측 설정 중 Style 항목에서,

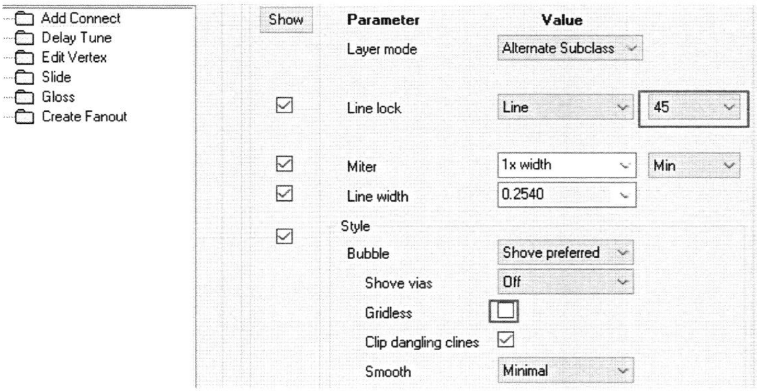

Bubble :
· Off : 기능 해제
· Hug : 자동으로 Pin을 감싸며 라우팅 (배선을 밀어내지 않음).
· Shove : 배선 시 마우스의 움직임을 따라 자동으로 라우팅 (배선을 밀어냄)
· Gridless : 체크를 해제한다. (설정 그리드를 따라 배선됨)

– Mfg Application Tab에서
Drafting 항목에서 Edit Drafting Parameters 를 선택한다.
창이 뜨면 Text tab에 있는 primary dimensions를 선택한다.
Unit : Millimeter
Decimal places : 0
Decimal Places : 소수점 아래로 표시되는 자리 수

– OK를 눌러 설정을 완료한다.

2. Constraints 설정하기

– 메뉴 Setup 〉 Constraints 〉 Constraints Manager...를 선택한다.

① Physical 항목부터 설정한다.

– Physical Constraint Set All Layers을 선택하여 DEFAULT를 클릭하면 모든 항목이 검은색으로 선택되는데, Line(Pattern) Width 값을 입력하면 모든 항목이 같은 값으로 설정된다.

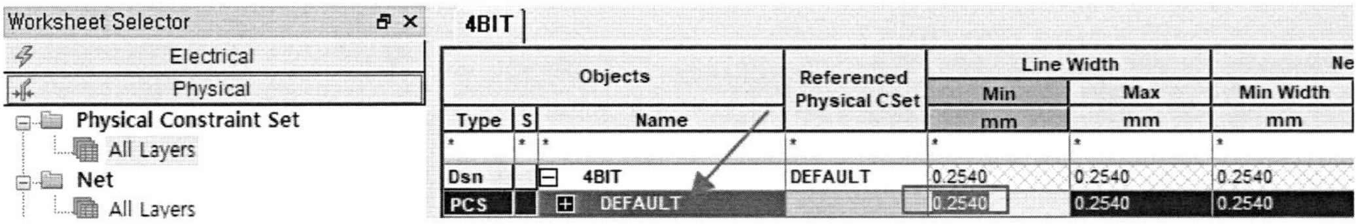

Line Width : Min 0.254mm

② Spacing 항목을 선택한다. (Clearance)

– Spacing Constraint Set을 설정하여 Default Spacing을 설정한다. Physical 때와 같은 요령으로 DEFAULT를 클릭하고 입력한다.

Line To All : 0.254mm

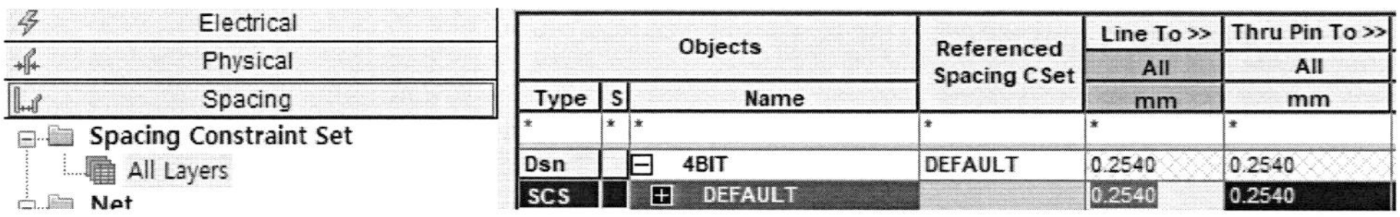

③ Same Net Spacing 항목을 선택한다. (Clearance)

– Same Net Spacing Constraint Set을 설정하여 Default Spacing을 설정한다. 역시 같은 요령으로 DEFAULT를 클릭하고 입력한다.

Line To All : 0.254mm

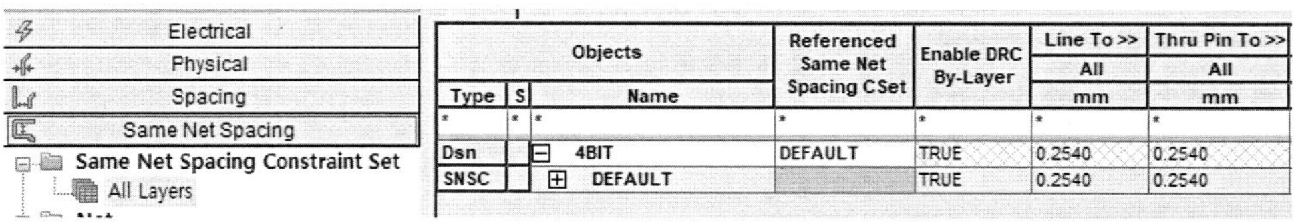

– 설정이 완료되었으면 메뉴 File 〉 Close를 누른다.

3. Board 외형 설정하기

1) 4층 레이어 설정하기

- 기본적으로 제공되는 설정은 TOP과 BOTTOM으로 이루어진 2 – Layer (양면)이다.
- 4층 Layer의 구성을 TOP, GND, VCC, BOTTOM으로 한다.
- 메뉴 Setup 〉 Cross-section...을 선택하거나 툴바 Xsection 아이콘을 선택한다.
- TOP을 선택한 후 마우스 오른쪽 버튼을 눌러 Add Layer Below를 선택한다.

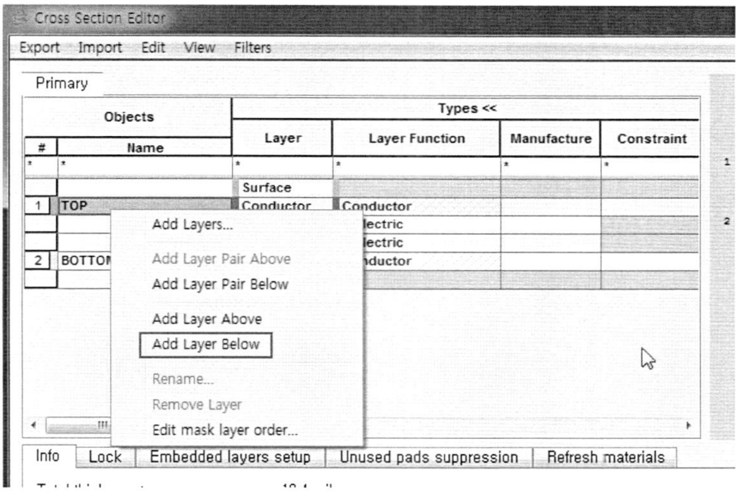

- 아래 그림과 같이 추가시킨다.
- 추가한 Layer의 이름을 GND, VCC로 변경하고, Type을 PLANE으로 설정한다.

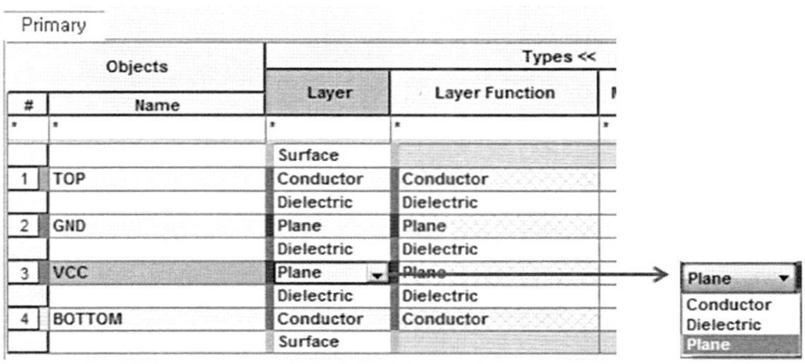

- 완료가 되었으면 OK를 누르고 종료한다.

– Control Panel 중 Visibility를 확인해보면 4층의 Layer가 보인다.

2) Board Outline

– Board Size는 100 x 70 [mm]이다.

– 메뉴 Outline 〉 Design...을 선택한다.

*** Option 탭을 확인해보면 Board Geometry / Design Outline로 자동으로 맞추어져 있다.

– Design Outline 창이 뜨면 Create를 선택/확인하고 Design Edge Clearance를 2mm로 설정한다.

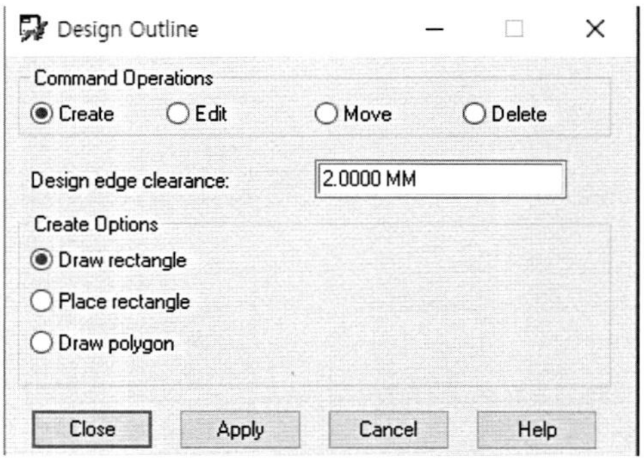

– 창을 화면 가장자리로 옮겨놓는다(창을 닫지 않는다.)

– Command 창에 좌표를 입력하거나 좌표창의 좌표를 확인하면서 그린다.

x^0^0 [Enter↵]

x^100^70 [Enter↵]

[F6] 또는 Done

*** 만약 command 창이 안 보이면 메뉴 Display 〉 Windows 〉 Command를 선택한다.

- Outline이 그려지면서 Route Keepin, Package Keepin 설정으로 변화 되면서 Edit로 넘어가게 되고 Board Edge Clearance 2mm을 확인한 후 OK 버튼을 클릭하면 Outline이 생성된다.

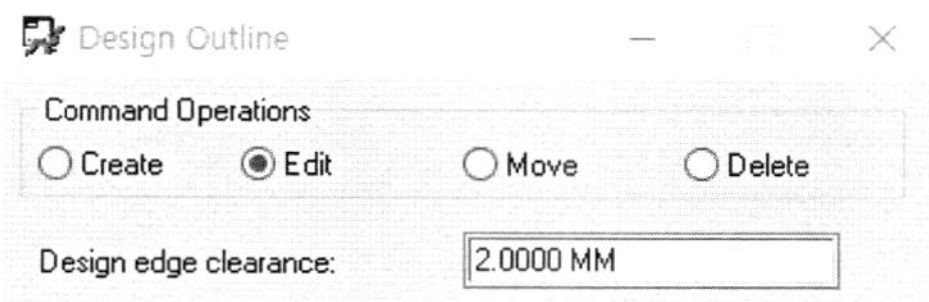

5. Package(부품) 배치하기

① 메뉴 Place 〉 Component Manually...를 선택한다.

- Placement List Tab을 선택 후 Components by refdes로 맞춘다.

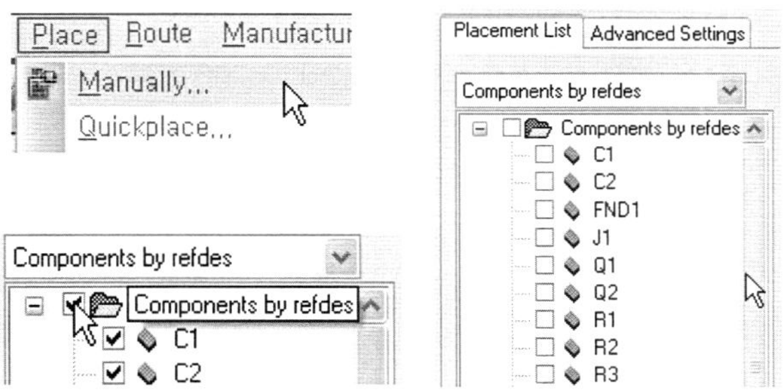

- 모두 선택 후 하단의 Hide를 선택한다.
- 보드 내에 부품을 하나씩 배치하면 자동으로 하나씩 나타난다.
- 하나씩 불러와서 배치해도 무방하다.
- 대략적인 배치를 한다. 에러가 있어도 무시하고 일단 모두 배치한다.

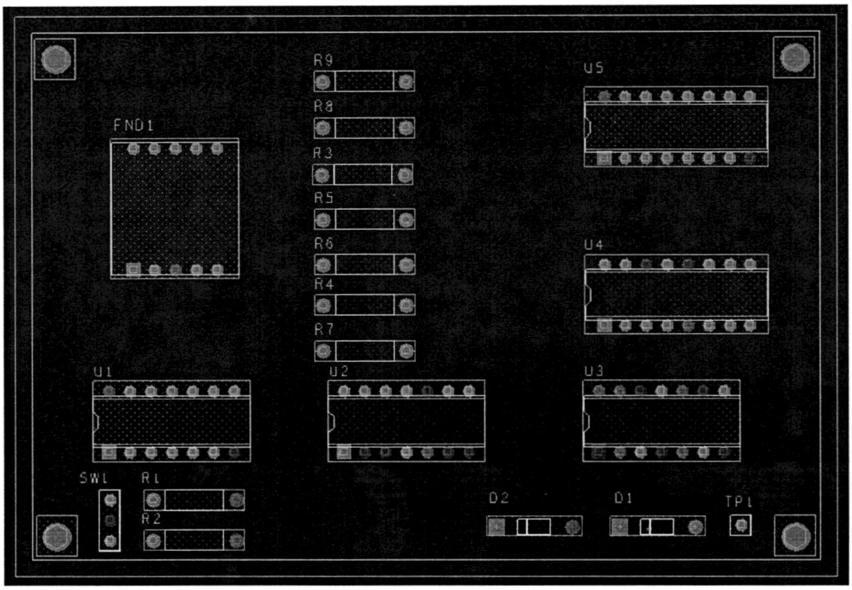

② Assign Color – VCC, GND Net

- 배치를 좀 더 잘하기 위해서 VCC와 GND net에 Assign Color를 설정해 준다.
- 메뉴 Display 〉 Assign Color를 선택하거나 툴바에서 아이콘을 선택한다.
- Control Panel 창에서 Option을 선택하여 컬러를 선택한다.
  [VCC은 붉은색] [GND는 파란색계열]
- Control Panel의 Find Tab에서 하단의 Find By Name의 설정을 Net / Name 으로 선택 후 More 버튼을 눌러 VCC를 선택한다.
- OK를 누르면 부품핀 중 VCC연결 핀은 빨간색으로 표시된다.
- 같은 방법으로 GND Net은 파랑색을 적용시킨다.

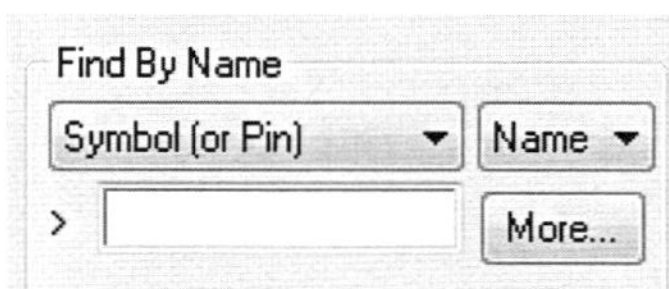

.

③ Color 설정하기

- 메뉴 Display 〉 Color/Visibility...또는 툴바 Color192 아이콘을 선택한다.
- 배치 시 보여야 할 부분만 선택한다.

– 컬러 설정창이 열리면 Global Visibility의 On를 선택한다. (전부 보이게 설정)

– Components class에서 All을 선택해제 하고 RefDes의 Silkscreen_Top만 선택한다.

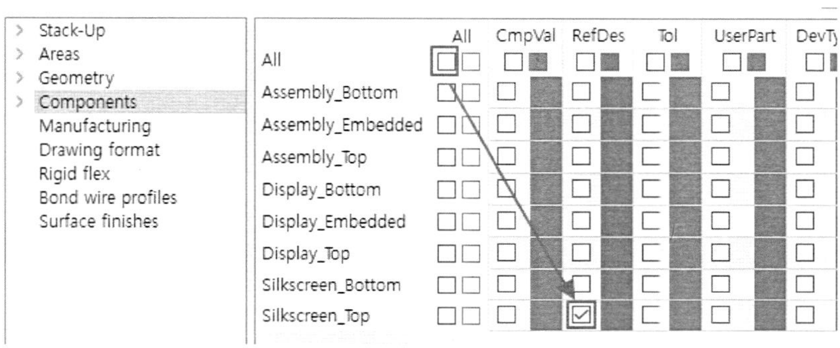

– Geometry 폴더의 Pin Number를 선택해제한다.

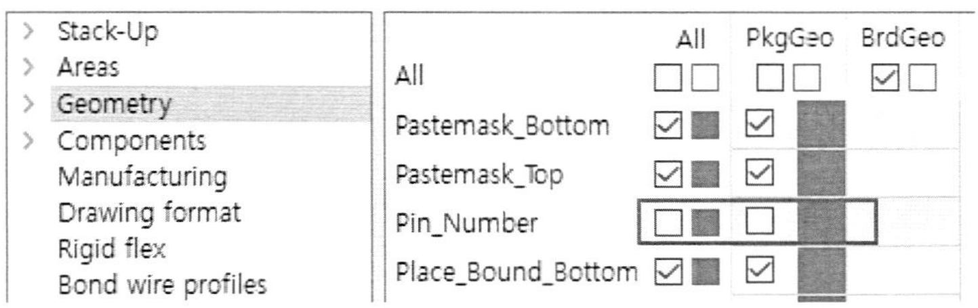

– OK를 선택하여 설정을 완료한다.

6. Power Plane (내층 Plane)

– 메뉴 Shape〉Rectangular 를 선택한다.

– Control Panel의 Option에서 설정을 한다.
  Class : Etch, Subclass : GND
  Shape Fill : Dynamic copper
  Assign net name : GND

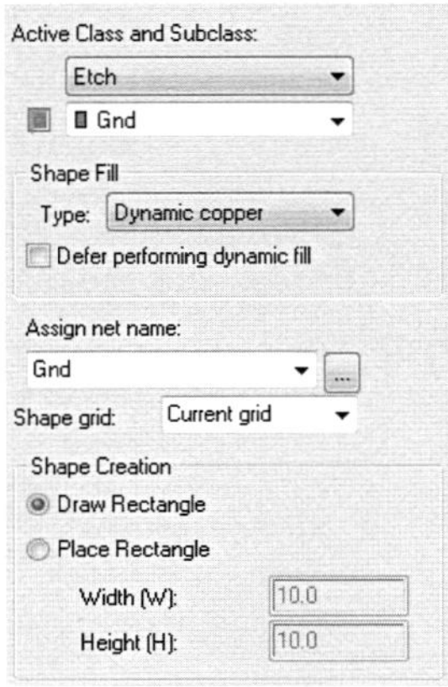

– Board의 Route Keepin영역에 그려준다.
– Done 또는 F6을 누르면 GND의 모든 핀이 붙어 있다.
– 같은 방법으로 VCC Layer에도 Plane을 설치한다.

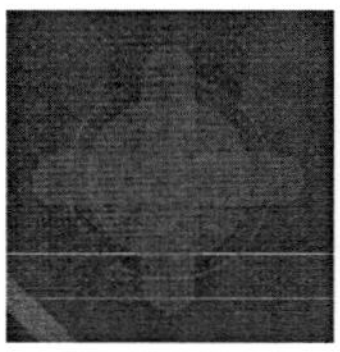

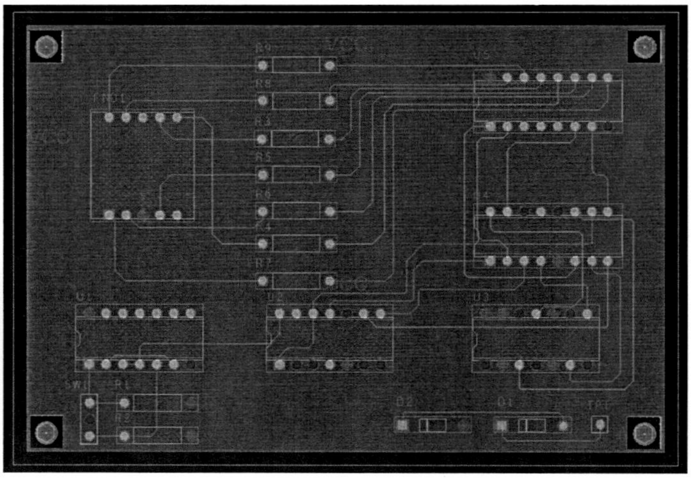

7. Route (배선)하기

– Add Connect 아이콘을 선택하거나, 메뉴 Route > Connect를 선택한다.
  단축키 F3를 누르거나 스트로크를 사용한다.
– GND Net 과 VCC Net은 내층에 배선 완료되었으므로, 배선을 하지 않는다.
– 배선 중 레이어를 변경할 때는 마우스 오른쪽 버튼 메뉴를 이용한다.

2) SMB (Solder Mask Bottom)

- SMT와 같은 방법으로 한다.
- Color에서 우측 상단에 Global visibility off 선택
- Color : Stack-Up폴더의 Soldermask_Bottom만 보이도록 설정한다.
- 최소화 되어있던 Artwork Control Form 창을 원래 크기로 복원시킨다.
- TOP을 선택한 후 마우스 오른쪽 버튼을 눌러 Add를 선택한다.
- 이름 입력 필드에 [Soldermask_Bottom]라고 입력한다.
- 다시 최소화 시킨다.

3) SST (SilkScreen Top)

- 메뉴바 Display 〉 Color/visibility... 클릭 후 우측 상단에 Global visibility off 선택
- Geometry : Board/Package Silkscreen_Top (보드명, 부품모양)
- Component : Silkscreen_Top 항목의 RefDef (부품 Reference)
- 실크정보가 모두 보이는지 화면상에서 확인한다. 문제가 있으면 수정한다.
- 최소화 되어있던 Artwork Control Form 창을 원래 크기로 복원시킨다.
- TOP를 선택한 후 마우스 오른쪽 버튼을 눌러 Add를 선택한다.
- 이름 입력 필드에 [Silkscreen_Top]으로 입력한다.
- Silkscreen에는 line의 두께가 지정되지 않은 것이 있으므로 오른쪽에 있는 Undefined line width에 0.2를 입력한다. Undefined line width: 0.2000
- 다시 최소화 시킨다.

5) Drill Draw

- Color 클릭 후 우측 상단에 Global visibility off 선택
- Geometry : Design Outline (보드 외곽선) / Dimension (보드 치수)
  Manufacturing : Nclegend-1-2 (드릴 심벌 및 표)
- 최소화 되어있던 Artwork Control Form 창을 원래 크기로 복원시킨다.
- Top을 선택한 후 마우스 오른쪽 버튼을 눌러 Add를 선택한다.
- 이름 입력 필드에 [DRILL_DRAW]라고 입력한다.
- line의 두께가 지정되지 않은 것이 있으므로 오른쪽에 있는 Undefined line width에 0.2를 입력한다.

Undefined line width: 0.2000

6) GERBER FILM 생성하기

- Select All로 모두 선택한 다음 Create Artwork를 눌러 거버파일을 생성한다.
- OK를 눌러 완료한다.

3. NC Drill

- 메뉴 Export 〉 NC Parameters... 선택 또는 툴바 NC Parameters 아이콘을 선택한다.

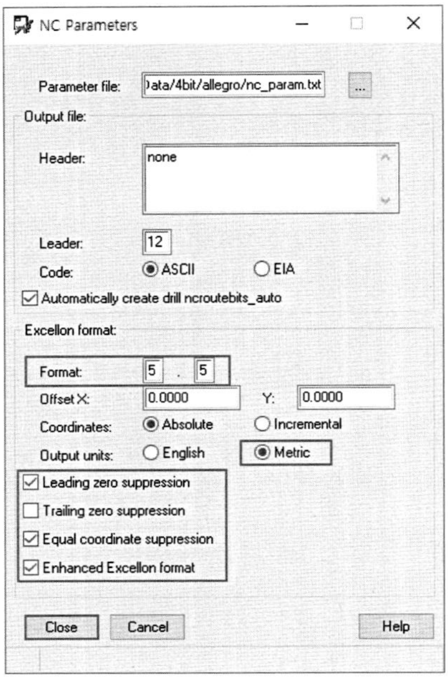

- NC Parameters창이 열리면 그림과 같이 설정을 확인한다.
- Close를 눌러 닫는다.

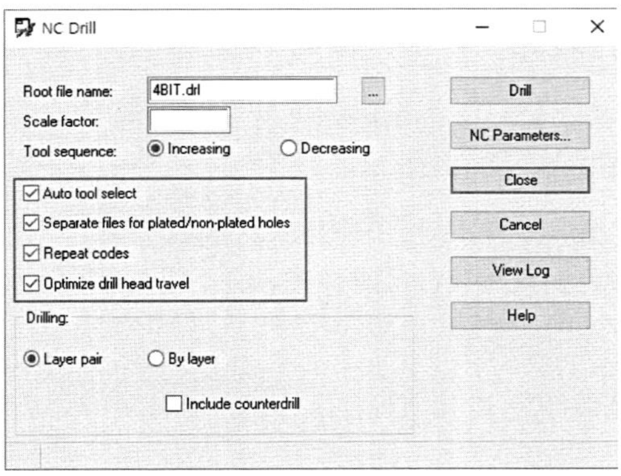

- 메뉴 Export 〉 NC Drill...을 선택한다.
- 옵션 항목을 선택한 다음 우측의 Drill을 눌러 데이터를 생성한다.
- Close를 눌러 닫는다.

4. 작업 마무리

- Report 출력하기

  메뉴 Export 〉 Report... 또는 Quick Report를 선택하여 필요한 Report를 출력한다.
- 거버 파일을 프린터로 출력을 한다.
- 설계에 쓰인 Footprint를 저장한다.

  메뉴 Export 〉 More 〉 Libraries...를 선택한다.

  저장 경로를 설정하고 저장한다.

  작업 폴더 안에 회로도, PCB Artwork, Gerber, Library의 폴더로 나눠 같이 보관하면 수정이나 보관이 용이하다.
- 저장한다.

8

OrCAD PCB Editor V17.2

Digital Generator 회로 - 2 Layer PCB 설계

회로도

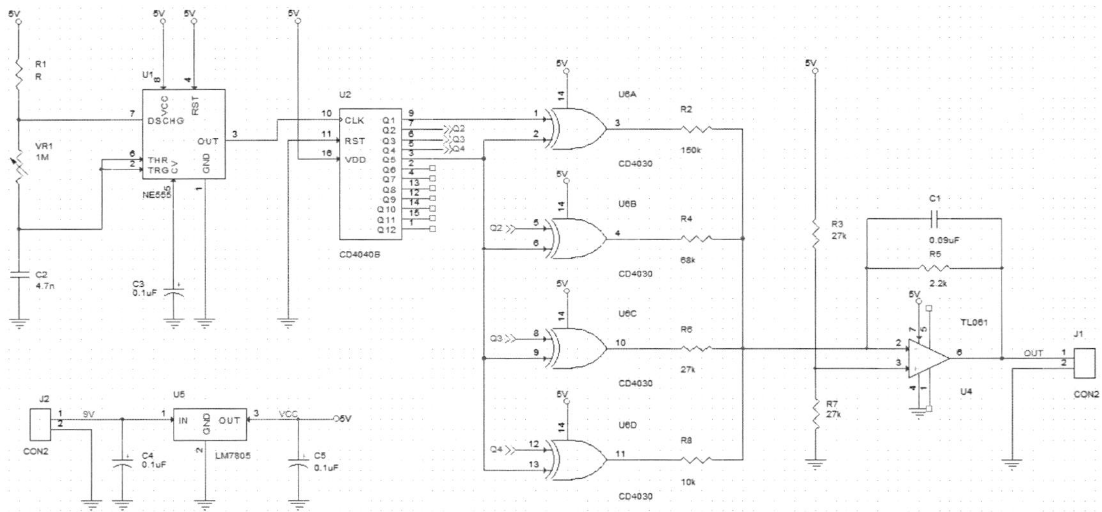

PCB

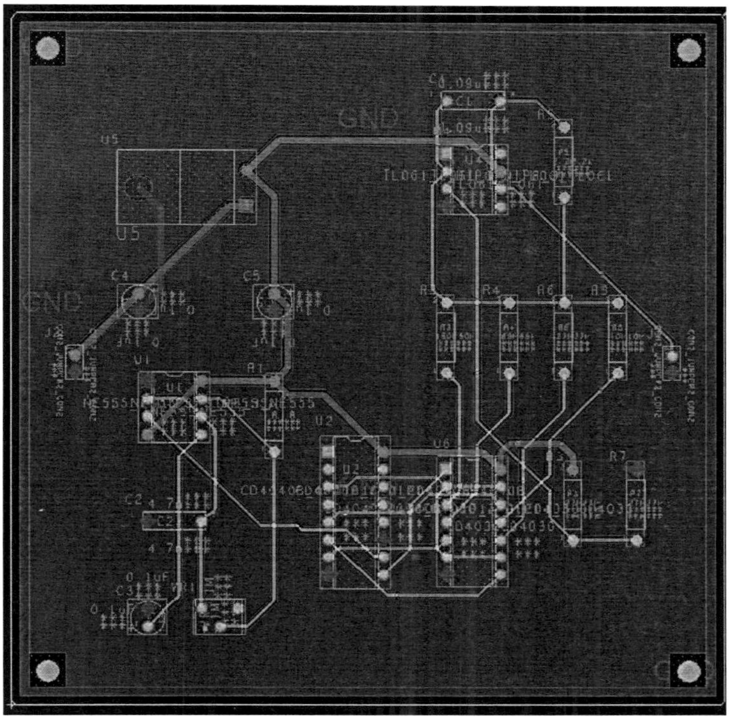

8-1. 회로도 그리기

1. 새 프로젝트 만들기

- Capture를 실행한다.
- 메뉴바 File 〉 New 〉 Project...를 선택하여 새 프로젝트를 생성한다.

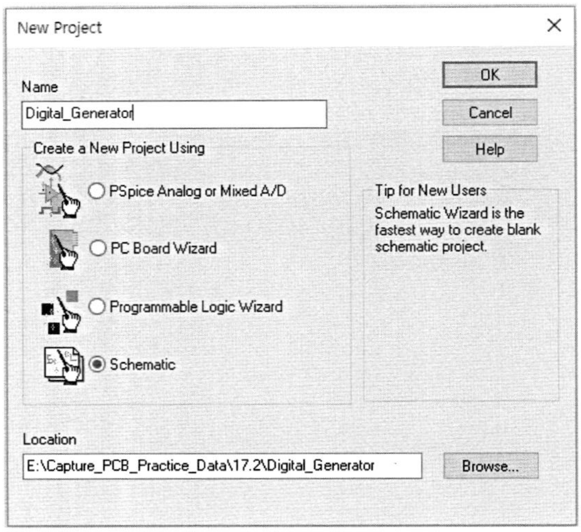

- 설계화면이 열리면 Project Manager 아이콘을 선택해서 Project Manager 화면으로 이동한다.

2. 평면도면 추가하기

- SCHEMATIC1을 선택하고 마우스 오른쪽 버튼을 눌러 New Page를 선택한다.

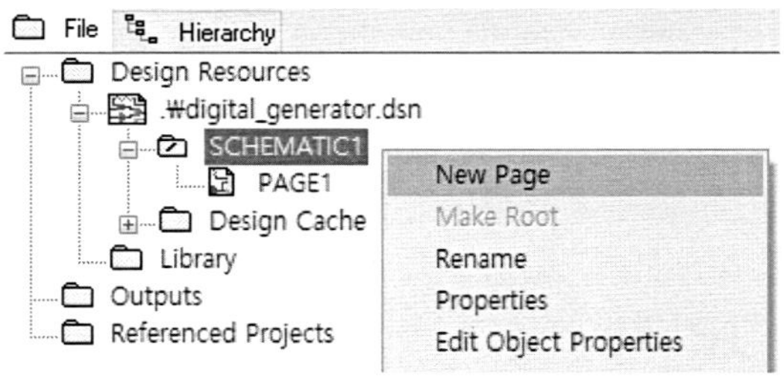

- PAGE1의 이름을 Main으로 바꾼다.
  PAGE1을 선택하고 마우스 오른쪽 버튼의 팝업 메뉴 중 Rename을 선택한다.

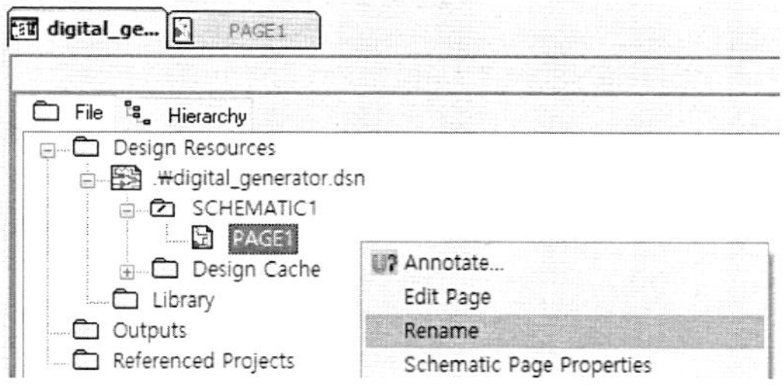

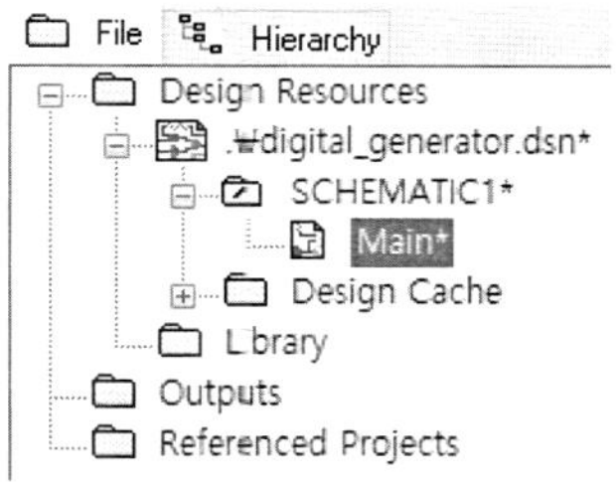

- Main Sheet를 열어 환경설정을 한다.
- 메뉴 Options 〉 Schematic Page Properties... 선택
  Page Size : [Millimeters] A4
- 메뉴 Options 〉 Auto Backup... :
  [10분 간격으로 3개의 백업파일을 현재작업폴더에 생성]
- 메뉴 Options 〉 Preference... - Grid Style을 Line으로 설정

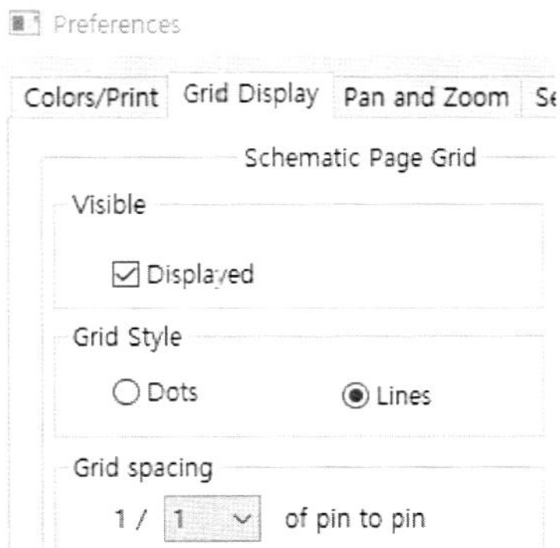

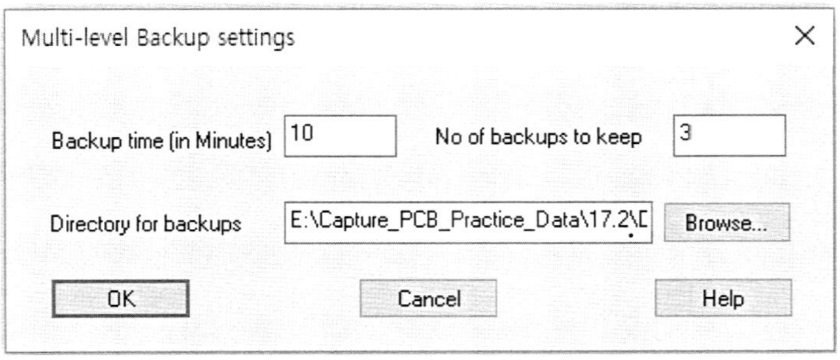

3. 회로도 작성하기

1) Main Sheet를 더블 클릭하여 Sheet를 연다.

- Add Part 아이콘이나 단축키 P를 눌러 Part를 불러온다.

  Part List : CON2, R, RESISTOR VAR 2, CAP NP, CAP POL, NE555, LM7805, CD4040B, CD4030, TL061

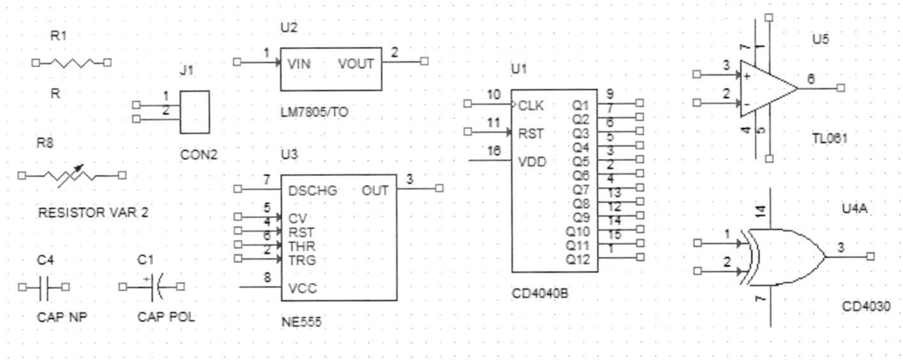

- Place Wire로 배선을 한다. [단축키 W]
- VCC와 GND를 배치한다.

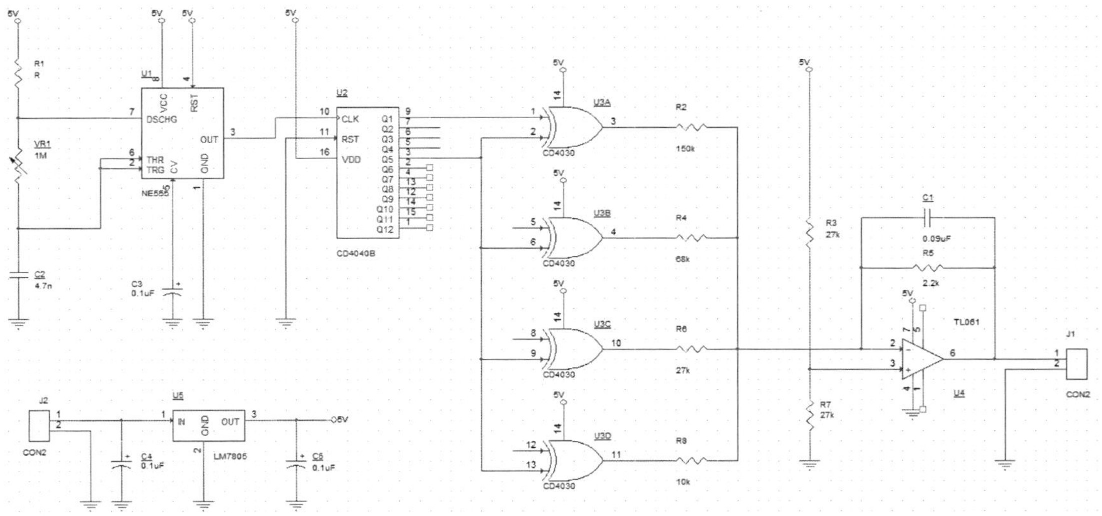

2) Off-page Connector로 연결하기

- CD4040B의 5, 6, 7번 핀과 CD4030의 5, 8, 12번 핀을 연결한다.
- Place Off-page Connector를 선택한다.

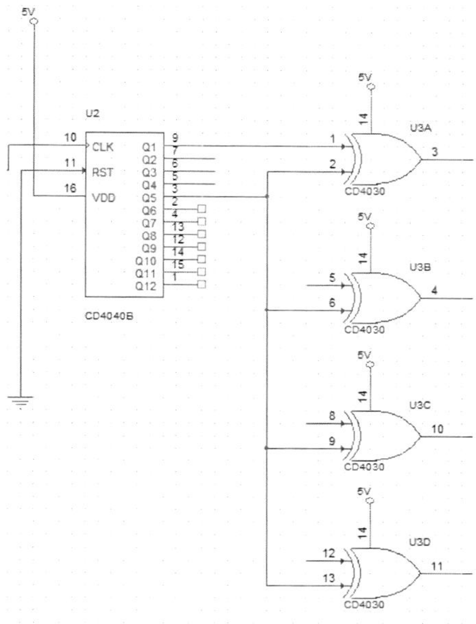

- Connector의 방향을 선택한다.

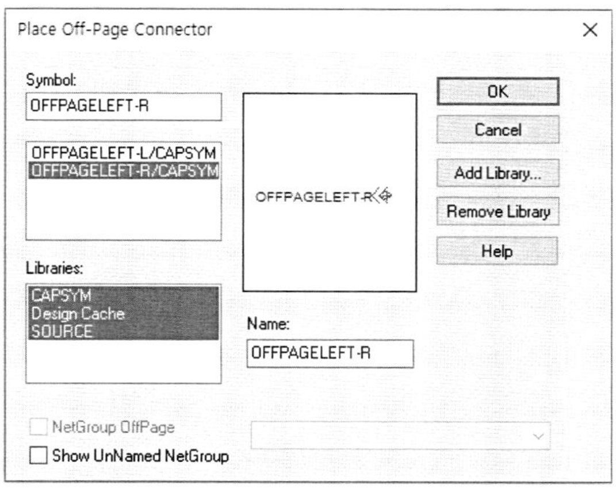

- Connector를 배치시키고 글씨부분을 더블클릭하여 속성을 수정한다.
  [Q2, Q3, Q4]

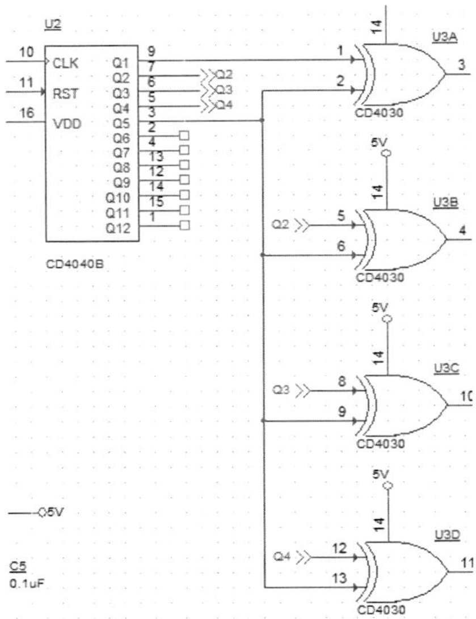

- Net의 이름을 지정하여 끊어진 부분을 연결한다.

- 메뉴 Place 〉 Net Alias에서 Alias를 기입하여 해당 Net의 이름을 지정한다.

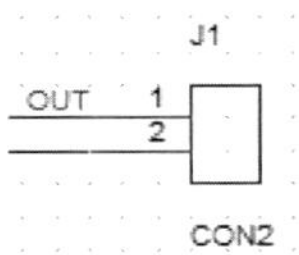

부품의 지정 핀	네트의 이름
J1 커넥터의 1번 핀	OUT
J2 커넥터의 1번 핀	9V
U5의 3번 핀	VCC

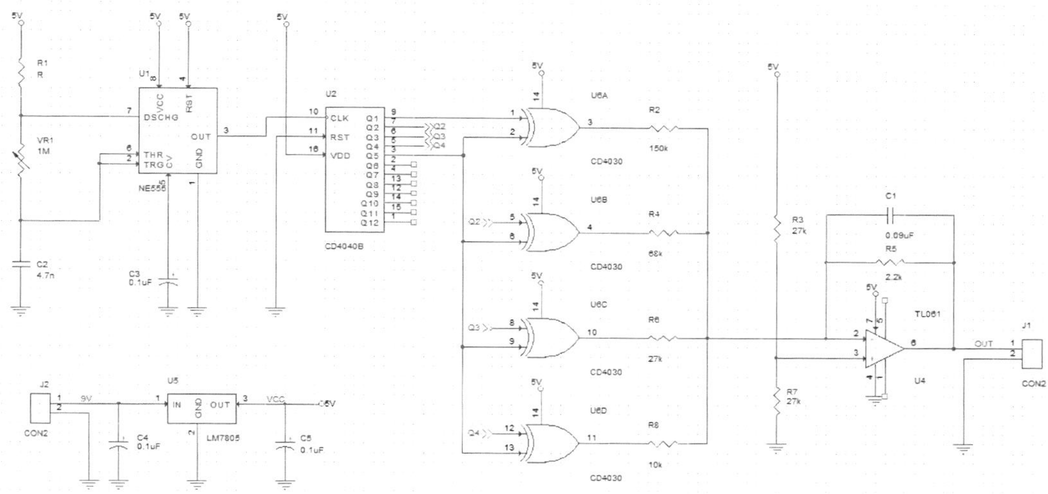

3) Reference Annotate 및 Design Rules Check 하기

- Project Manager에서 Main Sheet선택한다.
- Tools 〉 Annotate를 선택한다.
- Scope의 Update entire design에 체크 후 초기화 및 정렬시킨다.

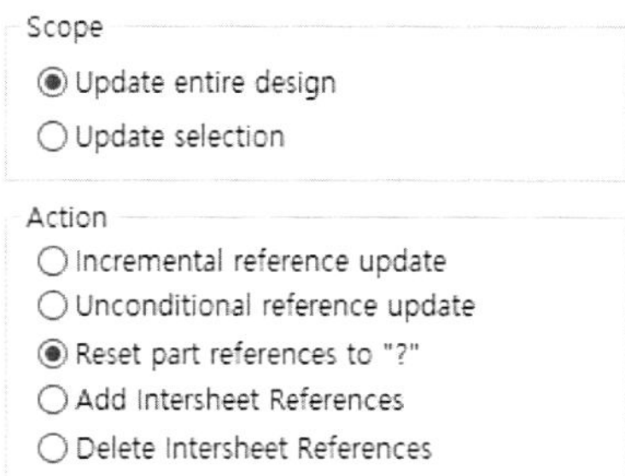

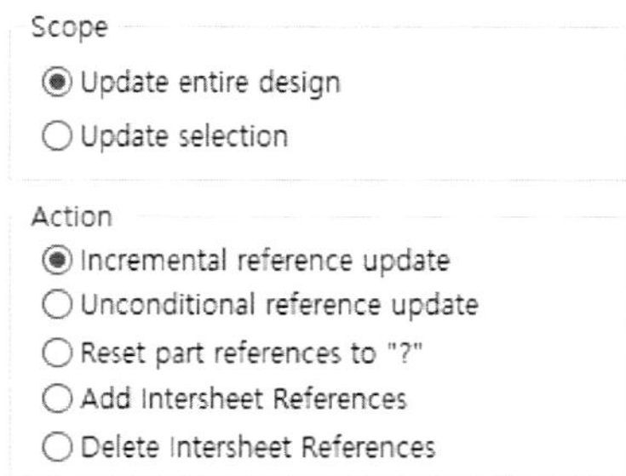

- 도면을 확인해 보면 정리가 되어있다.
- Project Manager에서 Main Sheet를 선택한다.
- Tools 〉 Design Rules Check를 선택한다.
- Report 항목에서 Create DRC markers for Warnings 항목을 선택하면 도면 상에 녹색 원으로 에러가 표시된다.

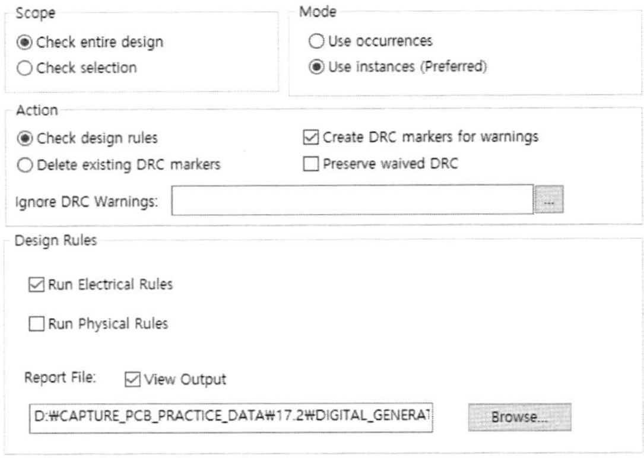

- 실행을 시키면 경고가 발생했음을 알려주는 메모장이 뜬다.

```
Checking Electrical Rules
ERROR(ORCAP-1628): Possible pin type conflict 5V  Power Connected to Output
                   SCHEMATIC1, Main  (104.14, 119.38)
ERROR(ORCAP-1628): Possible pin type conflict U3,VDD  Power Connected to Output
                   SCHEMATIC1, Main  (162.56, 60.96)
ERROR(ORCAP-1628): Possible pin type conflict U3,VDD  Power Connected to Output
                   SCHEMATIC1, Main  (162.56, 88.90)
ERROR(ORCAP-1628): Possible pin type conflict U4,V+  Power Connected to Output
                   SCHEMATIC1, Main  (248.92, 91.44)
ERROR(ORCAP-1628): Possible pin type conflict U3,VDD  Power Connected to Output
                   SCHEMATIC1, Main  (162.56, 33.02)
ERROR(ORCAP-1628): Possible pin type conflict U3,VDD  Power Connected to Output
                   SCHEMATIC1, Main  (162.56, 116.84)
ERROR(ORCAP-1628): Possible pin type conflict U1,VCC  Power Connected to Output
                   SCHEMATIC1, Main  (63.50, 27.94) |
ERROR(ORCAP-1628): Possible pin type conflict U2,VDD  Power Connected to Output
                   SCHEMATIC1, Main  (99.06, 53.34)
ERROR(ORCAP-1628): Possible pin type conflict U5,OUT  Output Connected to Power
                   SCHEMATIC1, Main  (91.44, 119.38)

Checking For Single Node Nets

Checking For Unconnected Bus Nets
```

- 회로도를 확인해보면 에러 부분이 보인다.

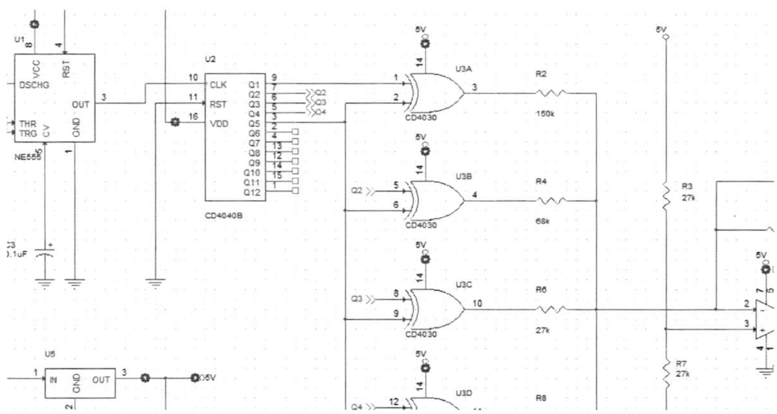

- 이 경고는 아래와 같이 해결을 한다.

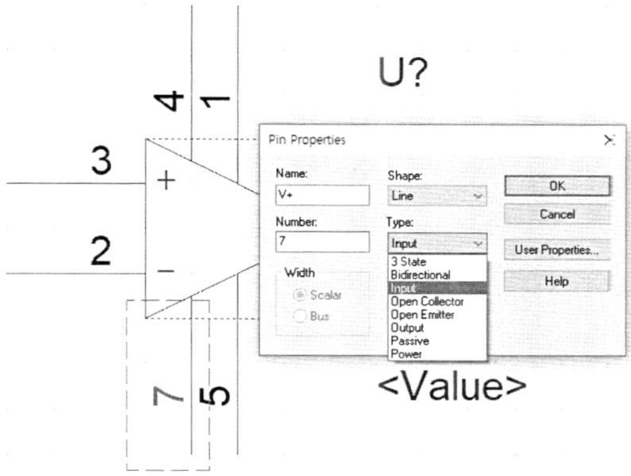

- 에러에 해당하는 부품을 마우스 오른쪽으로 클릭하여 Edit Part를 선택한다.
- 에러에 해당하는 핀을 더블 클릭하여 Type을 Input으로 변경하고, 저장한다.
- 다시 DRC를 체크하면 에러는 발생하지 않는다.

8-2. Footprint 작성 및 Create Netlist 만들기

1. Footprint 작성

- 시작 > 프로그램 > Cadence > Release 17.2 > OrCAD PCB Editor를 실행한다.
- 메뉴 File > Open 또는 툴바 열기 아이콘을 선택하고 파일형식을 Symbol Drawing(.dra)으로 맞춘다.
- 기본 제공되는 라이브러리의 경로는 C:₩Cadence₩SPB_17.2₩share₩pcb₩pcb_lib₩symbols이다.

Capture Part	FOOTPRINT	Capture Part	FOOTPRINT
R	RES400	NE555	DIP8_3
RESISTOR VAR 2	RESADJ	TL061	DIP8_3
CAP POL	CAP196	CD4030	DIP14_3
CAP NP	CAP300	CD4040B	DIP16_3
CON2	JUMPER2	LM7805	TO220AA

2. VIA 만들기

- 패턴의 TOP LAYER와 BOTTOM LAYER를 묶어주는 역할을 한다.

  Signal VIA : via24cir12d (mil) [via06cir03d (mm)]

  via32cir16d (mil) [via08cir04d (mm)]

  Power VIA : via47cir24d (mil) [via12cir06d (mm)]
- 세 종류의 via를 생성한다.
- 시작 > 프로그램 > Cadence > Release 17.2 > Product Utilities > PCB Editor Utilities > Padstack Editor를 실행한다.

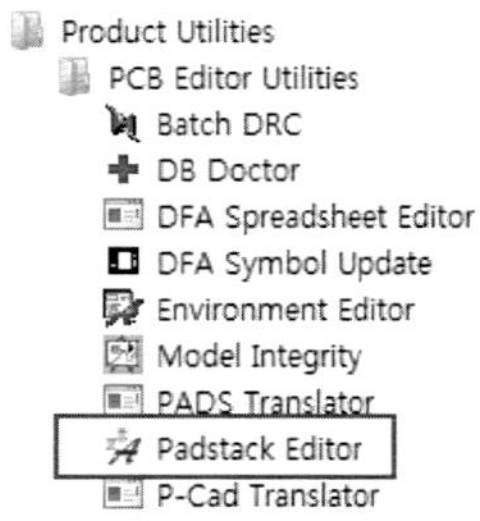

- File > New...를 선택한다.

  저장 경로를 [C:₩Cadence₩SPB_17.2₩share₩pcb₩pcb_lib₩symbol]로 하고 새 이름을 via24cir12d로 한다.

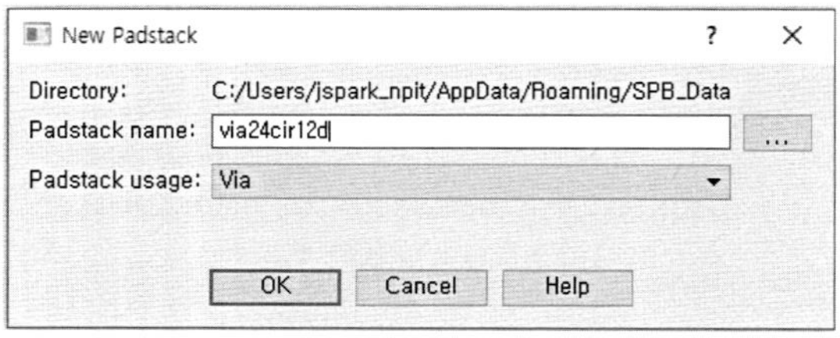

- Unit : Mils

- Drill diameter : 12

- (Drill symbol) : Type of drill figure : 12
  Characters : A
  Drill figure diameter : 12

Define a drill symbol	
Type of drill figure:	Circle
Characters:	A
Drill figure diameter:	12.0

- Begin Layer : Regular - Circle 24 / Thermal - 24 / Anti -34
- Default internal : Regular - Circle 34 / Thermal - 34 / Anti -44
- End Layer : Regular - Circle 24 / Thermal - 24 / Anti -34

Layer Name	Regular Pad	Thermal Pad	Anti Pad	Keep Out
BEGIN LAYER	Circle 24.0	Circle 24.0	Circle 34.0	None
DEFAULT INTERNAL	Circle 34.0	Circle 34.0	Circle 44.0	None
END LAYER	Circle 24.0	Circle 24.0	Circle 34.0	None
ADJACENT LAYER	-	-	-	None

- Soldermask_Top : Circle 34
- Soldermask_bottom : Circle 34

Layer Name	Pad
SOLDERMASK_TOP	Circle 34.0
SOLDERMASK_BOTTOM	Circle 34.0

- Save를 한다.
- via32cir16d , via47cir24d도 같은 방법으로 작성한다.

3. Board Mechanical Symbol 만들기

- Board Outline을 미리 만들어 놓는다. Board 파일을 미리 만들어 놓으면 다른 프로젝트에도 활용이 가능하다.

① **New Mechanical symbol**

- PCB Editor에서 메뉴 File 〉 New...를 선택한다.
  저장 경로를 현재 작업 Directory로 설정한다.
  Name을 dg_outline으로 작성하고 Type을 Mechanical symbol로 설정한다.

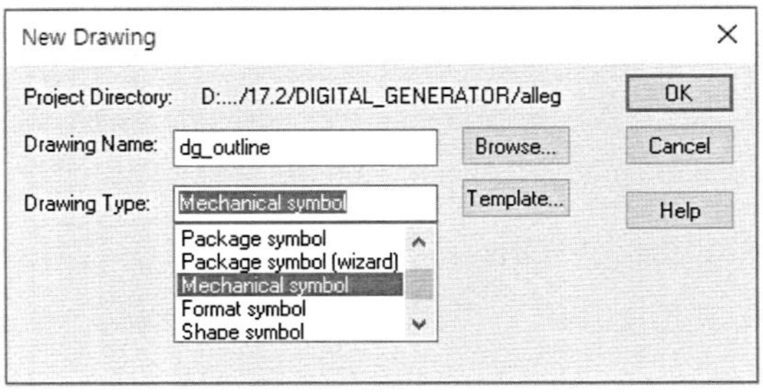

② **작업환경 설정하기**

- 메뉴 Setup 〉 Design Parameters..를 선택한다.
- Design Tap에서 Drawing Extents를 설정한다.
  Left X : -2000 / Lower Y : -2000
- Text Tap에서 Block을 3으로 설정한다.

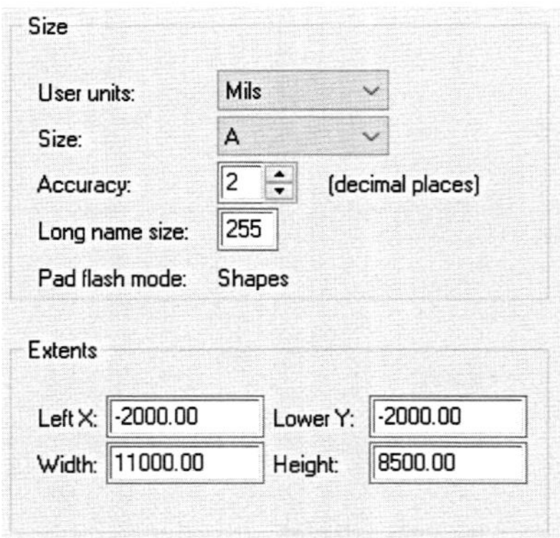

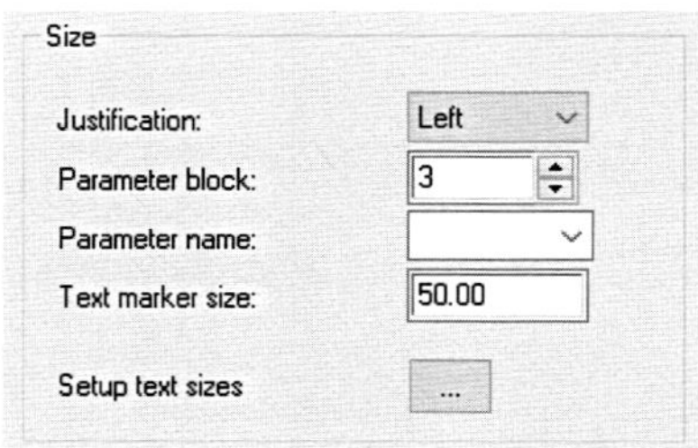

③ **Outline 그리기**

- 툴바 Add Line을 선택한다.
- Control Panel의 Option Tap에서 Sub class와 Class를 확인한다.
  Class : Board Geometry / Subclass : Outline

화면 좌측 하단 메뉴 add line 선택

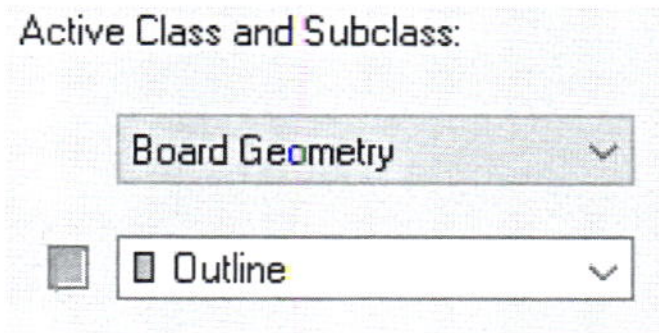

- Command 창에 좌표를 입력하여 그린다.

  절대 좌표 x^0^0 Enter↵ [0, 0에서 시작]

  상대 좌표

    ix^3937 Enter↵ [현재 위치에서 x방향으로 (오른쪽으로) 3937만큼 그려준다.]

    iy^3937 Enter↵ [현재위치에서 y방향으로 (위쪽으로) 3937만큼 그려준다.]

    ix^-3937 Enter↵ [현재 위치에서 x방향으로 (왼쪽으로) -3937만큼 그려준다.]

    iy^-3937 Enter↵ [현재위치에서 y방향으로 (아래쪽으로) -3937만큼 그려준다.]

    F6

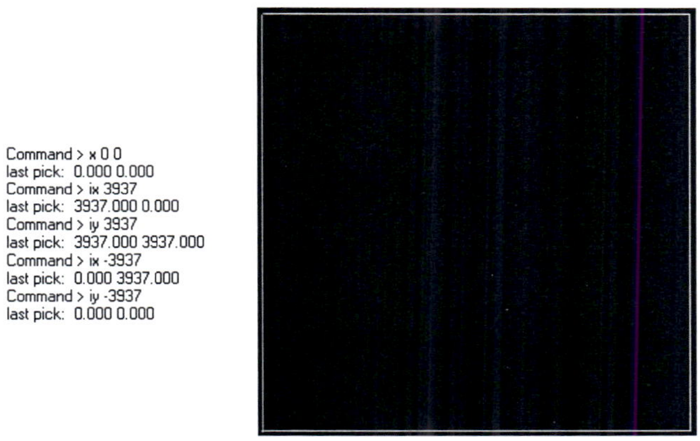

④ 기구홀 배치하기

- 메뉴 Layout 〉 Pins 또는 툴바에서 Add pin을 선택한다.

- Control panel의 option Tap에서 기구홀을 hole120을 선택한다.
- 좌표 (197, 197) / (3740, 197) / (3740, 3740) / (197, 3740)에 배치한다.

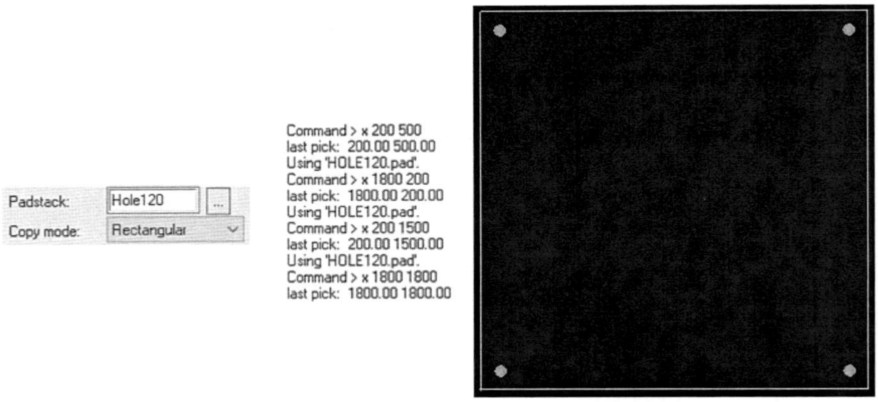

⑤ Placement Keepin Area 설정하기

부품이 배치될 영역을 정의한다.

- 메뉴 Setup 〉 Grids...를 선택한다.

  Non-etch : x 100, y100 (Grdis on을 체크하는 것이 편리하다.)

- 메뉴 Setup 〉 Areas 〉 Package Keepin을 선택한다.

  Option은 자동으로 Package Keepin / All로 설정된다.

  Outline에서 100mil 안쪽으로 그린다.

- 커맨드를 입력하여 Package Keepin 영역을 그린다.
- 마우스 오른쪽을 누르고, Done을 선택하여 끝낸다.

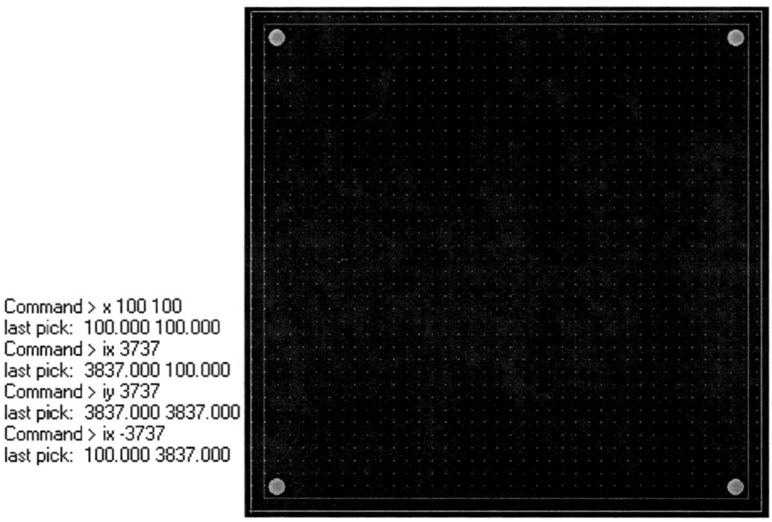

⑥ **Routing Keepin Area 설정하기**

배선이 될 영역을 설정한다.

- 메뉴 Edit 〉 Z-Copy Shape를 선택한다.
- Control Panel의 Option Tap에서 설정을 한다.

Class : ROUTE KEEPIN

Subclass : ALL

Offset : 50

- Outline을 클릭한다.

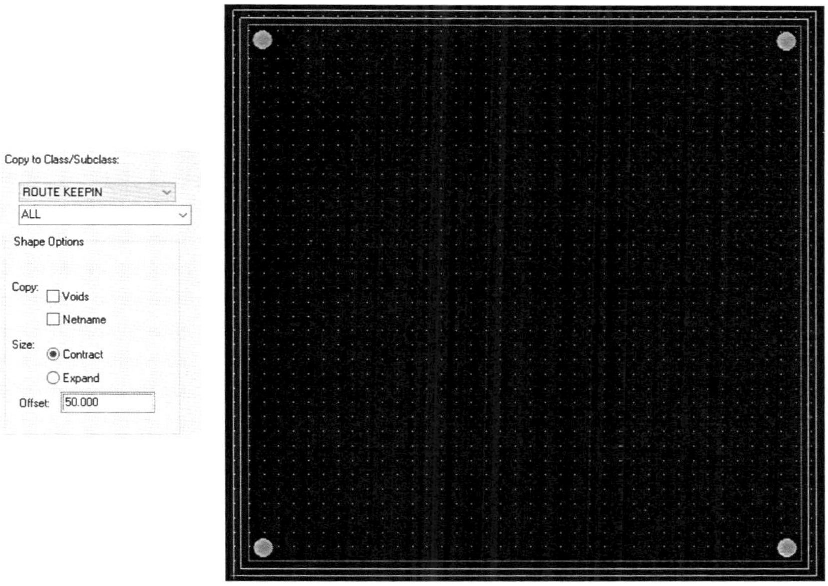

- Done을 선택한다.

[작업 영역을 정의하는 방법에는 Package keepin처럼 직접 그리는 방법과 Route Keepin처럼 복사하는 방법이 있다. 두 가지 중 편리한 방법으로 작업하면 된다.]

⑦ **Route Keepout 영역 설정하기**

고정홀의 경우 흔히 볼트로 고정되는 경우가 많다. 이때 부품은 홀을 피해서 배치하지만 배선 시에는 홀 주위를 가깝게 지나가기도 한다. 실제 볼트의 머리 부분은 5mm(200mil) 정도가 된다. 볼트를 조립하는 과정에서 패턴에 닿아 오작동하는 경우가 있으므로 머리가 닿는 부분은 배선하지 않도록 배선 금지 영역을 설정한다.

- Grid 설정을 변경한다.

  [Non-etch X : 100, Y : 100]
- 메뉴 Setup 〉 Areas 〉 Route Keepout을 선택한다.
- hole120을 둘러싸면서 그린다.

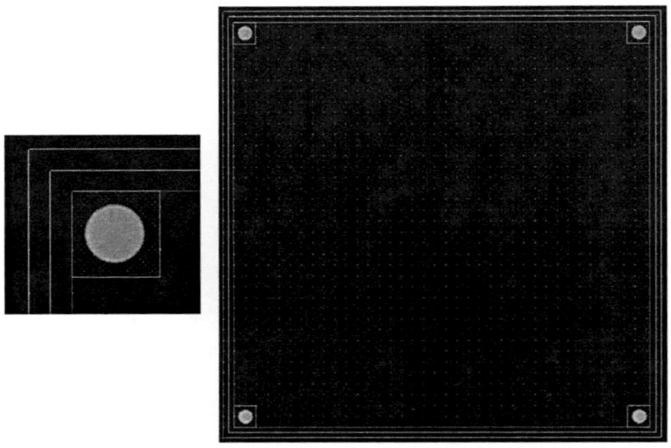

⑧ Dimension 작성하기

- 먼저 모서리를 부드럽게 만든다.
- 메뉴 Dimension 〉 Chamfer를 실행한다.

  Control panel의 Option Tap에서 설정을 first 항목의 값을 크게 할수록 모서리는 많이 깎여진다.
- 깎고자 하는 모서리를 드래그하면 깎여진다.

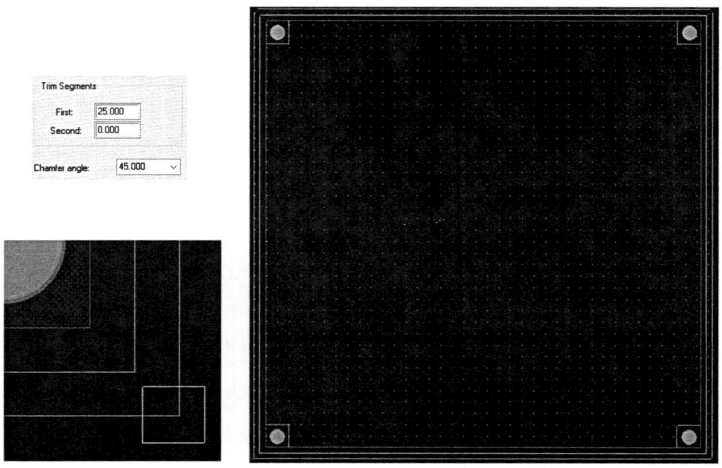

- Dimension을 작성한다.
- 메뉴 Dimension 〉 Dimension Environment를 선택한 후 마우스 오른쪽 버튼의 Parameters를 선택한다.
  Text에서 Text Block을 6으로 설정하고 Unit을 Mils, Decimal Places를 0으로 설정한다.
- Extension lines에서 Offset Distance from Element를 0.250으로 설정한다.
- 설정 후 OK를 눌러 설정을 완료한다.

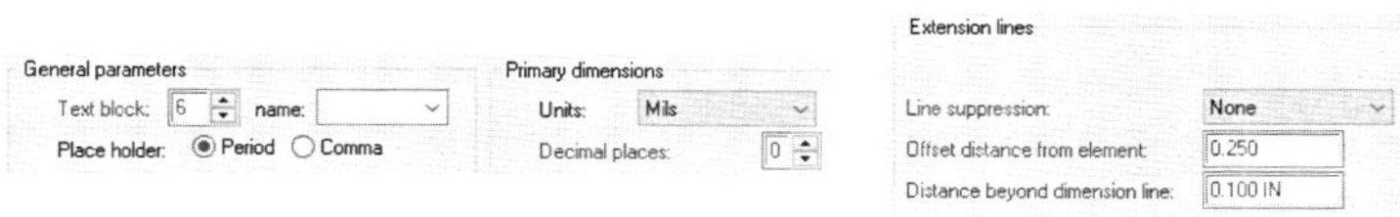

- 마우스 오른쪽 버튼의 Linear dimension을 선택한다. (Done을 했다면 메뉴 Dimension 〉 Dimension Environment 메뉴를 다시 실행한 후 선택한다.)
  Champer를 하지 않은 경우는 라인의 중간부분을 클릭하면 바로 치수가 나타난다.
  Champer가 있는 경우는 조금 더 복잡하다.

〈첫 번째 클릭〉

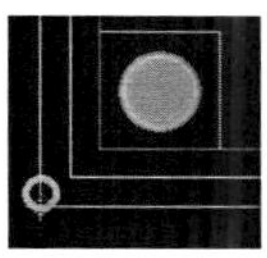

〈두 번째 클릭〉

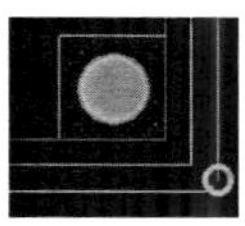

〈세 번째 클릭〉 - 측정하고자 하는 방향 지정

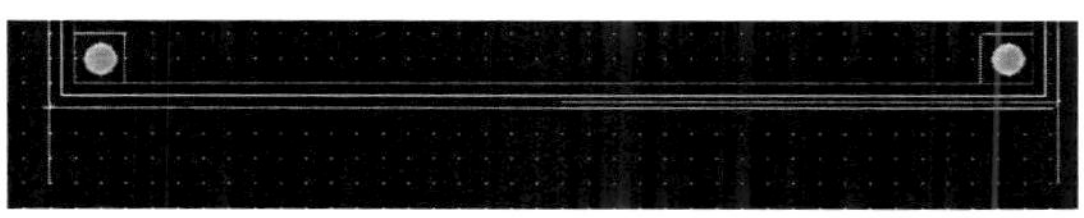

〈네 번째 클릭〉 - 치수의 위치 지정

〈다섯 번째 클릭〉 - 치수 배치 완료

- 필요한 치수를 모두 기입한다.

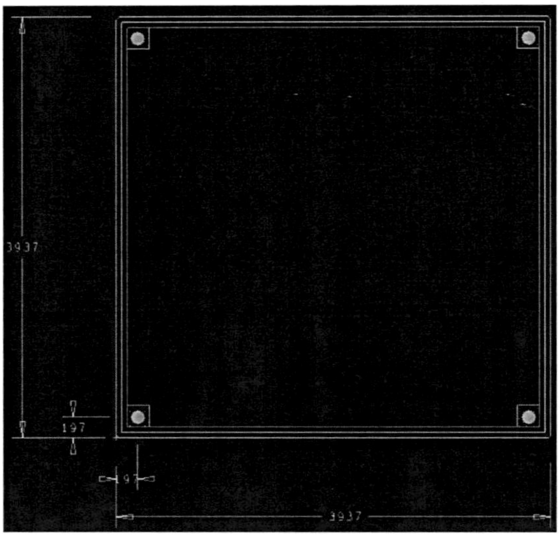

- Chamfer Dimension 작성하기
- 마우스 오른쪽 버튼의 Chamfer leader를 선택한다.
- 모서리의 꺾인 부분을 클릭하고 적당하게 치수를 배치한다.

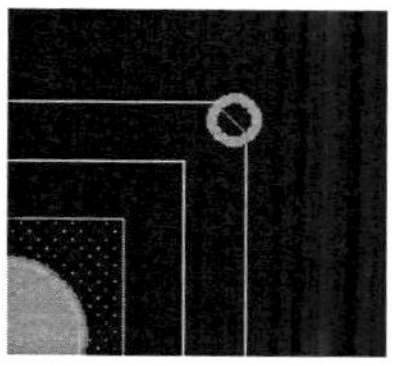

㉠ Chamfer를 클릭한다.

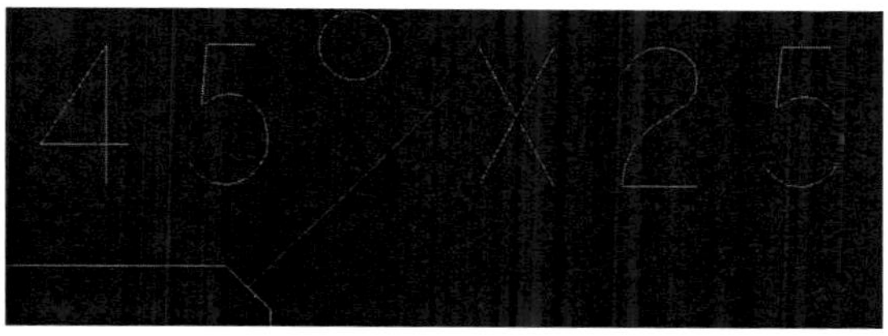

㉡ 적당한 위치로 이동한다. (클릭)

㉢ 치수선의 가로선까지 이동한다. (클릭)

㉣ 숫자 표시 부분가지 이동한다. (클릭)

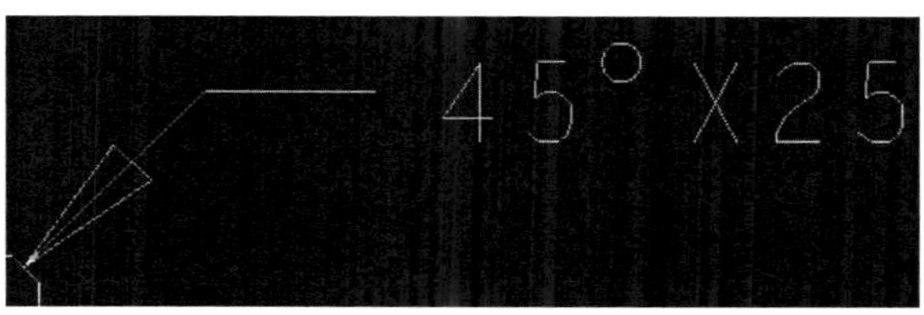

㉤ 마우스 오른쪽 버튼을 클릭하여 Done을 선택한다.

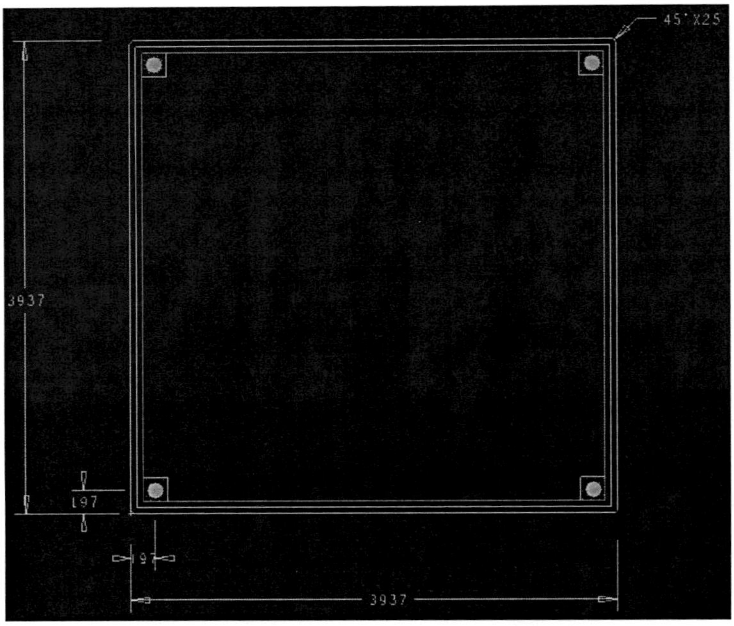

- Dimension 작성이 완료되면 메뉴 File 〉 Save로 저장한다.

4. Create Netlist

- Footprint를 UPD 파일을 작성하여 기입한다.
- Project Manager에서 Main Sheet를 선택하고, 툴바의 Bill Of Materials 아이콘 을 누르거나 메뉴 Tools 〉 Bill Of Materials...를 선택한다.
- 기본설정 이외에 \tPCB Footprint \t{PCB Footprint}를 추가 작성한다.
- 하단에 Report File에서 파일 확장자 bom을 지우고 upd로 변경한다.
- OK를 누른다.

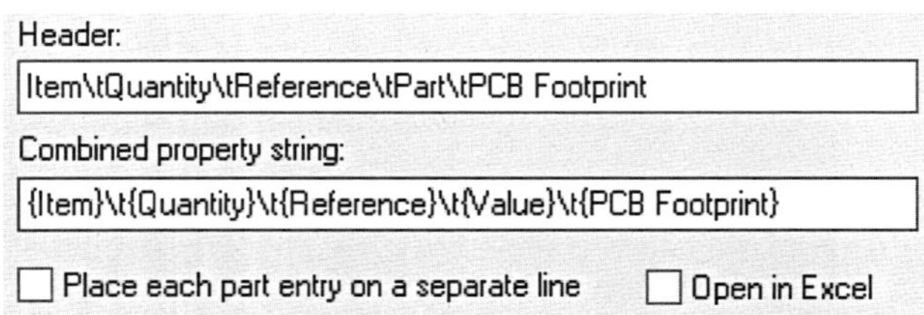

*** 부품에 대한 타입을 알아야 부품 수급 시 실수하지 않는다.

예]

```
MAIN  Revised: Thursday, September 20, 2007
          Revision: 1




Bill Of Materials      September 20,2007      18:33:27  Page1

Item     Quantity     Reference    Part     PCB Footprint
______________________________________________

1   2    C1,C2   10p 10p
2   8    D1,D2,D3,D4,D5,D6,D7,D8 LED LED
3   1    J1  CON2     CON2
4   1    R1  RESISTOR SIP 5  RESISTOR SIP 5
5   1    SW1 SW DIP-4     SW DIP-4
6   1    U1  PIC16F84     PIC16F84
7   1    Y1  4MHz     4MHz
```

- 아래 부분을 제외하고 다 지우고 upd 양식으로 작성한다.

예]　　"{Value}"　　"PCB Footprint"

　　"10p"　　"C0805"

- 아래와 같이 작성한다.

예]

```
"{VALUE}"          "PCB Footprint"
   "10p"               "C0805"
   "LED"               "D0805"
   "CON2"              "JUMPER2"
   "RESISTOR SIP 5"  "SIP5"
   "SW DIP-4"          "DIP8_3"
   "PIC16F84"          "SOIC18"
   "4MHz"              "HC49"
```

- 작성 후 저장한다.

- 메뉴 Tools 〉 Update Properties...를 선택한다.

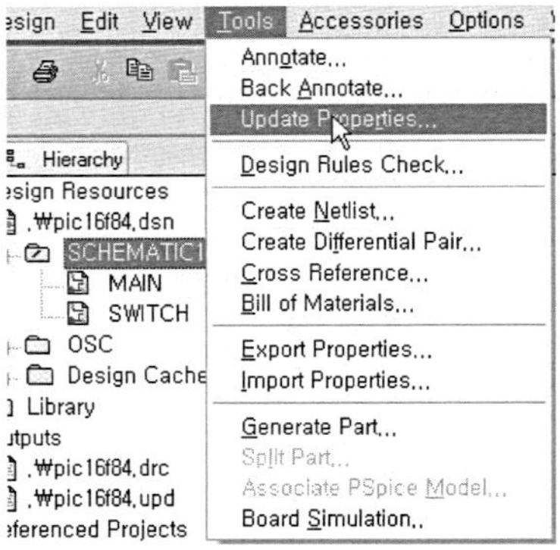

- 같은 폴더 내에 생성되었으므로 자동으로 인식한다. Unconditionally update the property 항목에 체크를 한 이후에 OK를 선택한다.

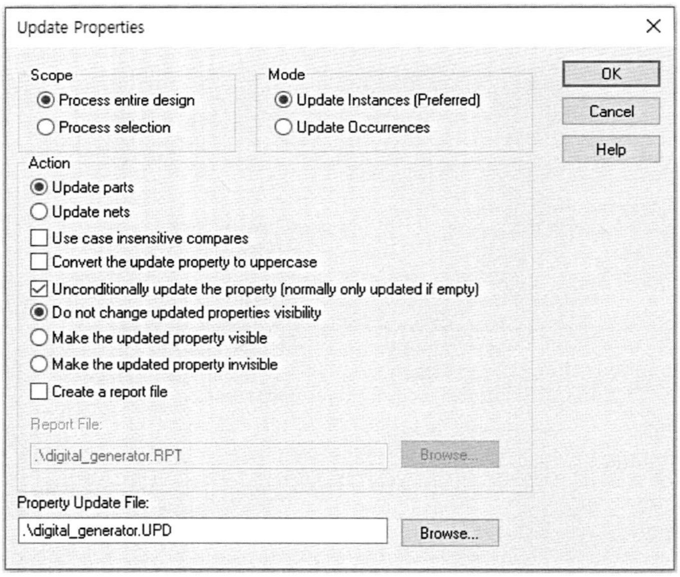

- 회로도를 열어 속성을 확인해 보면 PCB Footprint 항목에 모두 Update 되어 있다.
- 툴바의 아이콘 Create Netlist 를 선택하거나 메뉴 Tools 〉 Create Netlist...를 선택한다.

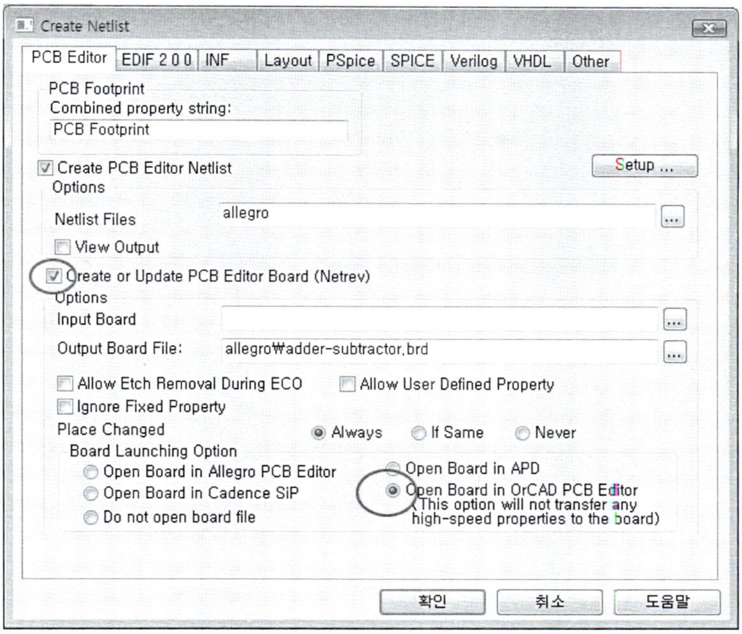

- Board launching Option 항목에서 Open Board in OrCAD PCB Editor를 선택한다. (현재 컴퓨터에 설치되어 있는 제품의 종류를 선택하는 부분이다)
- 확인을 누르면 경고가 발생을 하는데 이것은 해당 부품의 핀 수에서 사용되는 핀 수가 매칭된 Footprint의 핀 수와 차이가 있거나 핀의 이름이 다르기 때문이다.

```
#1  WARNING(SPMHNI-192): Device/Symbol check warning detected. [help]
ERROR(SPMHNI-196): Symbol 'DIP8_3' for device 'TL061_1_DIP8_3_TL061' has extra pin '8'.
#2  WARNING(SPMHNI-192): Device/Symbol check warning detected. [help]
ERROR(SPMHNI-196): Symbol 'TO220AA' for device 'LM7805/TO_1_TO220AA_LM7805' has extra pin 'HOLE20'.
ERROR(SPMHNI-195): Symbol 'TO220AA' for device 'LM7805/TO_1_TO220AA_LM7805' is missing pin '2'.
#3  WARNING(SPMHNI-192): Device/Symbol check warning detected. [help]
ERROR(SPMHNI-196): Symbol 'RESADJ' for device 'RESISTOR VAR 2  RESADJ  1M' has extra pin '3'.
```

- PCB Editor에서 to220aa 심볼을 불러와 핀의 이름을 수정한다.
- Visibility에서 Text만 체크하여 HOLE20을 마우스 오른쪽으로 눌러 Text Edit을 선택한다.

- HOLE20을 2로 수정하여 저장한다. (원본은 다른 곳에 저장하는 것이 좋다.)

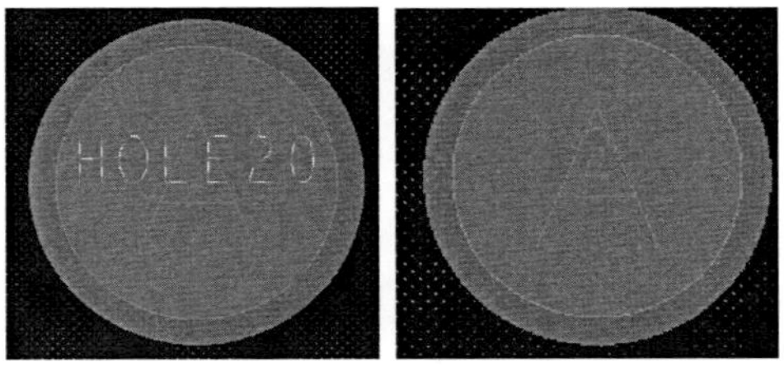

- Main Sheet에서 경고에 해당하는 부품을 마우스 오른쪽으로 누른 이후에 Edit Properties...를 선택한다.
- New Property...를 누르고, Name에 NC를 입력하여 Apply를 누른다.
- 생성된 NC에서 경고에서 언급된 여분의 핀에 대해 입력한다.

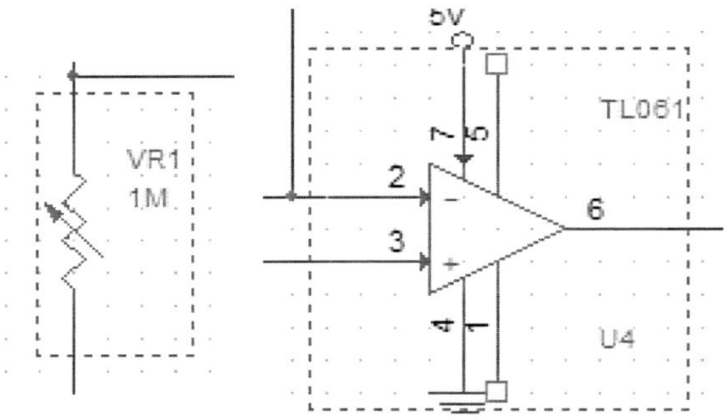

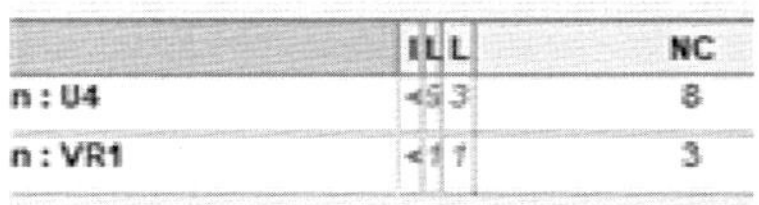

- Create Netlist를 다시 하게 되면 에러와 경고 없이 진행되고, Netlist가 전송된 PCB Editor가 실행된다.

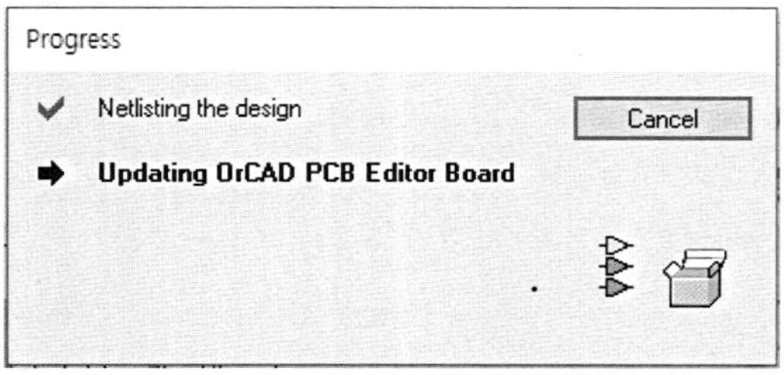

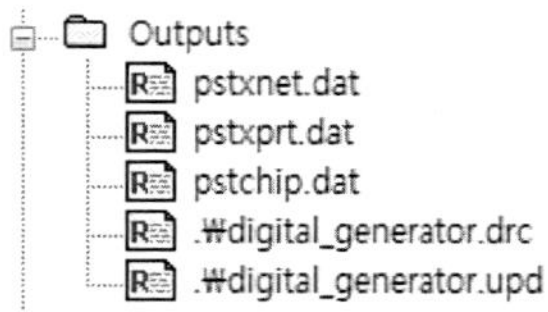

8-3. PCB Editor

1. 기본 설정

- 메뉴 Setup 〉 Design Parameters...를 선택한다.

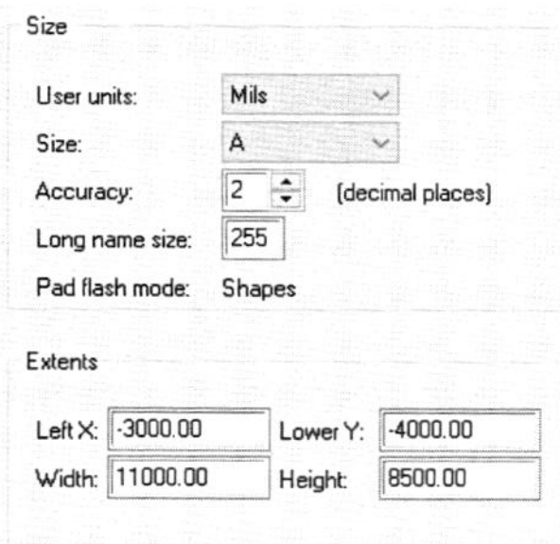

- Design Tap에서 Size를 A로 설정하고, Extents를 x : -3000, y : -4000 으로 설정한다.
- Text Tap에서 Block을 3으로 설정한다.

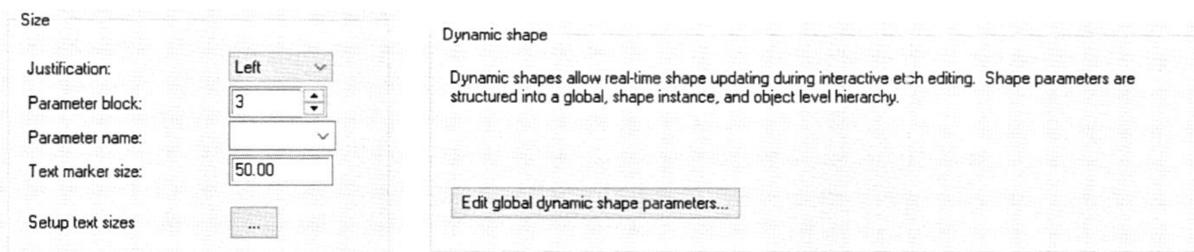

- Shapes Tap에서 Dynamic Shape항목의 Edit global dynamic shape parameters를 선택한다.
- Void controls 〉 Artwork format을 Gerber RS274X로 설정하고 Create pin voids를 In-line으로 선택한다.

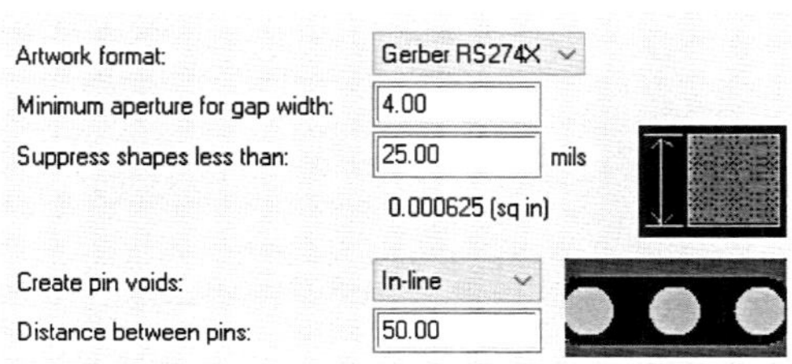

- OK를 눌러 설정을 완료한다.

2. Board Outline 배치하기

– 메뉴 Place 〉 Manually...를 선택한다.

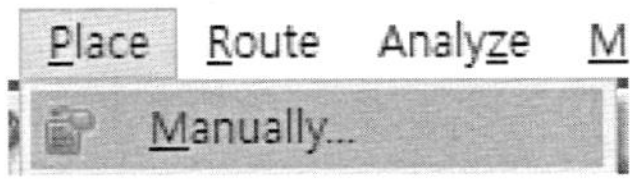

– Advanced Settings Tap에서 Library를 선택한다.

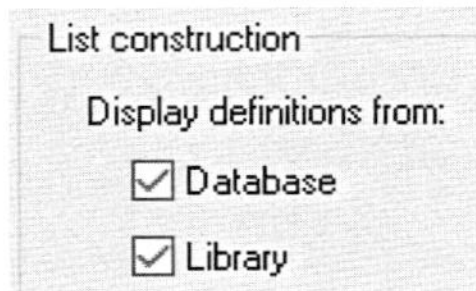

– Placement List Tap에서 Mechanical symbol을 선택하면 PIC_OUTLINE로 만들어 두었던 Board Outline이 보인다. 선택을 하고 하단의 Hide를 선택한다.

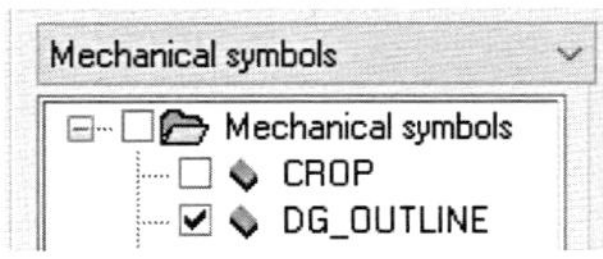

– Command창에 좌표를 기입한다.

x^0^0 Enter↵

F6

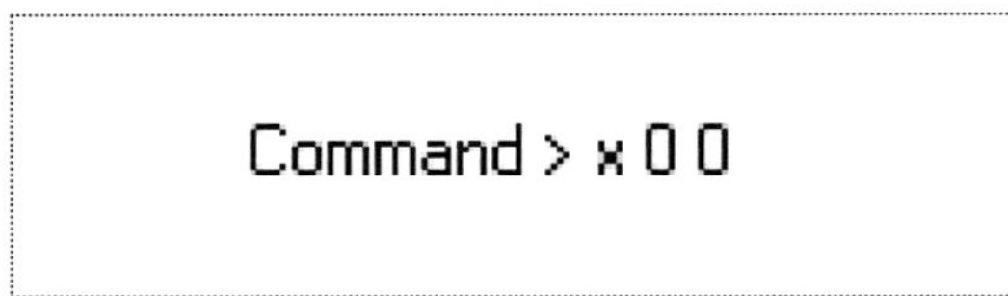

– 배치가 끝이 났으면 저장을 한다. 확장자 brd로 저장을 한다.

3. Constraints 설정하기

- 아이콘 Cmgr을 선택한다. 

(메뉴바 Setup 〉 Constraints 〉 Constraints Manager...를 선택한다.)

① Physical Constraints 설정하기

Physical – **Physical Constraint Set** – All Layer

- Line Width Min/Max 20mil/110mil로 설정한다.
- Neck Width Min/Max 15mil/30mil로 설정한다.

Objects			Referenced Physical CSet	Line Width		Neck	
				Min	Max	Min Width	Max Length
Type	S	Name		mil	mil	mil	mil
*	*	*	*	*	*	*	*
Dsn		⊟ DIGITAL_GENERATOR	DEFAULT	20.00	110.00	15.00	30.00
PCS		⊞ DEFAULT		20.00	110.00	15.00	30.00

- VIA 란을 클릭하여 새로 생성한 via24cir12d를 설정한다.

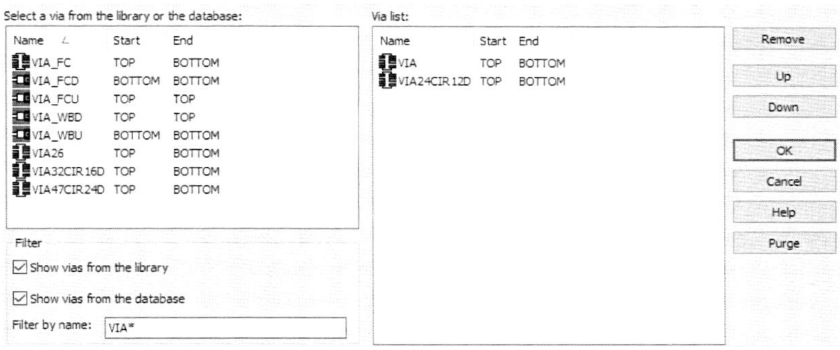

- 왼쪽의 list에서 via24cir12d를 찾아서 더블 클릭한다.
- Via list(우측)에 추가된다.
- 기존 Via는 Remove을 선택하여 삭제한다.

Physical – Net – All Layers 설정

- 5V/9V/GND net의 line width를 min 40, Neck Width를 min 20mil로 설장한다.
- 5V/9V의 VIA Type을 via32r16d로 설정한다.
- GND의 VIA Type을 via47cir24d로 설정한다.

Objects			Neck		Uncoupled Length		Static Phase Tolerance	Differential Pair					Vias
Type	S	Name	Min Width	Max Length	Gather Control	Max		Min Line Spaci	Primary Gap	Neck Gap	(+)Tolerance	(-)Tolerance	
			mil	mil		mil	mil	mil	mil	mil	mil	mil	
*	*	*	*	*	*	*	*	*	*	*	*	*	*
Dsn		⊟ DIGITAL_GENERATOR	15.00	30.00				0.00	0.00	0.00	0.00	0.00	VIA24CIR12D
Net		GND	20.00	30.00				0.00	0.00	0.00	0.00	0.00	VIA47CIR24D
Net		N01146	15.00	30.00				0.00	0.00	0.00	0.00	0.00	VIA24CIR12D
Net		N01175	15.00	30.00				0.00	0.00	0.00	0.00	0.00	VIA24CIR12D
Net		N01316	15.00	30.00				0.00	0.00	0.00	0.00	0.00	VIA24CIR12D
Net		N01390	15.00	30.00				0.00	0.00	0.00	0.00	0.00	VIA24CIR12D
Net		N01752	15.00	30.00				0.00	0.00	0.00	0.00	0.00	VIA24CIR12D
Net		N01756	15.00	30.00				0.00	0.00	0.00	0.00	0.00	VIA24CIR12D
Net		N01945	15.00	30.00				0.00	0.00	0.00	0.00	0.00	VIA24CIR12D
Net		N01957	15.00	30.00				0.00	0.00	0.00	0.00	0.00	VIA24CIR12D
Net		N01969	15.00	30.00				0.00	0.00	0.00	0.00	0.00	VIA24CIR12D
Net		N01981	15.00	30.00				0.00	0.00	0.00	0.00	0.00	VIA24CIR12D
Net		N02018	15.00	30.00				0.00	0.00	0.00	0.00	0.00	VIA24CIR12D
Net		N02142	15.00	30.00				0.00	0.00	0.00	0.00	0.00	VIA24CIR12D
Net		OUT	15.00	30.00				0.00	0.00	0.00	0.00	0.00	VIA24CIR12D
Net		Q2	15.00	30.00				0.00	0.00	0.00	0.00	0.00	VIA24CIR12D
Net		Q3	15.00	30.00				0.00	0.00	0.00	0.00	0.00	VIA24CIR12D
Net		Q4	15.00	30.00				0.00	0.00	0.00	0.00	0.00	VIA24CIR12D
Net		5V	20.00	30.00				0.00	0.00	0.00	0.00	0.00	VIA32CIR16D
Net		9V	20.00	30.00				0.00	0.00	0.00	0.00	0.00	VIA32CIR16D

② Spacing constraints 설정하기

Spacing - Spacing Constraint Set - All Layers 설정

- 모두 10mil로 설정한다.

Objects			Referenced Spacing CSet	Line To >>	Thru Pin To >>	SMD Pin To >>	Test Pin To >>	Thru Via To >>	BB Via To >>	Test Via To >>	Shape To >>	Bond Finger To >>
				All	All	All	All	All	All	All	All	All
Type	S	Name		mil	mil	mil	mil	mil	mil	mil	mil	mil
*	*	*	*	*	*	*	*	*	*	*	*	*
Dsn		⊟ DIGITAL_GENERATOR	DEFAULT	10.00	10.00	10.00	10.00	10.00	10.00	10.00	10.00	10.00
SCS		⊞ DEFAULT		10.00	10.00	10.00	10.00	10.00	10.00	10.00	10.00	10.00

③ Properties Constraints 설정하기

Properties - Net - General Properties 설정

- No Rat 설정이 GND는 ON으로 되어 있어 화면상에서 Ratsnest가 보이지 않는다. 해당 셀을 클릭한 후 Clear를 선택한다.

Objects			Voltage	Weight	No Rat
Type	S	Name	V		
*	*	*	*	*	*
Dsn		⊟ DIGITAL_GENERATOR			
Net		GND			
Net		N01146			On
Net		N01175			Off
Net		N01316			(Clear)

- 설정을 마친 후에는 File 〉 Close를 선택한다.

4. Color 설정하기

- 툴바 Color192아이콘을 선택 
- Global visibility의 off 선택
- 설정해야 할 Color는 Stack-Up의 Conductor에서 Top / Bottom의 All을 선택한다.

Areas의 Pkg KI(Package Keepin)을 선택한다.

Package geometry의 Place_Bound_Top / Silkscreen_Top을 선택한다.

Components의 Silkscreen_Top 라인의 RefDes를 선택한다.

5. 부품 배치하기

- Grid를 설정한다. Non-Etch : X : 50, Y : 50
- 화면 좌측의 Place Manual 아이콘을 선택한다.
  (메뉴 Place 〉 Manually...를 선택한다.)

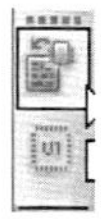

- Placement 창이 뜨며 Components by refdes에 모두 선택한 다음 Hide를 선택
- Board Outline을 기준으로 입력을 보드의 좌측으로 출력을 우측으로 대략 배치시킨다.
- 배치를 좀 더 잘하기 위해서 5V와 9V, GND net에 Assign Color를 설정해 준다.
- 메뉴 Display 〉 Assign Color를 선택하거나 툴바에서 아이콘을  선택한다.
- Control Panel 창에서 Option을 선택하여 컬러를 선택한다.
  [5V, 9V는 붉은색] [GND는 파란색계열]
- Control Panel의 Find Tab에서 하단의 Find By Name의 설정을 Net / Name으로 선택 후 More 버튼을 눌러 5V와 9V를 선택한다.
- OK를 누르면 부품 핀 중 5V와 9V 연결 핀은 빨간색으로 표시된다.
- 같은 방법으로 GND Net은 파란색을 적용시킨다.
- 전원에 유의하면서 배치한다.

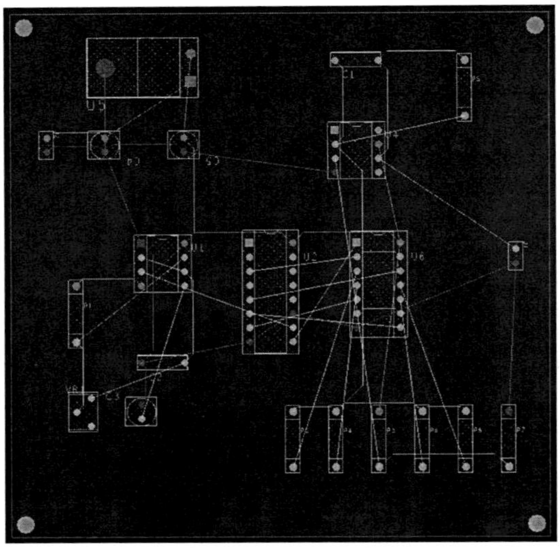

- 스트로크 m자 모양을 그려 Move 명령을 실행한다. (메뉴 Edit 〉 Move)
- 배치가 완료되면 Done을 선택한다.

회로도를 이용하여 PCB의 Footprint 검색하기

- Capture의 창을 화면의 절반으로 줄인다.
- PCB Editor의 창을 화면의 절반 크기로 줄인다.
- 부품을 선택하면, Capture/PCB Editor에서도 동시에 활성화 되는 Cross-probing 기능이 제공되며, 회로도에서 부품을 선택한 후 마우스 오른쪽 버튼의 메뉴 중 PCB Editor Select를 선택해도 된다.
- 배치 시 적절히 이용하면 편리하다.

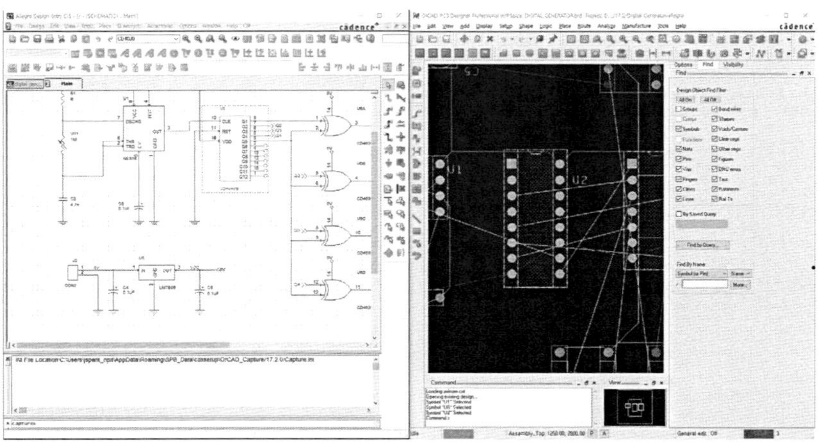

6. 배선하기

- Grid 설정을 All-Etch : X 5, Y 5로 설정한다.
- 화면 오른쪽 툴바 중 Add connect 아이콘을 선택한다. (단축키 F3)
- Control Panel의 Option Tap을 확인해본다.

  Shove Preferred 모드가 선택되어 있다. Constraint에 의해 움직이며, 기존 배선을 밀어내며 배선한다.

  Line lock을 45로 설정한다. 배선이 45도 각도로 배선된다.

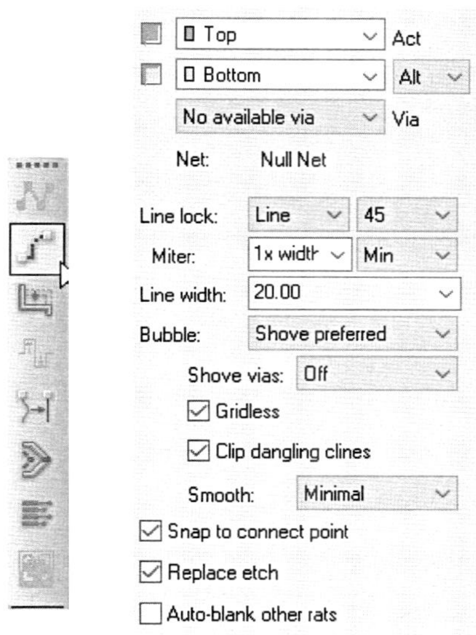

- VIA를 적절히 사용하여 배선한다.
- GND의 배선은 현 단계에서 하지 않고, Copper를 통해 해결한다.

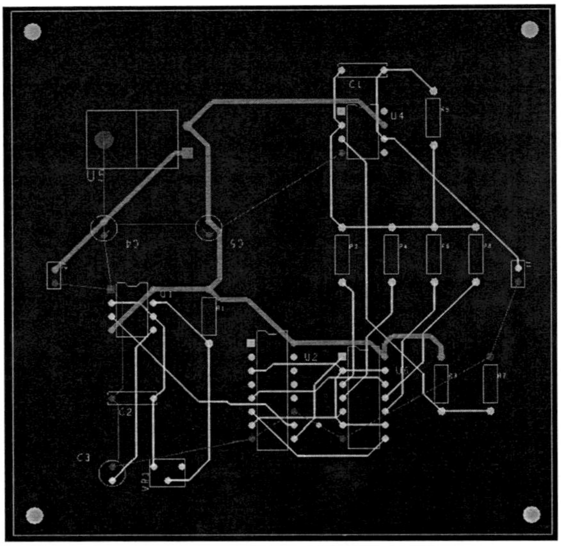

7. Copper 작업하기

– GND net에 Copper를 씌운다.

– 메뉴 Shape 〉 Rectangular 혹은 툴바 Shape Add Rect를 선택한다.

– Control Panel의 Option Tap에서 설정을 한다.

Class : Etch

Subclass : TOP

Assign net name을 GND로 설정한다.

Board보다 크게 그린다.

Done 또는 F6을 선택하면 Copper가 씌워진다.

– Bottom layer에도 같은 방법으로 작업한다.

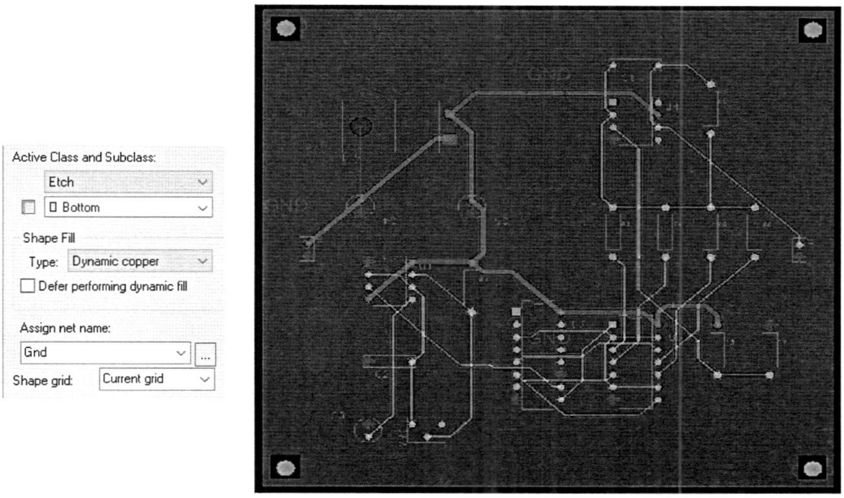

- 툴바 Island Delete아이콘을 선택한다.

- 메뉴 Display 〉 Status...를 선택한다.
  모든 항목이 녹색으로 표시 되어있으면 설계에 에러가 없다는 의미이다.
  실시간 DRC지만 최종적으로 Update DRC를 실행하여 한 번 더 확인해 보는 것이 좋다.

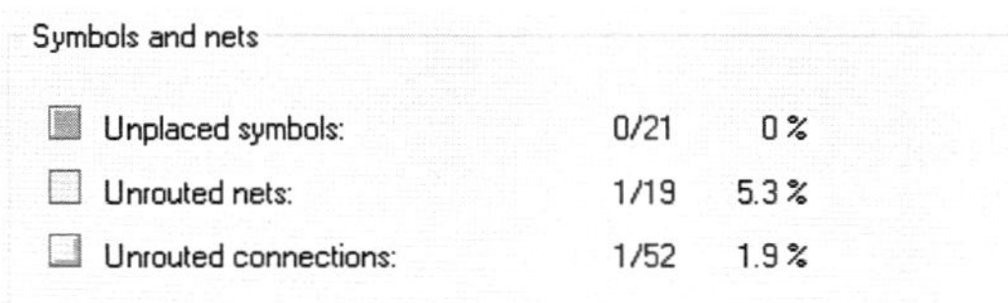

- 여기에서는 Status를 확인하면 Unrouted connections에 하나의 문제가 남아 있는 것으로 확인된다. (에러가 발생하지 않았다면 Silkscreen 과정으로 넘어가도 좋다.)
- Unrouted connections 앞의 노란 박스를 누르면 원인이 나온다.

```
GND
From: C4.2 (700.00 2250.00) To: U5.2 (705.00 2950.00)
```

- Copper로 해결되지 않은 GND가 남아 있기 때문에 C4의 2번 핀과 U5의 2번 핀을 직접 연결한다.
- 연결 이후에 다시 Status를 확인하면 에러가 없어진 것을 알 수 있다.

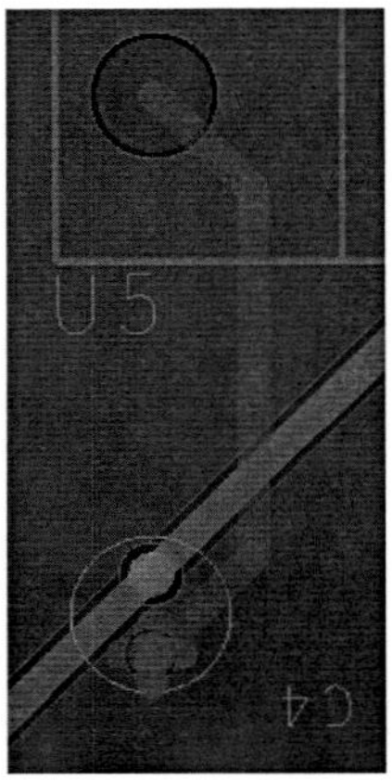

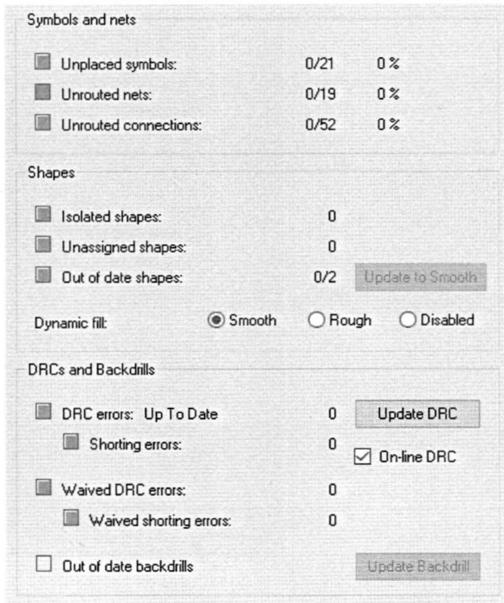

8. Silkscreen 정리하기

- Color 설정을 한다.
  Global Visibility를 Off한 후
  Stack Up – Conductor : TOP : pin, via
  Board Geometry : Outline
  Package Geometry : Silkscreen _Top
  Component : Silkscreen_Top – RefDes
- 메뉴 Edit > Change를 선택한다.
  Control Panel의 Option Tap에서 설정을 한다.
  Class : Refdes
  New Subclass : Silkscreen_Top
  Title Block : 3
- Control Panel의 Find Tap에서 모두 해제 후 Text만 선택한다.
- Board 전체를 드래그 한다.
- Move 명령을 실행한다.
- Control Panel의 Find Tap에서 모두 설정해제 후 Text만 선택한다.
- Reference를 정리한다.

9. Drill Legend 작성하기

- Color 설정을 한다.
- Board Geometry의 Dimension을 선택한다.
- 메뉴 Manufacture 〉 NC 〉 Drill Customization...을 선택한다.
  Table하단의 Auto generate symbols를 선택한 후 OK를 선택한다.

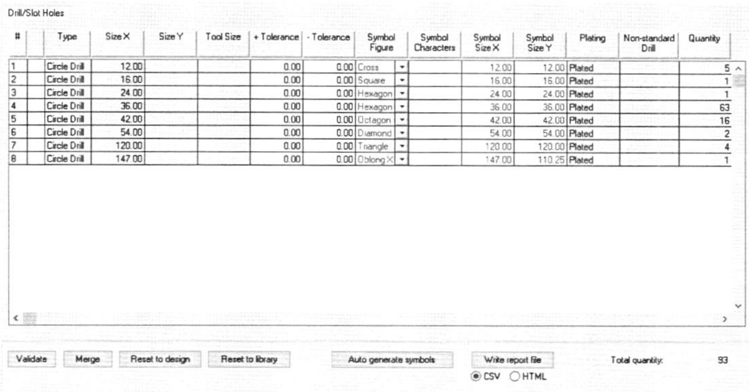

Drill/Slot Holes

#		Type	Size X	Size Y	Tool Size	+ Tolerance	- Tolerance	Symbol Figure	Symbol Characters	Symbol Size X	Symbol Size Y	Plating	Non-standard Drill	Quantity
1		Circle Drill	12.00			0.00	0.00	Cross		12.00	12.00	Plated		5
2		Circle Drill	16.00			0.00	0.00	Square		16.00	16.00	Plated		1
3		Circle Drill	24.00			0.00	0.00	Hexagon		24.00	24.00	Plated		1
4		Circle Drill	36.00			0.00	0.00	Hexagon		36.00	36.00	Plated		63
5		Circle Drill	42.00			0.00	0.00	Octagon		42.00	42.00	Plated		16
6		Circle Drill	54.00			0.00	0.00	Diamond		54.00	54.00	Plated		2
7		Circle Drill	120.00			0.00	0.00	Triangle		120.00	120.00	Plated		4
8		Circle Drill	147.00			0.00	0.00	Oblong X		147.00	110.25	Plated		1

- 메뉴 Manufacture 〉 NC 〉 Drill Legend...를 선택하거나 툴바 Drill Legend를 선택한다. 
- OK를 선택하여 화면의 Board 하단에 배치시킨다.

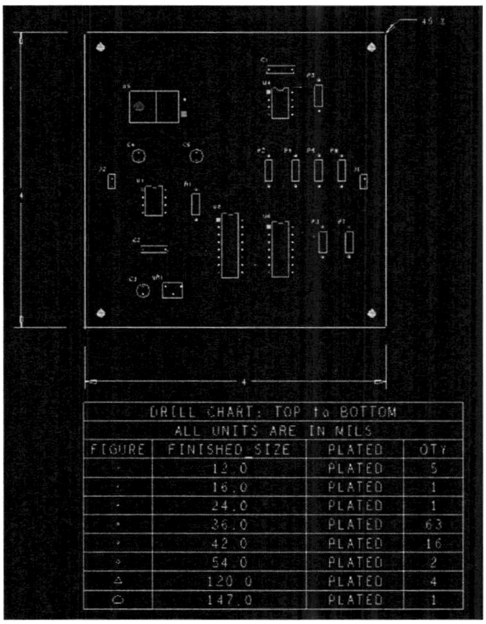

DRILL CHART: TOP to BOTTOM			
ALL UNITS ARE IN MILS			
FIGURE	FINISHED SIZE	PLATED	QTY
·	12.0	PLATED	5
·	16.0	PLATED	1
·	24.0	PLATED	1
·	36.0	PLATED	63
·	42.0	PLATED	16
◇	54.0	PLATED	2
△	120.0	PLATED	4
⬭	147.0	PLATED	1

8-4. Gerber File 작성하기

- 메뉴 Manufacture 〉 Artwork...을 선택하거나, 툴바 Artwork 아이콘을 선택한다. 
- General Parameters 탭에서 설정을 한다.

  Device Type : RS274X (제작에 필요한 모든 파일이 포함된 형식)

  Format : 3 . 5

  Suppress : Leading zeroes

  Equal Coordinates

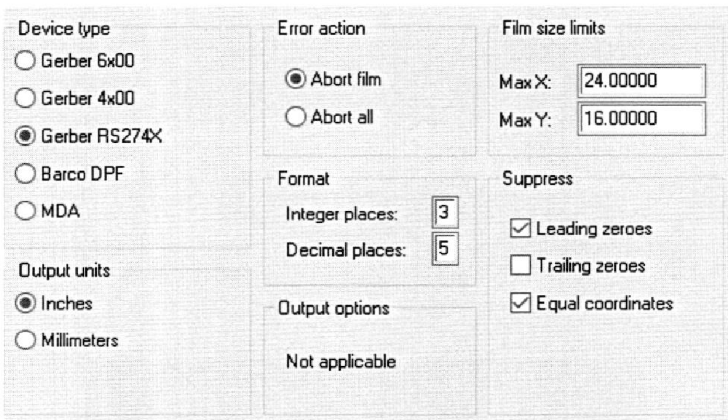

- OK를 선택한다.

① **Soldermask_TOP**

- Color 설정을 변경한다.
- Global visibility를 Off 선택한다. 

- Stack-Up 〉 Soldermask_Top의 Pin과 Via를 선택한다.

- OK를 선택한다.

- Artwork 아이콘을 선택한다.
- Film Control Tap을 선택한다.

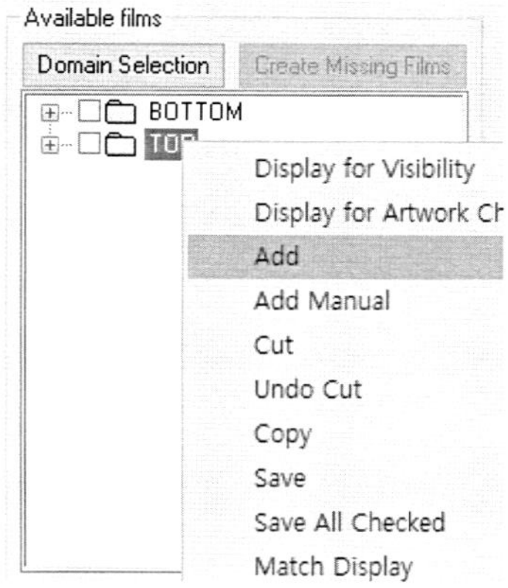

- Bottom 폴더를 선택하고 마우스 오른쪽 버튼의 팝업메뉴 중 Add를 선택한다. 이름을 Soldermask_TOP으로 기입한다.
- OK를 선택한다.

② **Soldermask_Bottom**

- Color 설정을 변경한다.
- 메뉴 Display 〉 Color/visibility... 클릭 후 우측 상단에 Global visibility off 선택
- Stack-Up 〉 Soldermask_Bottom의 Pin과 Via를 선택한다.
- OK를 선택한다.

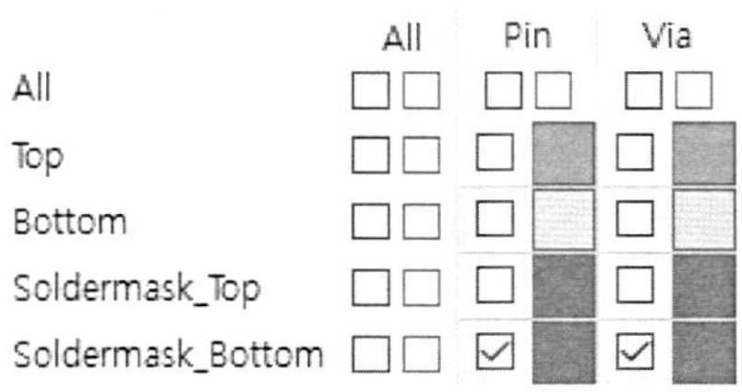

- Artwork 아이콘을 선택한다.
- Film Control Tap을 선택한다.
- Bottom 폴더를 선택하고 마우스오른쪽 버튼의 팝업메뉴 중 Add를 선택한다. 이름을 Soldermask_Bottom으로 기입한다.
- OK를 선택한다.

③ **Pastemask_Top**

- Color 설정을 변경한다.
- 메뉴 Display 〉 Color/visibility... 클릭 후 우측 상단에 Global visibility off 선택
- Stack-Up 〉 Pastemask_Top의 Pin을 선택한다.
- OK를 선택한다.

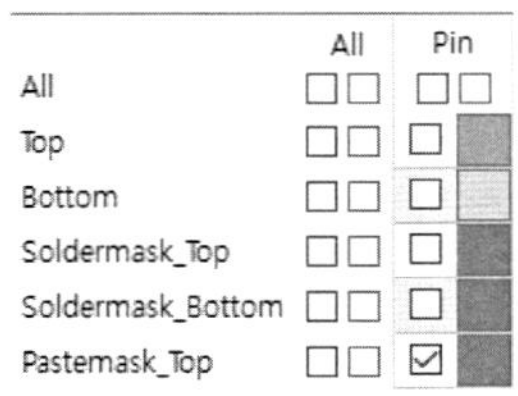

- Artwork 아이콘을 선택한다.
- Film Control Tap을 선택한다.
- Bottom 폴더를 선택하고 마우스 오른쪽 버튼의 팝업메뉴 중 Add를 선택한다. 이름을 Pastemask_Top으로 기입한다.
- OK를 선택한다.

④ **Silkscreen_Top**

- Color 설정을 변경한다.
- 메뉴 Display 〉 Color/visibility... 클릭 후 우측 상단에 Global visibility off 선택
- Package Geometry 〉 Silkscreen_Top을 선택한다.

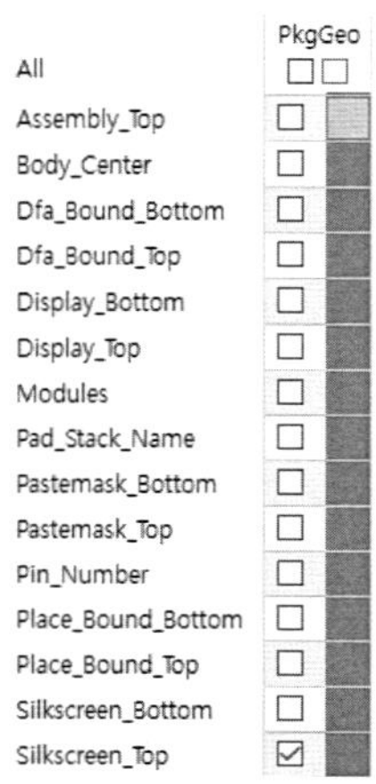

- Component 〉 RefDes의 Silkscreen_Top을 선택한다.

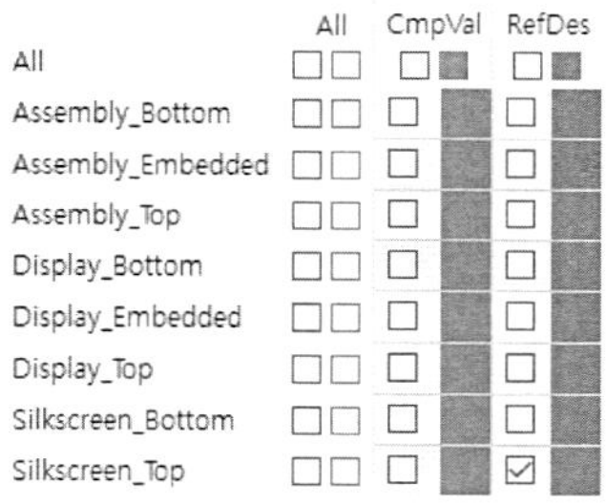

- OK를 선택한다.
- Artwork 아이콘을 선택한다.
- Film Control Tap을 선택한다.
- Bottom 폴더를 선택하고 마우스 오른쪽 버튼의 팝업 메뉴 중 Add를 선택한다.
- 이름을 Silkscreen_Top으로 기입한다.
- Undefined line width : 10 기입한다.

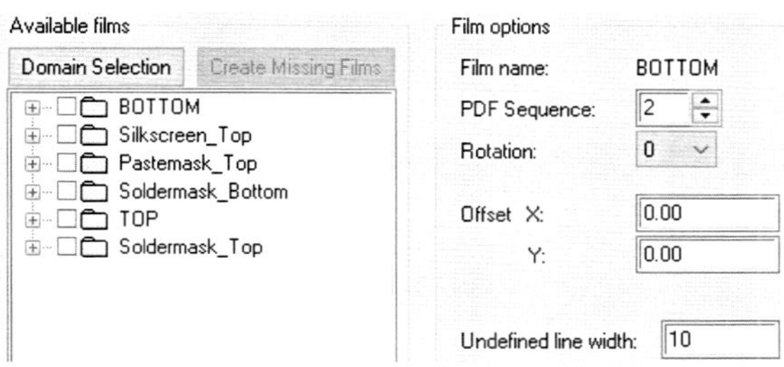

- OK를 선택한다.

⑤ **Drill_Draw**

- Color 설정을 변경한다.
- 메뉴 Display 〉 Color/visibility... 클릭 후 우측 상단에 Global visibility off 선택
- Board Geometry 〉 Design_Outline을 선택한다.

  Dimension을 선택한다.

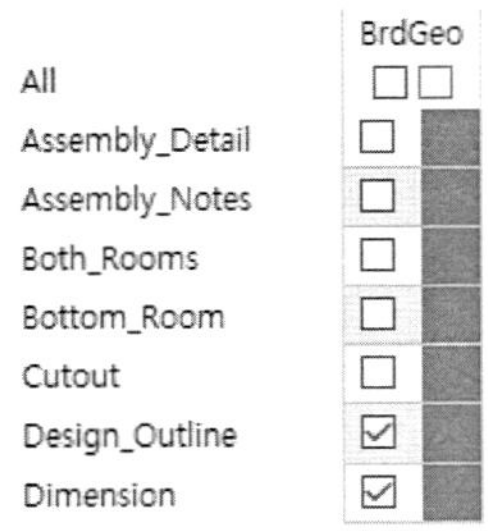

- Manufacturing 〉 Legend-1-2를 선택한다.

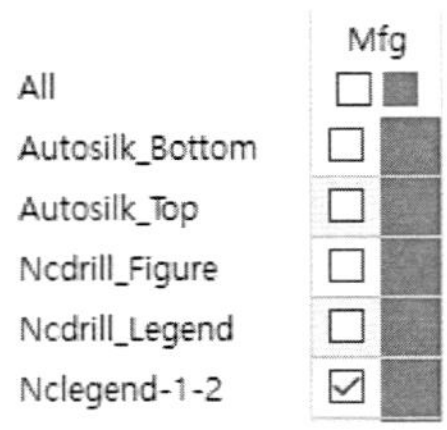

- OK를 선택한다.
- Artwork 아이콘을 선택한다.
- Film Control Tap을 선택한다.
- Bottom 폴더를 선택하고 마우스 오른쪽 버튼의 팝업 메뉴 중 Add를 선택한다.
- 이름을 **Drill_Draw**으로 기입한다.
- Undefined line width : 10 기입한다.

⑥ 생성하기

- Select all을 눌러 모두 선택한다.
- Create Artwork을 눌러 파일을 생성한다.(저장경로는 현재 *.brd 파일의 저장 경로와 동일)

⑦ NC Drill

- 메뉴 〉 Manufacture 〉 NC 〉 NC Drill... 〉 NC Parameters...를 선택하거나 툴바 Ncdrill Param 아이콘을 선택한다. 
- Excellon format을 다음 그림과 같이 설정한다.

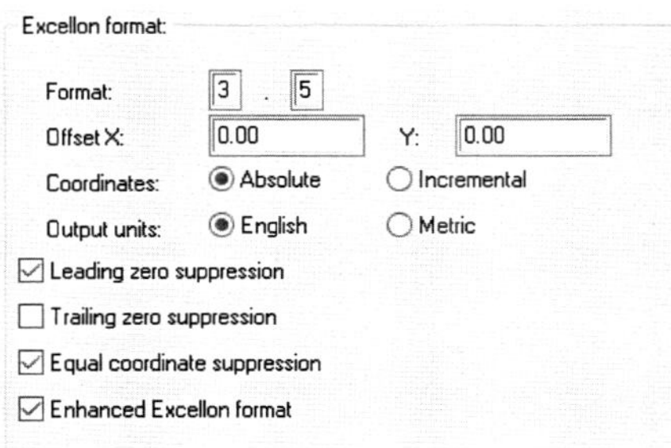

- 설정 후 Close를 선택한다.
- 메뉴 Manufacture 〉 NC 〉 NC Drill...을 선택한다.
  Option을 모두 선택한 다음 오른쪽의 Drill 버튼을 누른다.

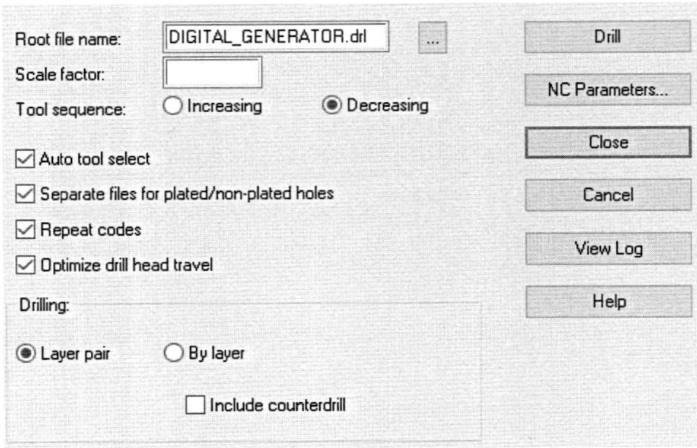

- Close를 눌러 종료한다.
- Gerber File의 생성이 완료되었다.

⑧ Report

- 메뉴 Tools 〉 Reports... 또는 Quick Report를 선택한다.
- 필요한 Report를 선택한 후 생성한다.

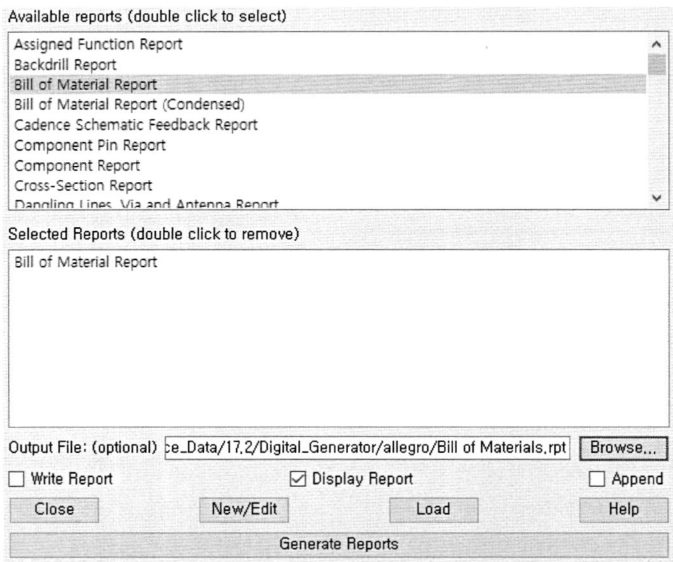

Design Name D:/Capture_PCB_Practice_Data/17.2/Digital_Generator/allegro/DIGITAL_GENERATOR.brd
Date Wed Jul 26 16:01:01 2017

Bill of Material Report

SYM_NAME	COMP_DEVICE_TYPE	COMP_VALUE	COMP_TOL	COMP_CLASS	REFDES
CAP300	CAP NP_CAP300_0.09UF	0.09uF		IC	C1
CAP300	CAP NP_CAP300_4.7N	4.7n		IC	C2
CAP196	CAP POL_CAP196_0.1UF	0.1uF		IC	C3
CAP196	CAP POL_CAP196_0.1UF	0.1uF		IC	C4
CAP196	CAP POL_CAP196_0.1UF	0.1uF		IC	C5
JUMPER2	CON2_JUMPER2_CON2	CON2		IC	J1
JUMPER2	CON2_JUMPER2_CON2	CON2		IC	J2
RES400	R_RES400_R	R		IC	R1
RES400	R_RES400_150K	150k		IC	R2
RES400	R_RES400_27K	27k		IC	R3
RES400	R_RES400_68K	68k		IC	R4
RES400	R_RES400_2.2K	2.2k		IC	R5
RES400	R_RES400_27K	27k		IC	R6
RES400	R_RES400_27K	27k		IC	R7
RES400	R_RES400_10K	10k		IC	R8
DIP8_3	NE555_1_DIP8_3_NE555	NE555		IC	U1
DIP16_3	CD4040B_0_DIP16_3_CD4040B	CD4040B		IC	U2
DIP8_3	TL061_1_DIP8_3_TL061	TL061		IC	U4
TO220AA	LM7805/TO_1_TO220AA_LM7805	LM7805		IC	U5
DIP14_3	CD4030_3_DIP14_3_CD4030	CD4030		IC	U6
RESADJ	RESISTOR VAR 2_RESADJ_1M	1M		IC	VR1

부록 1.

OrCAD PCB Editor V17.2

Package Symbol List

	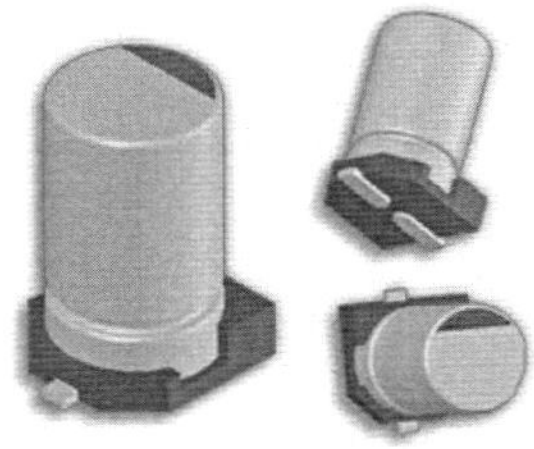
Ball Grid Array(BGA)	Aluminum Electrolytic Capacitor(CAE)
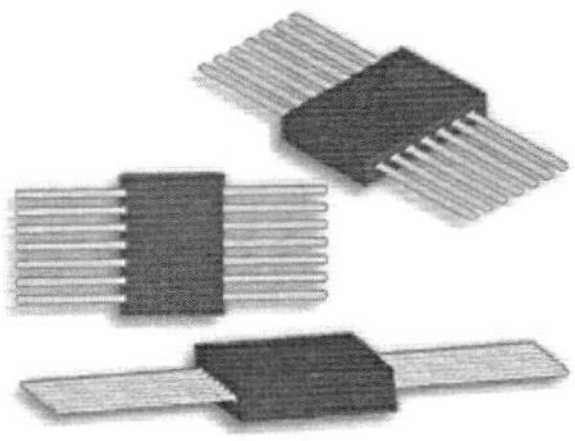	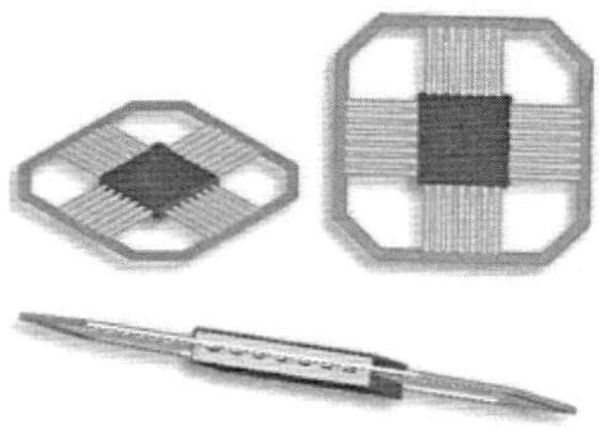
Ceramic Flat Pack(CFP)	Ceramic Quad Flat Pack(CQFP)
	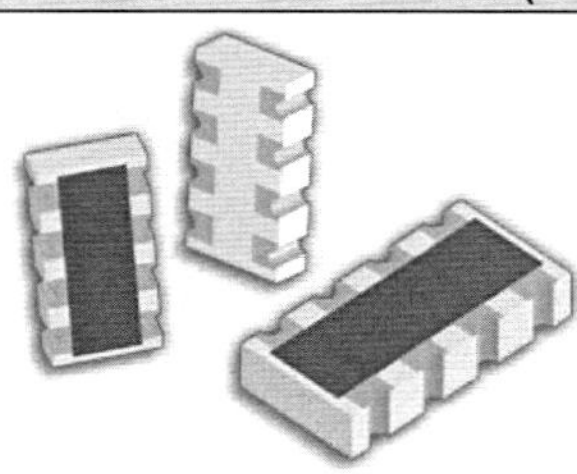
Chip(CHP)	Chip Array(CHPA)
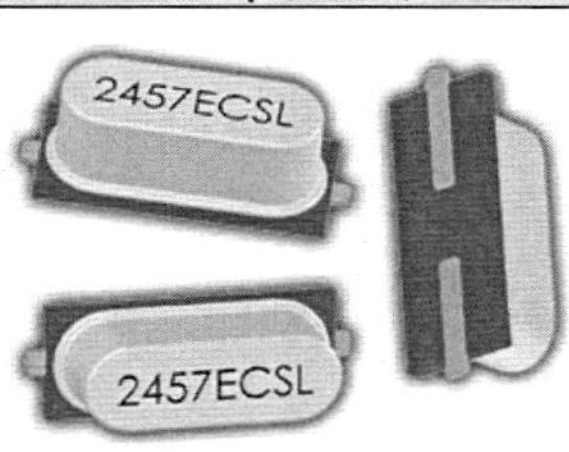	
Crystal(XTAL)	Leadless Chip Carrier(LCC)

– **PCB Editor Symbol List**

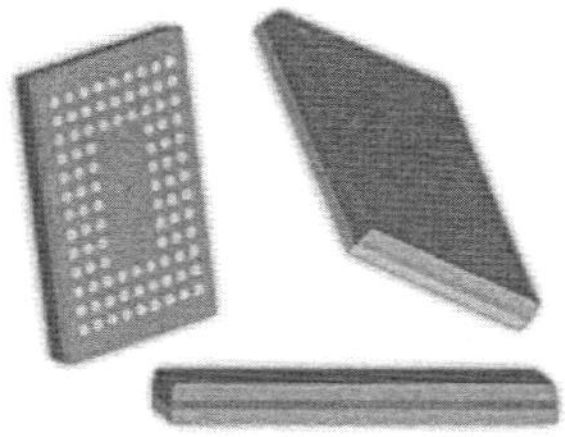	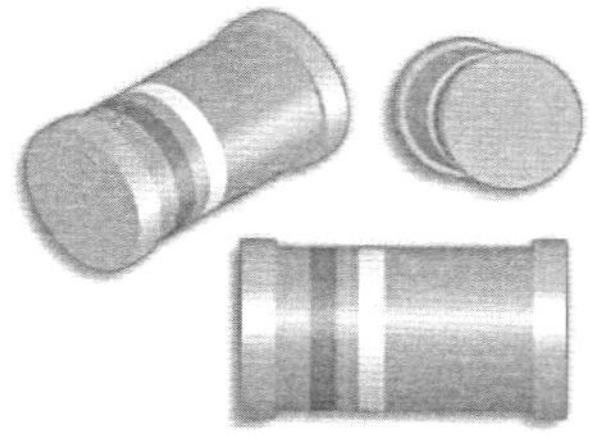
Land Grid Array(LGA)	Metal Electrode Face(MELF)
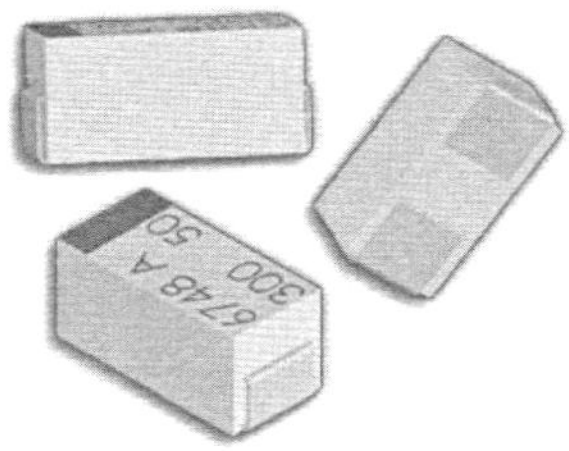	
Molded Body(MLD)	Oscillator(OSC)
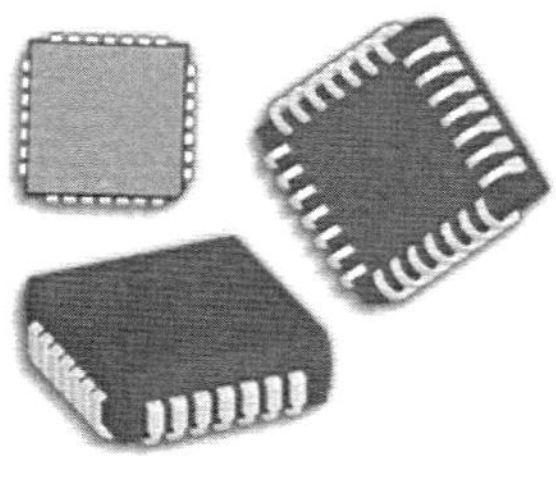	
Plastic Leaded Chip Carrier(PLCC)	Quad Flat No-lead(QFN)

Quad Flat Pack(QFP)	Small Outline IC(SOIC)

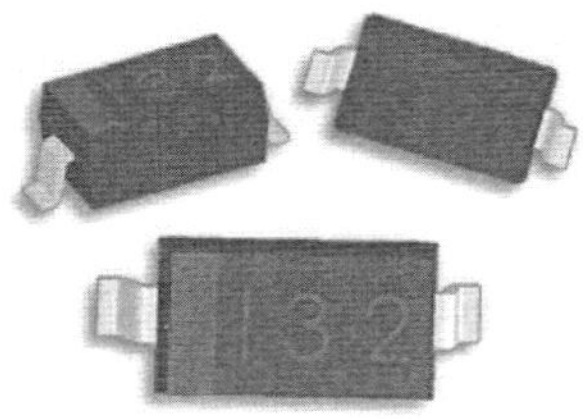	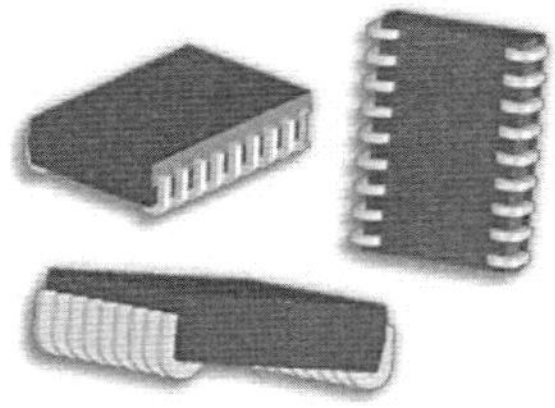
Small Outline Diode(SOD)	Small Outline J–lead(SOJ)

Small Outline No–lead(SON)	Small Outline Transistor (SOT23 type)
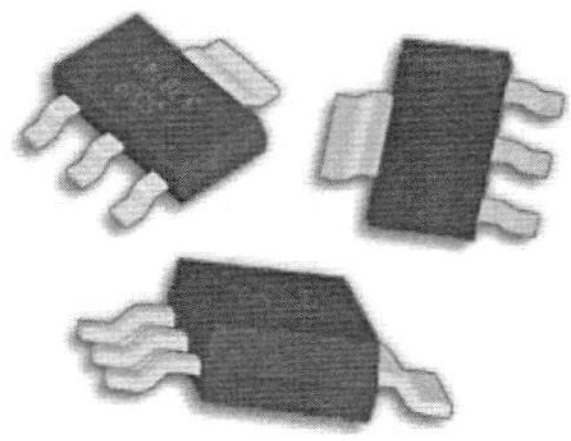	
Small Outline Transistor(SOT223)	Transistor Outline(TO)

0603RF_WV_12D	0805RF_WV_12D

1206RF_WV_12D	1210RF_WV_12D
	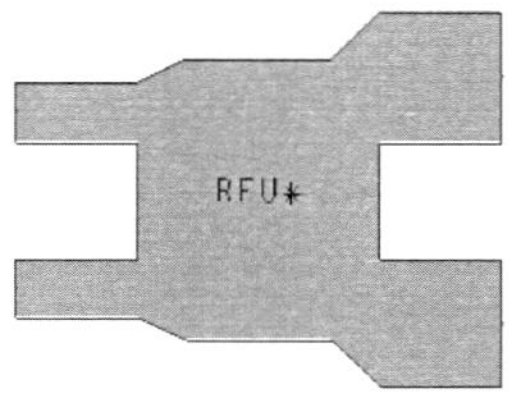
ASHYBRID1	ASHYBRID2
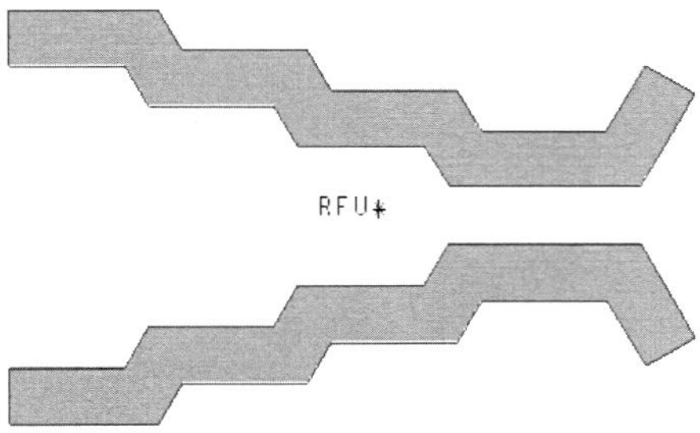	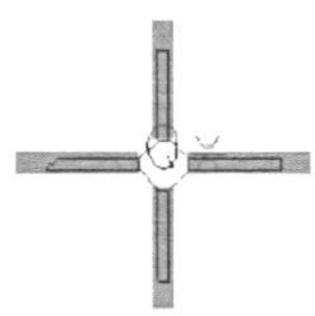
ASMCOUPLER	AT_35UX
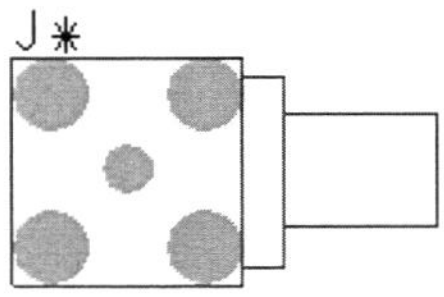	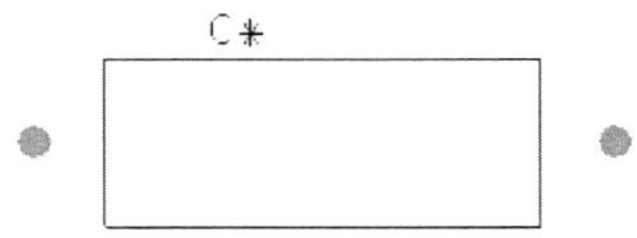
BNC	CAP1000
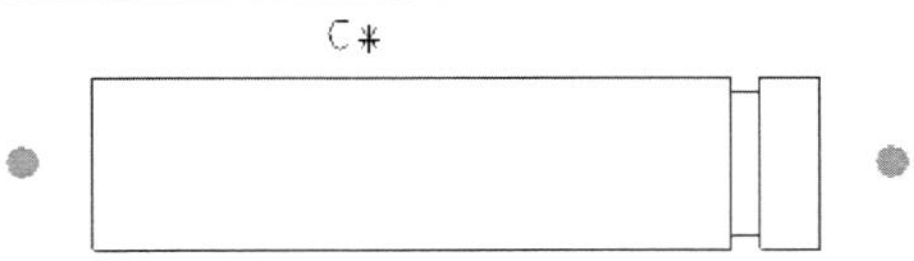	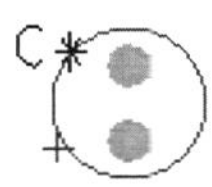
CAP1500	CAP196

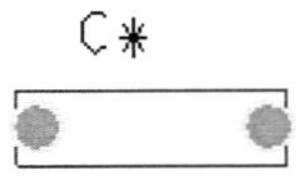	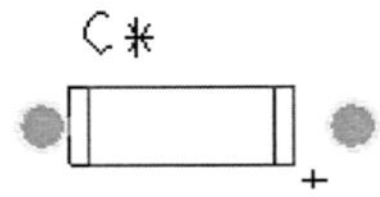
CAP300	CAP400
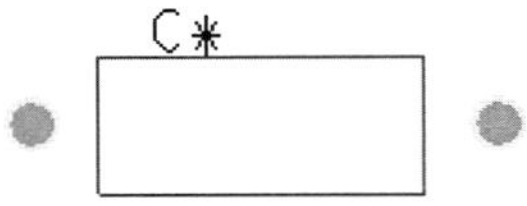	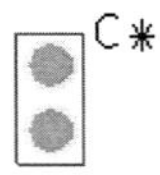
CAP600	CAPCK05
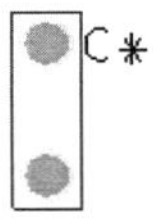	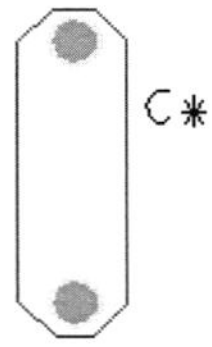
CAPCK06	CAPCK60
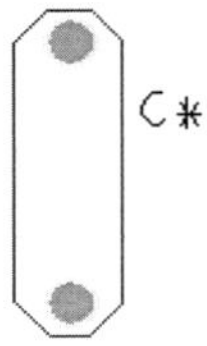	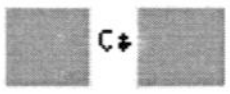
CAPCK62	CAPP2_PAD1
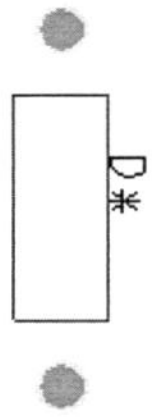	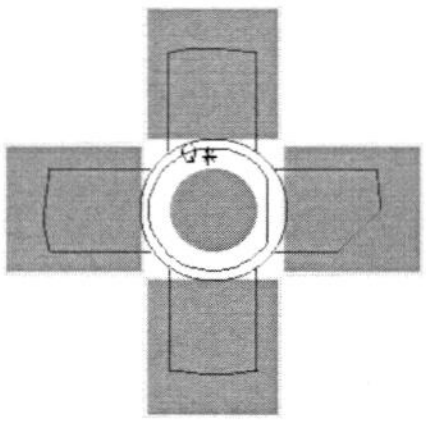
CASE17-02	CB298
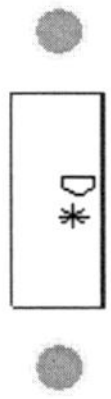	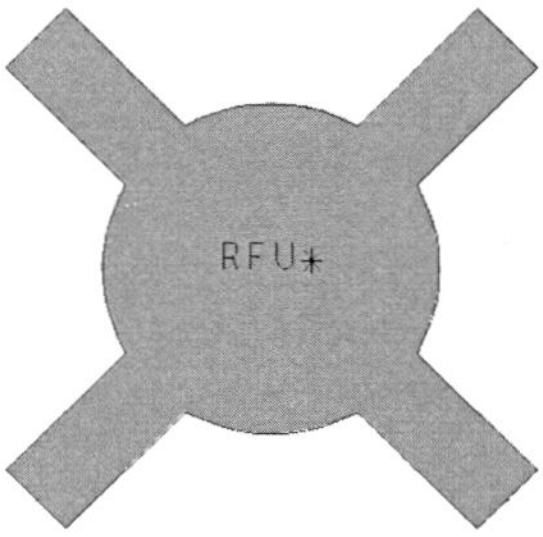
CB417	CHYBRID

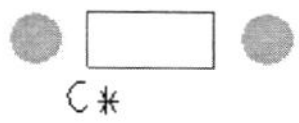

CK12-10PF

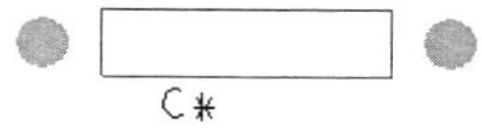

CK13-10PF

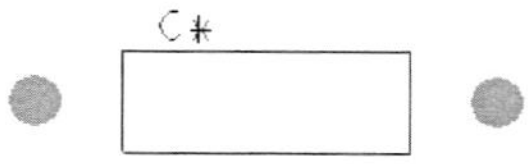

CK14-10PF

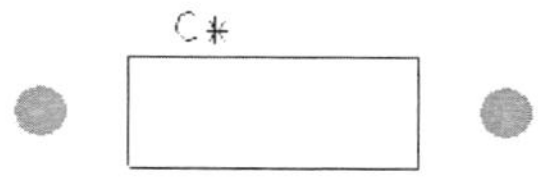

CK15-10PF

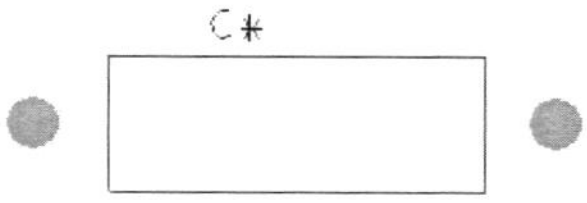

CK16-10PF

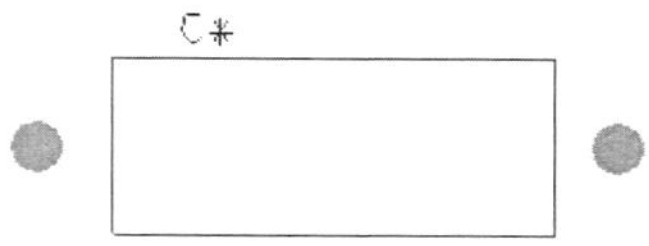

CK17-10PF

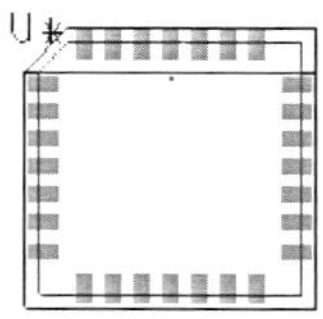

CLCC28

CLCC344

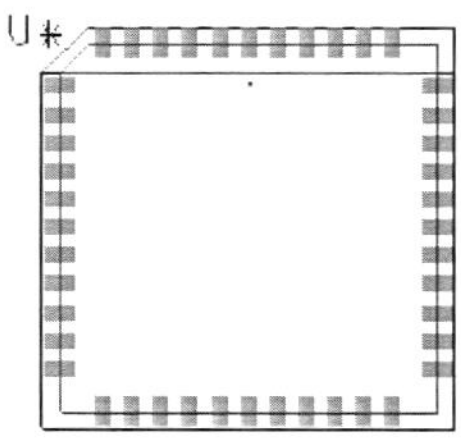

CLCC44

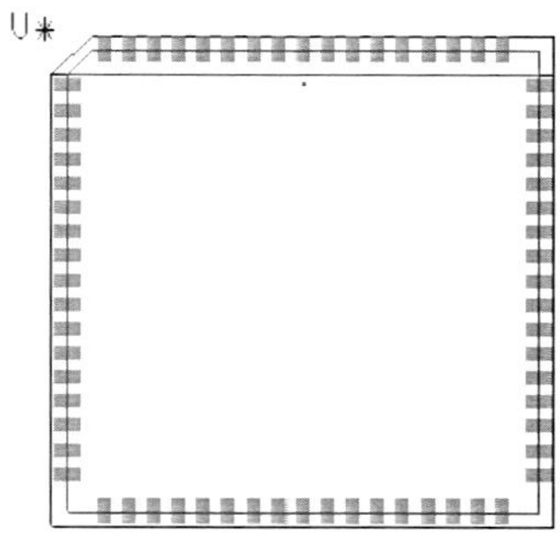

CLCC68

	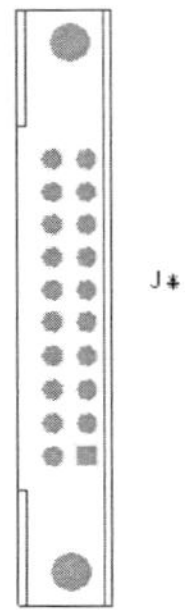
CLCC84	CONN20
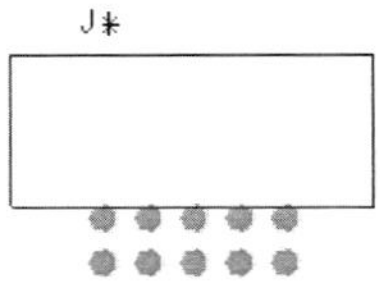	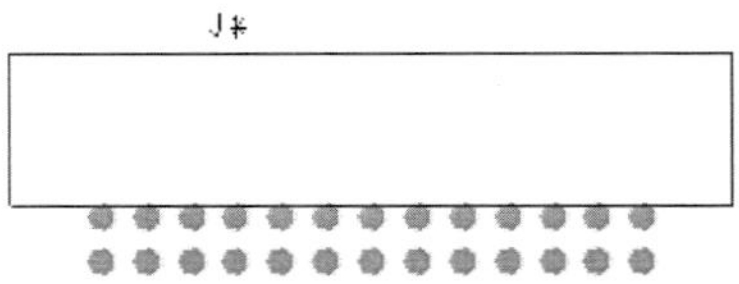
CONN10	CONN26
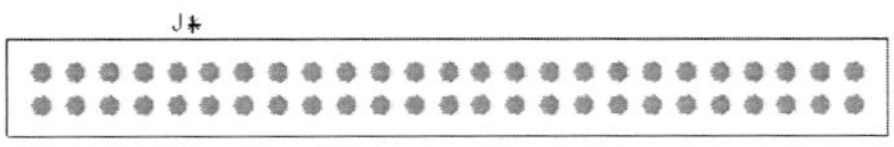	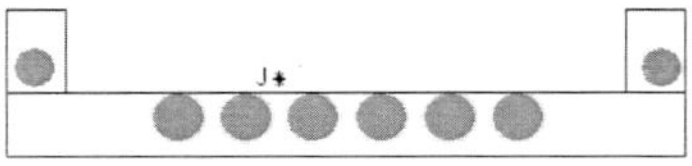
CONN50	CONN6
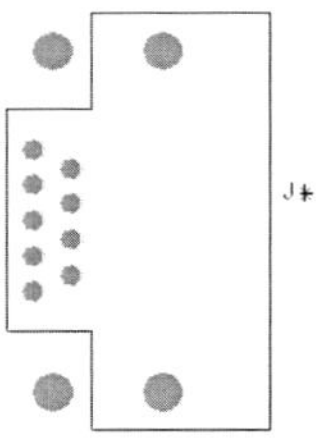	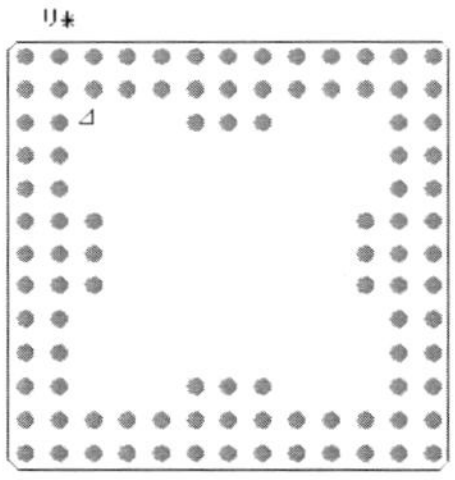
CONN9	CPGA100_X
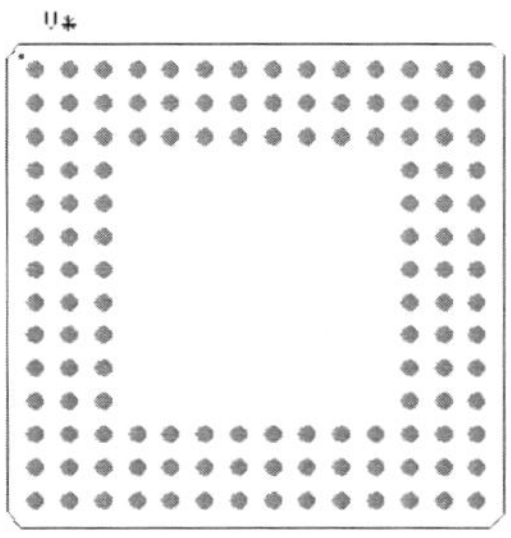	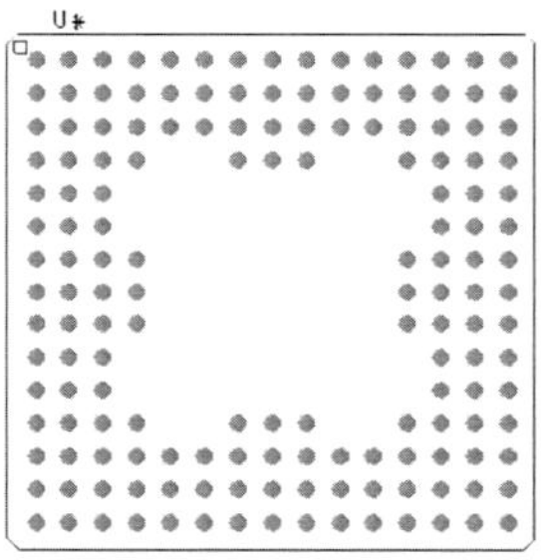
CPGA132	CPGA160_X

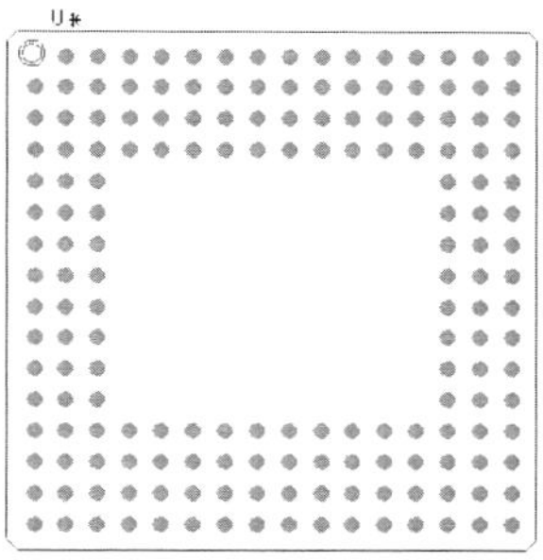	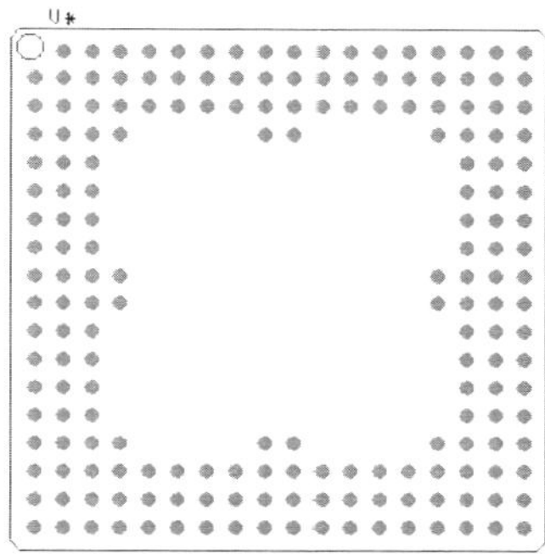
CPGA175	CPGA191_X
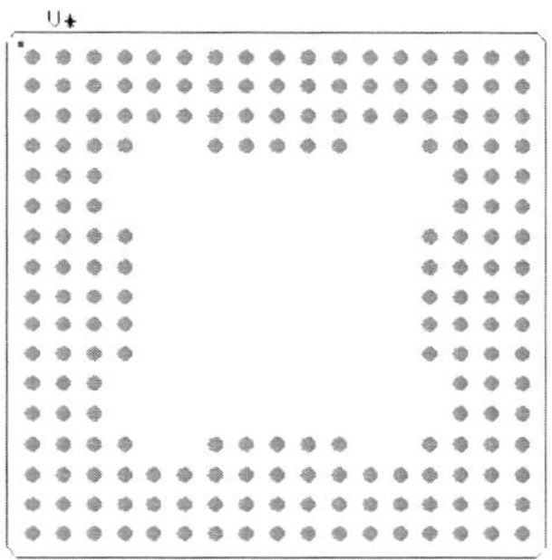	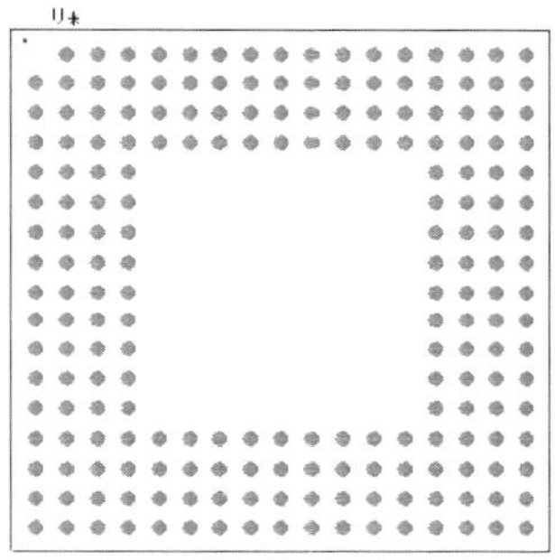
CPGA192_X	CPGA207
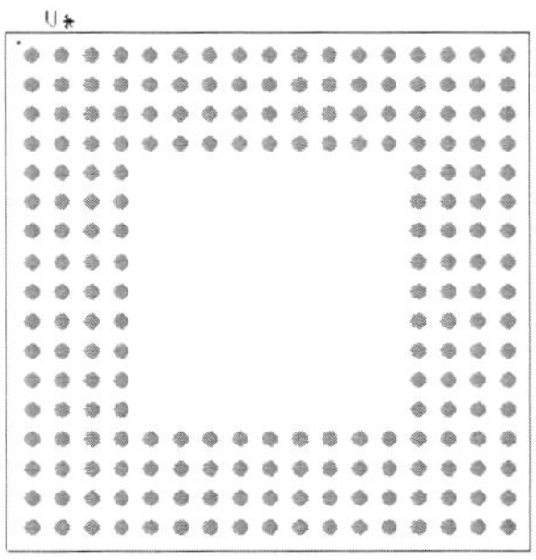	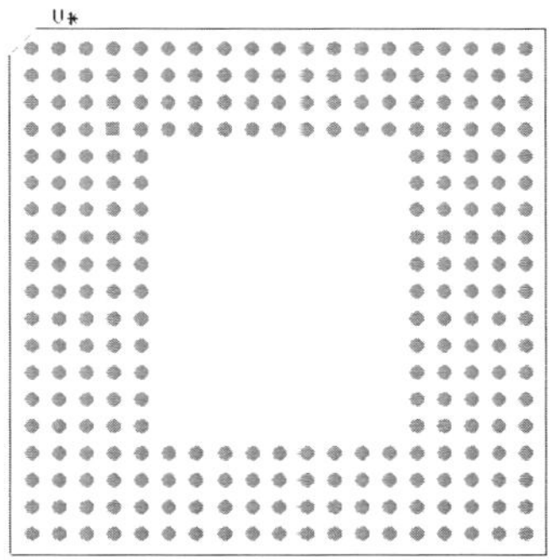
CPGA208	CPGA262
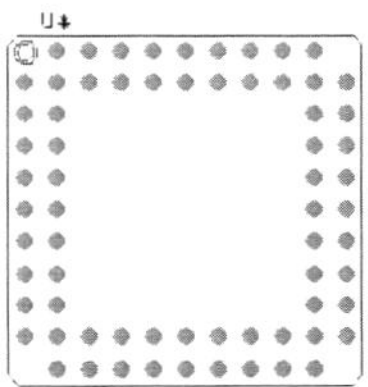	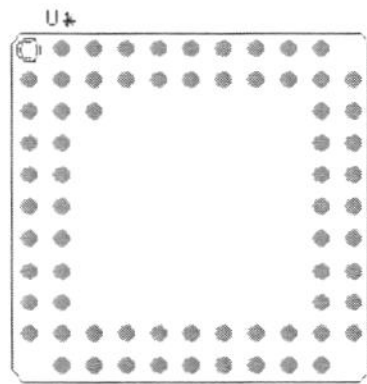
CPGA68	CPGA69

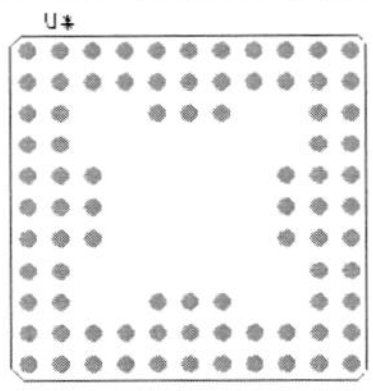	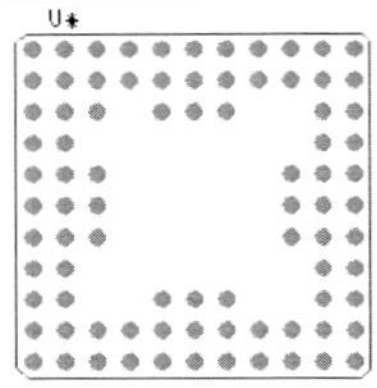
CPGA84_X	CPGA85_X
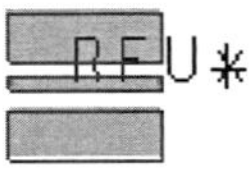	
CPW	CPWCGAP
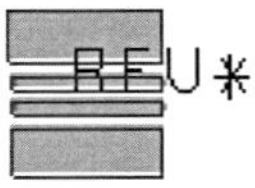	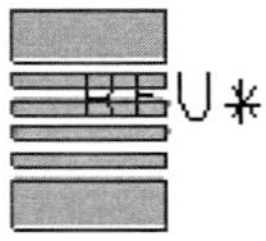
CPWCPL2	CPWCPL4
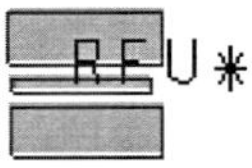	
CPWEF	CPWEGAP
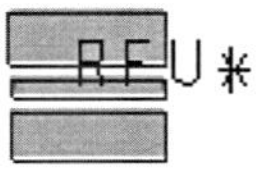	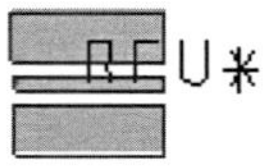
CPWG	CPWOC
	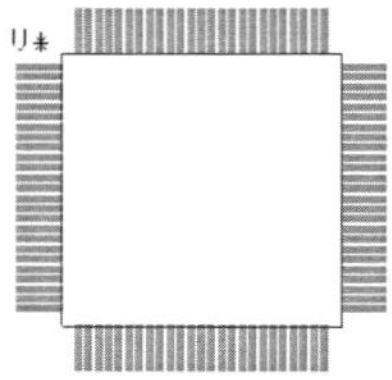
CPWSC	CQFP100
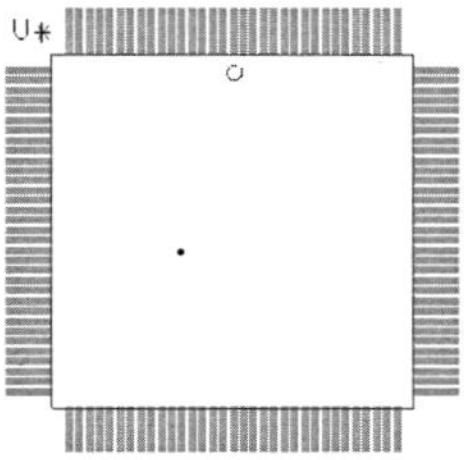	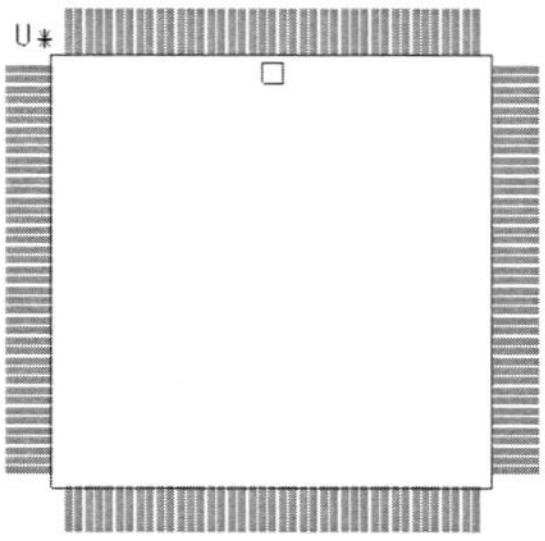
CQFP132	CQFP164

	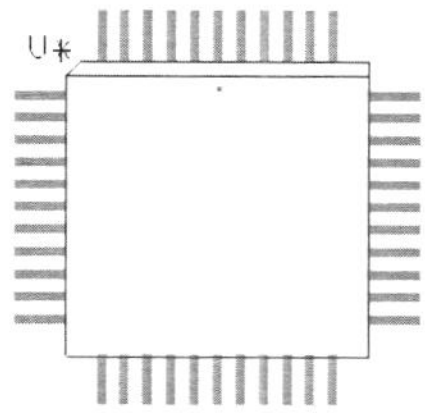
CQFP208_ALT	CQFP44_AMD
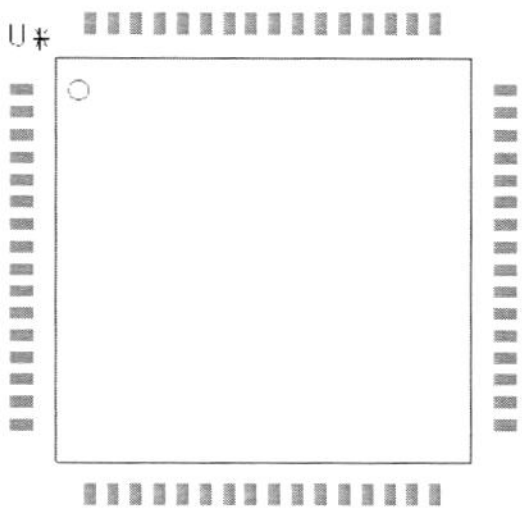	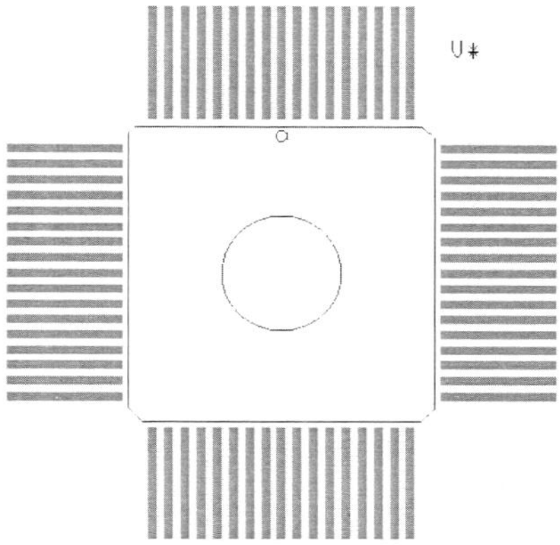
CQFP64_IDT	CQFP68
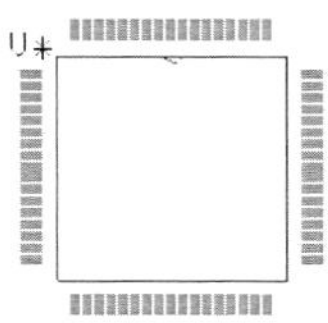	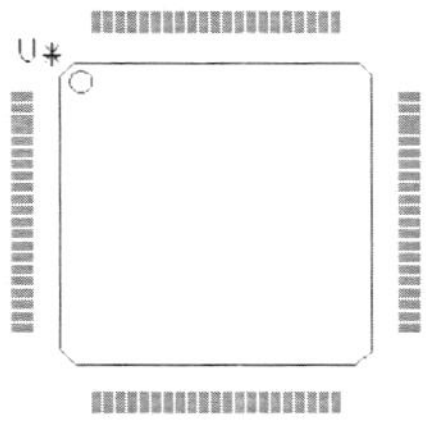
CQFP68_L	CQFP84
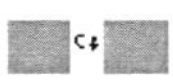	
CQ_PAD1	CQ_SPACE
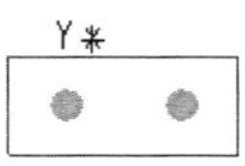	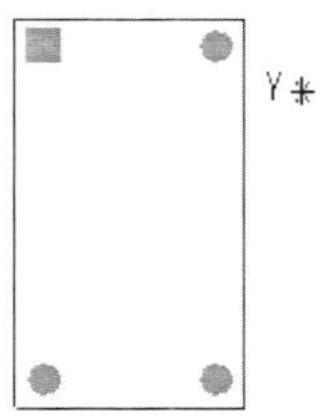
CRYS11MHZ	CRYS14

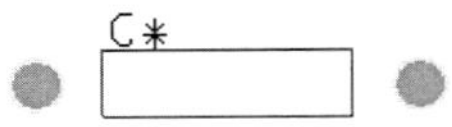

CY10

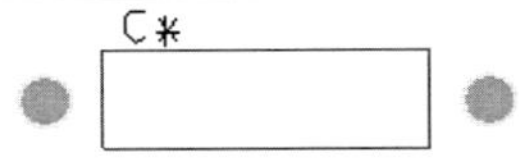

CY15

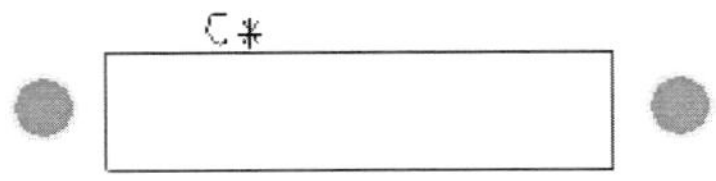

CY20

C_DXDY

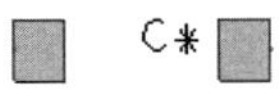

C_PAD1

C_SPACE

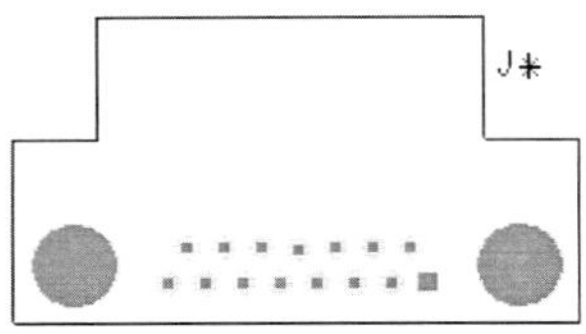

DB15

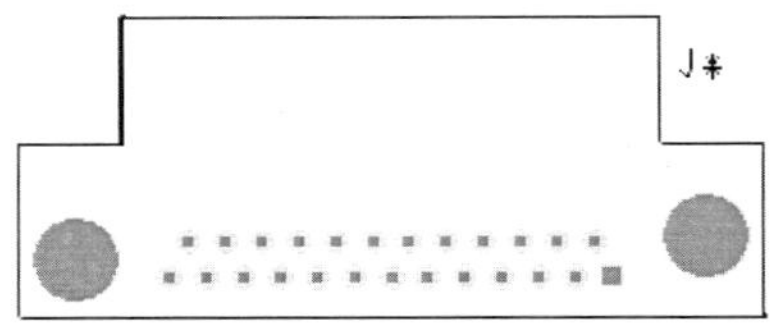

DB25

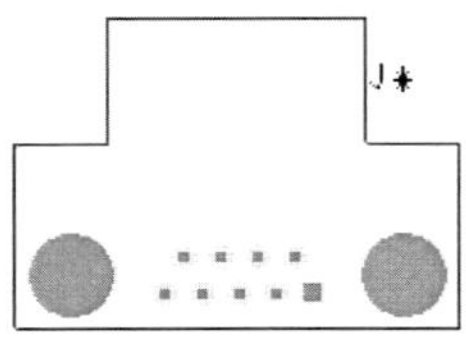

DB9

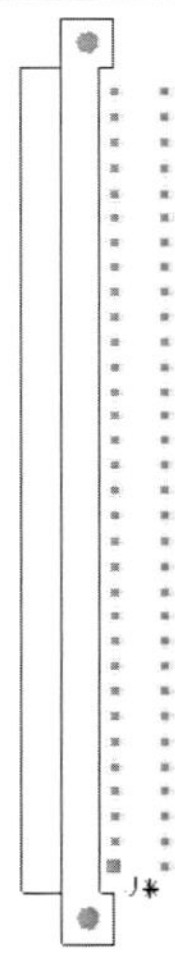

DIN64

DIO400

DIO500

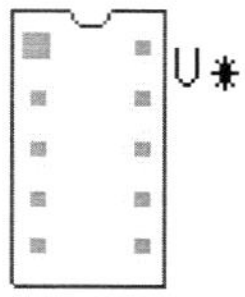	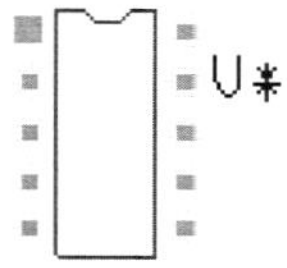
DIP10_2	DIP10_3
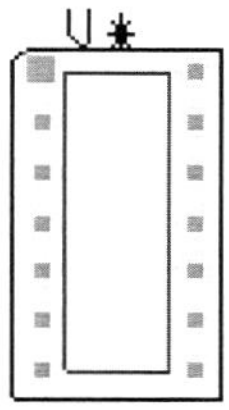	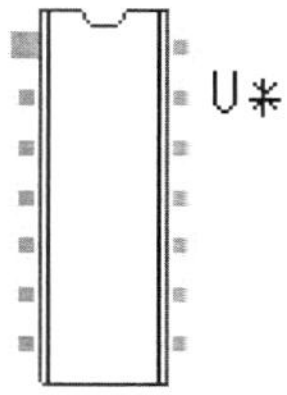
DIP14	DIP14_3
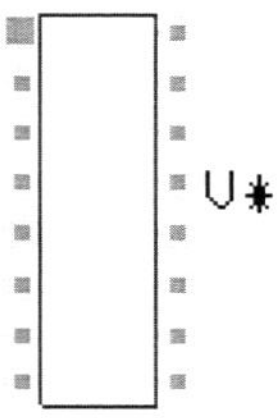	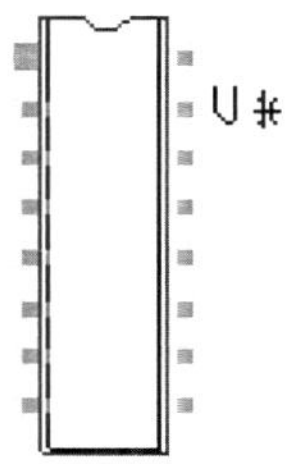
DIP16	DIP16_3
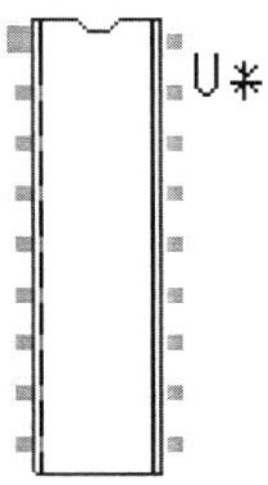	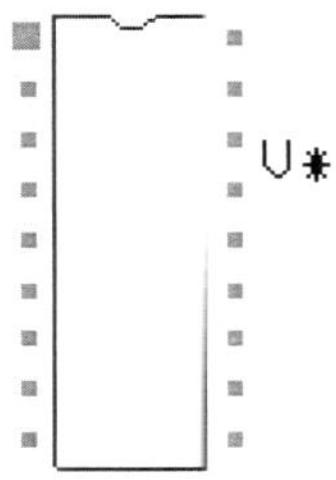
DIP18_3	DIP18_4
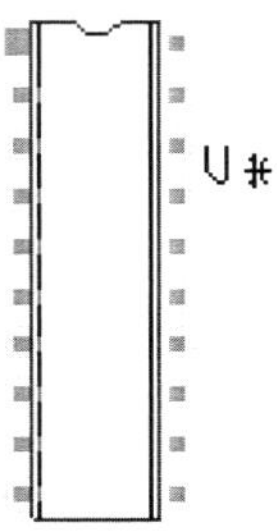	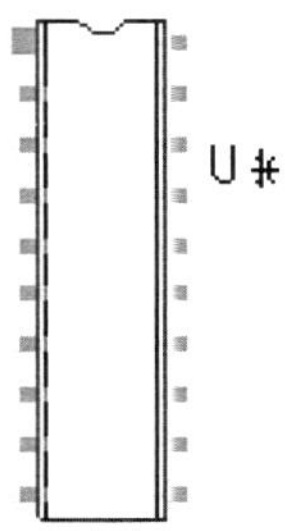
DIP20	DIP20_3

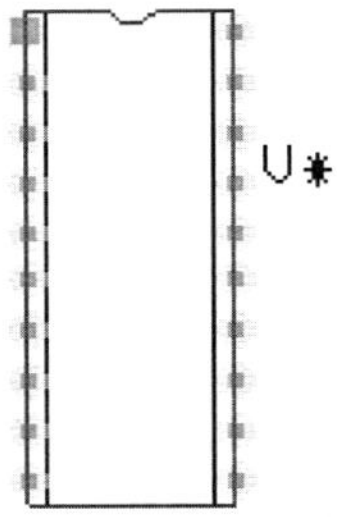

DIP20_4

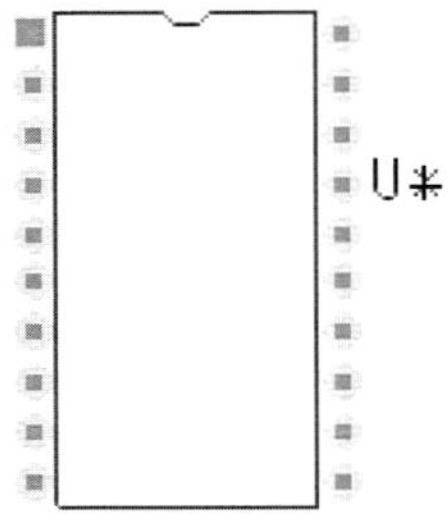

DIP20_6

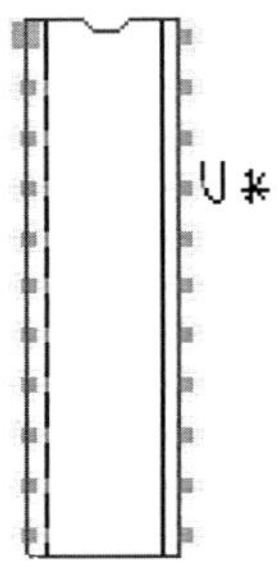

DIP22_3

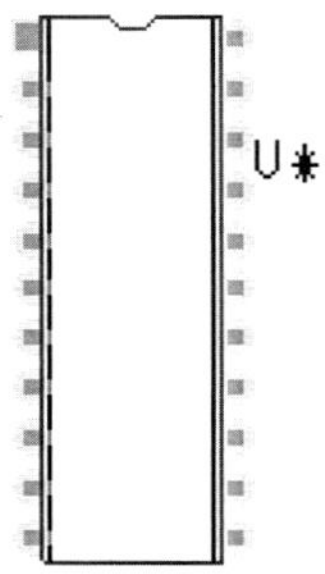

DIP22_4

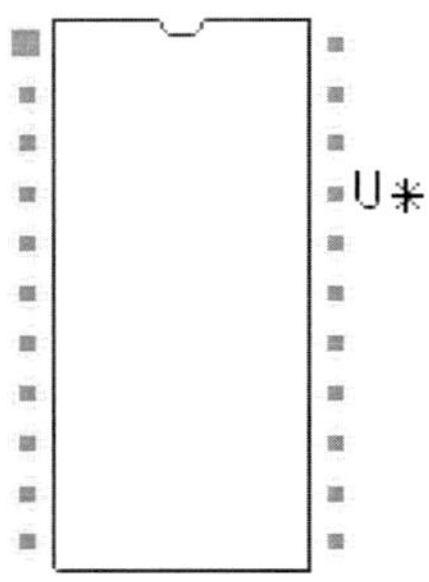

DIP22_6

DIP24

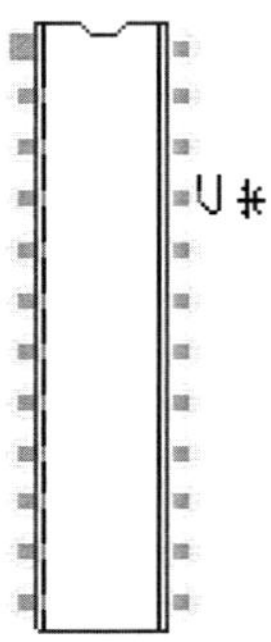

DIP24_3

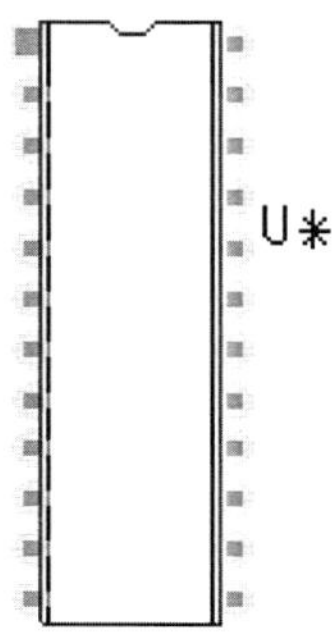

DIP24_4

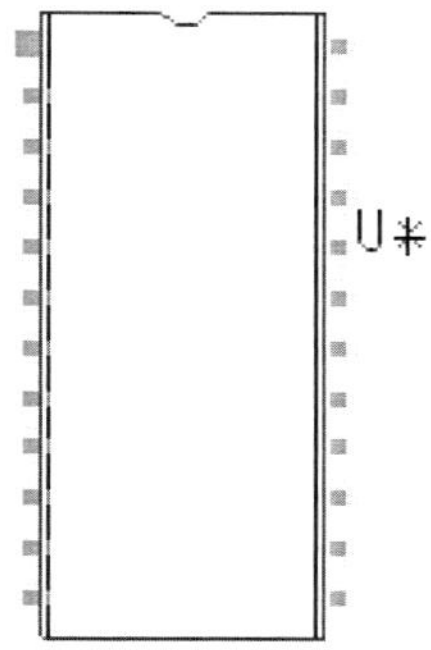

DIP24_6

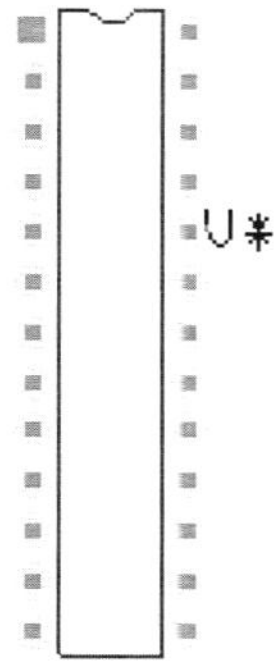

DIP26_3

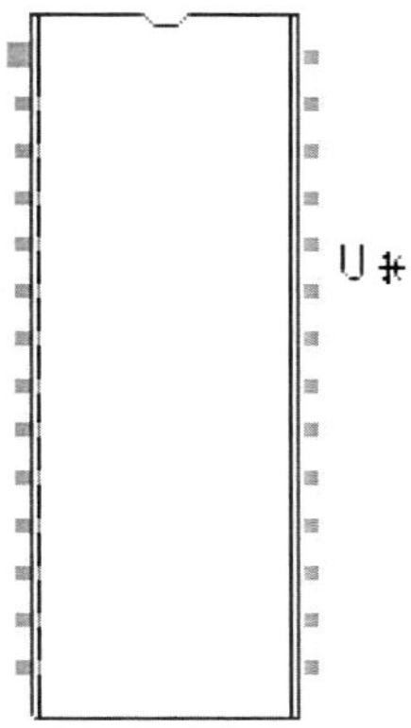

DIP28

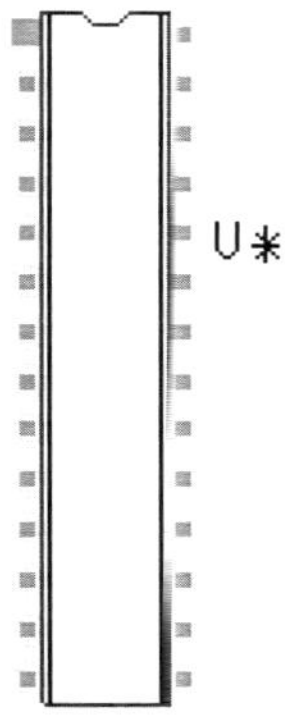

DIP28_3

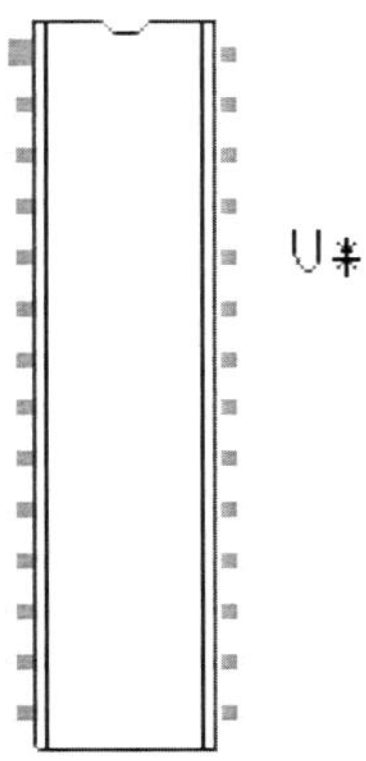

DIP28_4

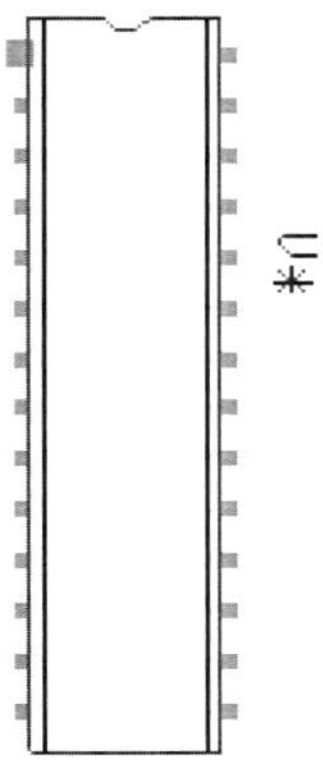

DIP28_4_AMD

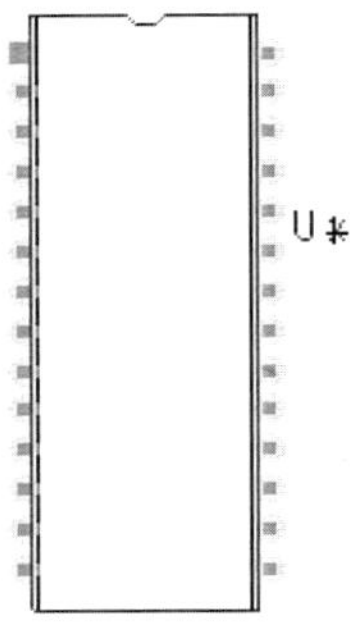	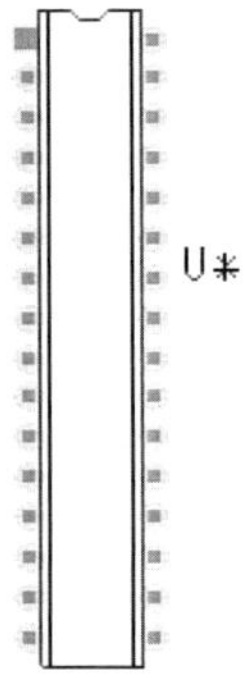
DIP28_6	DIP32_3
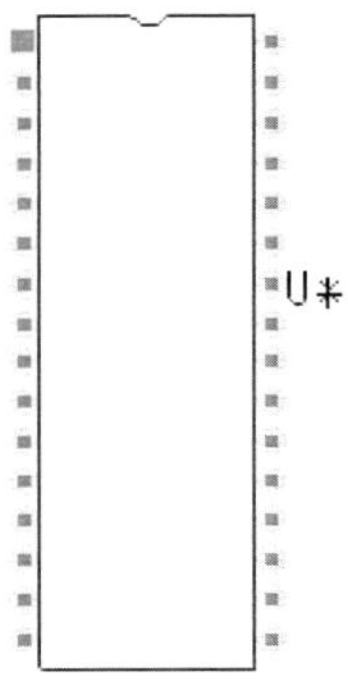	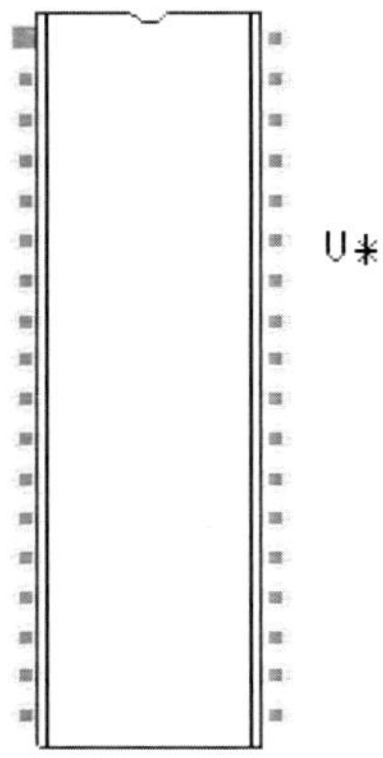
DIP32_6	DIP36_6
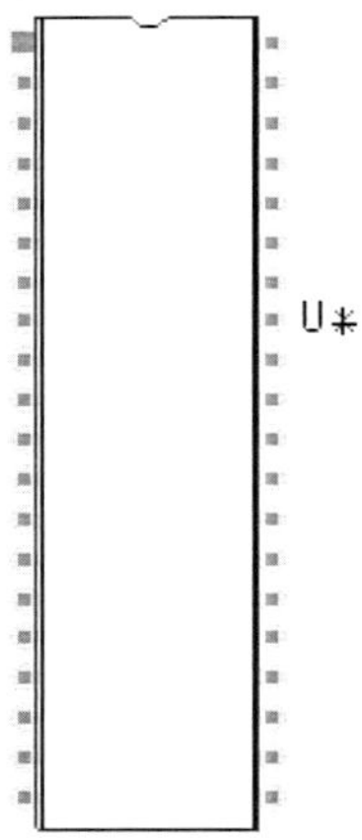	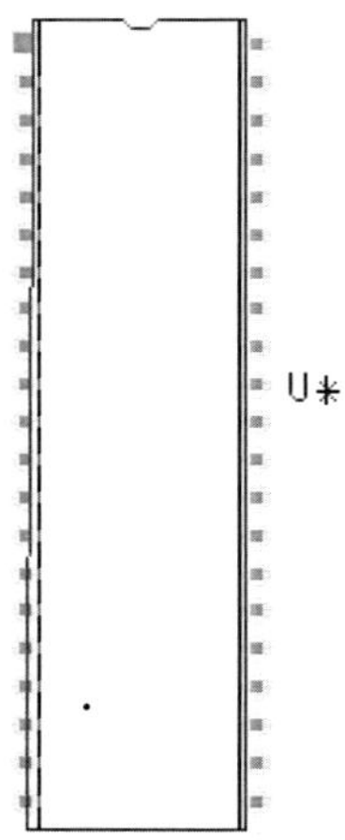
DIP40_6	DIP42_6

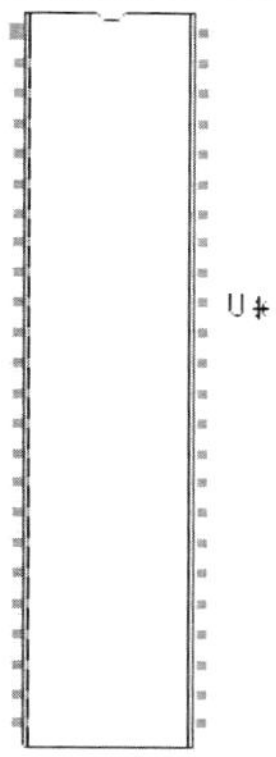

DIP48_6

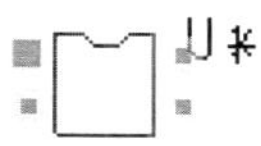

DIP4_3

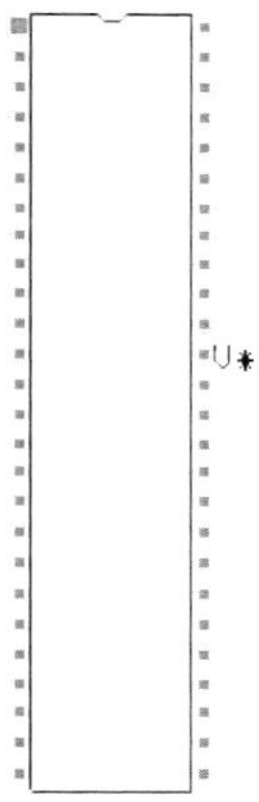

DIP52_6

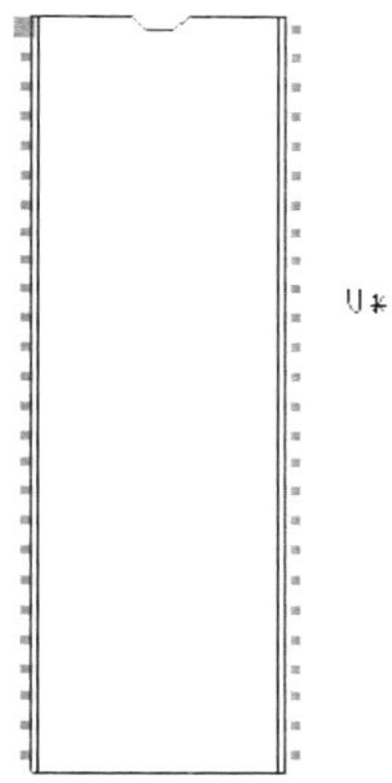

DIP52_9

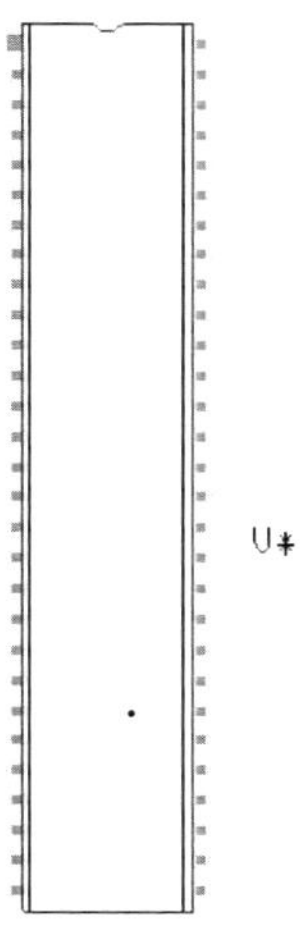

DIP58_6

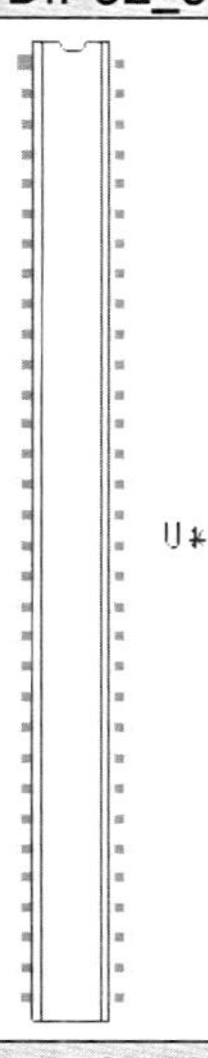

DIP64_3

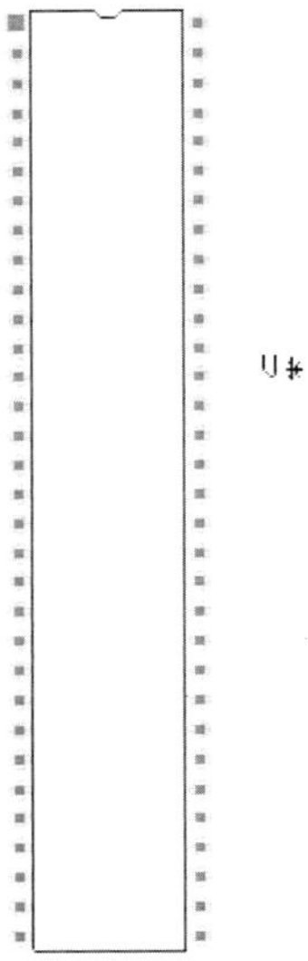	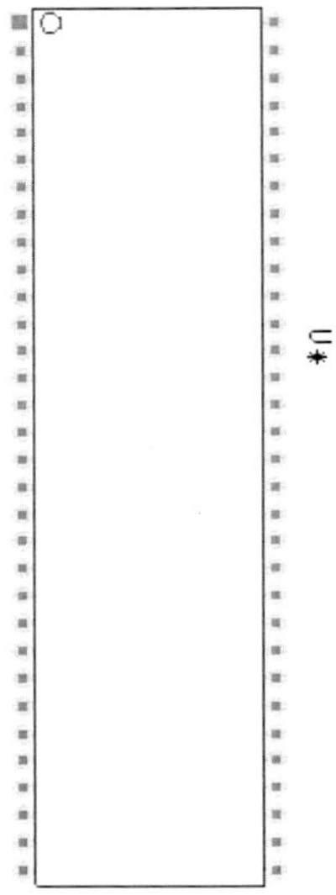
DIP64_6	DIP64_9
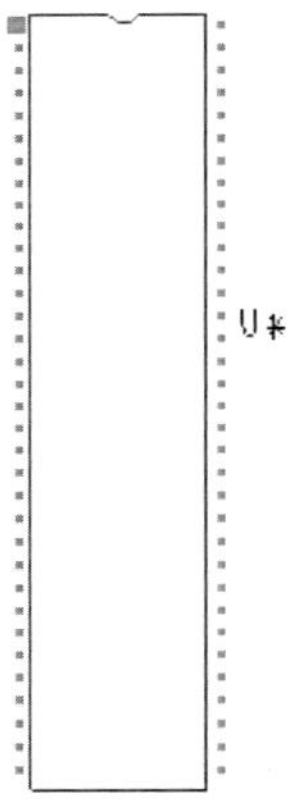	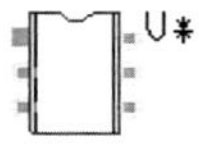
DIP68_6	DIP6_3
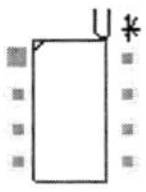	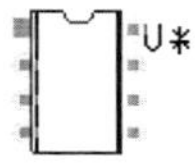
DIP8	DIP8_3
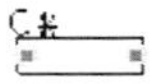	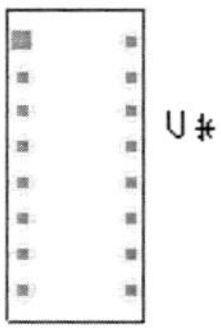
DIPCAP	DIPSWITCH

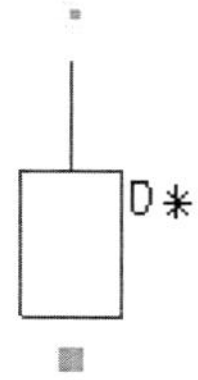	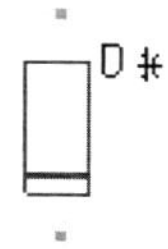
DO13	DO14
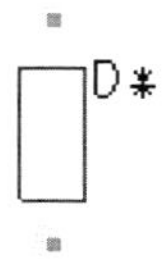	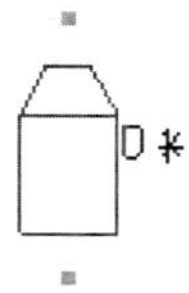
DO15	DO201AA
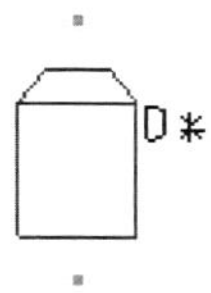	
DO201AB	DO201AC
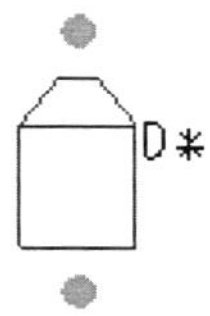	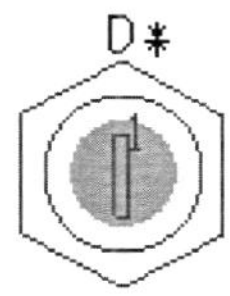
DO201AD	DO203AA
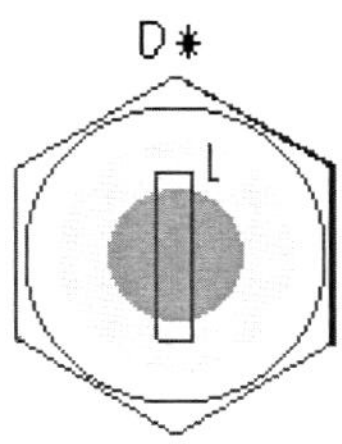	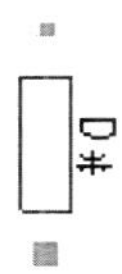
DO203AB	DO204AA
	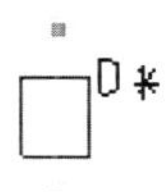
DO204AH	DO204AP

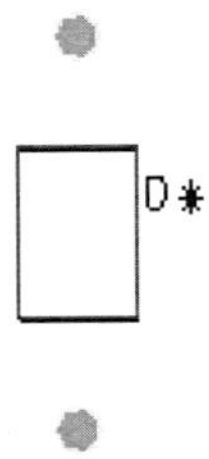

DO204AR

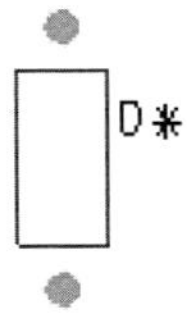

DO27A

DO34

DO35

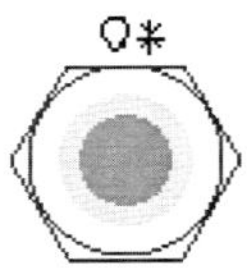

DO4

DO41

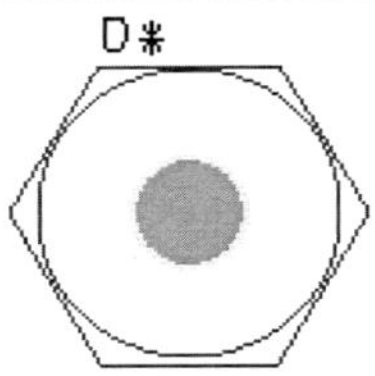

DO5

DO7

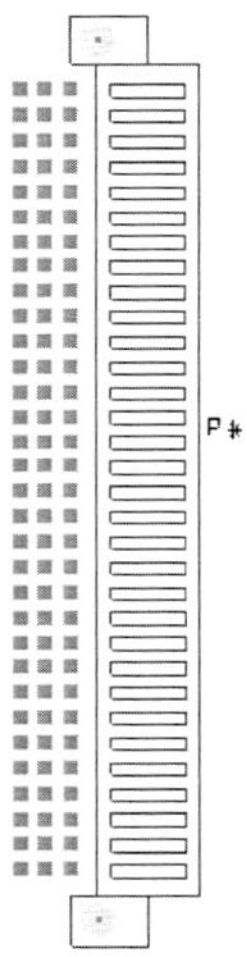

EUROCON

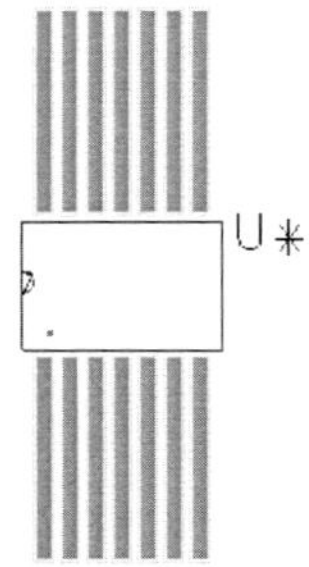

FLAT14

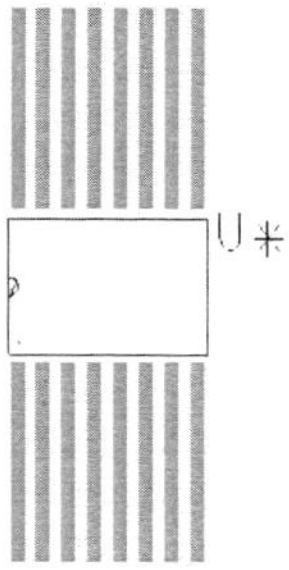

FLAT16

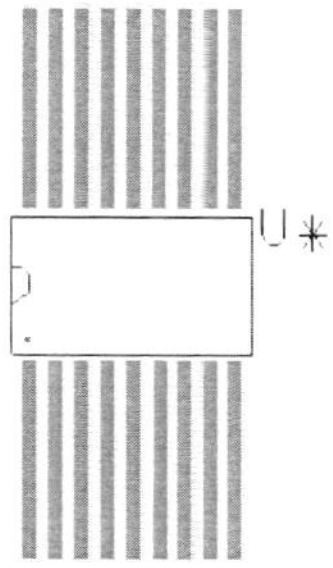

FLAT18

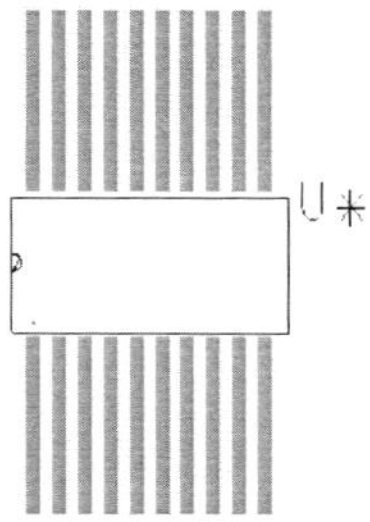

FLAT20

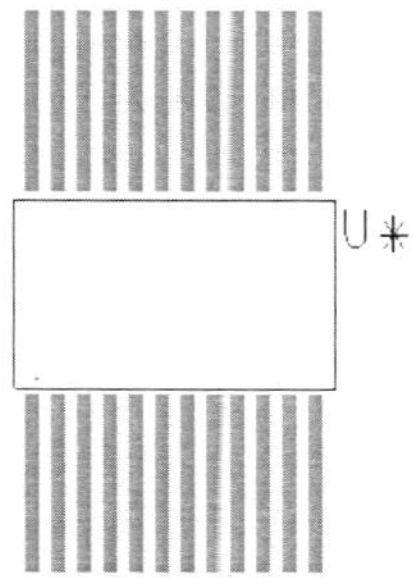

FLAT24

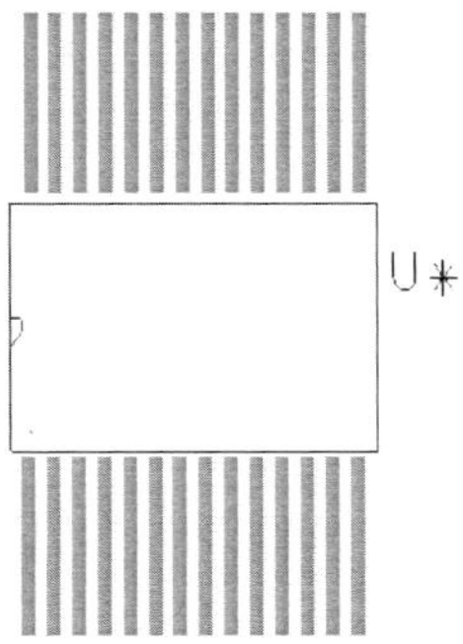

FLAT28

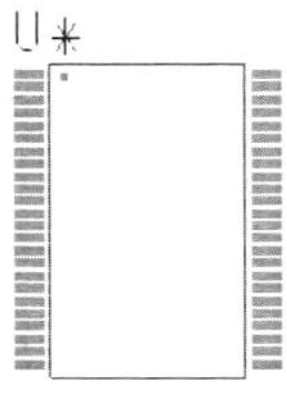

FLAT48

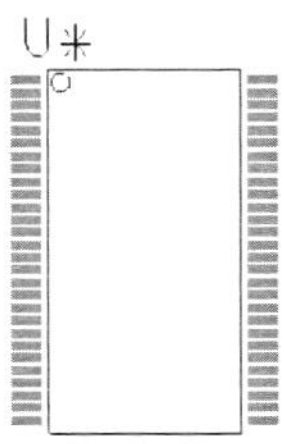

FLAT56

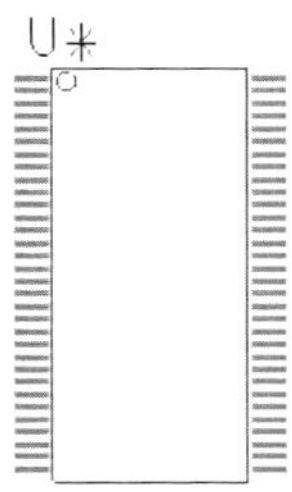

FLAT64

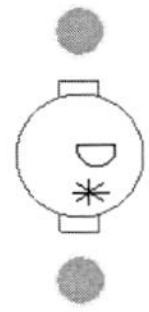	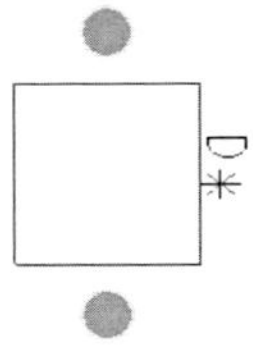
GI_AXIAL7B	GI_AXIAL9
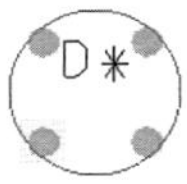	
GI_BR1W	HFILTER
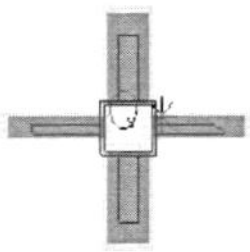	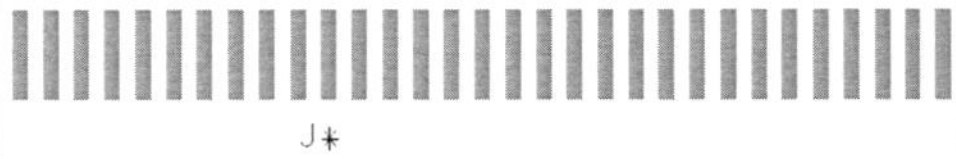
HPAC_100	IBMCON

IFILTER	IMPTRANSFORMER1
	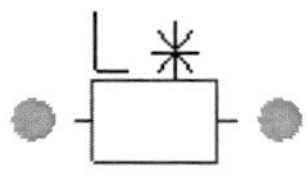
IMPTRANSFORMER2	IND300
	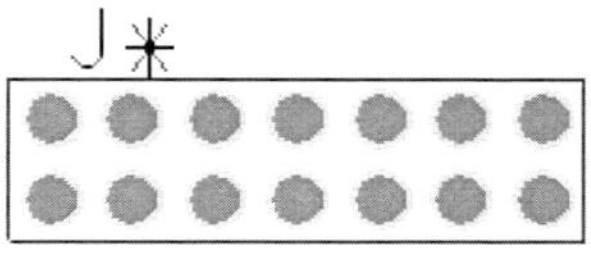
JUMPER1	JUMPER14
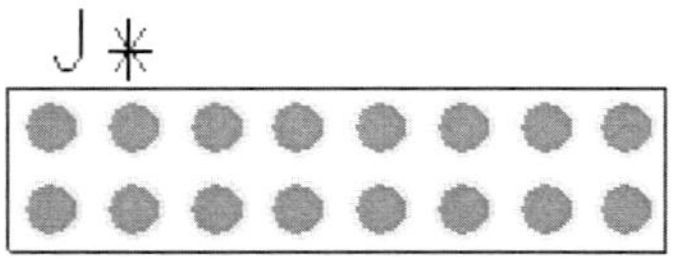	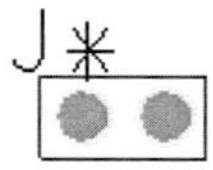
JUMPER16	JUMPER2

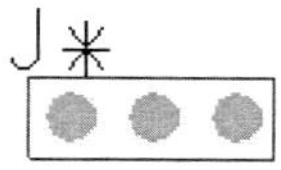	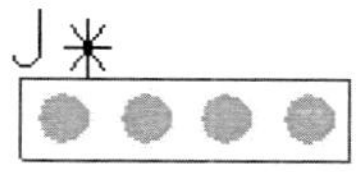
JUMPER3	JUMPER4
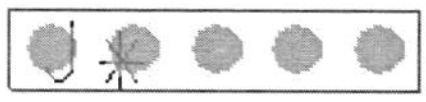	
JUMPER5	JUMPER8
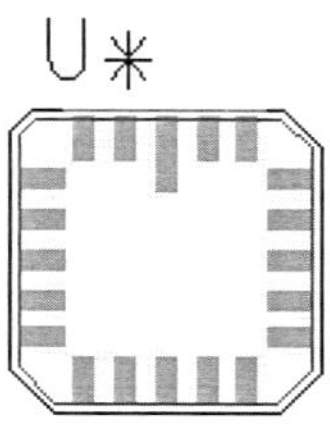	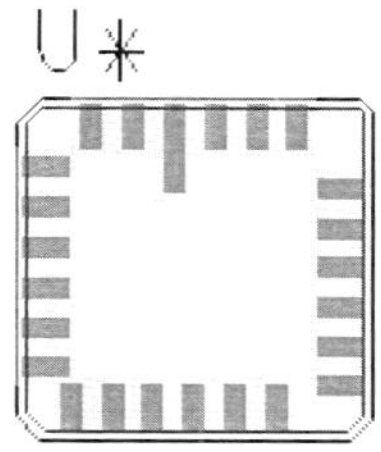
LCC20	LCC24
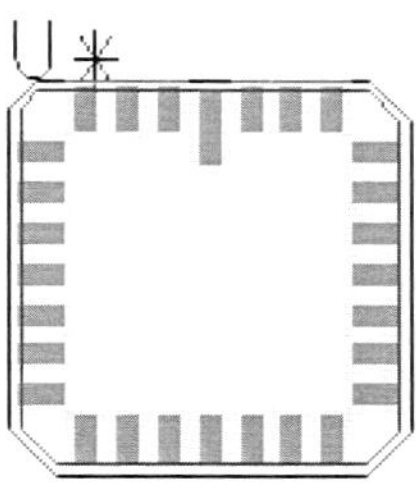	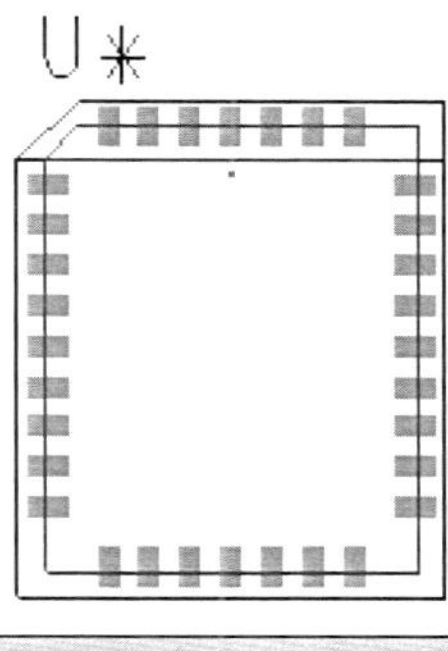
LCC28	LCC32
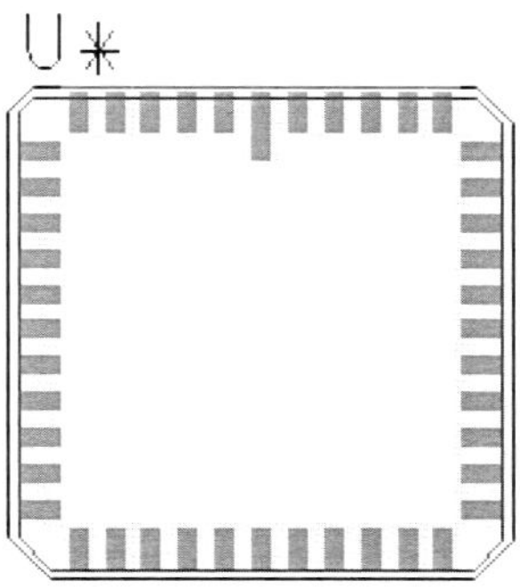	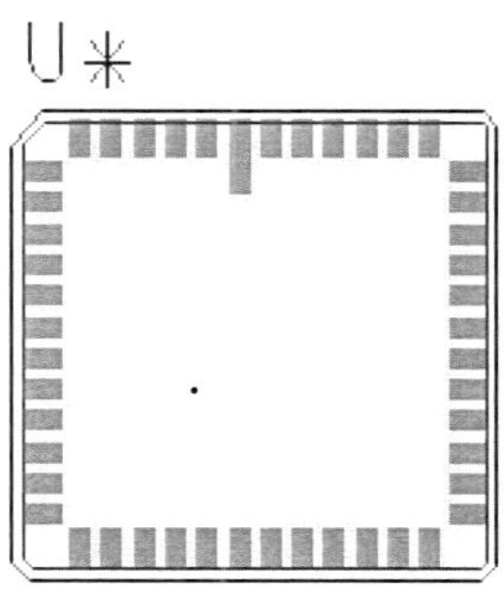
LCC44	LCC48

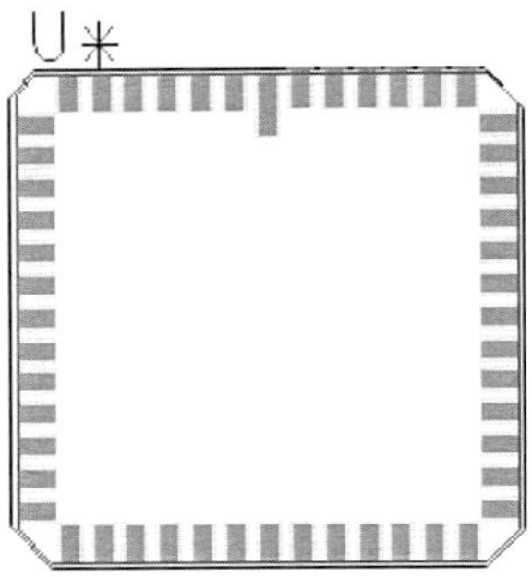

LCC52

LCC68

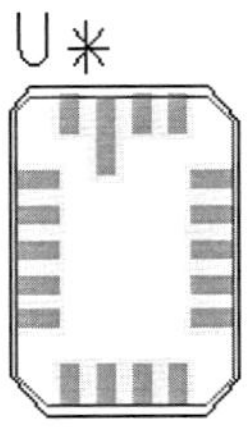

LCCS18

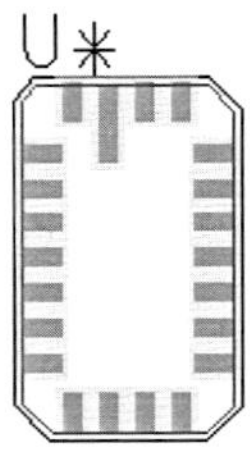

LCCS22

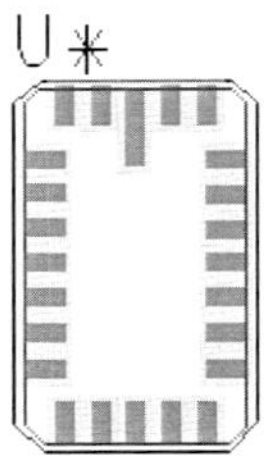

LCCS24

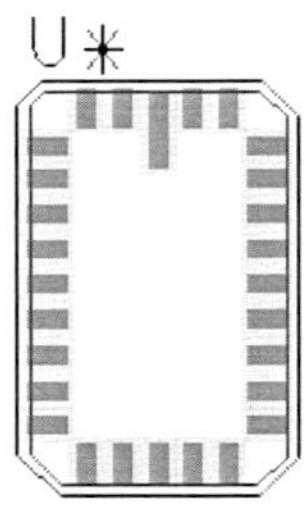

LCCS28

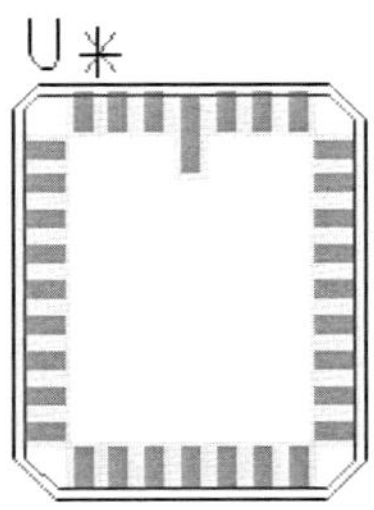

LCCS32

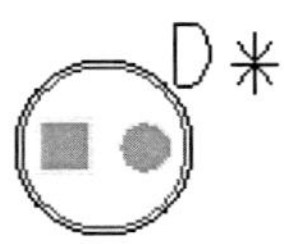

LED

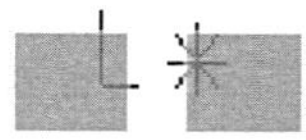	
LQ_PAD1	LQ_SPACE

L_PAD1	L_SPACE

MACLIN	MACLIN3

MBEND	MBEND2

MBEND3	MBSTUB

MCFIL	MCLIN

MCORN	MCROS

MCROSO	MCURVE
	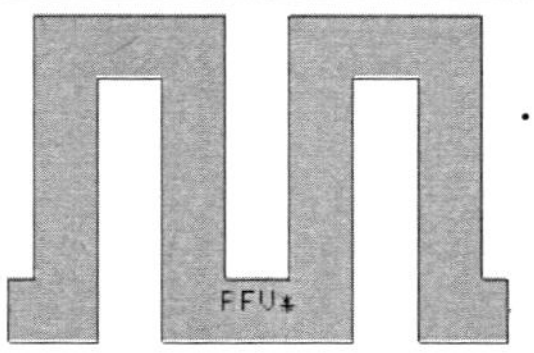
MCURVE2	MEANDER

	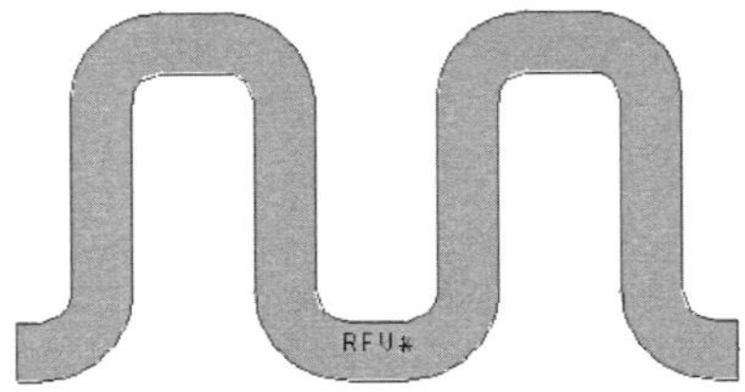
MEANDER1	MEANDER2

MGAP	MICAP1

MICAP2	MICAP3

MICPA4	ML10CTL_V

ML16CTL_C	ML1CTL_C

ML2CTL_C	ML2CTL_V

ML3CTL_C	ML3CTL_V

ML4CTL_C	ML4CTL_V

ML5CTL_C	ML5CTL_V

ML6CTL_C	ML6CTL_V

ML7CTL_C	ML7CTL_V

ML8CTL_C	ML8CTL_V

ML9CTL_V	MLACRNR1
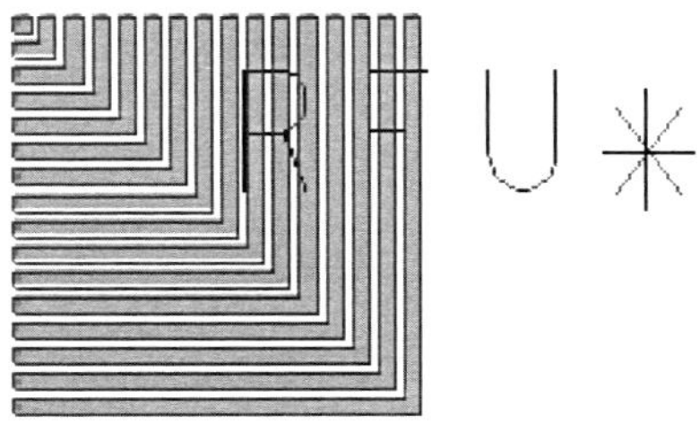	
MLACRNR16	MLACRNR2

MLACRNR3	MLACRNR4

MLACRNR5	MLACRNR6

MLACRNR7	MLACRNR8

MLANG	MLANG6

MLANG8	MLCLE
	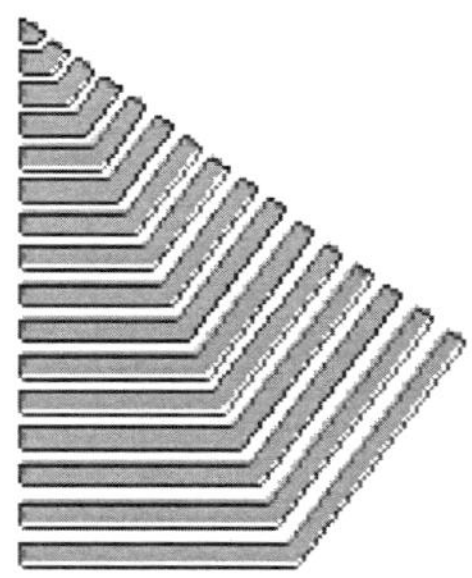
MLCRNR1	MLCRNR16

MLCRNR2	MLCRNR3

MLCRNR4	MLCRNR5
	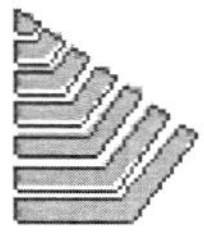
MLCRNR6	MLCRNR7
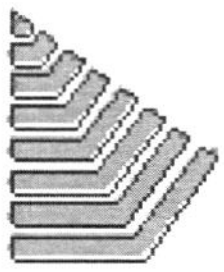	
MLCRNR8	MLCROSSOVER1

MLCROSSOVER2	MLCROSSOVER

MLCROSSOVER4	MLCROSSOVER5

MLCROSSOVER6	MLCROSSOVER7
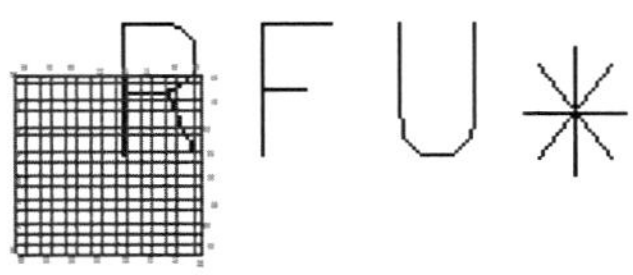	
MLCROSSOVER8	MLEF

MLIN	MLJCROSS

MLJGAP	MLJTEE

MLOC	MLOPENSTUB

MLRADIAL1	MLRADIAL2

MLRADIAL3	MLRADIAL4

MLRADIAL5	MLSC

MLSLANTED1	MLSLANTED16

MLSLANTED2	MLSLANTED3

MLSLANTED4	MLSLANTED5

MLSLANTED6	MLSLANTED7
	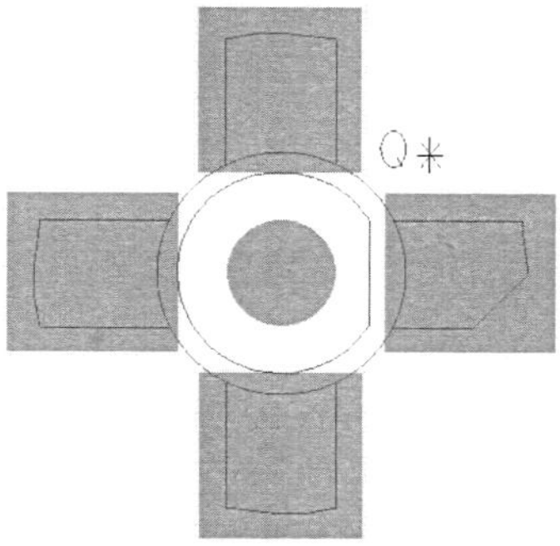
MLSLANTED8	MOT145A
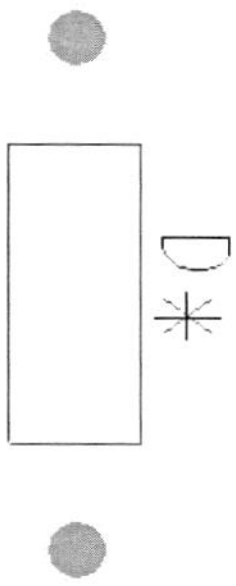	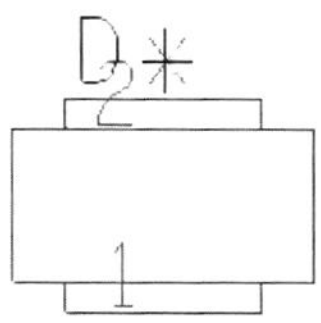
MOT17	MOT193
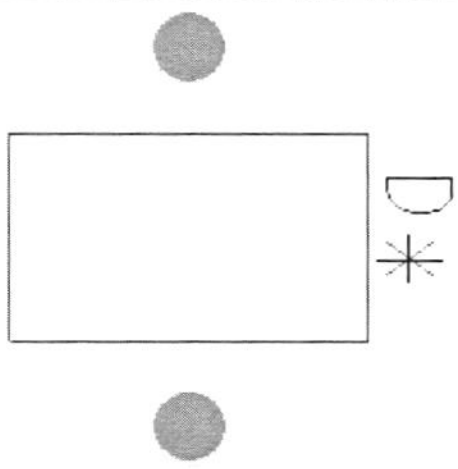	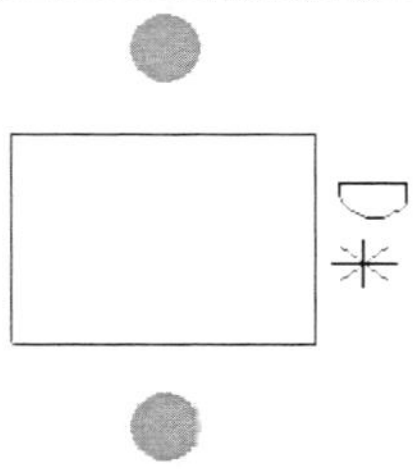
MOT194_01	MOT194_04
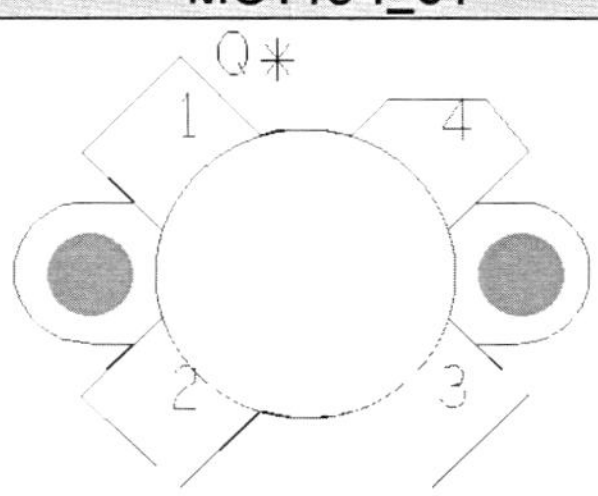	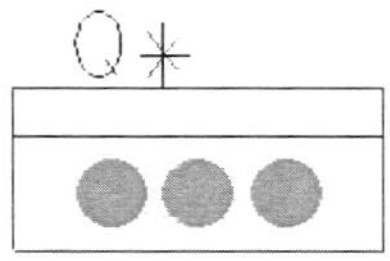
MOT211	MOT221A

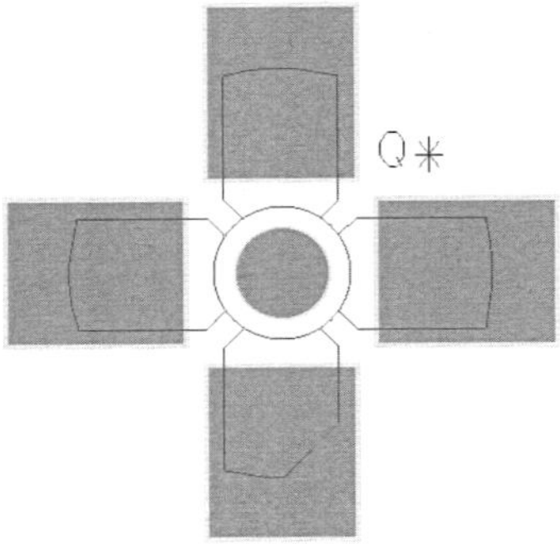	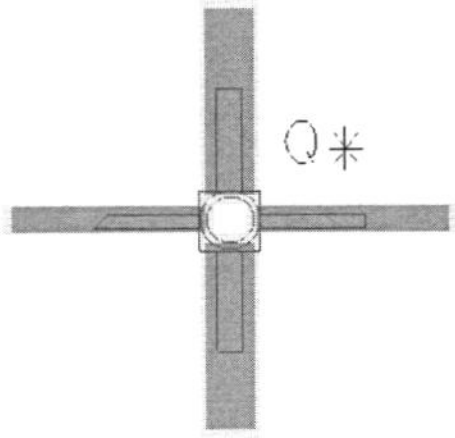
MOT244	MOT303
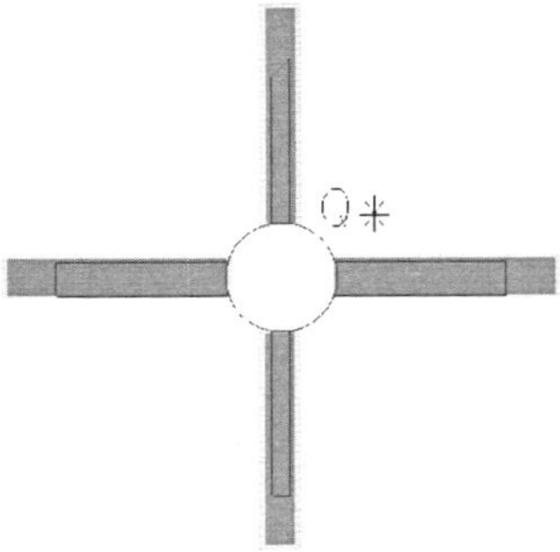	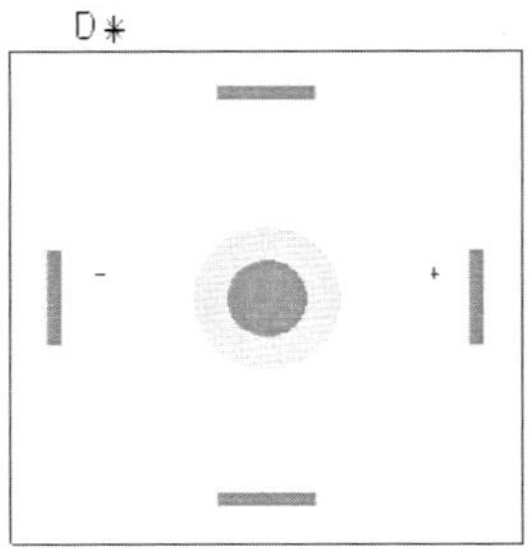
MOT305A	MOT309A_02
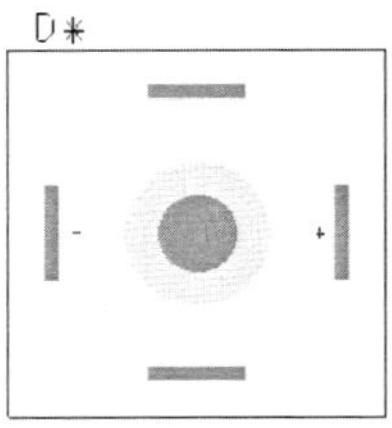	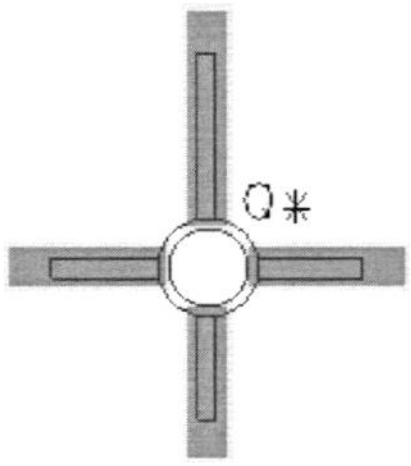
MOT309A_03	MOT317
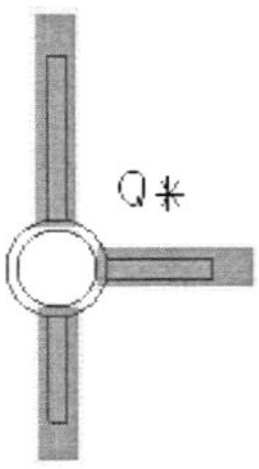	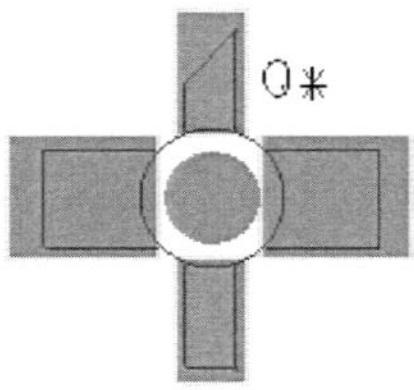
MOT317A	MOT332

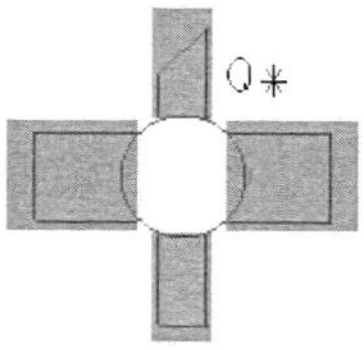	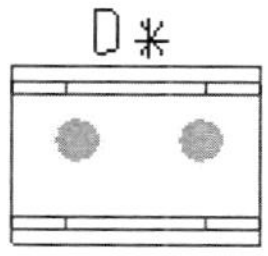
MOT332A	MOT339
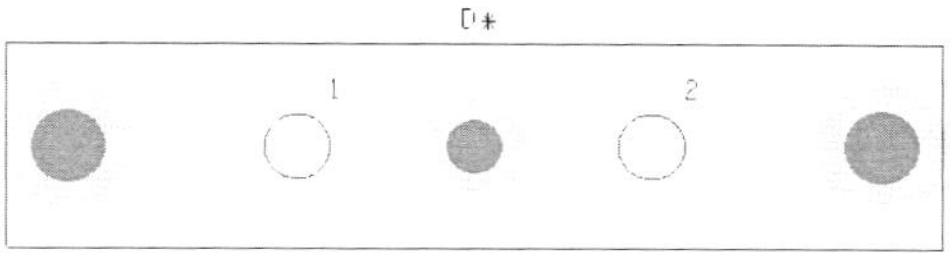	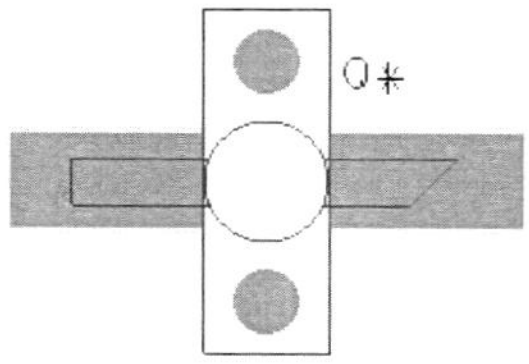
MOT357C	MOT361A
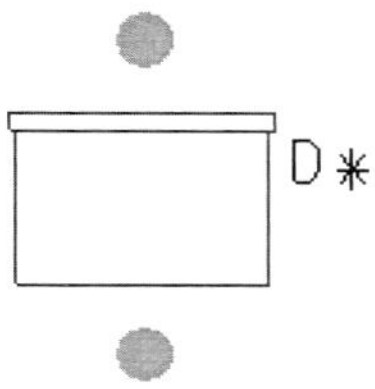	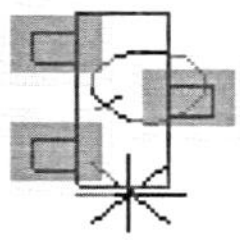
MOT60	MPAK
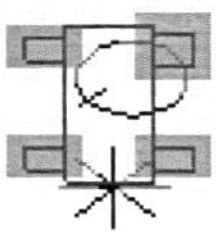	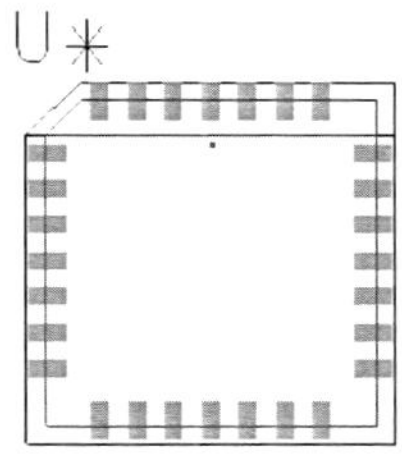
MPAK4	MQUAD28

MRIND	MRINDELA, MRINDELM, MRINDNBR, MRINDSBR, MRINDWBR

MRSTUB	MSABND_MDS

MSIND	MSLIT

MSOBND_MDS	MSOP
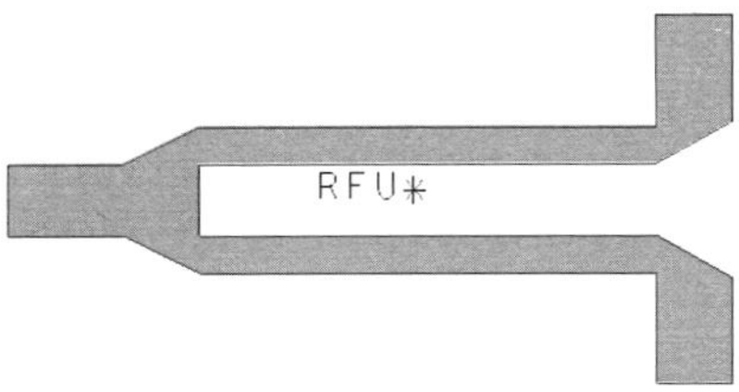	
MSPDIVIDER	MSSPLC_MDS

MSSPLR_MDS	MSSPLS_MDS

MSTEP	MTAPER

MTEE	MTEE_ADS

	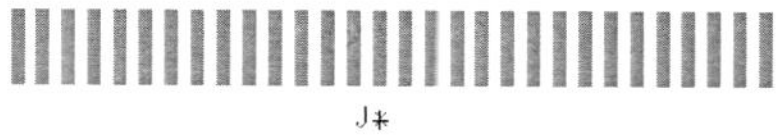
MTFC	MULTICON30

MULTICON43	
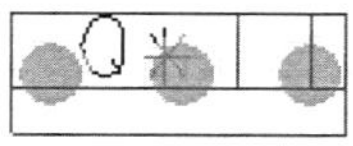	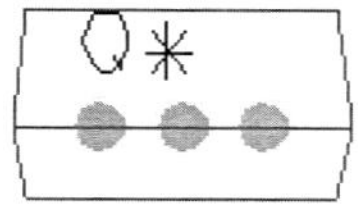
NATL_M	NEC_SP
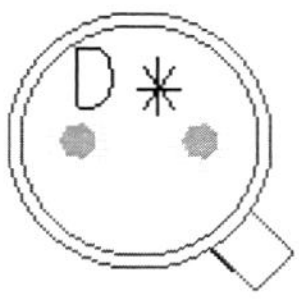	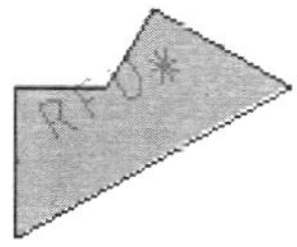
NS_H02A	PCBEND
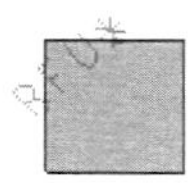	
PCCORN	PCCROS
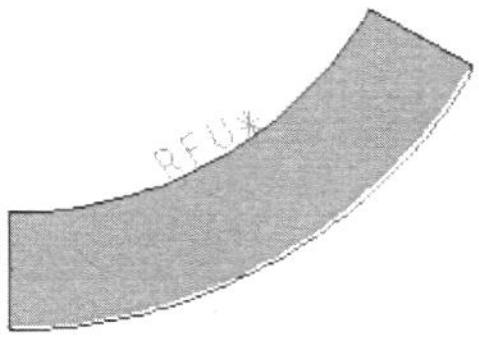	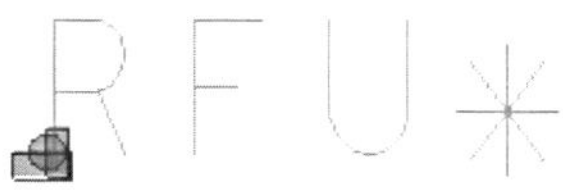
PCCURVE	PCILC
	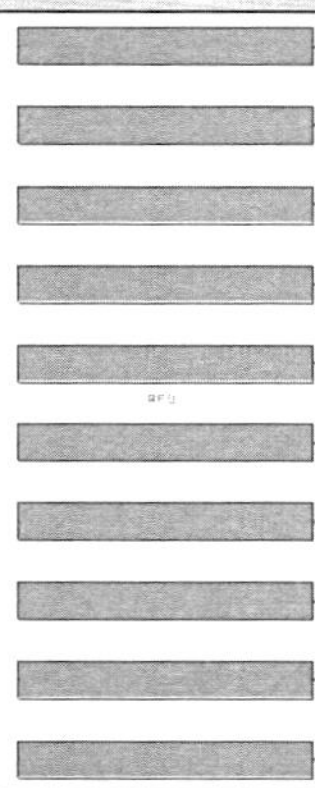
PCLIN1	PCLIN10

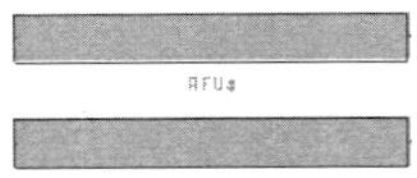	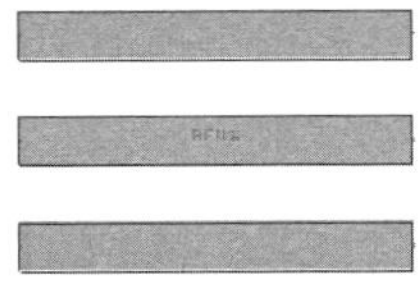
PCLIN2	PCLIN3
	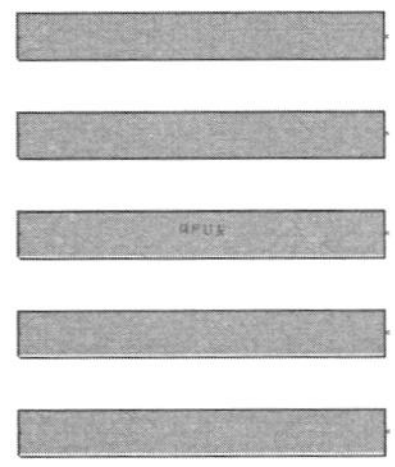
PCLIN4	PCLIN5
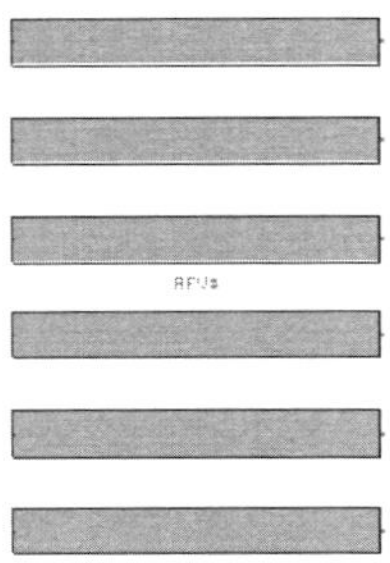	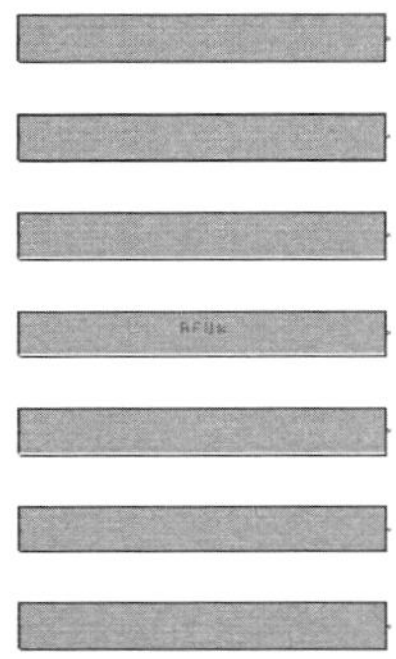
PCLIN6	PCLIN7
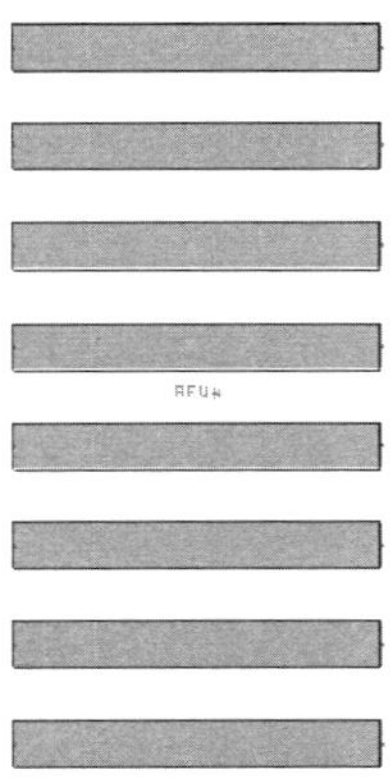	
PCLIN8	PCLIN9

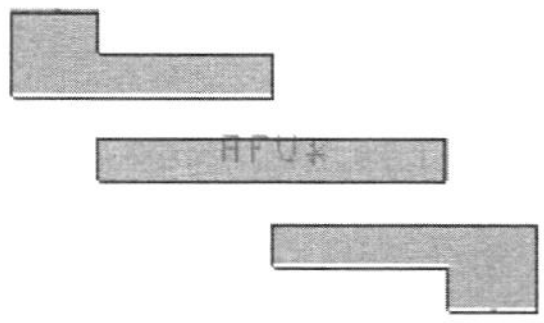	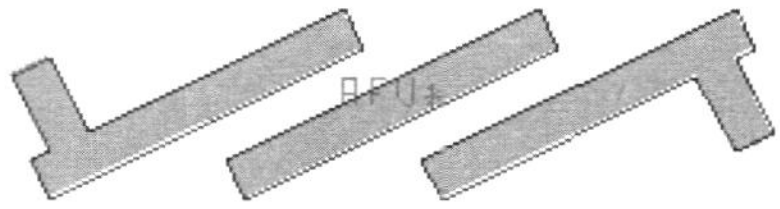
PCOUPLER1	PCOUPLER2

PCSTEP	PCTAPER

PCTEE	PCTRACE
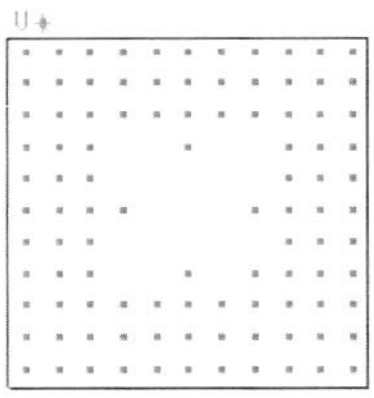	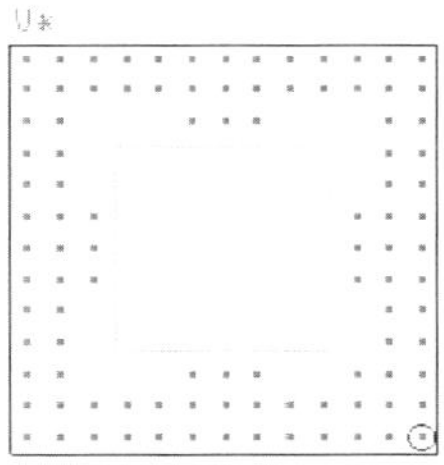
PGA100	PGA101
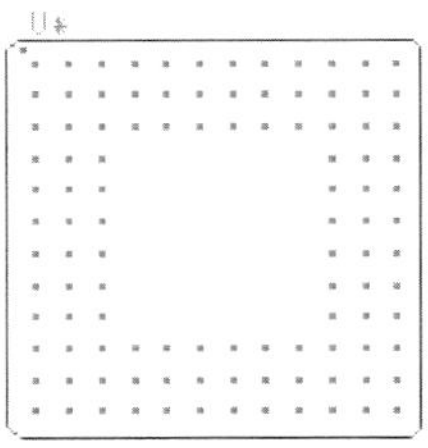	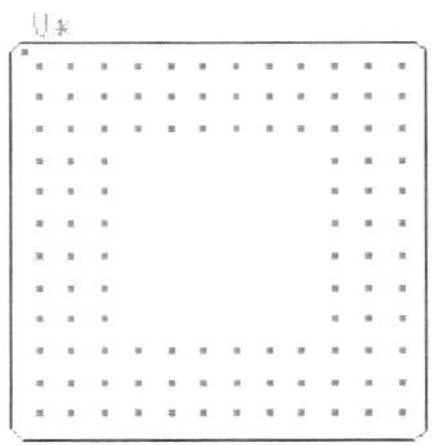
PGA108	PGA108_BIT
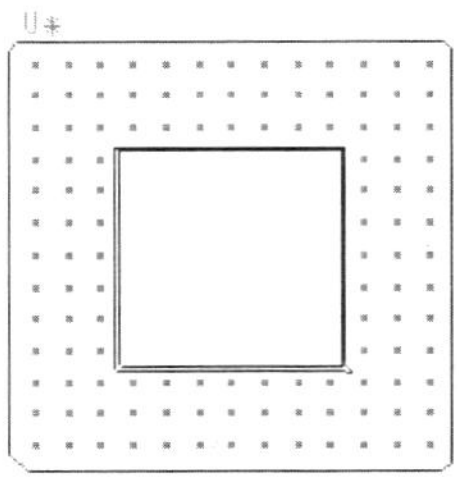	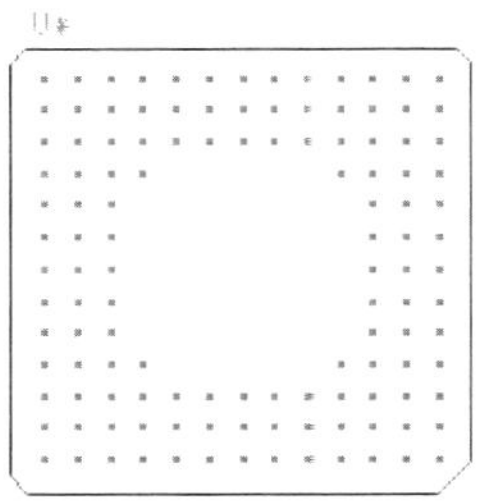
PGA120	PGA124

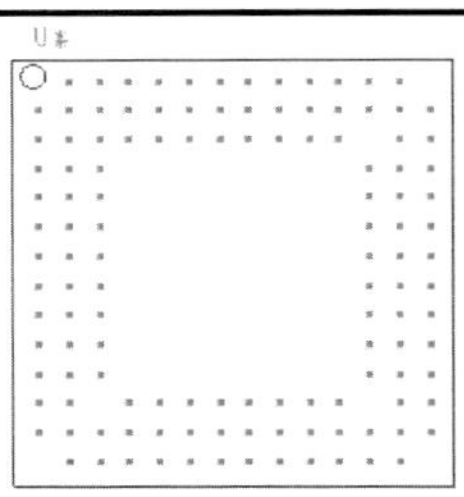	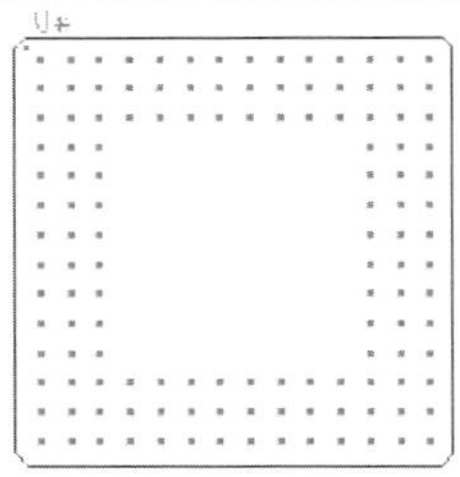
PGA125	PGA132
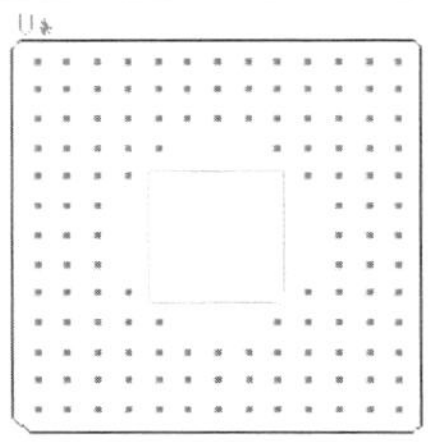	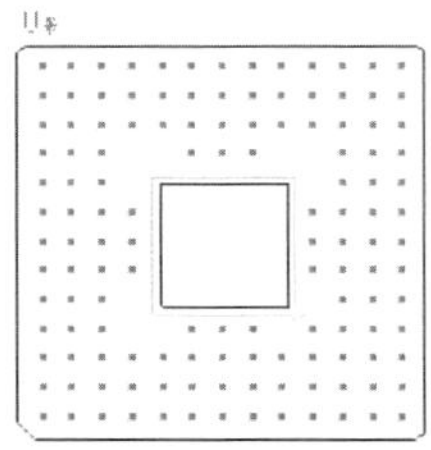
PGA132_CI	PGA132_X
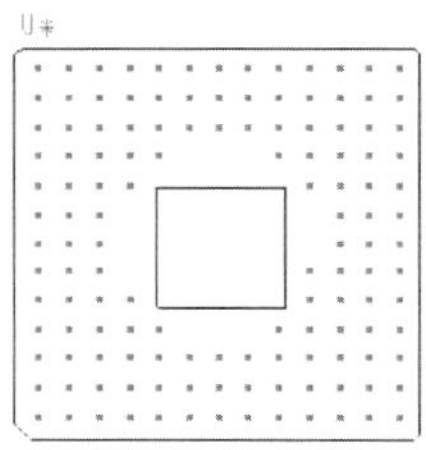	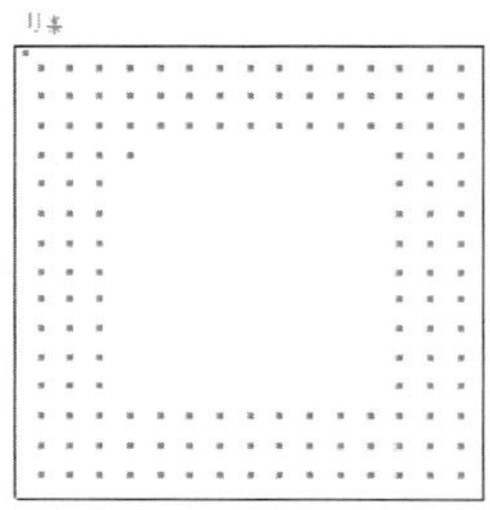
PGA133	PGA144
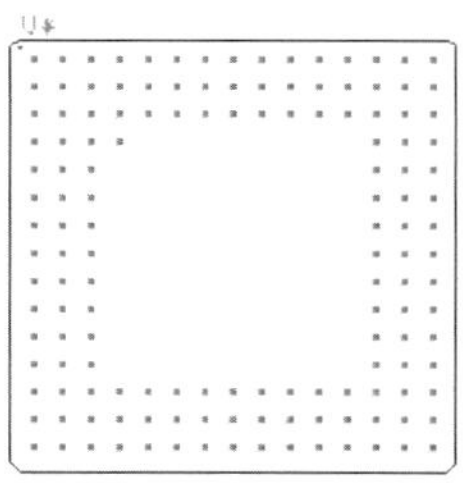	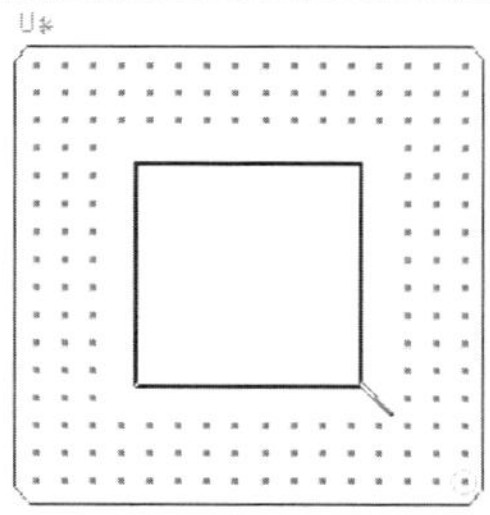
PGA145_AMD	PGA156
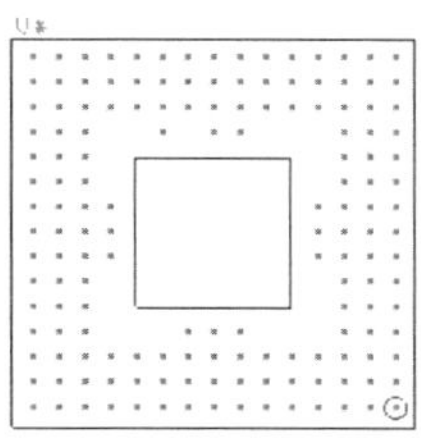	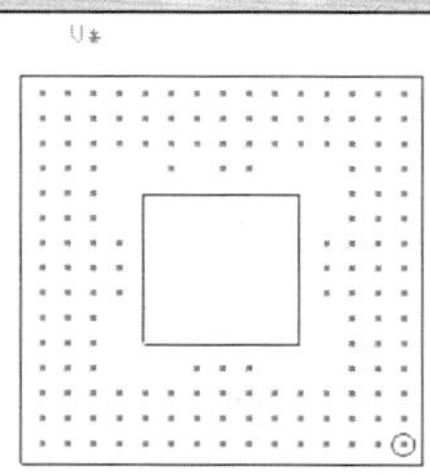
PGA156_X	PGA156_X_TI

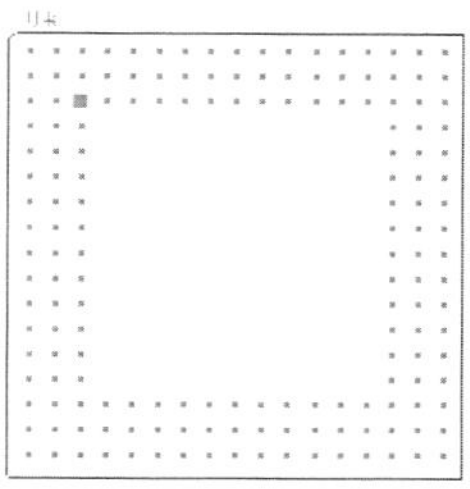	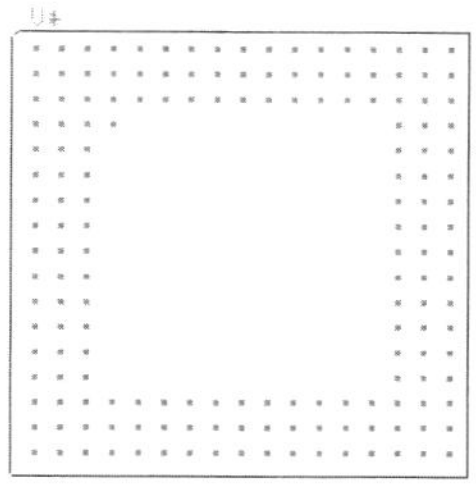
PGA168	PGA169
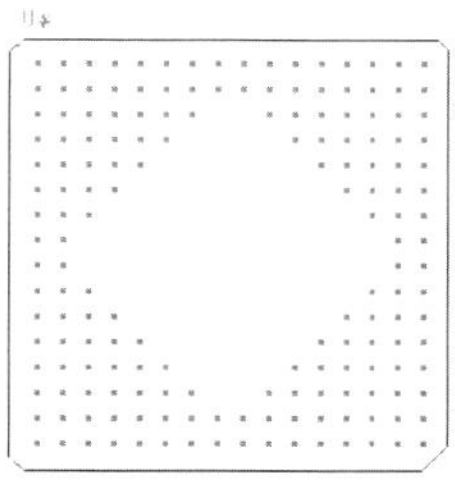	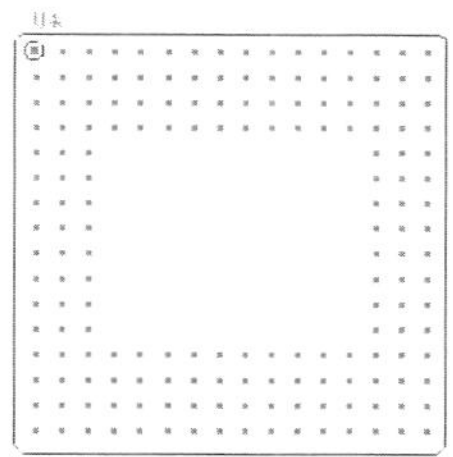
PGA172	PGA175
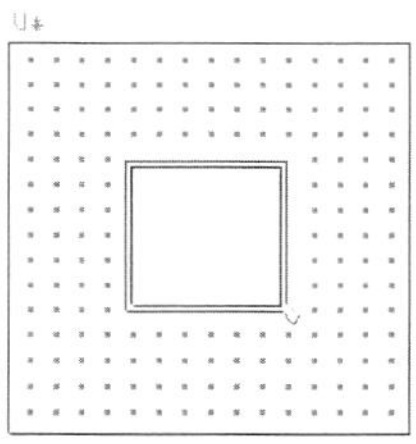	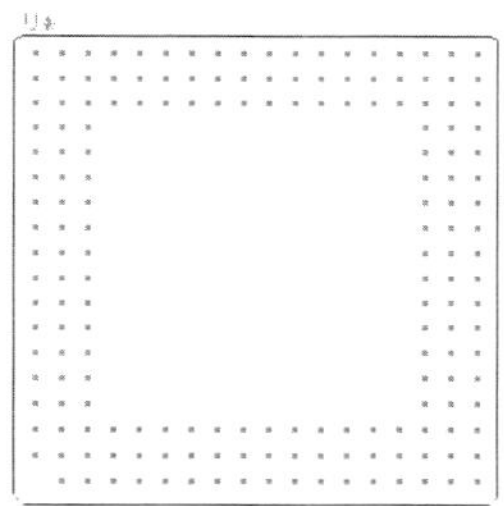
PGA176	PGA179
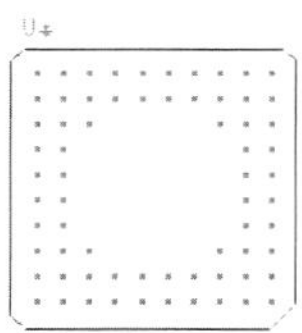	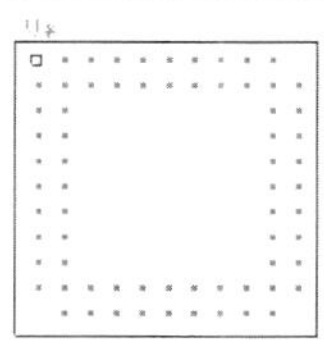
PGA68	PGA68_SQ
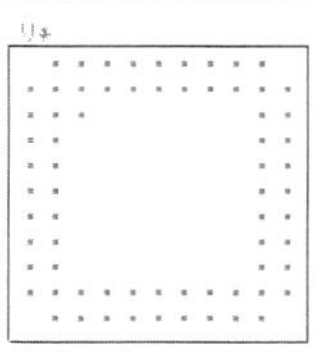	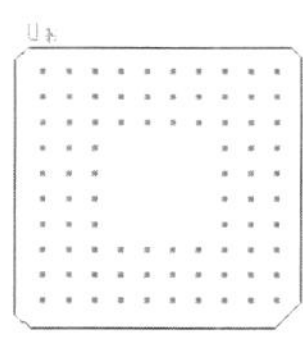
PGA69	PGA84

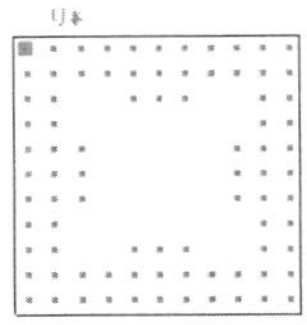	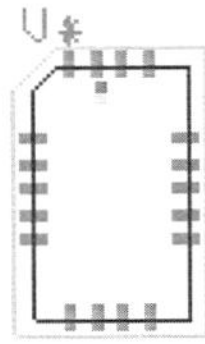
PGA84_SQ	PLCC18
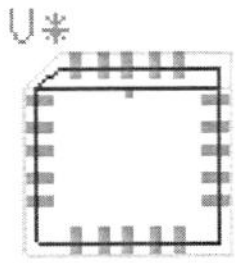	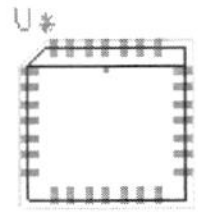
PLCC20	PLCC28
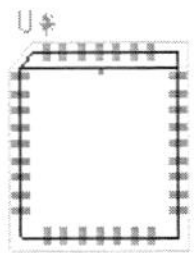	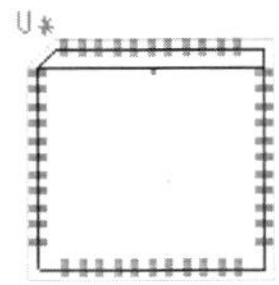
PLCC32	PLCC44
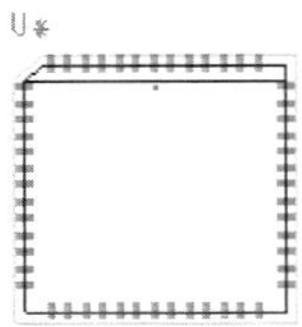	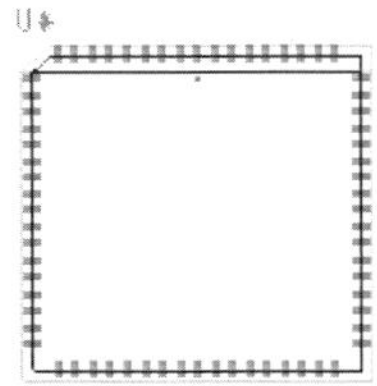
PLCC52	PLCC68
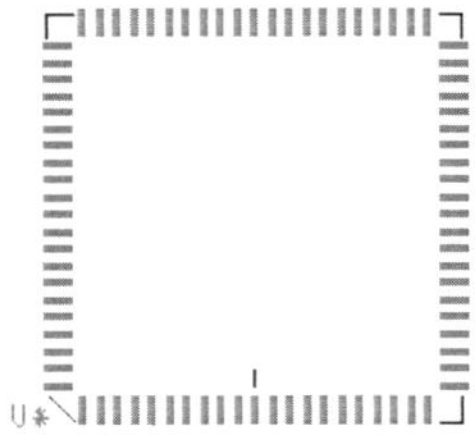	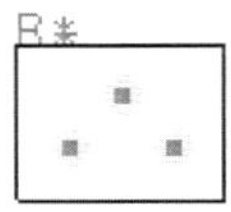
PLCC84	POT
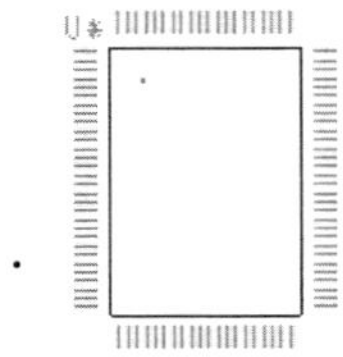	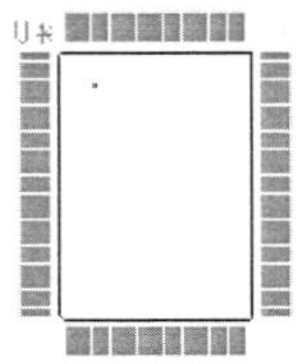
PQFP100	PQFP100R

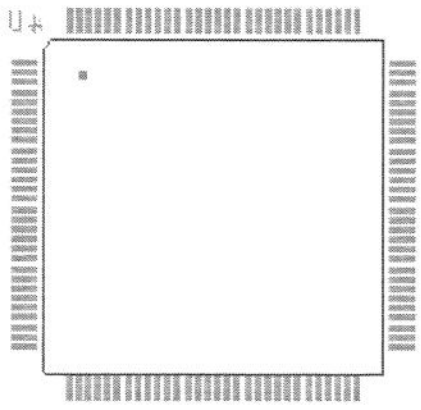	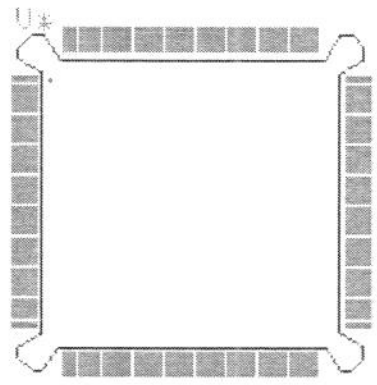
PQFP120	PQFP132
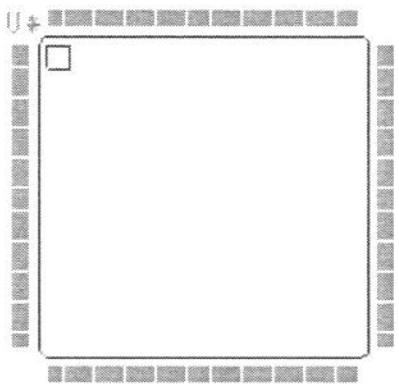	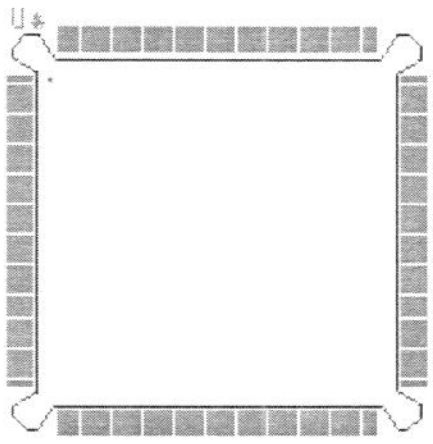
PQFP160	PQFP164
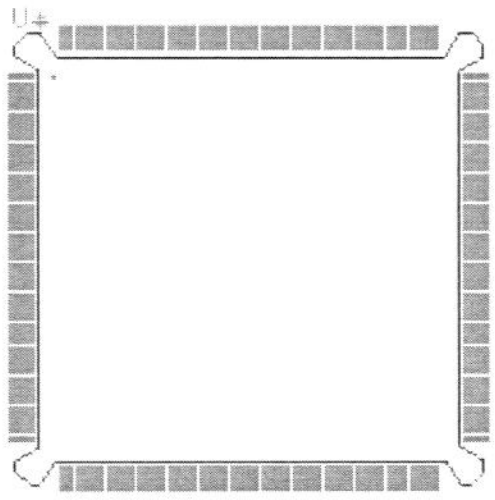	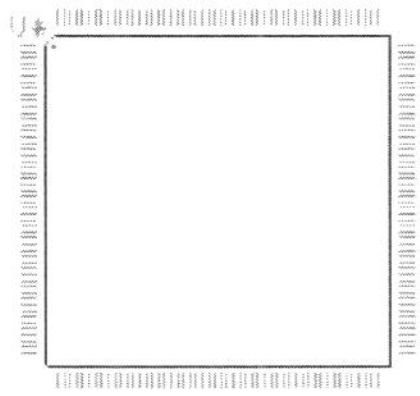
PQFP196	PQFP208_CYP
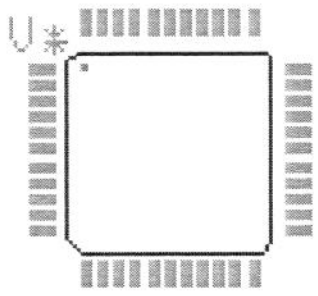	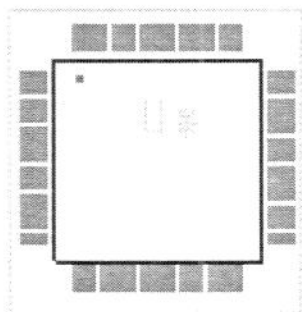
PQFP44	PQFP52
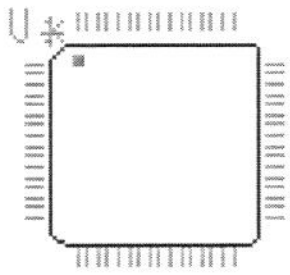	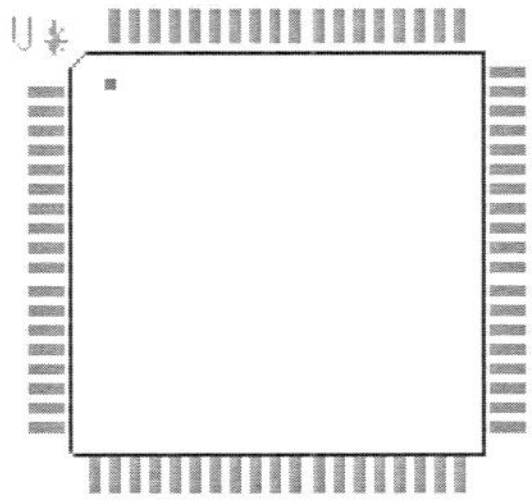
PQFP64_TI	PQFP74_NEC

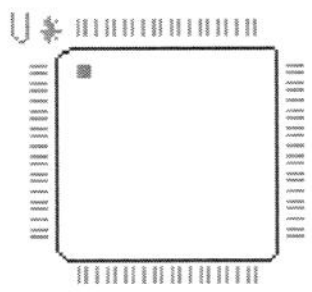	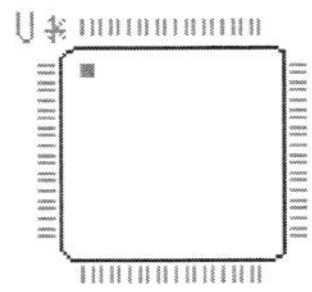
PQFP80	PQFP80_TI
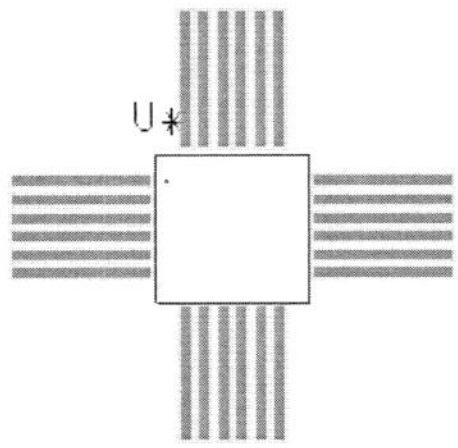	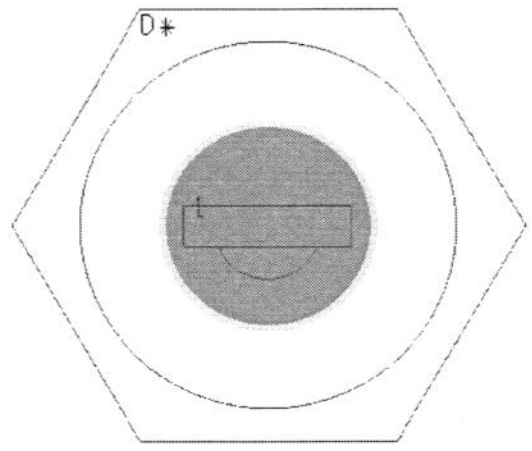
QUADFLAT24	R70
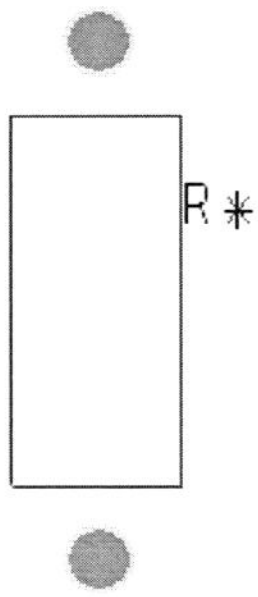	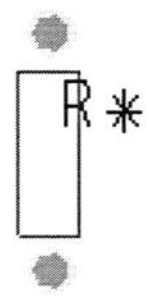
RES1000	RES400
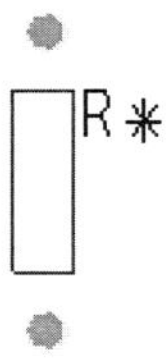	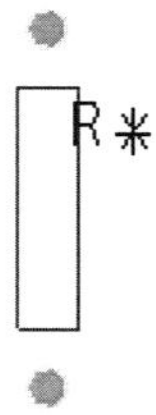
RES500	RES600
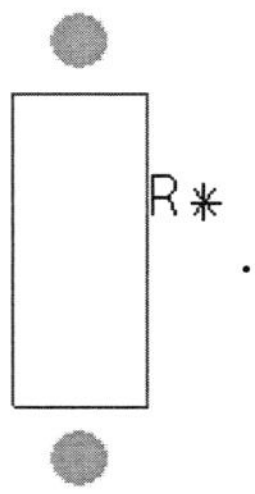	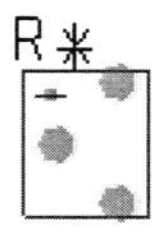
RES800	RESADJ

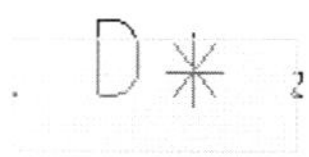	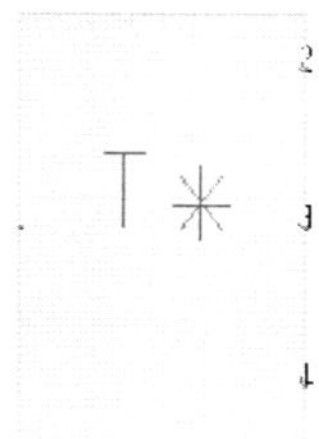
RF_DIODE	RF_PMOS4
	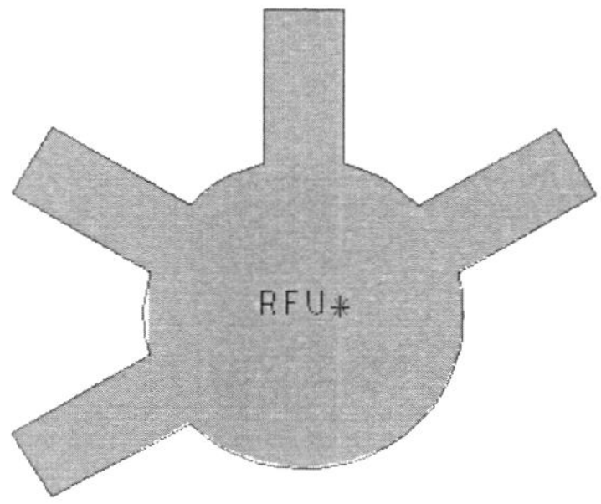
RF_PNP	RHYBRID

RIBBON	R_DXDY

R_PAD1	SBCLIN

R_SPACE	SBEND
	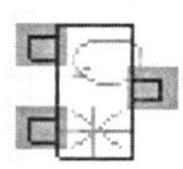
SBEND2	SC59
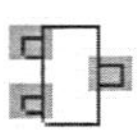	
SC70	SCLIN

SCROS	SCURVE

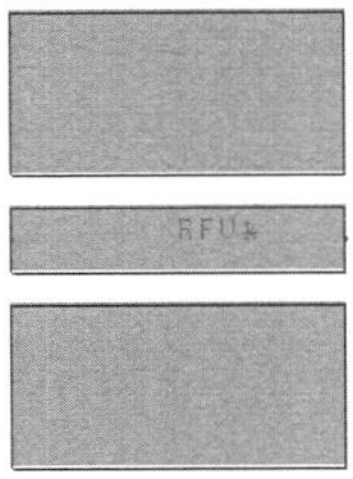

SHLINE

SHLINE3

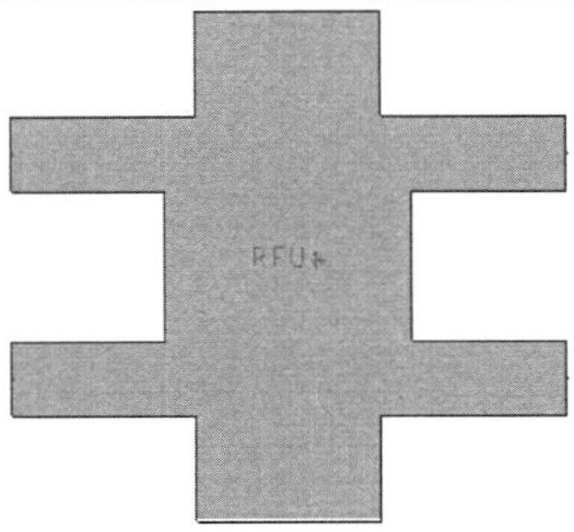

SHYBRID1

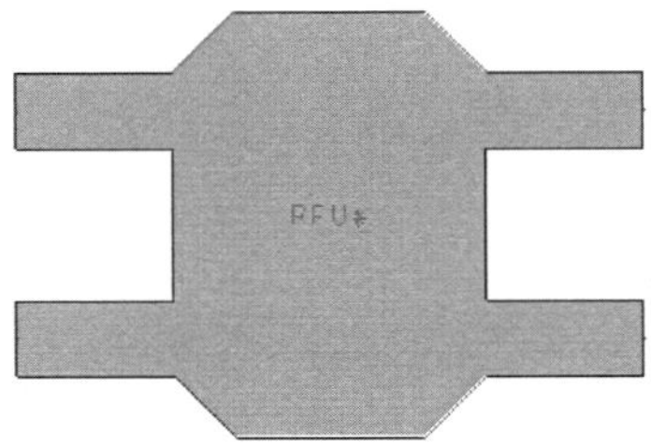

SHYBRID2

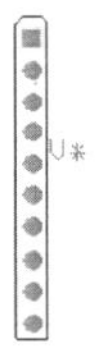

SIP10

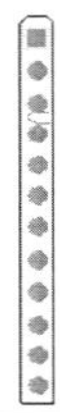

SIP12

SIP30

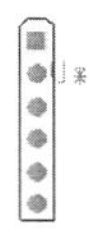

SIP6

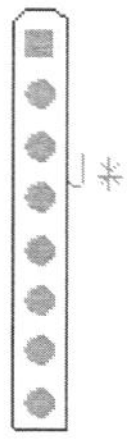	
SIP8	SLEF

SLIN	SLINO

SLOC	SLSC
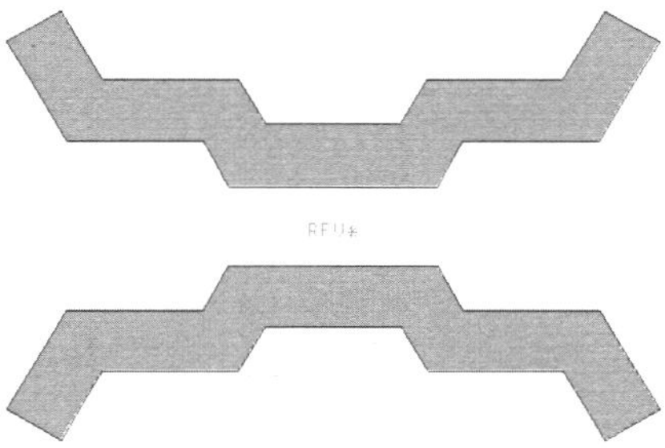	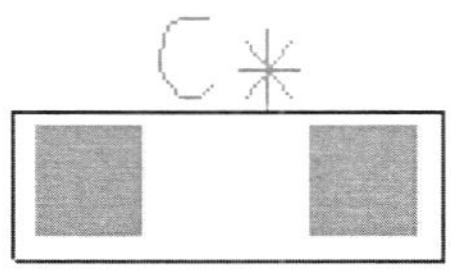
SMCOUPLER	SMC_6032
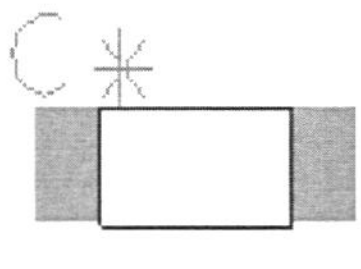	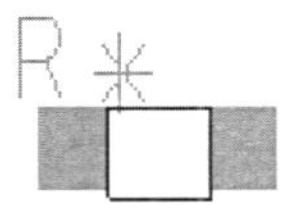
SMDCAP	SMDRES
	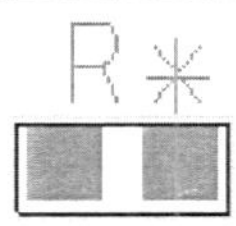
SMITER	SM_0805
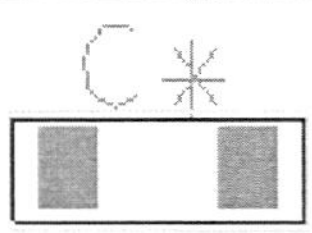	
SM_1206	SOCLIN

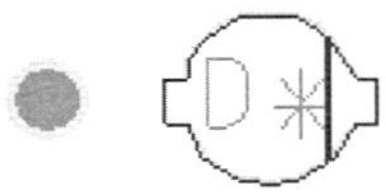	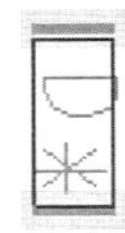
SOD57	SOD80
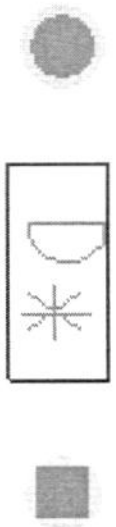	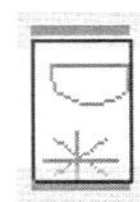
SOD81	SOD87
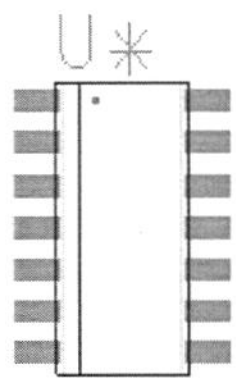	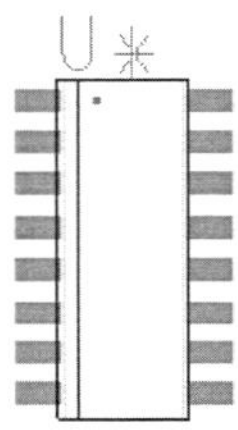
SOIC14	SOIC16
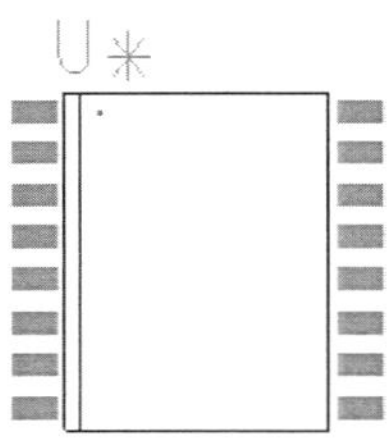	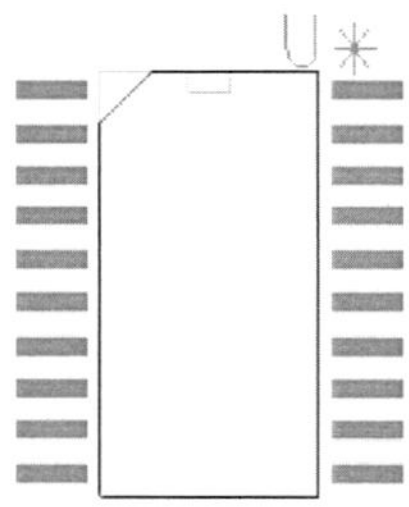
SOIC16W	SOIC20
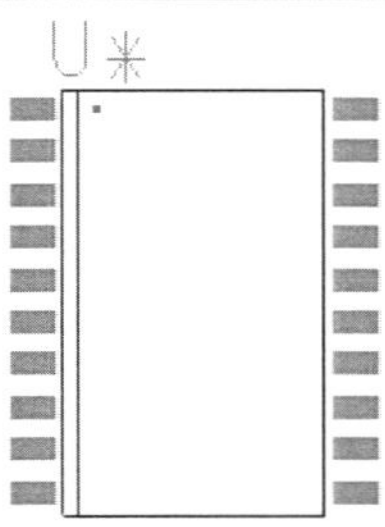	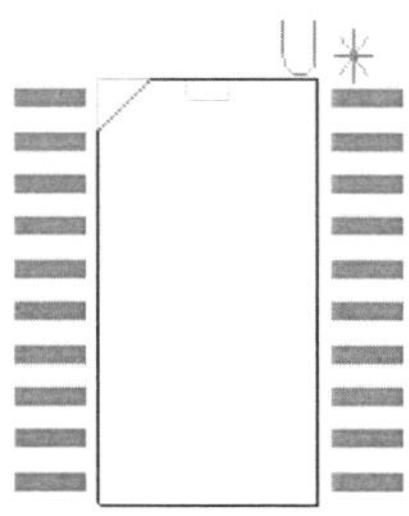
SOIC20W	SOIC20_PE

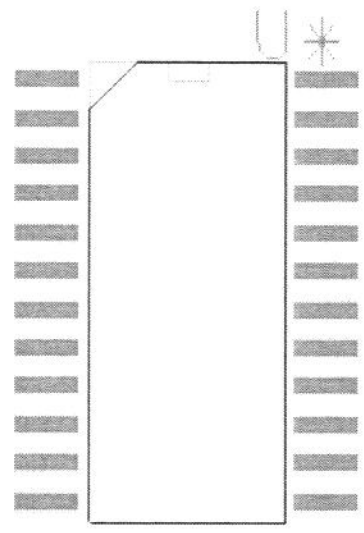	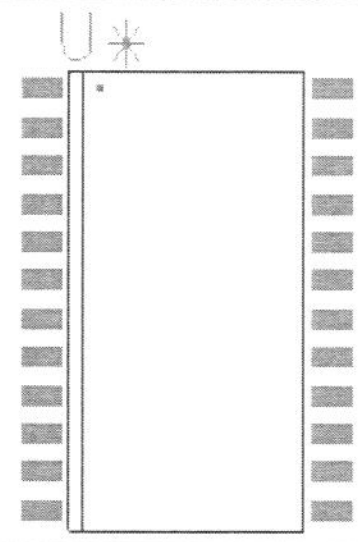
SOIC24	SOIC24W
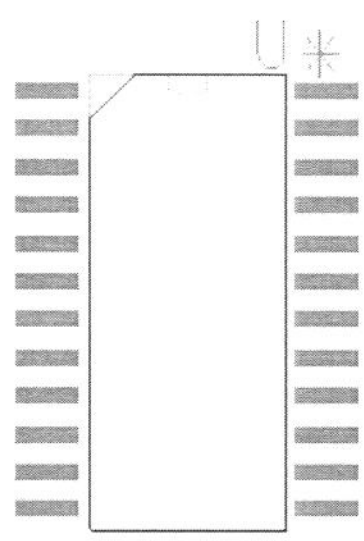	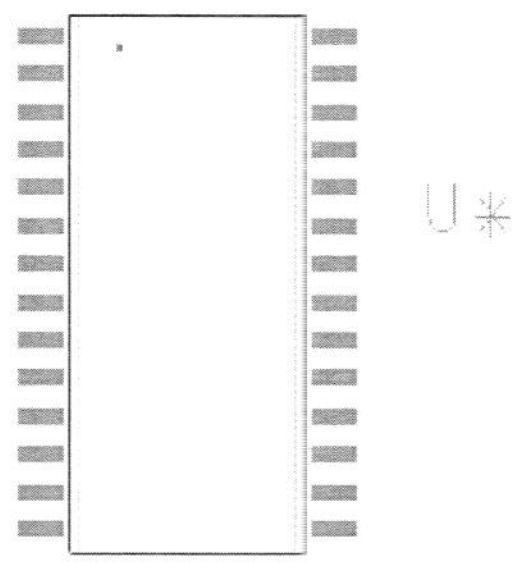
SOIC24_PE	SOIC28
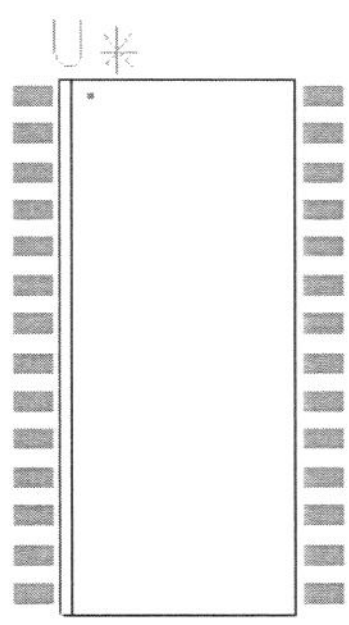	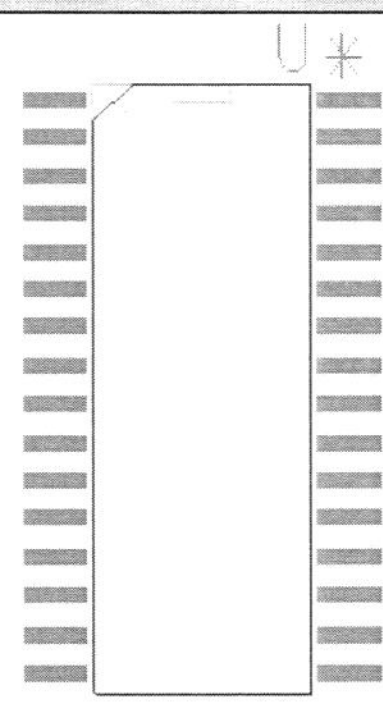
SOIC28W	SOIC32
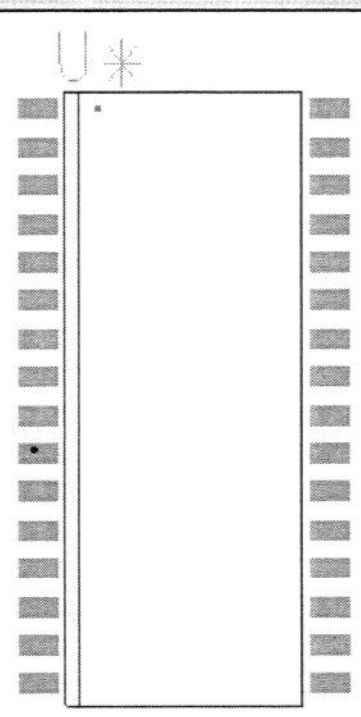	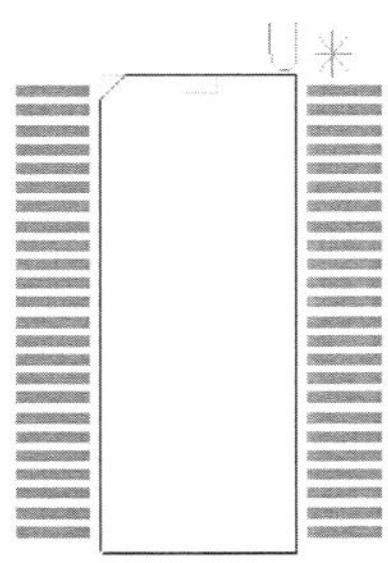
SOIC32W	SOIC48

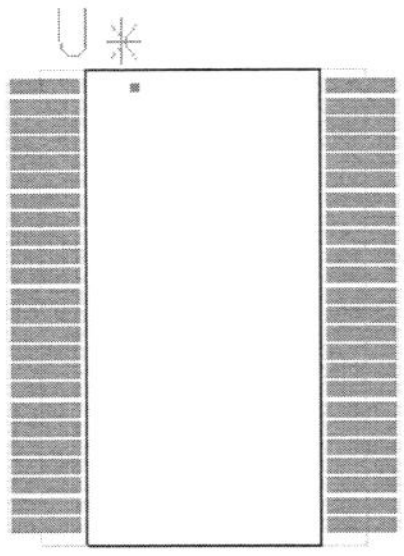	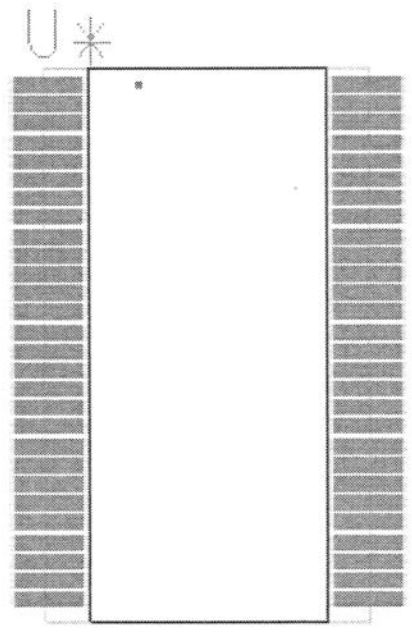
SOIC48W	SOIC56W
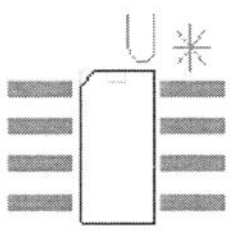	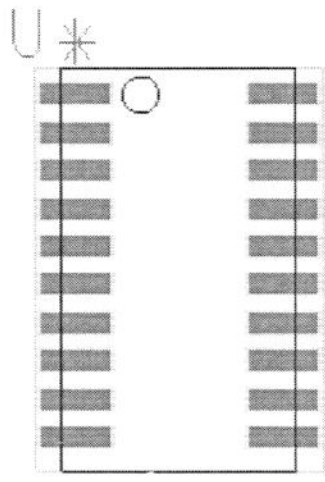
SOIC8	SOJ20
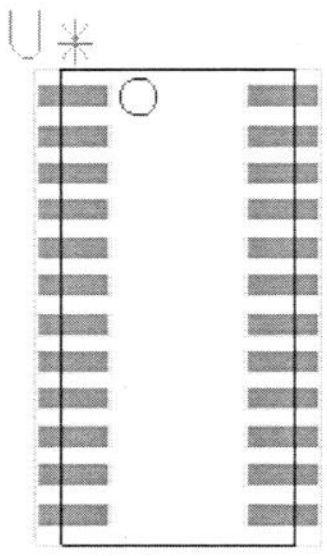	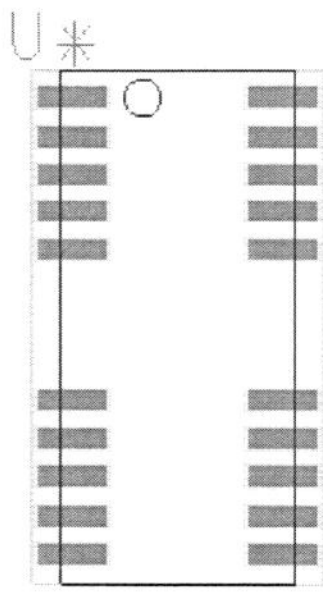
SOJ24	SOJ26
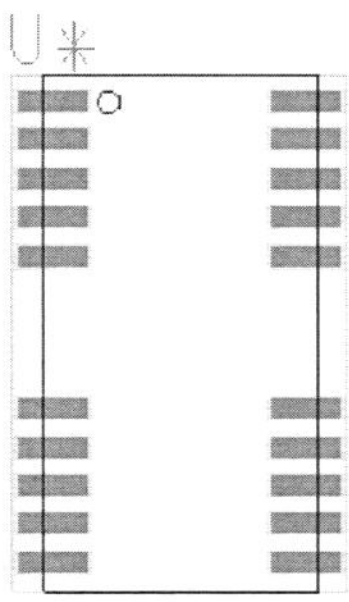	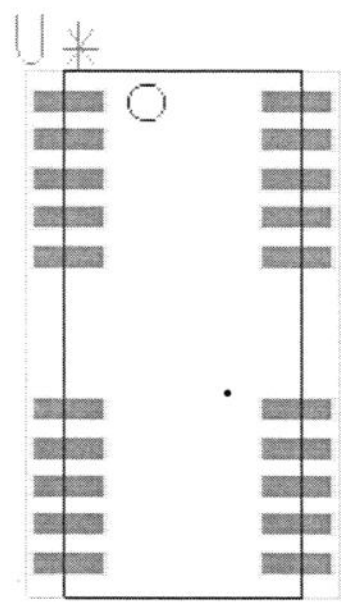
SOJ26W	SOJ26_20

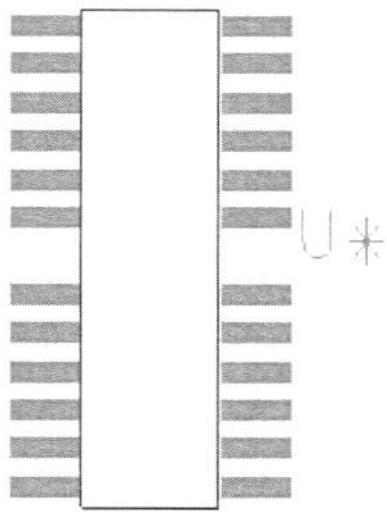	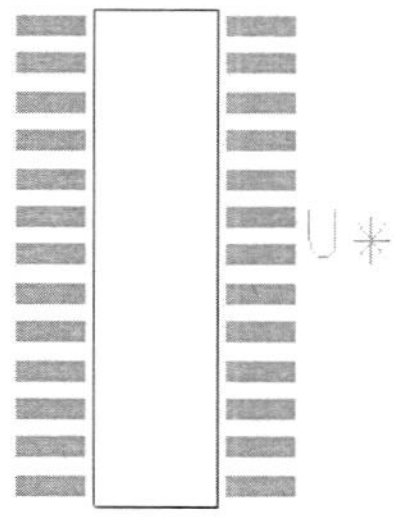
SOJ26_24	SOJ26_26
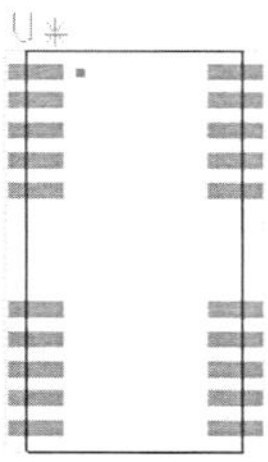	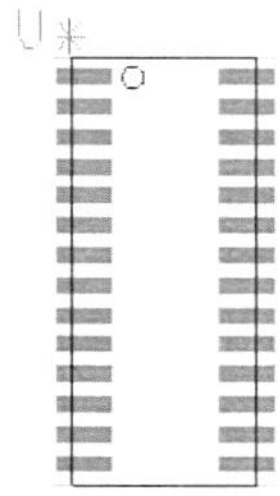
SOJ26W	SOJ28
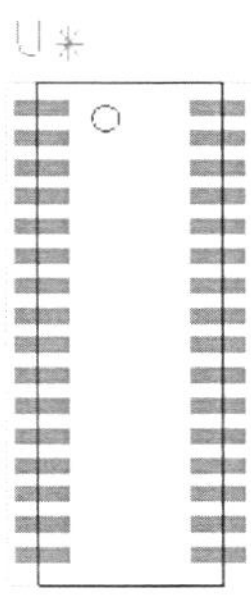	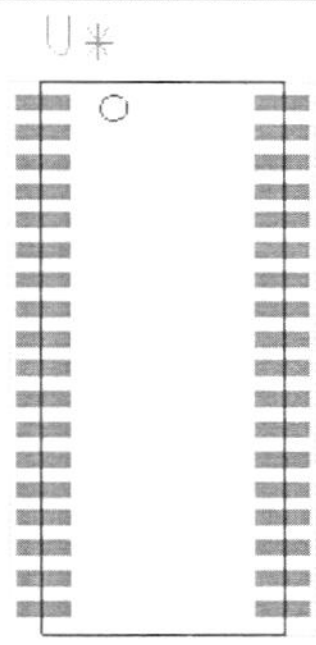
SOJ32	SOJ36
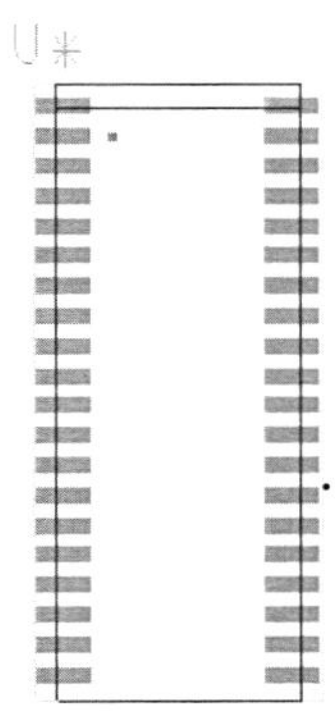	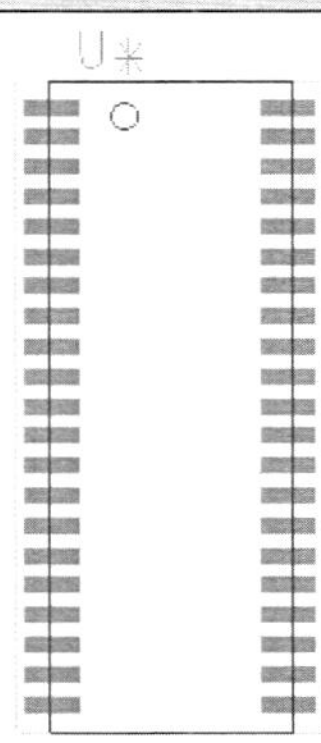
SOJ40	SOJ42

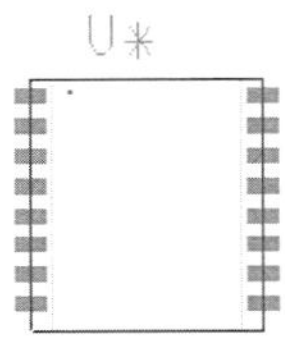

SOL16

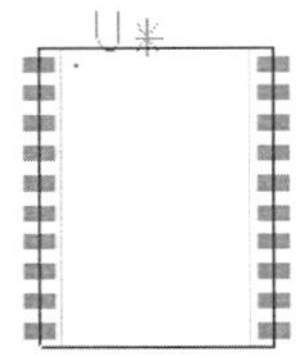

SOL20

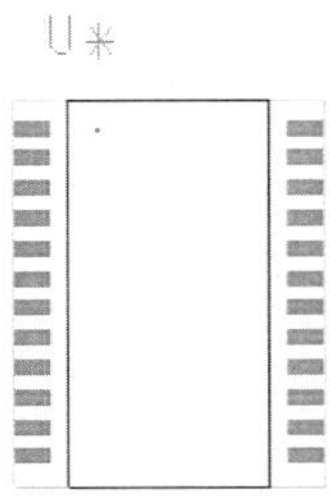

SOP24

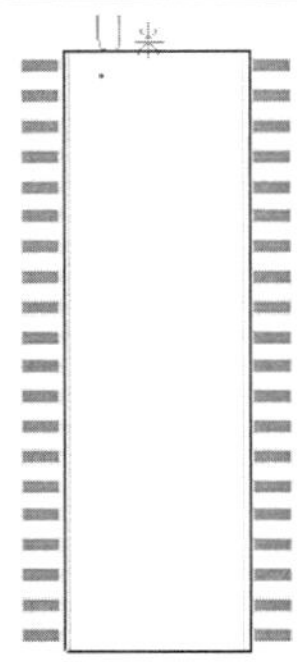

SOP44

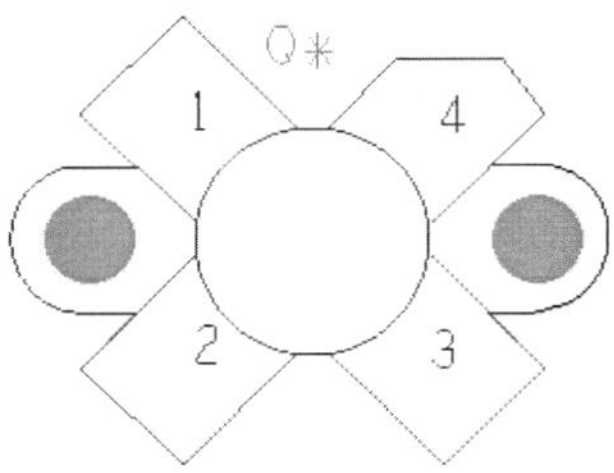

SOT121

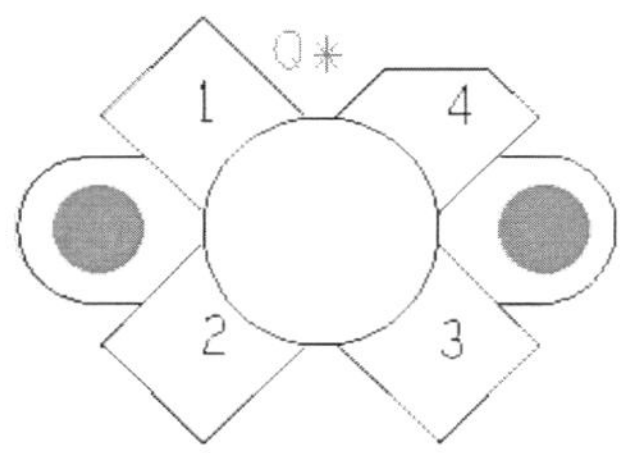

SOT123

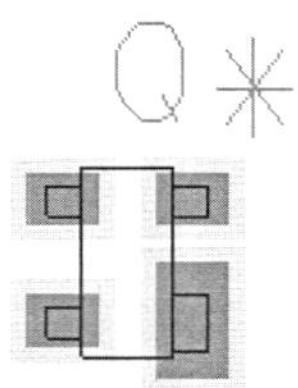

SOT143

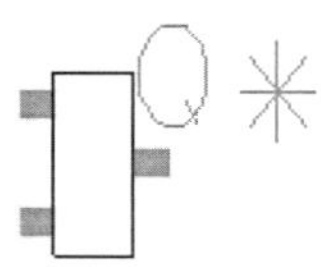

SOT23

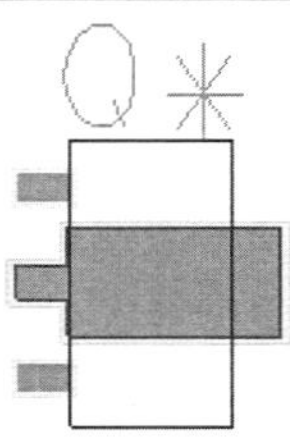

SOT89

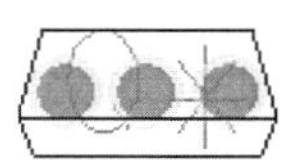
SPAK

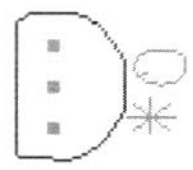	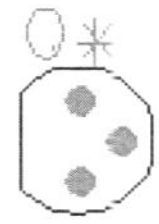
TO92	TO92VAR

TOSH_2_8H1A	TP
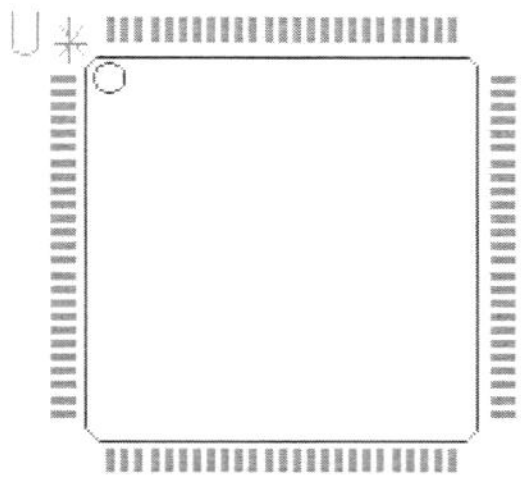	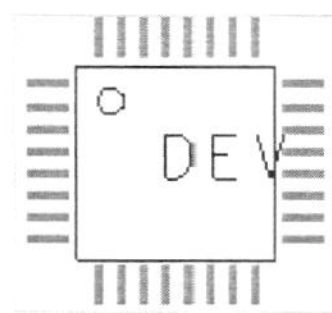
TQFP100	TQFP32
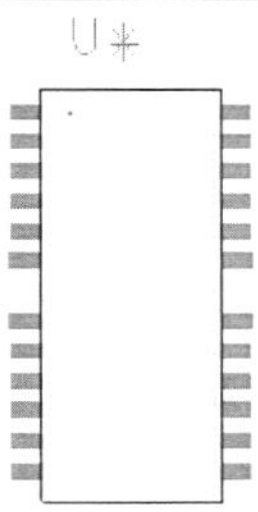	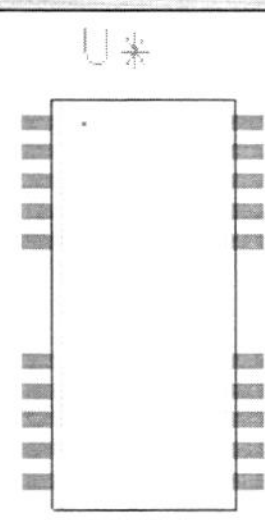
TSOP26_24	TSOP26_3
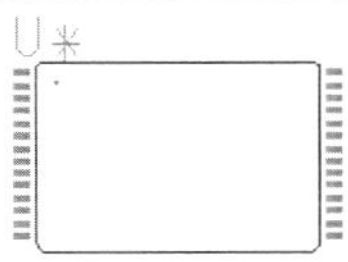	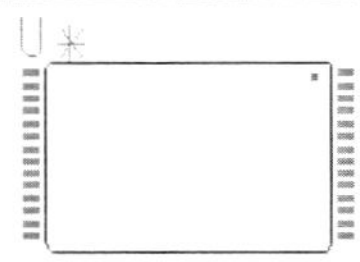
TSOP28F_TOS	TSOP28R_TOS
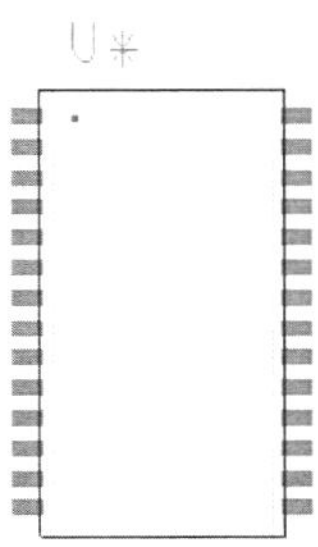	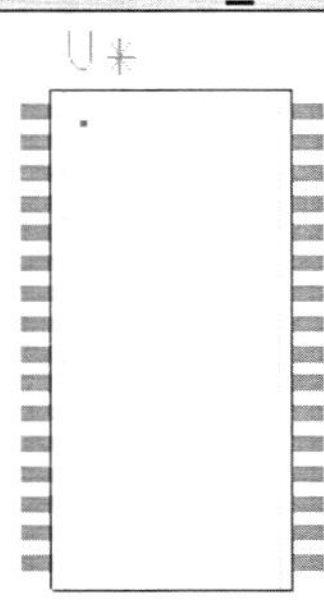
TSOP28_4	TSOP32_4

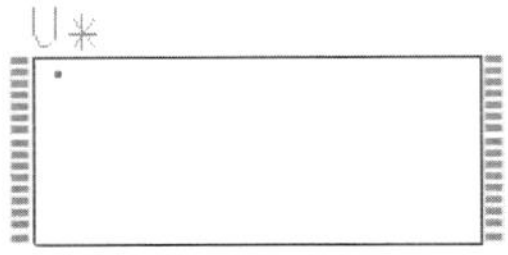	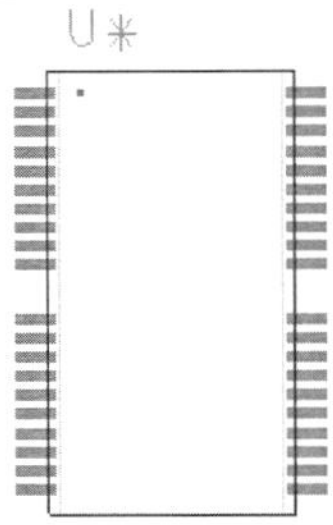
TSOP32_8	TSOP40_4
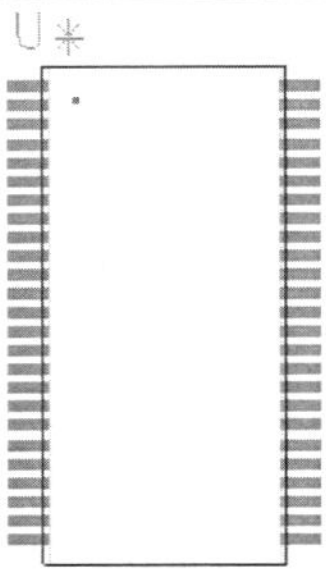	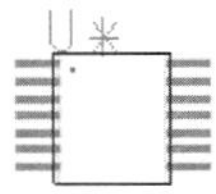
TSOP50_4	TSSOP14
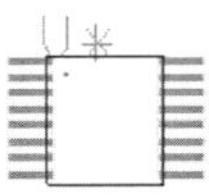	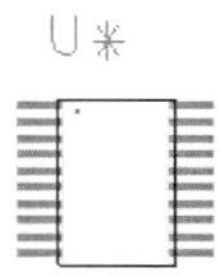
TSSOP16	TSSOP20
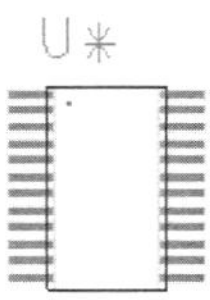	
TSSOP24	UNIT_BODY_A
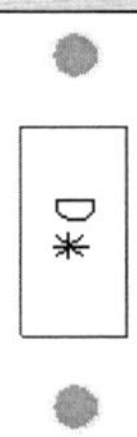	
UNIT_BODY_B	USRDEF_1, USRDEF_2, USRDEF_3, USRDEF_4, USRDEF_5, USRDEF_6, USRDEF_7, USRDEF_8

	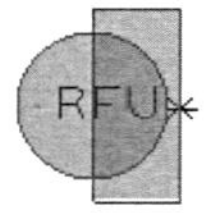
VIAFC	VIAHS
	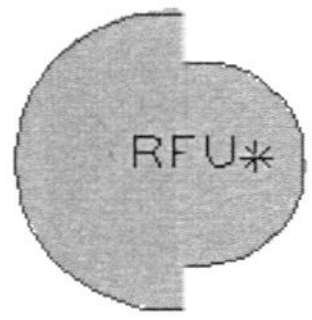
VIAQC	VIASC
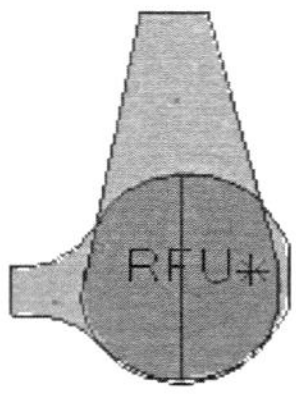	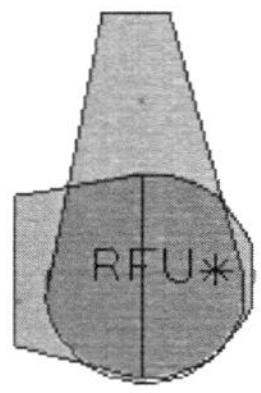
VIASTD	VIATTD
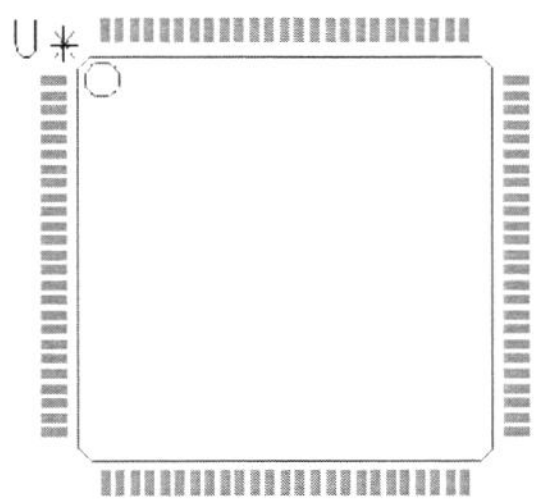	
VQFP100	X2Y_0603
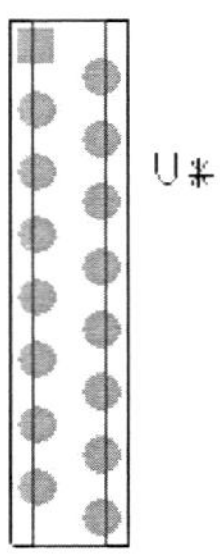	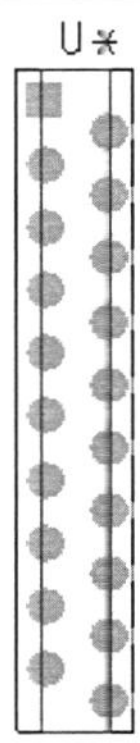
ZIP16	ZIP20

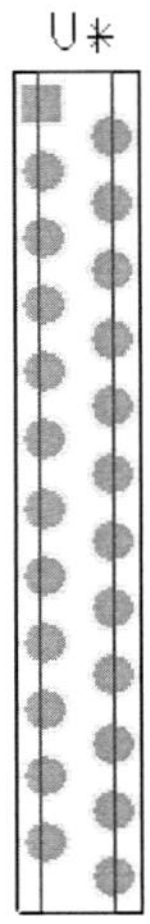	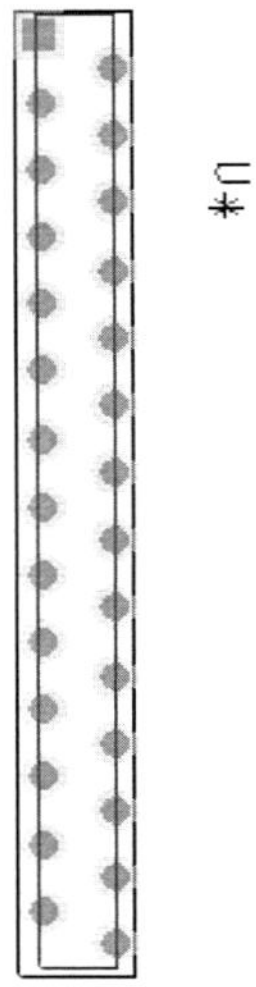
ZIP24	ZIP28
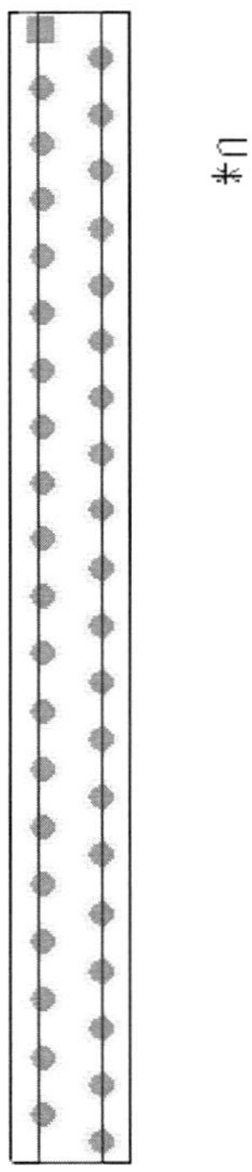	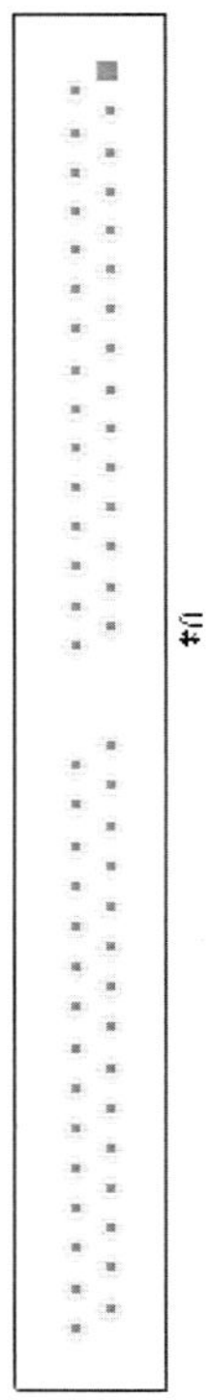
ZIP40	ZIP60_MOT

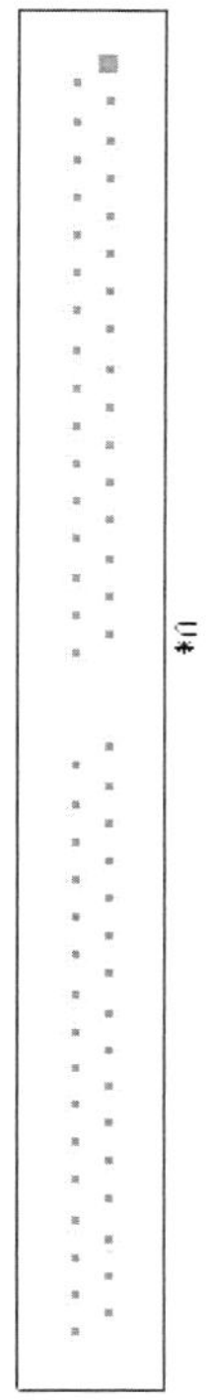

ZIP64_MOT	

1 INTRODUCTION

Standard component package outlines come from industry standard organizations that specialize in component packaging data and standardization of documents and publications.

These organizations include JEDEC, EIA, IEC, NIST, IPC, ANSI, EIAJ, NEMI and JEITA

CAD Library 규격 종류

2 CHIP COMPONENTS

2.1 Chip Capacitor

Pin 1 on Left Side

Component

Land Pattern

2.2 Chip Resistor

Pin 1 on Left Side

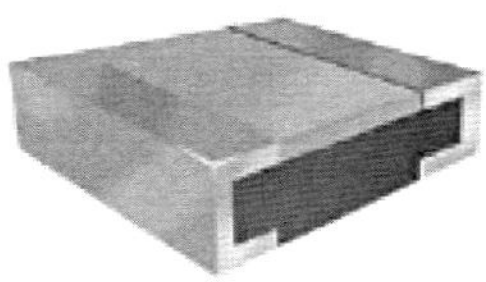

Component

Land Pattern

2.3 Chip Inductor

Pin 1 on Left Side

Component

Land Pattern

Note: Pin 1 is always the “Positive” pin

3 MOLDED COMPONENTS

3.1 Molded Capacitors

Component

Pin 1 on Left Side

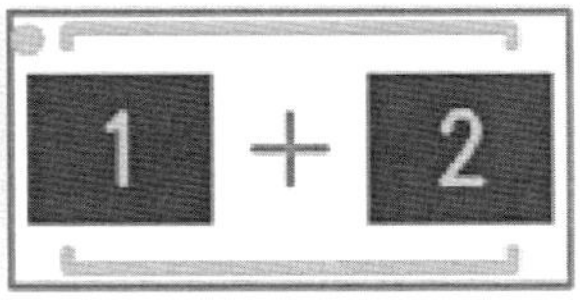

Land Pattern

3.2 Molded Diodes

Component

Pin 1 on Left Side (Cathode)

Land Pattern

3.3 Molded Inductors

Component

Pin 1 on Left Side

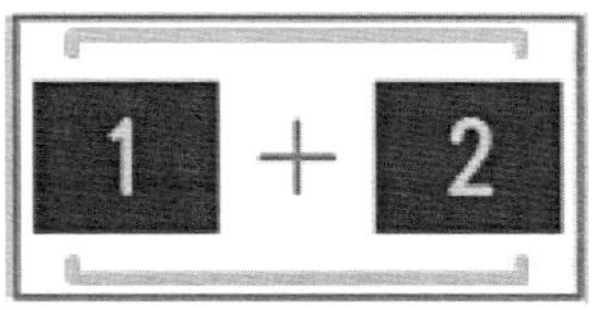

Land Pattern

Note: Pin 1 is always the "Positive" pin

4 PRECSION WIRE-WOUND

4.1 Precision Wire Wound Components

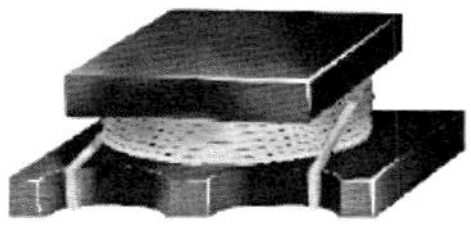

Component

Pin 1 on Left Side

Land Pattern

Note: Pin 1 is always the "Positive" pin

5 MELF COMPONENTS

5.1 MELF Diodes

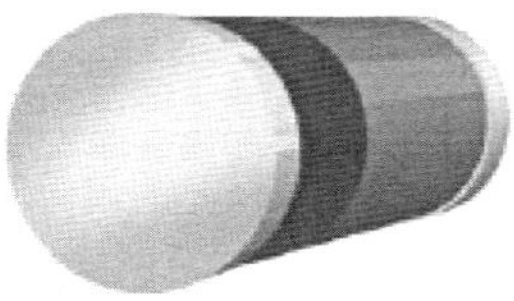

Component

Pin 1 on Left Side (Cathode)

Land Pattern

5.2 MELF Resistors

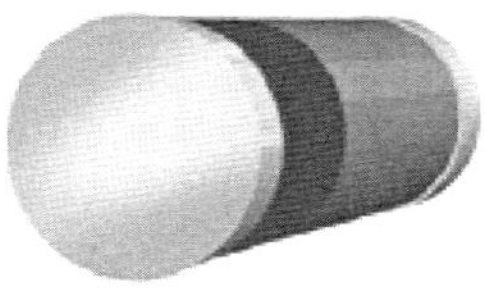

Component

Pin 1 on Left Side

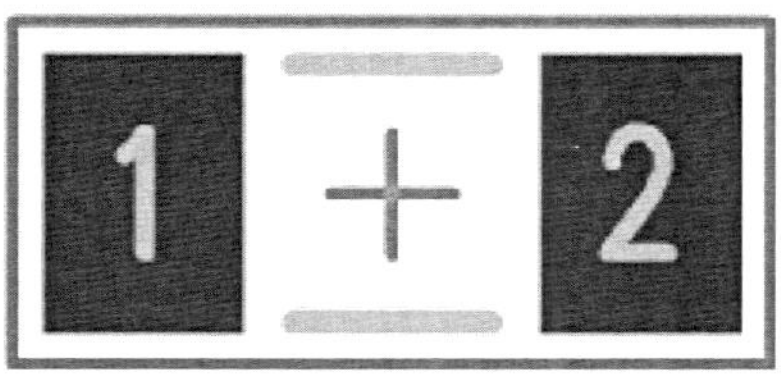

Land Pattern

Note: Pin 1 is always the "Polarity Mark" pin or Cathode

6 ALUMINUM ELECTROLYTIC CAPACITORS

6.1 Aluminum Electrolytic Capacitors

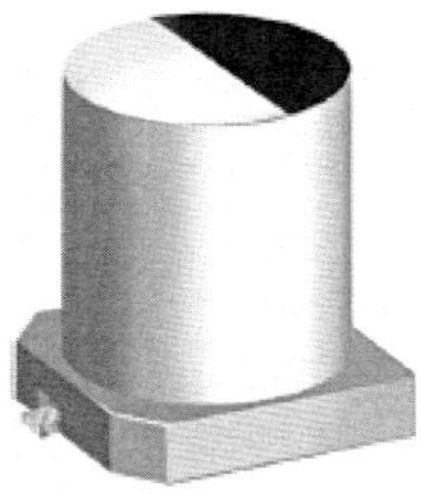

Component

Pin 1 on Left Side

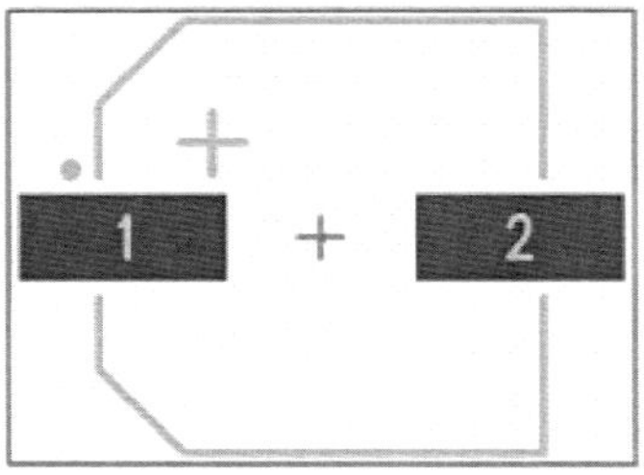

Land Pattern

Note: Pin 1 is always the "Positive" pin

7 SOT COMPONENTS

7.1 SOT23-3

Component

Pin 1 on Upper Left

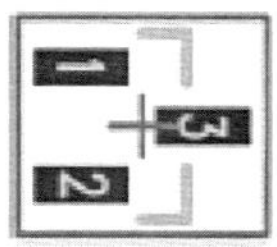

Land Pattern

7.2 SOT23-5

Component

Pin 1 on Upper Left

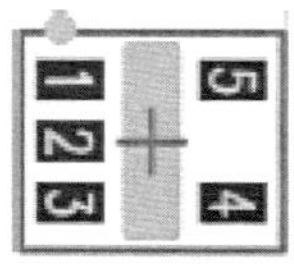

Land Pattern

7.3 SOT343

Component

Pin 1 on Upper Left

Land Pattern

7.4 SOT223

Component

Pin 1 on Upper Left

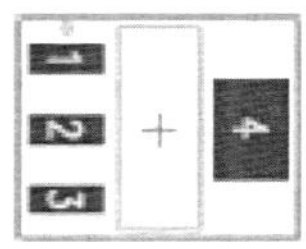
Land Pattern

8 TO COMPONENTS

8.1 TO252 (DPAK)

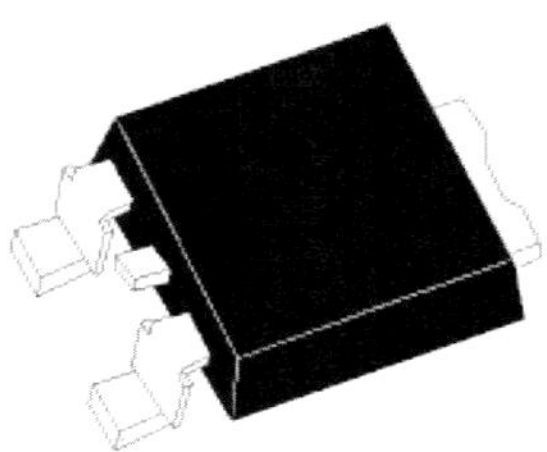
Component

Pin 1 on Upper Left

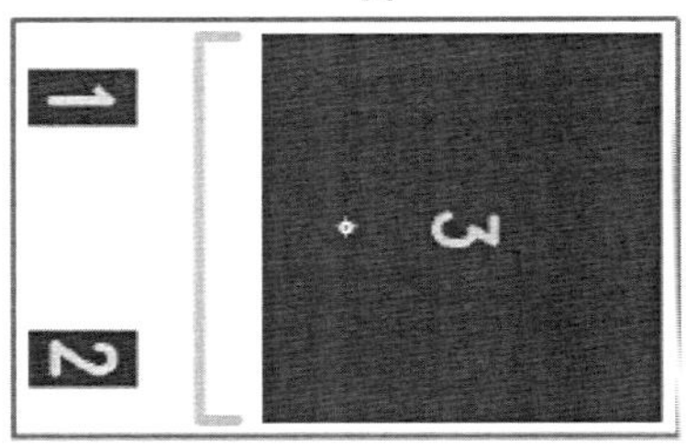
Land Pattern

9 SMALL OUTLINE GULLWING COMPONENT

9.1 SOIC, SOP & SSOP

Component

Pin 1 on Upper Left

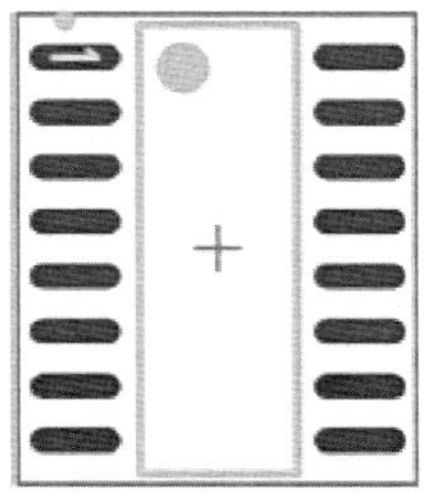

Land Pattern

9.2 TSSOP

Component

Pin 1 on Upper Left

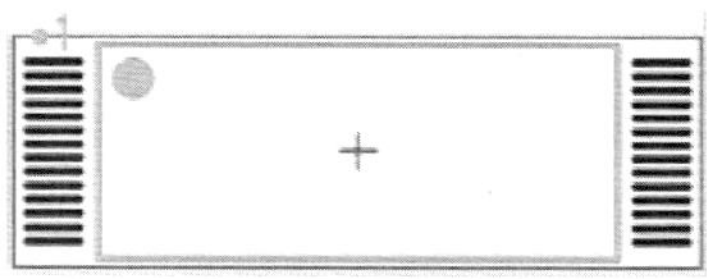

Land Pattern

10 SMALL OUTLINE J-LEAD COMPONENTS

10.1 SOIC J-Lead

Component

Pin 1 on Upper Left

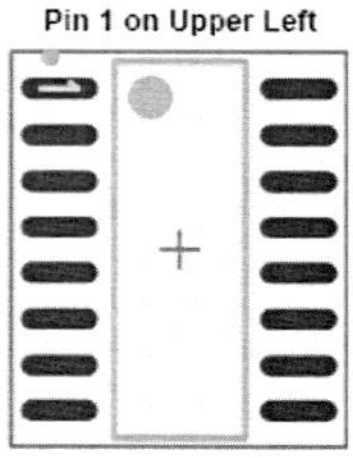

Land Pattern

11 QUAD FLAT PACKAGE

11.1 Square QFP Pin 1 on Side

Pin 1 on Upper Left

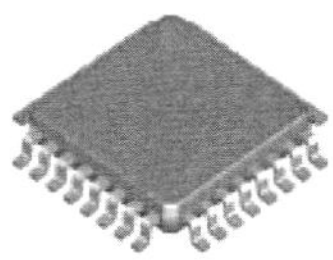

Component

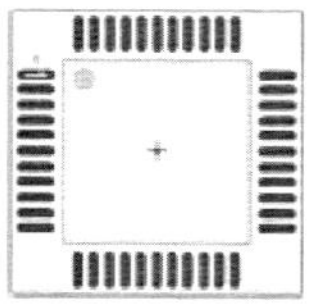

Land Pattern

11.2 Rectangle QFP Pin 1 on Side

Pin 1 on Upper Left

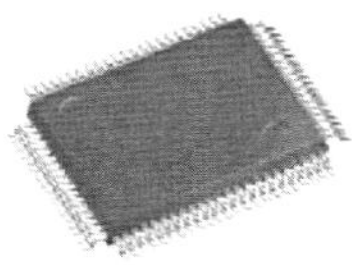

Component

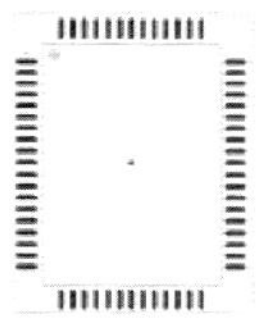

Land Pattern

12 BUMPER QUAD FLAT PACKAGE

12.1 Bump QFP Pin 1 on Side

Pin 1 on Upper Left

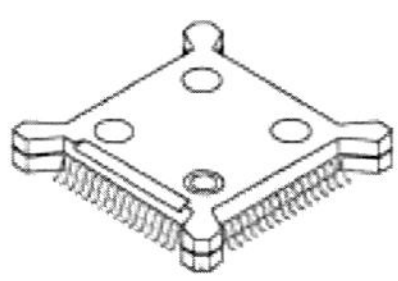

Component

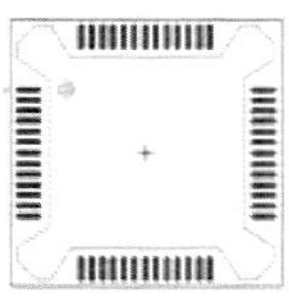

Land Pattern

12.2 Bump QFP Pin 1 in Center

Pin 1 on Top Center

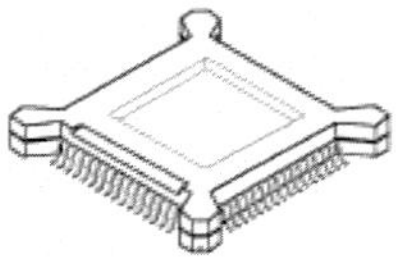

Component

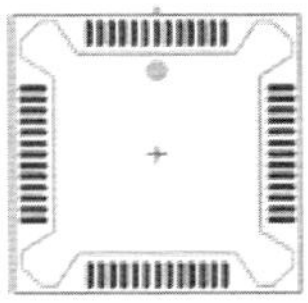

Land Pattern

13 CERAMIC FLAT PACKAGE

13.1 Ceramic Flat Package

Pin 1 on Upper Left

Component

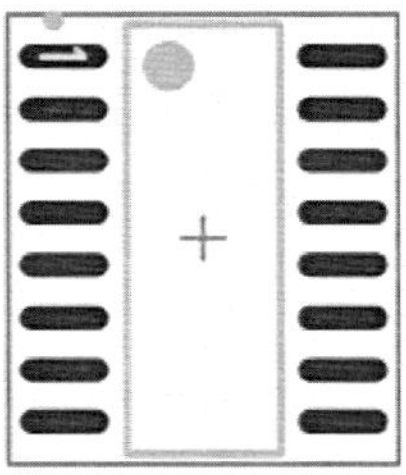

Land Pattern

14 CERAMIC QUAD FLAT PACKAGE

14.1 CQFP (Ceramic Quad Flat Package)

Pin 1 on Upper Left

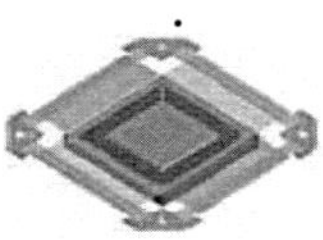

Component

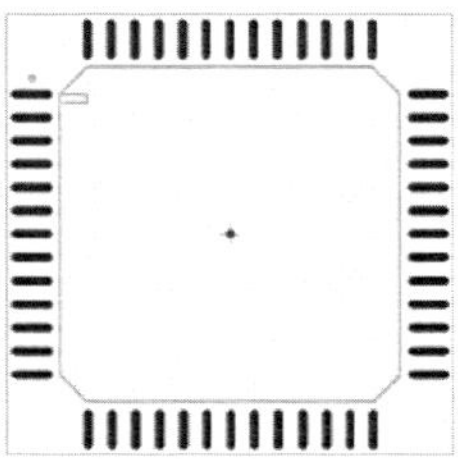

Land Pattern

15 PLASTIC LEADED CHIP CARRIERS

15.1 PLCC Square

Component

Pin 1 on Top Center

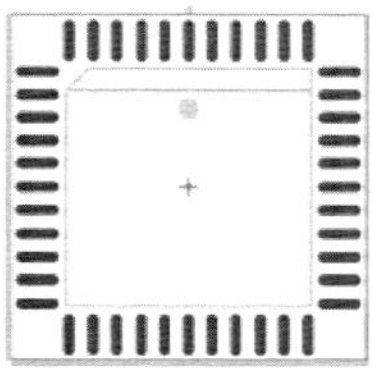

Land Pattern

15.2 PLCC Rectangular

Component

Pin 1 on Top Center

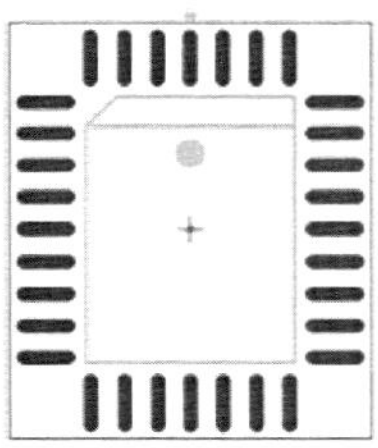

Land Pattern

16 LEADLESS CHIP CARRIERS

16.1 LCC Square

Component

Pin 1 on Top Center

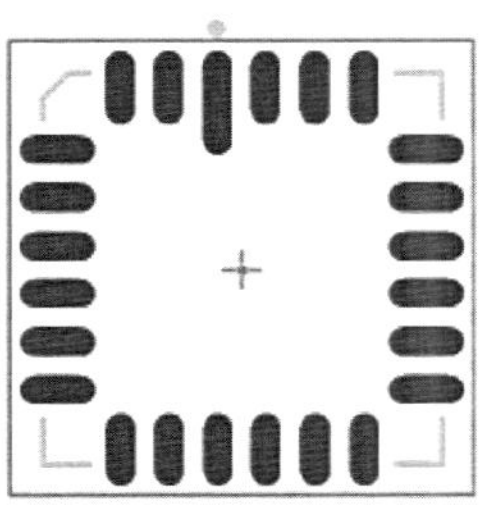

Land Pattern

17 QUAD FLAT NO-LEAD

17.1 QFN Square

Component (Bottom View)

Pin 1 on Upper Left

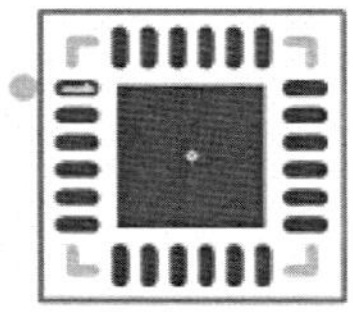

Land Pattern

17.2 QFN Rectangular Vertical

Component (Bottom View)

Pin 1 on Upper Left

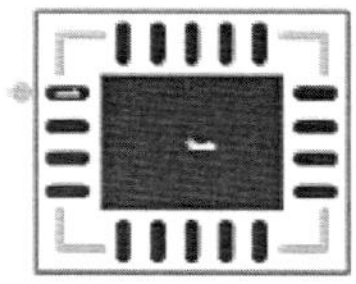

Land Pattern

17.3 QFN Rectangular Horizontal

Component (Bottom View)

Pin 1 on Upper Left

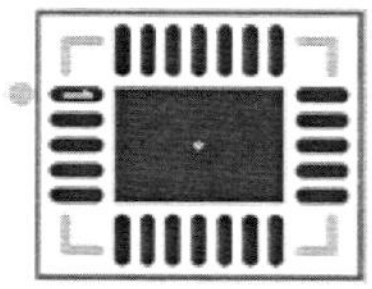

Land Pattern

18 BALL GRID ARRAY

18.1 BGA Square

Pin A1 in Upper Left

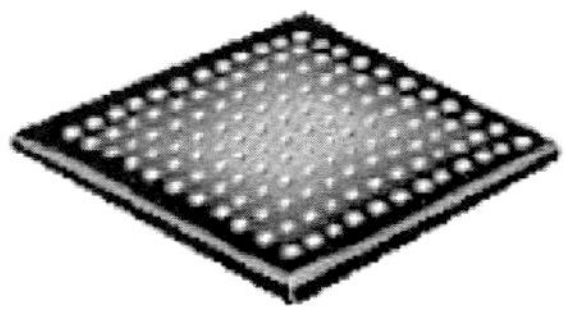

Component (Bottom View)

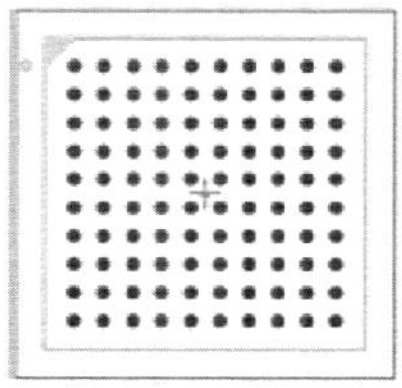

Land Pattern

18.2 BGA Rectangular

Pin A1 in Upper Left

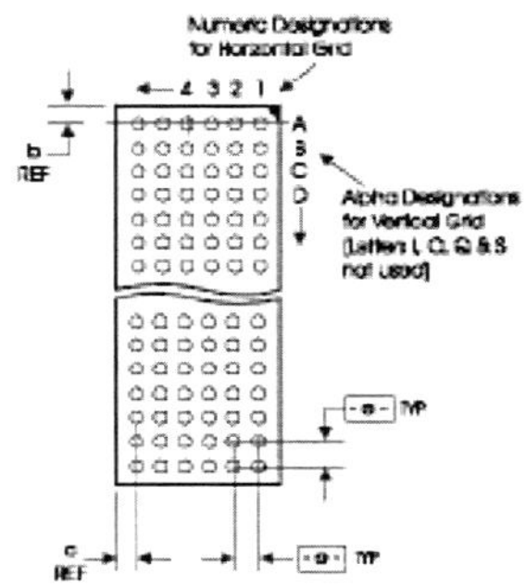

Component (Bottom View)

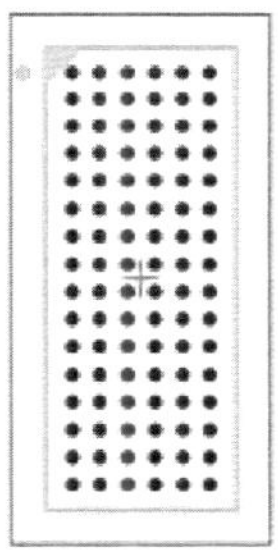

Land Pattern

Surface Mount Land Patterns

IPC-735* Component Family Breakdown:

IPC-7351 = IEC 61188-5-1, Generic requirements-land/joint considerations – **General Description**

IPC-7352 = IEC 61188-5-2, Sectional requirements-land/joint considerations – **Discrete Components**

IPC-7353 = IEC 61188-5-3, Sectional requirements-land/joint considerations – **Gull-wing leads, two sides (SOP)**

IPC-7354 = IEC 61188-5-4, Sectional requirements-land/joint considerations – **J leads, two sides (SOJ)**

IPC-7355 = IEC 61188-5-5, Sectional requirements-land/joint considerations – **Gull-wing leads, four sides (QFP)**

IPC-7356 = IEC 61188-5-6, Sectional requirements-land/joint considerations – **J leads, four sides (PLCC)**

IPC-7357 = IEC 61188-5-7, Sectional requirements-land/joint considerations – **Post leads, two sides (DIP)**

IPC-7358 = IEC 61188-5-8, Sectional requirements-land/joint considerations – **Area Array Components (BGA)**

IPC-7359 = NO IEC Document, Sectional requirements-land/joint considerations – **No Lead Components (LCC)**

Component Zero Orientations Pin 1 Location For CAD Library Construction

1) Chip Capacitors, Resistors and Inductors (RES, CAP and IND) – **Pin 1 (Positive Pin) on Left**
2) Molded Inductors (INDM), Resistors (RESM) and Tantalum Capacitors (CAPT) – **Pin 1 (Positive Pin) on Left**
3) Precision Wire-wound Inductors (INDP) – **Pin 1 (Positive Pin) on Left**
4) MELF Diodes – **Pin 1 (Cathode) on Left**
5) Aluminum Electrolytic Capacitors (CAPAE) – **Pin 1 (Positive) on Left**
6) SOT Devices (SOT23, SOT23-5, SOT223, SOT89, SOT143, etc.) – **Pin 1 Upper Left**
7) TO252 & TO263 (DPAK Type) Devices – **Pin 1 Upper Left**
8) Small Outline Gullwing ICs (SOIC, SOP, TSOP, SSOP, TSSOP) – **Pin 1 Upper Left**
9) Ceramic Flat Packs (CFP) – **Pin 1 Upper Left**
10) Small Outline J Lead ICs (SOJ) – **Pin 1 Upper Left**
11) Quad Flat Pack ICs (PQFP, SQFP) – **Pin 1 Upper Left**
12) Ceramic Quad Flat Packs (CQFP) – **Pin 1 Upper Left**
13) Bumper Quad Flat Pack ICs (BQFP Pin 1 Center) – **Pin 1 Top Center**
14) Plastic Leaded Chip Carriers (PLCC) – **Pin 1 Top Center**
15) Leadless Chip Carriers (LCC) – **Pin 1 Top Center**
16) Leadless Chip Carriers (LCCS Pin 1 on Side) – **Pin 1 Upper Left**
17) Quad Flat No-Lead ICs (QFN) QFNS, QFNRV, QFNRH – **Pin 1 Upper Left**
18) Ball Grid Arrays (BGA) – **Pin A1 Upper Left**

부록 2. OrCAD PCB Editor V17.2 PCB 설계용어 해설

1. 일반 용어

1.1 인쇄회로 기판 (Printed Circuit Board / Printed Wiring Board)

: PCB는 Printed Circuit Board의 약어이며 인쇄회로기판을 말한다. 여러 종류의 많은 부품을 페놀 수지 또는 에폭시수지로 된 평판위에 밀집탑재하고 각 부품간을 연결하는 회로를 수지평판의 표면에 밀집 단축하여 고정시킨 회로기판이다. PCB는 페놀수지 절연판 또는 에폭시수지 절연판 등의 한쪽 면에 구리 등의 박판을 부착시킨 다음 회로의 배선패턴에 따라 식각(선상의 회로만 남기고 부식시켜 제거)하여 필요한 회로를 구성하고 부품들을 부착 탑재시키기 위한 구멍을 뚫어 만든다.

배선회로면의 수에 따라 단면기판·양면기판·다층기판 등으로 분류되며 층수가 많을수록 부품의 실장력이 우수, 고정밀제품에 채용된다. 단면 PCB는 주로 페놀원판을 기판으로 사용하며 라디오·전화기·간단한 계측기 등 회로구성이 비교적 복잡하지 않은 제품에 채용된다. 양면 PCB는 주로 에폭시 수지로 만든 원판을 사용하며 컬러 TV·VTR·팩시밀리 등 비교적 회로가 복잡한 제품에 사용된다. 이 밖에 다층 PCB는 32비트 이상의 컴퓨터· 전자교환기·고성능 통신기기 등 고정밀기기에 채용된다. 또 자동화기기·캠코더 등 회로 판이 움직여야 하는 경우와 부품의 삽입·구성시 회로기판의 굴곡을 요하는 경우에 유연성으로 대응할 수 있도록 만든 회로기판을 유연성 기판(Flexible PCB)이라고 한다.

1.2 프린트 회로 (Printed circuit)

: 프린트 배선과 프린트 부품 또는 탑재부품으로 구성되는 회로.

1.3 단면 프린트 배선판 (Single-sided printed circuit board)

: 단면에만 도체 패턴이 있는 프린트 배선판.

1.4 양면 프린트 배선판 (Double-sided printed circuit board)

: 양면에 도체 패턴이 있는 프린트 배선판.

1.5 다층 프린트 배선판 (Multilayer printed circuit board)

: 각 층간 절연 재질로 분리 접착되어진 표면 도체층을 포함하여 3층 이상에 도체 패턴이 있는 프린트 배선판.

1.6 플렉시블 프린트 배선판 (Flexible printed circuit board)

: 유연성이 있는 절연기판을 사용한 프린트 배선판.

1.7 마더 보드 (Mother board)

: 프린트판 조립품을 부착하고 또 접속할 수 있는 배선판.

1.8 부품면 (Component side)

: 대부분의 부품이 탑재되는 프린트 배선판의 면.

1.9 땜납면 (Solder side)

: 부품면의 반대쪽 프린트 배선판면이고, 대부분 납땜이 이루어지는 면.

1.10 격자 (Grid)

: 프린트 배선판 상의 접속 부분의 위치를 결정하기 위해 직교하는 같은 간격의 평행선 군에 의하여 생기는 격자.

1.11 프린트 (Printing)

: 각종 방법에 따라 표면상에 패턴을 재현하는 기법.

1.12 패턴 (Pattern)

: 프린트 배선판 상에 형성된 도전성 도형 및 비도전성 도형.

1.13 도체 (Conductor)

: 도체 패턴 개개의 도전성을 형성하는 부분.

1.14 프린트 콘택트 (Printed contact)

: 접속에 의한 전기적인 접속을 목적으로 한 도체 패턴의 부분.(ex:Test point)

1.15 에지 커넥터 단자 (Edge board contact)

: 프린트 배선판의 끝부분에 형성된 프린트 콘택트.(카드 에지 커넥터에 대응)

2. 기판 재료 용어

2.1 절연 기판 (Base material)

: 표면에 도체 패턴을 형성할 수 있는 절연재료.

2.2 프리프레그 (prepreg)

: 유리천 등의 바탕재에 열경화성 수지를 함침시켜 B스테이지까지 경화시킨 시트모양 재료. c.f〉 B스테이지란 수지의 반경화 상태를 말한다.

2.3 본딩 시트 (Bonding sheet)

: 개개의 층을 접합하여 다층 프린트 배선판을 제조하기 위하여 사용하는 적절한 접착성이 있는 재료로 된 시트. c.f〉 프리프레그, 접착필름 등이 있다.

2.4 동 적층판 (Copper clad laminatied)

: 단면 또는 양면을 동박으로 덮은 프린트 배선판용 적층판.

2.5 동박. (Copper foil)

: 절연기판의 단면 또는 양면을 덮어 도체패턴을 형성하기 위한 동박.

2.6 적층 (Lamination)

: 2매 이상의 층 구성재를 일체화 접착하는 것.

2.7 적층판 (Laminate)

: 수지를 함침한 바탕재를 적층 , 접착하여 얻어지는 기판.

3. 설계 용어

3.1 도통 접속 (Through connection)

: 프린트 배선판의 부품면과 납땜면의 도체 패턴 간의 전기적 접속.

3.2 층간 접속 (Innerlayer connection)

: 다층 프린트 배선판의 다른 층과 도체 패턴간의 전기적 접속.

3.3 도금 도통 홀 (Plated through hole)

: 내,외층간 도통접속을 하기 위하여 홀 벽에 금속으로 도금되어진 홀.

3.4 동 도통 홀 (Copper plated through hole)

: 동도금만으로 구성되고 , 오버 도금되어 있지 않은 도금 도통 홀.

3.5 땜납 도통 홀 (Solder plated through hole)

: 오버 도금 금속으로 땜납을 사용한 도금 도통 홀.

3.6 랜드리스 홀 (Landless hole)

: 랜드가 없는 도금된 도통 홀.

3.7 랜드 (Land)

: 전기적 접속 또는 부품의 부착을 위하여 사용되는 도체 패턴의 일부분.

3.8 액세스 홀 (Access hole)

: 다층 프린트 배선판의 내층에 도통홀과 전기적 접속이 되도록 도금 도통홀을 감싸는 부분에 도체 패턴을 형성한 홀.

3.9 클리어런스 홀 (Clearance hole)

: 다층 프린트 배선에서 도금 도통 홀과 전기적 접속을 하지 않도록 하기 위해서 도금 도통 홀을 감싸는 부분에 도체 패턴의 도전재료가 없도록 한 영역.

3.10 위치결정 홀 (Location hole)

: 정확한 위치를 결정하기 위하여 프린트 배선판 또는 패널에 붙인 홀.

3.11 위치결정 홈 (Location notch)

: 정확한 위치를 결정하기 위하여 프린트 배선판 또는 패널어 붙인 홈.
(통상 SLOT 이라고도 칭함)

3.12 부착 홀 (Mounting hole)

: 프린트 배선판을 기계적으로 삽입하기 위하여 사용하는 홀 또는 부품을 프린트 배선판에 기계적으로 부착하기 위하여 사용하는 홀.

3.13 부품 홀 (Component hole)

: 프린트 배선판에 부품단자를 부착함과 동시에 도체 패턴과 전기적인 접속을 할 수 있는 구멍.

3.14 어스펙트 비 (Aspect ratio)

: 프린트 배선판의 판 두께를 구멍지름으로 나눈 값.

3.15 아트웍 마스터 (Artwork master)

: 제조용 원판을 만드는 데 사용하는 지정된 배율의 원도.

3.16 위치 기준 (Datum reference)

: 패턴, 구멍 또는 층의 위치 결정 또는 검사를 위하여 사용하는 미리 정하여진 점, 선 또는 면.

3.17 층간 위치 맞춤 (Layer to layer registration)

: 프린트 배선판에서 각 층 패턴의 상호 위치관계를 맞추는 것.

3.18 애눌러 폭 (Annular width)
: 구멍을 에워싼 랜드의 고리모양 부분의 폭.

3.19 애눌러 링 (Annular ring)
: 도넛 모양의 구멍을 완전히 둘러싸고 있는 도체부분.

3.20 층 (Layer)
: 프린트 배선판을 구성하는 각종 층의 총칭어.

3.21 신호층 (Signal plane)
: 전기신호의 전송을 목적으로 한 도체층.

3.22 그라운드 층 (Ground plane)
: 프린트 배선판의 표면 또는 내부에 공통으로 접속되어 , 전원공급 실드 또는 히트 싱크의 목적으로 사용되는 도체층.

3.23 내층 (Internal layer or inner layer)
: 다층 프린트 배선판의 내부 도체 패턴층.

3.24 외층 (External layer)
: 다층 프린트 배선판의 표면 도체 패턴층.

3.25 도체 층간 두께 (Layer to layer spacing)
: 다층 프린트 배선판의 인접하는 도체층간 절연재료의 두께.

3.26 비아 홀 (Via hole or through hole Via)
: 부품을 삽입하지 않고, 다른 층간을 접속하기 위하여 사용되는 도금 도통 홀.

3.27 블라인드, 버리드비아 홀 (Blind and buried via hole)
: 다층 프린트 배선판의 2층 이상의 도체층 간을 접속하는 도금 관통구멍으로서 프린트 배선판을 관통하지 않는 구멍.

3.28 심벌 마크 (symbol mark)

: 프린트 배선판의 조립 및 수리에 편리하도록 판위에 부품의 위치나 기호를 비도전 재료를 사용하여 인쇄한 표식.

3.29 키 슬롯 (Key slot)

: 인쇄기판이 해당 장비에만 삽입되고 기타의 장비에는 삽입될 수 없도록 설계된 홀.

3.30 실자 (Legend)

: 부품의 위치나 용도 식별 또는 조립과 대체를 용이하게 하기 위하여 기판의 표면에 형성된 문자, 숫자 기호.

3.31 마스터 드로잉 (Master drawing)

: 도체 패턴 또는 비도체 패턴과 부품들의 위치 , 크기 , 형태 및 홀의 위치 등을 포함하여 기판상의 모든 부품의 위치 및 기판의 크기를 나타내고 제조와 가공 그리고 검사에 필요한 모든 정보를 제공 하는 문서.

3.32 열방출 (Thermal relief)

: 솔더링하는 동안에 발생하는 블리스터(blister)나 휨(warp & twist)을 방지하기 위하여 Ground 또는 Voltage pattern 상에 그물모양으로 패턴이 형성된 것.

4. 제조 용어

4.1 포지티브 (Positive)

: 투명한 배경에 불투명하게 재현된 패턴.

4.2 포지티브 패턴 (Positive pattern)

: 도체 부분이 불투명한 필름상의 패턴.

4.3 네거티브 (Negative)

: 불투명한 배경에 투명하게 재현된 패턴.

4.4 네거티브 패턴 (Negative pattern)

: 도체부분이 투명한 필름 상의 패턴.

4.5 제조용 원판 (Original production master)

: 제조용 필름을 만드는 데 사용하는 배율 1:1의 패턴이 있는 원판.

4.6 제조용 필름 (Productor master)

: 프린트 배선판을 제조하기 위하여 사용하는 배율 1:1의 패턴이 있는 필름 또는 건판.

4.7 판넬 (Panel)

: 제조공정을 차례로 통과하는 1개 이상의 프린트 배선판에 가공되는 제조설비에 맞는 크기의 판.

4.8 V컷 (V-scoring or V-cutting)

: 패널이나 프린트 배선판을 분할하기 위하여 설치한 V자 형의 홈.

4.9 서브트랙티브법 (Subtractive process)

: 금속입힘 절연기판 상의 도체외에 불필요 부분을 들면 , 에칭 등에 의하여 선택적으로 제거하여, 도체 패턴을 형성하는 프린트 배선판의 제법.

4.10 에디티브법 (Additive process)

: 절연기판 상에 도전성 재료를 보기를 들면 , 무전해 도금 등에 의하여 선택적으로 석출시켜 도체 패턴을 형성하는 프린트 배선판의 제법.

4.11 풀 애디티브법 (Full additive process)

: 에디티브법의 하나로서 무전해 도금만을 사용하는 제법.

4.12 세미 애디티브법 (Semi additive process)

: 애디티브법의 하나로서 무전해 도금을 한 후에 전기도금 및 에칭 또는 그 한쪽을 상용 하는 제법.

4.13 다이 스템프법 (Die stamping)

: 도체 패턴을 금속판에 따내어 절연기판 상에 접착하는 프린트 배선판의 제법.

4.14 빌드업 법 (Build-up process)

: 도금, 프린트 등에 의하여 차례로 도체층 , 절연층을 쌓아 올라가는 다층 프린트 배선 판의 제법.

4.15 시퀀셜 적층법 (Sequential laminating process)

: 앞 뒤 도체 패턴 접속용의 중계구멍을 갖는 양면 프린트 배선판을 복수매 또는 단면 프린트 배선판과 조합하여 적층하고 필요한 경우 , 다시 도통홀 도금에 의하여 전체 도체 층 간을 접속하도록 한 다층 프린트 배선판의 제법.

4.16 구멍 메꿈법 (Plugging process)

: 도통홀 도금 후 홀 내를 충전재로 메꾸고, 표면에 도체의 포지 패턴을 형성, 에칭한 후, 충전제 및 표면의 레지스트를 제거하여 동 관통구멍의 프린트 배선판의 제법.

4.17 핀 래미네이션 (Pin lamination)

: 가이드 핀에 의하여 각 층의 도체 패턴 위치를 결정하고 적층 일체화하는 다층 프린트 배선판의 생산기술.

4.18 매스 래미네이션 (Mass lamination)

: 미리 만들어진 도체 패턴을 갖는 내층패널의 상하를 각각 프리프래그와 동박으로 끼워서 다수매를 동시에 적층하는 다층 프린트 배선판의 대량 생산 기술.

4.19 레지스트 (Resist)

: 제조 및 시험공정 중, 에칭액, 도금액, 납땜 등에 대하여 특정 영역을 보호하기 위하여 사용하는 피복재료.

4.20 에칭

: 도체 패턴을 만들기 위하여 절연기판 상의 도체의 불필요 부분을 화학적 또는 전

기화학적으로 제거하는 것.

4.21 포토에칭

: 금속입힘 절연기판 상에 감광성 레지스트를 설치하고 사진적인 수법에 의하여 필요한 부분을 에칭하는 것.

4.22 디퍼렌셜 에칭 (Differential etching)

: 도체층 중, 불필요한 도체부를 필요한 도체부보다 얇게 함으로써 필요한 도체 패턴만 을 남도록 하는 에칭.

4.23 에치 팩터 (Etch factor)

: 도체 두께 방향의 에칭 깊이와 너비 방향의 에칭 깊이의 비.

4.24 네일 헤드 (Nail heading)

: 다층 프린트 배선판을 드릴로 구멍을 뚫었을 때, 구멍부분에 생기는 내층도체의 동의 퍼짐.

4.25 에치 백 (Etch back)

: 내층 도체의 노출 표면적을 증가시키기 위하여 홀 벽면의 절연물 (스미어를 포함한다) 을 화학적 방법으로 일정 깊이까지 용해 제거하는 것.

4.26 푸시 백 (Push back)

: 제품을 펀칭 가공하는 경우, 펀칭된 것을 다시 원상태로 밀어 되돌리는 가공 방법.

4.27 스미어 제거 (Desmearing)

: Drilling시 마찰력에 의해 응용된 수지 또는 부스러기를 홀 벽으로부터 화학적 방법에 의해 제거하는 처리.(통상 화학처리로 한다.)

4.28 도통홀 (Through-hole plating)

: 도통 접속을 하기 위하여 홀 벽면에 금속을 도금하는 것.

4.29 패널 도금 (Panel plating)

: 패널 전체표면(관통구멍을 포함한다)에 대한 도금.

4.30 패턴 도금 (Pattern plating)

: 도체 패턴부분에 대한 선택적 도금.

4.31 텐팅법 (Tenting)

: 도금 도통홀과 그 주변의 도체 패턴을 레지스트로 덮어 에칭하는 방법

4.32 오버 도금 (Over plate)

: 이미 형성된 도체 패턴 또는 그 일부분 상에 한 도금.

4.33 솔더 레지스트 (Solder resist)

: 프린트 배선판 상의 특정 영역에 하는 내열성 비폭재료로 납땜 작업시 이 부분이 땜납이 붙지 않도록 하는 레지스트.

4.34 포토 레지스트 (Photo resist)

: 빛의 조사를 받은 부분이 현상액에 불용 또는 가용으로 되는 레지스트.

4.35 도금 레지스트 (Plating resist)

: 도금이 필요없는 부분에 사용하는 레지스트.

4.36 에칭 레지스트 (Etching resist)

: 패턴을 에칭에 의하여 형성하기 위해 하는 내 에칭성의 피막.

4.37 스크린 프린트 (Screen printing)

: 스퀴즈로 잉크 등의 매체를 스텐실 스크린을 통과시켜서 패널표면 상에 패턴을 전사하는 방법.

4.38 퓨징 (Fusing)

: 도체패턴 상의 금속 피복을 용융시킨 후, 재응고 시키는 것.

4.39 핫 에어 레벨링 (Hot air leveling)

: 열풍에 의하여 여분의 땜납을 제거하고, 표면을 평활하게 하는 방법.

4.40 솔더 레벨링 (Solder leveling)

: 충분한 열과 기계적 힘을 주어서 프린트 배선판에 용융한 땜납(방법과 땜납의 조성에는 관계없다)을 재분포 및 부분적 제거 또는 그 어느 것인가를 하는 것.

4.41 딥 솔더링 (Dip soldering)

: 부품을 부착한 프린트 배선판을 용융 땜납조의 정지표면상에 접촉시킴으로써 , 노출되어 있는 도체 패턴과 부품단자가 접속이 되도록 납땜하는 방법.

4.42 웨이브 솔더링 (Wave soldering)

: 끊임없이 흐르고, 또 순환하고 있는 땜납의 표면에 프린트 배선판을 접촉시켜 납땜하는 방법.

4.43 기상 땜납 (Vaper phase soldering)

: 증기가 응축할 때에 방출하는 에너지에 의하여 땜납을 녹이는 리플로 솔더링의 방법.

4.44 리플로 솔더링 (Reflow soldering)

: 미리 입힌 땜납을 용융시킴으로써 납땜하는 방법.

4.45 표면 실장 (Surface mounting)

: 부품 구멍을 사용하지 않고, 도체 패턴의 표면에서 전기적 접속을 하는 부품 탑재 방법.

4.46 땜납 젖음 (Wetting)

: 금속표면 상에 땜납이 균일하고, 또한 끊어지지 않고 매끄럽게 퍼져 있는 상태.

4.47 땜납 튀김 (Dewetting)

: 녹은 땜납이 금속표면을 피복한 후, 땜납이 수축된 상태로 되어 땜납의 얇은 부분과 두꺼운 부분이 불규칙하게 생긴 상태.

4.48 땜납 젖음 불량 (Non wetting)

: 금속표면에는 땜납이 부착되어 있지만 땜납이 표면전체에는 부착되어 있지 않은 상태.

4.49 클린치드 리드 (Clinched lead)

: 부품의 다리가 홀속에 삽입되어 솔더링 이전에 부품이 떨어져 나가는 것을 방지하는 역할을 하기 위해 형성된 상태.

4.50 콜드 솔더 결합 (Cold solder joint)

: 불충분한 가열 및 솔더링 전의 불충분한 세척이나 솔더의 오염 등으로 솔더 표면의 wetting 상태가 균일하지 못하여 soldering후 기공이 발생하는 솔더 결합.

4.51 아이렛 (Eyelet)

: 부품리드나 전기적 접촉을 기계적으로 지지하기 위하여 터미날이나 인쇄기판의 홀속에 삽입하는 금속의 빈 튜브.

4.52 플럭스 (Flux)

: 금속을 solder와 잘 접속시키기 위하여 화학적으로 활성화 시키는 물질.

4.53 젤 타임 (Gel time)

: Prepreg resin이 가열되어 고체에서 액체상태를 거쳐 다시 고체로 변화되는데 소요되는 시간을 표로 문서화한 것임.

4.54 방출판 (Heat sink plane)

: 기판표면이나 내층에서 열에 민감한 부품들로부터 열을 제거하여 주는 역할을 하는 평면.

4.55 영구 마스크 (Permenant mask)

: 작업 후에 제거되지 않는 잉크.

4.56 솔더링 오일 (Soldering oil)

: Wave soldering 머신 사용할 때 섞어서 솔더표면에 녹이 발생하는 것을 방지하고 솔 더 표면의 텐션을 감소시켜 주는 역할을 하는 Oil.

5. 시험, 검사 용어

5.1 동박면

: 동 적층판에서 접착된 동박의 표면.

5.2 동박 제거면

: 동 적층판에서 동박을 제거한 절연기판의 표면.

5.3 적층판 면

: 동 적층판에서 동박을 접착하지 않은 절연기판의 표면.

5.4 테스트 보드 (Test board)

: 생산품과 동일한 공법으로 제조된 생산품의 대표가 되는 것이고 양부를 결정하기 위하 여 사용하는 프린트 배선판.

5.5 테스트 쿠폰 (Test coupon)

: 생산품의 양부를 결정하기 위하여 사용하는 프린트 배선판의 일부분.

5.6 테스트 패턴 (Test pattern)

: 시험 및 검사를 위하여 사용하는 패턴.

5.7 복합 테스트 패턴 (Composite test pattern)

: 2회 이상의 테스트 패턴의 조합.

5.8 슬리버 (Silver)

: 도체의 끝에서 떨어져 걸린, 가는 금속의 돌기.

5.9 스미어 (Resin smear)

: 절연기판의 수지에 구멍을 뚫을 때 등에서, 도체 패턴의 표면 또는 끝면상에 부착하는 것 또는 부착한 것.

5.10 휨 (Warp)

: 판의 원통모양 또는 구면모양의 만곡으로서 직사각형인 경우는 4구석이 동일 평면 상에 있는 것.

5.11 비틀림 (Twist)

: 판의 원통모양 구면모양 등의 만곡으로서 직사각형인 경우에는 그 1 구석이 다른 3 구석이 만드는 평면상에 없는 것.

5.12 판 두께 (Board thickness)

: 도금층의 두께를 제외한 도체층을 포함한 금속입힘 절연기판 또는 프린트 배선판의 두께.

5.13 전체 판 두께 (Total board thickness)

: 금속입힘 절연기판 또는 프린트 배선판의 다듬질 후의 전체 두께.

5.14 위치 맞춤 정밀도 (Registration)

: 지정된 위치에 대한 패턴의 위치 어긋남 정도.

5.15 판 끝에서의 거리 (Edge distance)

: 프린트 배선판의 끝부분에서 패턴 또는 부품까지의 거리.

5.16 도체 폭 (Conductor width)

: 프린트 배선판의 바로 위에서 바라보았을 때의 도체 폭.

5.17 도체 간격 (Conductor spacing)

: 프린트 배선판을 바로 위에서 바라보았을 때, 동일층에 있는 도체 끝과 그것에 대향하는 도체 끝과의 거리.

5.18 랜드 간격 (Land spacing)

: 인접한 랜드 간의 도체 간격.

5.19 도체 두께 (Conductor thickness)

: 부가된 피착 금속을 포함한 도체의 두께.

5.20 아웃그로스 (Outgrowth)

: 제조용 필름 또는 레지스트에 의하여 주어지는 도체나비를 초과하여 도금의 성장에 따 라 생긴 도체 나비의 한쪽의 퍼진 분량.

5.21 언더 컷 (Undercut)

: 에칭에 의하여 도체 패턴 옆면에 생기는 한쪽의 홈 또는 오목함.

5.22 오버행 (Overhang)

: 아웃그로스와 언더컷의 합.

5.23 보이드 (Void)

: 있어야 할 물질이 국소적으로 결탁되어 있는 공동.

5.24 코너 크랙 (Corner crack)

: 도통홀 코너부분에서의 도통홀 도금금속의 균열.

5.25 바렐 크랙 (Barrel crack)

: 도통홀 내벽부에서 도통홀 도금금속의 균열.

5.26 벗김 강도 (Peel strength)

: 절연기판에서 도체를 벗기기 위하여 필요한 단위 너비당 휨.

5.27 랜드외 이탈 강도 (Pull-off strength)

: 절연기판에서 랜드를 떼는 데 필요한 프린트 배선판에 수직방향의 힘.

5.28 층간 박리 (Delamination)
: 절연기판 또는 다층 프린트 배선판의 내부에서 생기는 층간의 분리.

5.29 부풀음 (Blister)
: 절연기판의 층간 또는 절연기판과 도체막 간에 생기는 부분적인 부풀음이나 벗겨짐.

5.30 크레이징 (Crazing)
: 기계적인 비틀림에 의하여 절연기판 중의 유리섬유가 그 제직 눈의 위치에서 수지와 떨 어지는 현상.

5.31 미즐링 (Measling)
: 열적인 변형에 의하여 절연기판 중의 유리섬유가 그 제직 눈의 위치에서 수지와 떨어지는 현상.

5.32 밀링 (Mealing)
: 프린트 배선판과 절연보호 코팅 간에 백색 입자 모양의 반점이 생기는 현상.

5.33 블로홀 (Blow hole)
: 도금 도통홀에 납땜을 하였을 때, 발생한 가스에 의하여 생긴 보이드 또는 보이드가 생긴 도금 도통홀.

5.34 할로잉 (Haloing)
: 기계적 또는 화학적 원인에 의하여 절연기판 표면 또는 내부에 생기는 파쇄 또는 층간 박리로 구멍 또는 기계 가공부분의 주변에 희게 나타나는 현상.

5.35 구멍에 의한 랜드 끊어짐 (Hole breakout)
: 홀위치 및 도체 인쇄의 어긋남 등에 의하여 홀이 완전히 랜드로 둘러 쌓이지 않은 상태.

5.36 제직 눈 (Weave texture)
: 절연기판 내 유리천의 섬유가 완전히 수지로 덮여 있지만, 유리천의 결이 좋아

보이는 표면의 상태.

5.37 제직사 노출 (Weave exposure)

: 절연기판내 유리천의 섬유가 수지로 완전하게 덮여있지 않은 표면의 상태.

5.38 플로잉 (Flawing)

: 불꽃을 내며 연소하는 상태.

5.39 글로잉 (Glowing)

: 불꽃을 내지 않고 적열하고 있는 상태.

5.40 라미네이트 보이드 (Laminate void)

: 정상적으로 레진이 있어야 할 곳에 레진이 없는 상태.

5.41 레진 리세숀 (Resin recession)

: 기판이 가열될 때 수지성분이 수축되어 도통홀의 각층과 벽이 밀린 것처럼 보이는 형태.

5.42 번짐 (Bleeding)

: 도금된 홀이 보이거나 갈라짐으로 인하여 변색된 것 또한 인쇄에서 잉크가 있어야 될 곳에 잉크가 번져 들어간 형태.

5.43 브릿징 (Bridging)

: 회로들 간의 사이가 절도 물질에 대하여 붙어버린 형태.

5.44 솔더 볼 (solder ball)

: 회로표면이나 잉크표면에 묻은 작은 솔더의 형태.

5.45 덴트 (Dent)

: 동박 두께를 크게 손상시키지 않으면서 약간 짓눌려진 형태.

5.46 핏트 (Pit)

: 동박을 완전히 관통하지는 않으나 표면에 생기는 작은 구멍.

5.47 마이크로 섹션 (Micro-section)

: 프린트 배선판 내부를 현미경으로 관찰하기 위하여 절단 section 등에 의해 시료를 관찰하는 것.

5.48 초도품 검사 (First artide inspection)

: 양단 작업 전에 사전에 작업조건 즉 공정이나 제조능력을 보증할 목적으로 실시하는 검사.

부록 3. 알아두면 유용한 인터넷 사이트

OrCAD PCB Editor V17.2

1. Datasheet 검색 사이트

www.alldatasheet.com
www.datasheetcatalog.com
www.datasheetlocation.com
www.datasheet4u.com

2. OrCAD/Allegro 제품군 판매 및 기술지원, 자료 제공

www.npit.co.kr 나인플러스IT(주)

Cadence OrCAD/Allegro 사용상의 기술적인 문의사항에 대해 지원을 하고 있으며, 각종 행사, 교육 등의 안내와 새로운 기술정보를 제공하고 있습니다.

OrCAD 17.2 데모 프로그램 다운로드 및 OrCAD Layout 라이브러리를 PCB Editor 라이브러리로 변환하여 제공하고 있습니다.

Cadence® OrCAD® 17.2 Demo 다운로드 안내

본 교재에서 다룬 17.2 프로그램은 국내배급처인 (주)나인플러스 IT 홈페이지에서 무료로 다운받을 수 있습니다.

본 프로그램으로 최신의 고밀도 고성능 환경을 제공하는 새로운 PCB Artwork 툴인 PCB Editor 기술을 경험하시기 바랍니다.

Cadence® OrCAD® 17.2는 Microsoft Windows 환경에서 실행됩니다.

Operation System :
Windows 2008 R2 Server (64-bit only); Windows 2012 Server (64-bit only); Windows 7 (64-bit only) Home Premium, Professional, Enterprise, and Ultimate; Windows 8 (64-bit only) All service pack; Windows 10 (64-bit only).

Note: Cadence OrCAD products do not support Windows XP 64-bit, Windows 7 Starter and Home Basic, and Windows Server 2003. In addition, Windows Server support does not include support for Windows Remote Desktop.

〈시스템요구사항〉

Hardware :
Intel IA-32 compatible (includes Intel P4 EMT and AMD OpteronTM); 1.2 GHz minimum; 2.4 GHz or more is recommended.

Minimum Hardware :
4 GB physical memory
4 GB disk space

virtual memory should be at least double the available physical memory
1024x768 resolution with 64,000 colors

Recommended Hardware :
4 GB physical memory
5 GB disk space
virtual memory should be at least double the available physical memory
1280x1024 Color quality 32 bit graphics
A dedicated graphics card is recommended.

〈데모버전 제한사항〉

OrCAD Capture CIS Demo

- 64 NET 이상은 저장이 안됨 (계층 도면 포함)
- 60 PART 이상의 도면은 저장 안됨
- CIS DATABASE에는 10개의 PART까지 사용가능
- CIS 인터넷 데이터베이스 지원 안됨
- 라이브러리 제작 시 14PIN 이상은 저장 안됨
- 신규 라이브러리 PART 15개만 저장가능
- FPGA flow 사용 안됨

OrCAD PCB Editor Demo

- 10 PART, 100 NET는 저장 안됨
- SAMPLE LIBRARIES 개수 제한

SPECCTRA Demo for OrCAD

- 결과물 저장 안됨.

PSpice A/D Demo

- 64 NODE , 20 TRANSISTER , TWO SUBCIRCUIT –65 DIGITAL DEVICE , 10 TRANSMISSION LINE 이상은 제한됨
- MODEL EDITOR은 DIODE만 가능
- 기능 제한[첨부1 참조], 샘플 라이브러리 제한

Pspice Advanced Analysis Demo
- 기능 제한[첨부1 참조]. 샘플 라이브러리 제한

[첨부1]

Product Limits in Demo Version

OrCAD Capture CIS Demo

You cannot save designs that have more than 64 nets, including the hierarchical blocks in the design. You can still view or create larger designs.
You cannot create a design with more than 60 parts, including the hierarchical blocks in the design. You can still view or create larger designs.
You cannot have more than 10 parts in the Capture CIS database.

The Internet Component Assistant (ICA) tab in the CIS Explorer window opens the About ActiveParts page (http://www.activeparts.com/) and not the component search page.
You cannot create parts with more than 14 pins.
You cannot save libraries with more than 15 parts.
The Capture FPGA flow is not available.

OrCAD PCB Editor Demo

You cannot save boards that have more than 10 components and/or 100 nets. However, you can still view larger designs.
The tutorial and tutorial design files will work with demo limitations.
A limited sample library is provided.

SPECCTRA Demo for OrCAD

You cannot save the results of a route session.

PSpice A/D Demo

Circuit simulation limited to circuits with up to 64 nodes, 20 transistors, two subcircuits or 65 digital primitive devices, and 10 transmission lines (ideal or non-ideal) with not more than four pairwise coupled lines.
Device characterization and parameterized part creation using the PSpice Model Editor limited to diodes.
Stimulus generation limited to sine waves (analog) and clocks (digital).
Sample model library named eval.lib (containing analog and digital parts) and evalp.lib (containing parameterized parts) are provided.

You cannot simulate parameterized parts that are not from the evalp.lib library. This library consists of parametrized resistor, source, and diode.
You cannot use Level 3 of Core model (Tabrizi) or MOSFET BSIM 3.2 models.

Displays only simulation data created using the demo version of the simulator.

Magnetic Parts Editor allows you to design power transformers only. The database shipped with Magnetic Parts Editor cannot be edited and contains a single core.

The Model Import Wizard supports parts and simulation models that have a maximum of two pins or two terminals, respectively.
The maximum nodes in a digital circuit can be equal to or less than 250.
The non-ideal Tline is limited to 4.

PSpice Advanced Analysis Demo

Smoke Analysis
Can run only on diodes, resistors, transistors, and capacitors.
PSpice Advanced Analysis Optimizer
Only Random and MLSQ engines can be used.
Values of up to two component parameters can be optimized.
A maximum of one measurement specification and one curvefit specification are supported.

Only one error calculation method supported for optimizing the curve-fit specification.
Parametric Plotter
Can sweep the values of only two design and/or model parameters.
Only Linear sweep in supported.
A maximum of 10 sweeps allowed.
Can evaluate the influence of changing parameter values only on one measurement expression or a trace.
Monte Carlo/Worst Case Analysis
Only one measurement specification is allowed.
A maximum of three devices with tolerance are supported.
Maximum of 20 Monte Carlo runs are supported.
Sensitivity Analysis
Only one measurement specification is allowed.
A maximum of three devices with tolerance are supported.
Maximum of 20 runs are supported.
Encrypted parameterized models cannot be simulated.
The Optimizer Random Engine can make a maximum of 5 runs.

* Cadence® OrCAD® 17.2 데모 프로그램은 무상배포용으로 타인에게 판매 또는 영리목적으로 사용하실 수 없습니다. 이에 위반 시 법적인 책임을 질 수 있습니다.

기술문의

나인플러스 IT(주)
www.npit.co.kr
서울 : 02-6123-3355
부산 : 051-758-4841

저자와의
협의에 의해
인지 생략

Allegro ver17.2
OrCAD® PCB Designer

1판 4쇄 2022년 3월 15일

저 자	김우성
발행인	송광헌
발행처	복두출판사
주 소	서울특별시 영등포구 경인로82길 3-4 센터플러스 807호 (우) 07371
전 화	02-2164-2580
FAX	02-2164-2584
등 록	1993. 11. 22. 제 10-902 호

정가 : 22,000원

ISBN : 979-11-5906-334-3 93560

한국과학기술출판협회 회원사